旅游目的地竞争力

The Competitive Tourist Destination

Chris Ryan　谷慧敏　主编

王 琳　李枚珍　施 光　译

王 琳　校

南开大学出版社

天　津

旅游目的地竞争力

The Competitive Tourist Destination

Chirs Ryan 谷慧敏 主编；王琳 等译

天津市版权局著作权合同登记号：图字 02－2010－53

图书在版编目(CIP)数据

旅游目的地竞争力 /（新西兰）瑞安（Ryan，C.），谷慧敏主编；王琳等译. —天津：南开大学出版社，2010.8

（旅游学新视野）

ISBN 978-7-310-03478-9

Ⅰ.①旅… Ⅱ.①瑞… ②谷… ③王… Ⅲ.①旅游点－市场竞争－文集 Ⅳ.①F590-53

中国版本图书馆 CIP 数据核字(2010)第 118204 号

南开大学出版社出版发行

出版人：肖占鹏

地址：天津市南开区卫津路 94 号　　邮政编码：300071

营销部电话：(022)23508339　23500755

营销部传真：(022)23508542　　邮购部电话：(022)23502200

＊

天津泰宇印务有限公司印刷

全国各地新华书店经销

＊

2010 年 8 月第 1 版　　2010 年 8 月第 1 次印刷

787×960 毫米　16 开本　26.25 印张　2 插页　477 千字

定价：45.00 元

如遇图书印装质量问题，请与本社营销部联系调换，电话：(022)23507125

本书贡献者

科林·阿罗史密斯
(Colin Arrowsmith)

澳大利亚墨尔本皇家理工大学地理科学系
Department of Geospatial Science, RMIT University, Melbourne, Australia
Email: colin.arrowsmith@rmit.edu.au

埃斯特万·鲁伊斯·巴列斯特罗
(Esteban Ruiz Ballesteros)

西班牙巴布罗欧拉彼德大学社会科学系
Departamento de Ciencias Sociales, Universidad Pablo de Olavide, Sevilla 41013, Spain
Email: eruibal@upo.es

利安德拉·阿·贝迪尼
(Leandra A. Bedini)

美国北卡罗莱纳大学格林斯堡分校康乐、公园和旅游系
Department of Recreation, Parks, and Tourism, The University of North Carolina at Greensboro, Greensboro, NC 27402-6170, USA
Email: bedini@uncg.edu

普雷姆·切特里
(Prem Chhetri)

澳大利亚墨尔本皇家理工大学地理科学系
Department of Geospatial Science, RMIT University, Melbourne, Australia
Email: prem.chhetri@rmit.edu.au, geo_prem@yahoo.com

邓金阳
(Jinyang Deng)

美国西弗吉尼亚大学康乐、公园和旅游资源系
Recreation, Parks, and Tourism Resources Program, West Virginia University, Morgantown, WV 26506, USA
Email: jinyang.deng@mail.wvu.edu

洛林·道勒
(Lorraine Dowler)

美国宾夕法尼亚州立大学地理系
Department of Geography, The Pennsylvania State University, PA 16802-1307, USA
Email: lxd17@psu.edu

戴安娜·德雷奇
(Dianne Dredge)

澳大利亚南十字星大学利斯莫尔校区旅游和酒店管理学院
School of Tourism and Hospitality Management, Southern Cross University, Lismore, New South Wales, Australia
Email: ddredge@hawkwood.com.au

冯学刚
(Xuegang Feng)

中国华东师范大学商学院旅游系
Department of Tourism, Business School, East China Normal University, Shanghai 200062, PR China
Email: xgfeng@tour.ecnu.edu.cn

南希·J.格莱德威尔
(Nancy J. Gladwell)

美国北卡罗莱纳大学格林斯堡分校康乐、公园和旅游系
Department of Recreation, Parks, and Tourism, The University of North Carolina at Greensboro, Greensboro, NC 27402-6170, USA
Email: nancy_gladwell@uncg.edu

谷慧敏
(Gu Huimin)

中国北京第二外国语学院旅游管理学院
School of Tourism Management, Beijing International Studies University, Chaoyang, Beijing, China
Email: guhuimin@bisu.edu.cn

肯·海德
(Ken Hyde)

新西兰奥克兰理工大学商学院
Business School, AUT University, Private Bag 92006, Auckland 1142, New Zealand
Email: ken.hyde@aut.ac.nz

默文·杰克逊
(Mervyn Jackson)

澳大利亚墨尔本皇家理工大学智障研究和心理学系
Department of Psychology and Intellectual Disability Studies, RMIT University, Melbourne, Australia
Email: merv.jackson@rmit.edu.au

丽迪雅·卡瓦纳
(Lydia Kavanagh)

澳大利亚昆士兰大学化学工程系
Chemical Engineering, University of Queensland, St. Lucia, QLD 4072, Australia.
Email: l.kavanagh@uq.edu.au

赖坤
(Kun Lai)

中国香港大学地理系
Department of Geography, The University of Hong Kong, Hong Kong, China
Email: lksth@hkusua.hku.hk

克里斯蒂安·莱泽
(Christian Laesser)

瑞士圣加仑大学公共服务与旅游学院
Institute for Public Services and Tourism, University of St. Gallen, St. Gallen, Switzerland
Email: christian.laesser@unisg.ch

李一平
(Yiping Li)

中国香港大学地理系
Department of Geography, The University of Hong Kong, Hong Kong, China
Email: liyiping@hkucc.hku.hk

大卫·罗金顿
(David Lockington)

澳大利亚昆士兰大学环境工程系
Department of Environmental Engineering, University of Queensland, St. Lucia, QLD 4072, Australia
Email: d.lockington@uq.edu.au

杜阿尔特·B.德莫赖斯
(Duarte B. Morais)

美国宾夕法尼亚州立大学康乐、公园和旅游管理
Recreation, Park, and Tourism Management, The Pennsylvania State University, PA 16802-1307, USA
Email: dmorais@psu.edu

吉安·P.尼亚佩恩
(Gyan P. Nyaupane)

美国亚利桑那州立大学社区资源和开发学院旅游开发和管理系
Tourism Development and Management, School of Community Resources and Development, Arizona State University, Tempe, AZ 85287, USA
Email: gyan@asu.edu

爱德华多·帕拉洛佩斯
(Eduardo Parra-López)

西班牙拉古纳大学经济学院经济与管理系
Departamento de Economía y Dirección de Empresas, Universidad de La Laguna, Facultad de Ciencias Económicas y Empresariales, La Laguna

(Tenerife), Islas Canarias, Spain
Email: eparra@ull.es

明坤·帕克
(Minkyung Park)

美国乔治梅森大学康乐、保健和旅游学院
School of Recreation, Health, and Tourism, George Mason University, 10900
University Boulevard 4E5, Manassas, VA 20110, USA
Email: mparka@gmu.edu

朴成洙
(Sungsoo Pyo)

韩国京畿道大学旅游管理系
Department of Tourism Management, Kyonggi University, Seoul, South
Korea
Email: pyos@chol.com, or sungsoopyo2000@yahoo.co.kr

玛卡蕾娜·埃尔南德斯·拉米雷斯
(Macarena Hernandez Ramirez)

西班牙巴布罗欧拉彼德大学社会科学系
Departamento de Ciencias Sociales, Universidad Pablo de Olavide, Sevilla
41013, Spain
Email: mherram@upo.es

胡安·拉蒙·奥雷哈·罗德里格斯
(Juan Ramón Oreja Rodríguez)

西班牙拉古纳大学经济学院经济与管理系
Departamento de Economía y Dirección de Empresas, Universidad de La
Laguna, Facultad de Ciencias Económicas y Empresariales, La Laguna
(Tenerife), Islas Canarias, Spain
Email: joreja@ull.es

克里斯·瑞安
(Chris Ryan)

新西兰怀卡托大学管理学院
University of Waikato Management School, Hamilton, New Zealand
Email caryan@waikato.ac.nz

鲁杰罗·萨伊纳吉
(Ruggero Sainaghi)

意大利优尔姆大学经济与营销学院
Instituto di Economia e Marketing via Carlo Bo`, IULM University, Milan,
Italy
Email: ruggero.sainaghi@iulm.it

卡琳·斯基安内茨
(Karin Schianetz)

澳大利亚柯廷大学清洁生产中心
Centre for Cleaner Production Curtin University, Australia
Email: k.schianetz@curtin.edu.au

帕特里夏·斯托科夫斯基
(Patricia Stokowski)

美国佛蒙特大学鲁宾斯坦环境与自然资源学院
Rubenstein School of Environment and Natural Resources, University of
Vermont, Burlington, VT 05405, USA
Email: Patricia.Stokowski@uvm.edu

凡妮莎·亚内斯-埃斯特韦斯
(Vanessa Yanes-Estévez)

西班牙拉古纳大学经济学院经济与管理系
Departamento de Economía y Dirección de Empresas, Universidad de La
Laguna, Facultad de Ciencias Económicas y Empresariales,La Laguna
(Tenerife), Islas Canarias, Spain
Email: vayanes@ull.es

阿蒂拉·于克塞尔
(Atila Yuksel)

土耳其阿德南·曼德列斯大学旅游酒店管理学院
School of Tourism Administration and Hotel Management, Adnan Menderes
University, Turkey
Email: atilayuksel@yahoo.com

向宝惠
(Baohui Xiang)

中国中华女子学院人力资源管理系
Department of Human Resources, China Woman's University, Beijing 100101, China
Email: xbaohui@126.com

钟林生
(Linsheng Zhong)

中国科学院地理科学与资源研究所
Institute of Geographical Sciences and Natural Resources Research, Chinese Academy of Sciences, Beijing 100101, China
Email: zhlsheng@263.net

目　　录

序

Chris Ryan　　Huimin Gu

　　本书是根据学术期刊《旅游管理》已发表的文章编辑而成。2009 年 1 月，标志着《旅游管理》发行的第三个十年的完成。在过去的两个十年里，我们都曾对已发表的文章进行筛选并编辑成书出版，以此来庆贺《旅游管理》的两个十周年。第一本书名就叫"旅游的管理"，由已故教授 Rik Medlik（1991）编辑，《旅游管理》最初得以发行很大程度上归功于他的努力。第二本《旅游管理：迈向新千年》在 2000 年由 Chris Ryan 和 Steve Page 编辑出版。这次他们没有沿用 Medlik 当初的做法，即选出他"感觉"是《旅游管理》前十年里发表的"最好"的文章。因为在第二个十年期间出版的旅游学术研究成果在数量上有了很大的增长，这既反映了旅游业日益增长的重要性，也反映出大学课程数量的增加，包括旅游专题研究课程和不同程度的职业教育课程。这种增长的结果之一便是旅游研究无论在方法上还是在有争议的概念性和学科性问题上都变得更为细致入微。因此，对 Ryan 和 Page（2000）来说，如何定义"最好"变得尤为困难。对谁来说"最好"？在什么情况下才算"最好"？因此，在构建该书的框架时，他们以该期刊论文所反映的一些他们认为关键的主题为依据，把该书按这些主题进行划分。每一个主题模块前都有一个章节，对该主题所涉及领域的研究进展情况、研究发展过程中的迂回曲折进行了介绍，总之是希望对该领域的研究现状和进展有一个较为准确的概括。接着又对该模块所收录的文章做了简单介绍，并说明了被收录的原因，通过这种方式，他们希望该书并不仅仅是对已发表的文章的简单复制。从已收到的书评来看，这种方式被很多同仁所称许。

　　因此，在又一个十年的发行期过去后，我们认为，出版一本书重现以往发表过的文章是很有必要的。与上个十年一样，这也是变化的十年。也可能会有人批评说，现在再出版这种书已没有多大意义，因为互联网的发展已使大量以往的研究成果只要通过敲击键盘便唾手可得。这是事实，但是还有一个具有象征意义的事实，即，我们想要停下来，对十年来来自世界各地的智慧成果做一个总结和纪念。这本书，就像 1991 年和 2000 年出版时的情形一样，是一次休整，使我们能有机会回过头去对过去十年里发表的文章做一个审视。不过也有一个很现实的问题要面对：2009 年，《旅游管理》85%的订户都不再要求纸质版而更倾向于接收基于网络的电子版。这种变化是非常重要的，实际上主编 Ryan（2009）在其为《旅游管理》30（1）卷所做的刊评中已指出，这些变化反映出人们一直以来在文献计量学上所作的努力，其特点在 20 世纪 90 年代末和本世纪初的几年里尤其突出。他指出，今天的研究人员是根据自己的具体需要，而不是简单地通过期刊的声誉来从网络选取文章。

然而，过去十年的另一个重要变化是中国在旅游研究领域中成就的增长。自 1979 年实行改革开放直到 2008 年底美国次贷危机（以及基于被称作"有毒债务"的衍生品的滥用）所导致的问题开始出现以前，中国经济的增长几乎没有停止过。而且，在本文写作的 2009 年初，中国国内生产总值的增长仍有望高于其他大多数国家。新出现的富裕中产阶级和企业家阶层使中国外出旅游的需求——无论是国内游还是出境游——都有了极大的增长。

同样，旅游业也像在其他国家一样能够促进经济的增长。2000 年以来一直在繁荣发展的旅游学术研究中，一个重要的研究方向便是以旅游为导向的经济增长假说（Parilla, Font & Nadal, 2007; Proença & Soukiazis, 2008; Chen & Chiou-Wei, 2009）。因此，各界一致的看法是：再过十年左右的时间，中国将成为世界上主要的旅游接待国和输出国。实际上，中国的出境游已经产生了影响，在本文第一作者的祖国新西兰 2009 年的入境游客人数中，中国已排到了第四位（New Zealand Statistics, 2009）。伴随这一增长，中国的学术研究成果和大学相关课程迅猛增长。这一增长如此之快，以至于有中国学者甚至开始质疑中国国内大学所发表的研究成果的质量，因为很多大学都在竭力寻求合适的教师。有时甚至还会让人产生误解，认为只要对旅游有兴趣就能成为该领域的教师。这些问题引起了公众的关注，也有文章在讨论这个问题（例如，Bu, 2000）。中国大学里的相关课程的增长速度也令人吃惊，Gu、Kavanaugh 和 Cong（2007）及 Gu 和 Hobson（2008）都曾提及过相关的数据。同样令人印象深刻的是中国旅游学术研究的成熟，以及英文期刊上发表的越来越多的来自中国学者的文章。本书所收录的文章便是一个很好的佐证。

编者考虑到的另一个因素是正在中国大陆以外的大学攻读本科和研究生课程的学生中讲汉语普通话的人数。在第一作者工作的大学里，就像采购毛利语书籍一样，数年来一直都在采购中文书籍。毫无疑问，目前在许多大学里讲普通话的人群已成为最大的群体之一，虽然他们大多数人都能熟练地用英文阅读，但一些人初期在阅读学术文章方面确实还存在一定的语言困难。我们因此而真切地感到，通过本书的出版，我们或许能够为这些学生提供一定的帮助（当然，或许也能在西方大学里获得一定的销售量）。

　　基于所有这些考虑，对编者和出版社来说，作为《旅游管理》发行了第三个十年的标志，已有必要再做一次改变。得到 Elsevier 的 Tony Roche 的许可，决定本论文集将以中文出版。第一，这样的决定是对影响日益增长的中国学术研究的认可。第二，我们也希望以中文出版至少能使所收录的文章能够被平时不易接触到英文原文的中国学者们读到。第三，尽管中国使用互联网的人数——即使没有超过美国——已相当可观，但人均数仍然较低，而且很多大学还不能进入出版社提供的数据库。因此，这种纸质印刷书籍除了作为论文集本身已拥有的内在价值外，也仍然具有一定的实用价值。第四，还有人会说这三个十年间发展的关联性也并非那么密切。相比今天而言，《旅游管理》最初发行时，有关旅游的学术研究仍然处于相对萌芽状态，学术期刊也很少。同样，30 年前的中国经济也正处在婴儿成长期，相比今天，无论是中国国内还是国际旅游业都要差得多得多。而今天这两方面的形势都已与过去完全不同。从这个非常具体又显而易见的角度看，借助翻译将非中文的研究成果介绍给中国学者，对《旅游管理》30 年的发展历程来说也具有象征意义。为此我们要感谢译者王琳以及推动此书成型的谷慧敏教授，尤其还要提及的是南开大学的编辑孙淑兰老师，是她坚定的支持以及不断的努力才使得本书的编辑出版从最初的想法变为今天的事实。

　　在回顾本书出版的背景时，编者也同样认为，Ryan 和 Page 在 2000 年出版第二本论文集时的做法很有意义，即本书应包括各种主题。不同的是，在 2000 年，Ryan 和 Page 是通过对已发表的文章的归类而确定主题的。而这一次，编者选择这些主题却更多地考虑到中国读者的兴趣，因为这些文章会在政策上有一定的启示作用。发展旅游业目前已成为中国区域开发政策的重要内容（Fan & Hu, 2006），因此本书的主题确定为如下四个相关议题：

- 旅游地—目的地的本质及其发展
- 旅游目的地规划
- 旅游地体验
- 旅游地居民

　　另外，从全球意义上来说，这些主题的选择也有其合理性，毕竟旅游包括从一地到另一地的移动和在家庭以外的一个地方的经历。将旅游目的地作为主题的选择看起来尤其切合中国的情况，正因如此，发展旅游业在中国已成为更宽泛概念上的区域经济政策。例如 Gu、Ryan 和 Zhang（2007）就曾指出，井冈山开发"红—绿"旅游所进行的基础设施建设，包括公路、铁路和机场等，既是为方便输送更多的游客到该地区并在该地区活动，同时也可以供其他行业使用。类似的例子很多，比如 Cui（原文未注明日期——译者）在介绍中国陕西省南部时就举了类似的例子。这种趋势在中国国家旅游局（CNTA）发布的第十个（2000 年）和第十一个（2005 年）五年计划中也都有预测。这些规划本身也是对中国政府颁布、人大通过的计划的响应和配合。值得注意的是，国家旅游局的文件不仅认可了旅游业有可能对各省经济状况产生的影响，而且还承诺要"通过实施绿色开发、生产绿色产品、推广绿色管理和建设绿色体系来实现可持续发展战略"（CNTA，2000）。不过应当指出的是，这种提法并不仅仅局限于旅游业本身，政府日益明确的环境导向政策已逐渐显现，尽管目前中国仍然将解决大批人口的贫困问题视为首要任务。

从所有以上分析中可以看出，这些政策所代表的变化将带来重大的社会和政治影响，并且尽管本书中大多数文章都来自非华裔人士并且讨论的也是中国以外的地区，但至少还有一部分注意到了这些变化。我们说有一部分，是因为还是有些文章，例如，Kun Lai、Yiping Li 和 Xuegang Feng（2006）就谈到了有关政策变化这样的重大议题。文章认为，同 30 年前政治上的僵化相比，以往的规划方式已不再适合目前中国更有活力的社会现实。不管怎样，编者还是很愿意看到变化带来的结果。实际上，在 *Tourism in China*（Ryan & Gu, 2008）一书中，作者就认为，发展具有中国特色的社会主义市场经济对中国国家和人民产生了深刻影响，这实际上是一个体制改革的过程。仅举一个例子：作为世界贸易组织成员和联合国成员国应有的对国际协约的回应，中国积极响应联合国大会于 2003 年 11 月 3 日通过的非约束性文件《联合国土著人民权利宣言》，积极鼓励在国内发展基于本土文化的旅游业，这将对未来产生一定影响。旅游业的发展是中国国家繁荣发展的一部分，这个影响是世界范围的，它不仅体现在贸易方面，而且还体现在日益增长的环保意识以及政府对世界如何看待中国等敏感问题上。

考虑到以上不同层面的种种变化，可以看出，本书所确定的这四个主题本身就构成了不同方面的论述。首先，有些文章讨论了实用的专业术语和概念。例如，Linsheng Zhong、Jinyang Deng 和 Baohui Xiang（2008），以及 Rodriguez、Parra-Lopez 和 Yanes-Estevez（2008）都谈到了最初由 Butler（1980）所提出的旅游目的地生命周期所带来的管理方面的问题。另一组文章则讨论了不同的研究范式。所收录的文章涉及不同的论题，既有主张后实证主义的定量观点，强调要有独立于研究人员的、不受研究人员行为影响的数据和现象（例如由 Philips 和 Jones 在 2006 年所做的有关海岸侵蚀的研究），也有社会建构主义的观点，强调文化背景的重要性和意义不能被动等待发现，而应该由作为观察者的参与人员和研究人员去构建——正如本书编者所写的有关五台山佛教文化节的论文中所论述的那样（Ryan & Gu, 2010）。而 Hyde 和 Laesser（2008）的基于休假结构理论的文章，则代表了上面两个不同的研究范式的某个中间点。另一个主题则进一步讨论了关注于分析报告的微观单位与相对更整体意义上的理解之间的区别。前者的例子来自 Chettri、Arrowsmith 和 Jackson（2004）的文章，该文是基于一群学生在澳大利亚西维多利亚的 Grampians 主题公园里的徒步旅行的经历而成，后者的例子则是 Nyaupane、Morais 和 Dowler（2006）对旅游所产生的影响而做的相对更为全面的思考。其他主题还包括中国和中国以外的研究人员的关注点的不同，还有基于个人体验的和相对更强调组织与管理方面的观点的不同，以及基于自然的和相对更为城市化的研究环境的不同。

　　表 1 是对本书主题的一个描述。要说明的是，不应该把任何文章简单归类到某个单一板块中，实际上大多数文章——即使不是全部——都可以很容易地归类于表中一个以上的板块中，不过，该表确实阐明了一个基础框架，文章最初就是基于这个基础考虑而被挑选的。需要说明的是，在用这种方法挑选论文时，也仍然有很多的备选论文，而且它们在很多方面也非常优秀。总而言之，这次编者也同样遇到了类似 2000 年的选择"最好"论文的难题。而事实上，编者之间也确实是有过不同意见的。为此，我们还讨论了收录中国作者的文章是否会被认为有明显的象征性？尤其还要指出的是，其中还包括两篇编者自己的文章，这样做会不会使编者的自主权无限扩大？最后我们决定要结合各个方面考虑所收文章的综合性（如表 1 所示），同时考虑到本书的读者群（即中国大陆内外讲汉语普通话的人群——包括学生和经验丰富的学者），我们还感到也有必要体现中国研究工作的成熟性，同时也相信所有文章（包括我们自己的文章）都具有鲜明而各不相同的特色，相互之间没有重复。

表 1　本书所包含的主题

方　法	旅游地	旅游目的地规划	旅游地体验	旅游地居民
不同的研究范式				
微观与宏观方法				
中国和中国以外的研究的关注点				
自然区域与城市区域				
个体与组织				

　　综合所有这些因素，本论文集在某种意义上正是代表了当前旅游研究的多

样性。正如旅游学界一致认可的，旅游是一个综合体，它将不同的社会科学和与环境变化相关联的自然科学(包括旅游业对气候变化的影响以及气候变化对旅游业的影响等)集合在了一起。本论文集代表了不同的研究方法和理论，虽然可能会有人对此提出疑问，即旅游研究是否应该确立一个专有的、公认的焦点，然而对编者来说，正是这种多样性激发和鼓舞了我们当前和今后的研究。下一篇文章将介绍本书的第一个主题，即"旅游地"。

参考文献

Butler, R. W. (1980). The Concept of a Tourist Area Cycle of Evolution: Implications for Management of Resources, *Canadian Geographer*, 24: 5–12.

Chen, C-F., Chiou-Wei, S. Z. (2009). Tourism Expansion, Tourism Uncertainty and Economic Growth. *Tourism Management*. 30(6):812-818.

Chhetri, P., Arrowsmith, C. and Jackson, M. (2004). Determining Hiking Experiences in Nature Based Tourist Destinations. *Tourism Management* 25(1): 31- 43.

Gu, H. & Hobson, P. (2008). The Dragon is Roaring: The Development of Tourism, Hospitality & Convention Management Education in China. *Journal of Hospitality & Tourism Education*: Special Issues in Asia. 20(1): 20-29.

Gu, H., Kavanaugh, R., & Yu Cong. (2007). Empirical Studies of Tourism Education in China. *Journal of Teaching in Travel & Tourism*. 7(1): 3-24.

Gu, H., Ryan, C., and Zhang, W. (2007). Jinggangshan Mountain: A Paradigm of China's Red Tourism. pp. 59-58 in Ryan, C. (ed.) (2007). *Battlefield Tourism: History, Place and Interpretation*. Oxford: Pergamon.

Hyde, K., and Laesser, C. (2009). A Structural Theory of the Vacation. *Tourism Management* 30(2):240-249.

Lai, K., Li, Y., and Feng, X. (2006). The Gap between Planning and Implementation: A Case of China. *Tourism Management*. 27(6): 1171-1180.

Medlik, S. (1991). *Managing Tourism*. Oxford: Butterworth.

New Zealand Statistics. (2009). *The International Visitor Survey*. Wellington: New Zealand Statistics.

Nyaupane, G. P., Morais, D. B., and Dowler. (2006). The Role of Community Involvement and Number/Type of Visitors on Tourism Impacts: A Controlled Comparison of Annapurna, Nepal and Northwest Yunna, China. *Tourism Management* 27(6): 1373-1385.

Parilla, J. C., Font, A. R., & Nadal, J. R. (2007). Tourism and Long-term Growth:

A Spanish Perspective. *Annals of Tourism Research*. 34(3): 709-726.

Philips, M. R. and Jones, A. L., (2006). Erosion and Tourism Infrastructure in the Coastal Zone: Problems, Consequences and Management. *Tourism Marogement.* 27: 517-524.

Proença, S., & Soukiazis, E. (2008). Tourism as an Economic Growth Factor: A Case Study for Southern European Countries. *Tourism Economics*. 14(4): 791-806.

Rodriguez, J. R. O., Parra-Lopez. E., and Yanes-Estevez, V. (2008). The Sustainability of Island Destinations: Tourism Area Life Cycle and Teleological Perspectives. The Case of Tenerife. *Tourism Management*. 29(1): 53-65.

Ryan, C. (2009). Thirty Years of Tourism Management. *Tourism Management* 30(1): 1-2.

Ryan, C., and Gu, H. (2008). *Tourism in China: Destinations, Cultures and Communities*. New York: Routledge.

Ryan, C. and Gu, H. (2010). Constructions and Culture in Research: understandings of the 4th Buddhist Festival, Wutaishan, China. *Tourism Management*. 31(2):167-168.

Ryan, C. and Page, S. J., (eds.) (2000). *Tourism Management: Towards the New Millennium*, Oxford: Pergamon.

Zhong, L., Deng, J., and Xiang, B. (2008). Tourism Development and the Tourism Area Life-cycle Model: A Case Study of Zhangjiajie National Forest Park. *Tourism Management* 29(5): 841-856.

第Ⅰ篇 旅游地

导言

Chris Ryan Huimin Gu   Lin Wang

引言

　　旅游目的地的作用——就旅游的本质而言——是旅游研究的一个重要组成部分。在早期的旅游模型中，如 Leiper（1990）提出的"旅游系统"的概念里，就对旅游客源地和旅游目的地间的旅行空间关系给予了很大关注。研究人员采用了不同角度，包括在航线、调度和运输系统的研究中对其逻辑性的思考（例如：Page, 2005; Duval, 2008）或是对空间的形象、认识和利用方面的探讨（例如：Beerli & Martin, 2004; Walmsley & Jenkins, 1992）。当然还有在旅游学术文献中被引用最多的观点，即 Butler（1980）的旅游区生命周期论。

　　旅游目的地生命周期理论表面看来并不复杂。因为它只是在一个层面上复制许多生命周期的生长与消亡过程，即从一小群求新、求真的游客对一个目的地的初始探索的足迹开始，然后逐渐演化为包括参与、发展、巩固以及停滞直到衰落等在内的各个阶段。不过 Butler 还指出，如同在营销和品牌推广活动中会发生的情况一样，目的地也有可能会复苏、焕发新的活力。最初该理论是以游客人数和旅行时间作为变量对整个发展过程进行记录。早期的研究人员也曾做过个案研究以对不同的发展阶段进行验证，如 Hayward（1986）就曾提出是否可以确认一些能够识别出各个阶段的转折点的测算办法，从而使周期变得具有可操作性。直观上，这个想法是可行的，并且后来也确有一些案例验证了这一点［例如 Cooper 和 Jackson（1989）对马恩岛（the Isle of Man）的研究］。这个观点对旅游目的地的规划也有重要的影响，但是 Hayward 以及其他研究人员要考虑的问题是，我们怎样才能够预测出那些所谓的关键转折点，使该理论能够真正得到运作，而非仅仅停留在对一个已过去的事件的验证描述上？也有人因此而提出了一些具体的计量方法，比如测算游客总数中再次到访的游客所占的比例（Hayward, 1986），还有一些人则提出划分游客类型的并行理论，如 Cohen（1972, 1979）的从自主型的散客群到批量打包的大型旅游团等，或是 Plog（1973）的探索型（allocentric）、中庸型（mid-centric）和保守型

（psychocentric）游客的分类，并以此作为划分目的地各阶段的决定性因素，从而确定游客市场的类型。

不过，目前已发现有不同类型的 S 型曲线，因此也有人指出，生命周期只是一个过程发展的结果，但并非所有的旅游目的地都会有相同的发展过程。许多目的地比如像 Cancun（墨西哥旅游城市——译者注）（Papatheodorou, 2006）或 Playa de las Americas（西班牙旅游地——译者注）（Padilla & McElroy, 2005）这样有目的建造的度假综合区就不具备探索或早期的参与阶段，它们只是房地产开发商将其作为成熟的度假村而兴建的，在这里，酒店在短期内便具有较高的入住率。而且，正如 Hoosie（1990）指出，这种性质的度假村往往涉及地方官员的腐败行为，因为原始土地的所有者因被劝诱而售出的土地价格并没有真实地反映出和这些度假村相关的市场价值。总之，简单地寻求量化的方法在方向上还是有误的，除非研究者对发展过程中的各种变量以及各个因素间的相互关系的实质都比较熟悉和了解。

此外，旅游目的地生命周期也并不仅仅和游客的数量和类型有关。Young（1983）是早期的研究评论员，在他的马耳他渔业养殖村的案例中，追溯了随着不断的开发而导致的土地使用模式的改变。他描述了一个小社区是怎样在一个相对较短的时间内由原本简单的土地使用模式发展成一个具有游艇、酒店、公寓和别墅的完整的国际度假区，以致诱发了当地政府的规划反应，强制划分了区域以阻止进一步的开发。他的案例突显出了当地企业家和外来资本之间的关系。当地居民为顺应旅游开发所带来的经济机会，开始扩充带早餐的床位，建造新房屋或家庭度假房用于出租，他们这些活动又激发了新的增长点，至少在欧洲导致了旅游运营商进入市场。本书的第一编者在其职业生涯的某一阶段，曾在 AITO（独立旅游运营商协会）下属的一家英国公司工作过，该公司常做的就是先确认一个已有雏形的度假地，然后就开始同当地的一家小旅馆或餐厅的老板接触并注入资金让他们进一步发展自己的设施，同时向其保证一定数量的客人。但旅游目的地的成功又迟早会吸引更大的运营商和酒店集团，并且外来资本和业主也开始进入市场。之后为获取回报率又需要更大的业务扩张，这便意味着该目的地已进入 Butler 所描述的旅游目的地的发展过程。其结果正如 Kermath 和 Thomas（1992）所指出的，不断的商业扩张以及由于外来公司购买原有的基础场地或者在开发中又在当地建造新的活动中心导致当地原有社区商业空间边缘化。总之，在这样的情况下，如果当地政府部门没有采取相应的限制性措施，当地社区和资本的所有者便会慢慢失去对自己所在地的控制力。

这种发展进程的另一个后果是当地企业和政界人士甚至开始放松对自己地区营销的控制。越来越多的市场转移到了旅游运营商手里，这些运营商经营的是它们本国的游客客源地市场，而不是旅游目的地的市场。旅游目的地实际上变成了旅游宣传册中适合游客口味的产品，成了属于旅游运营商而不是旅游目的地的品牌。旅游接待地的企业逐渐变成为满足目的地的某些衍生需求而销售自己的产品，即，它们的市场只直接对准到达目的地的游客。更早些时候，即在大规模应用互联网之前，它们也没有能力直接向旅游客源地的潜在顾客展开营销。正如 Bastakis、Buhalis 和 Butler（2004）所指出的，这时当地企业不具备外来旅游运营商所具有的控制能力，这些运营商可以通过宣传竞争对手的旅游目的地，以此来威胁减少在当地的商业活动，迫使当地企业降低价格。

鉴于对旅游目的地生命周期论的引用已非常频繁，或许也需要指出该理论也有强烈的反对者。早在 1976 年，Dhalla 和 Yuspeh 就指出产品不是有机体，更不是活的生物，因此，这种比喻本身就是不恰当的。更重要的是曲线本身也不是什么独立的变量，只是个结果而已。简言之，如上所述，它源自一个没有解释清楚的过程。Thomas（1991）也认为，过度依赖该模型可能会导致旅游地策划者和营销商过早放弃经营活动，错误解读导致游客人数变化的因素，并因此转而开辟新的经营活动，而实际上该地区的核心产品仍保留着巨大的发展潜力。Coles（2006）也认为，抛开 S 型曲线，也同样可以借用零售轮转理论的概念（Brown，1988），即旅游目的地自身的变化是永久性的，因为富于创新精神的企业家在不断从内部对旅游目的地进行着更新。在这种情况下，游客的数量相比其他的测算标准——比如旅游目的地的总消费额——就显得不那么重要了，因为仅从外部空间因素考虑，目的地的发展有可能会在很多方面都是停滞的，但却成功地提高了游客的消费水平。

那么，中国在这方面的情况又怎么样？当然对旅行社的无限权利的限制措施是有的。大型旅行社仍然在经营许可证和其他方面受到政府的控制。在竞争激烈的旅行社行业中，中国政府对内实施的是审批制，而非注册登记制。即，是否能经营旅行社业务，经营何种类型的业务，都必须首先通过政府相关职能部门的审核与批准，审批权掌握在各级旅游主管部门手中，形成了目前的"有限准入"的市场环境。这为旅行社行业初期发展中政府的主导作用提供了条件，对促进行业的健康发展产生了明显效果。但拥有准入审批权也使政府具备了寻租的可能，在法律监管不力的情况下也部分导致了市场混乱的现象。所以政府在旅行社行业管理中的角色仍有待探讨（王琳，2010）。再者，国际互联网的使用已经使当地企业有可能直接走出去，寻求独立于大型旅游承包运营商之外的市场。然而，尽管互联网在中国的普及率已越来越高，但到2010年仍然会落后于许多经合组织国家，而且对中国出境游市场的研究也表明，许多中国人还是更容易接受由国内旅行社所组织的旅行团及其中文导游（Sparks & Pan，2009）。在他们不熟悉的海外旅游上，这一点可能表现得尤为突出。另一个原因是，对某些国家来说旅游团可能是唯一被允许的旅游形式。在国内旅游市场方面，旅行社也可以提供比自助游更低的价格——当然，近来逐渐上升的通过互联网预订住宿的比例也可能会对此造成威胁。所有这些因素不仅对个体游客，而且对今后目的地要以何种方式发展，都有举足轻重的作用。

还有一些在其他国家很常见的情形也会在这里出现。其中之一便是当地运营商所结成的区域网的出现，这些运营商相互合作制定住宿和旅游项目套餐，并设法通过国际旅游商品交易会，比如伦敦的世界旅游交易会，或中国大陆、中国台湾、新西兰或澳大利亚等地的规模相对较小、但性质相同的国家或地区交易会，直接向公众或旅游行业销售。在许多（但并非所有的）实例中，这些发展过程中的一个重要角色是由公共部门资助设立的、以营销为活动核心的目的地旅游组织（Destination Tourism Organisation, DTO）。不过，许多DTO组织是作为公共部门和私营部门之间的合作伙伴关系在进行运作，以共同建立一个牢固的联合体使其能够作为当地身份和形象进行对外营销。总之，相对于20世纪70年代初西欧最早出现的包价打包度假套餐时期，今天的分配链更显复杂，它包括了互联网、本地网络运作的DTO、大型和小型的旅游运营商以及像Lastminute.com、Agoda.com和wotif.com等这种基于网络策划并组织住宿和旅游项目的经营方式、航空公司和酒店的直销活动等。可以预见，这些发展都会对旅游目的地及其组织方式产生直接影响，因为它们要寻求建立由不同部分组成、能够为游客提供不同体验的组织体系。

这种情况产生的结果之一是，相比过去而言，今天的旅游目的地的产品或许变得更加多样化。许多位于市区或市郊的度假区都可以提供建设得很好的民族的和跨国品牌的奢侈品，以及由本地企业提供的特色项目。再加上为游客推出的一系列的不同景点和旅游项目，今天的旅游目的地已能够广泛吸引包括多个细分市场的各类游客。另一个要注意的问题是，虽然已有上述提到的早期由Cohen提出、Plog又加以完善的游客类型划分，但是后续的研究又已经确认了更多种类型的游客。例如，Pearce（1982, 1988, 2005）就列出了一个游客类型目录，包括日光浴爱好者、享乐主义者、探险者、大自然爱好者等等，每一类都有自己喜欢的活动项目。但是人们也并不仅仅限于一种度假模式，而是可在不同的假期甚或同一个假期里体验不同的角色形式。Ryan 和 Birks（2006）曾在新西兰机场对商务旅客做过一次问卷调查研究，他们发现，出差的公务人员有可能会调整出差时间以顺应某个体育赛事或会展，或利用出差去看望住在当地的朋友和家人。Gibson 和 Yiannakis（2002）也重新审视了他们关于游客角色的理论概念，该理论以游客在不同方面的不同爱好为参照系数，包括熟悉的和不熟悉的、组织结构紧凑型的和松散型的，以及渴望刺激的和偏爱宁静的等。他们发现了生命周期各阶段和游客角色体验之间的关系，至少在一定程度上代表了角色体验的发展途径。

由于旅游目的地要对不断变化的游客统计数据和市场偏好做出各种相应的反应，其特征也随之变得更加多样化。举例来说，像新西兰皇后镇这样的旅游地，它一面继续成功地自我定位为有独特风格的"世界冒险之都"，提供两个赌场和多个高档餐馆以吸引富有的老一代游客，这些老年人仍然保留着过去的度假模式如滑雪活动等，但同时也为他们提供了比他们年轻时还要豪华得多的住宿条件。类似的还有以各种度假套餐而闻名的西班牙马略卡岛，它同样也在范围更广泛的基础上开发了包括打高尔夫球在内的多种高档消费项目。因此，度假区的空间布局以及它的住宅区、旅游区、游客和居民混合休息区和其他活动区的划分，便成为确定度假旅游目的地成功与否的关键。不过这些也并不完全是新事物，在欧洲历史上的滨海度假胜地（Steinecke, 1993）都能看到类似的痕迹，只是今天可能更常见罢了。实际上，即使在中国，专门规划建设的度假城比如深圳的华侨城就非常有名，不过 N. Zhang 和 W. Zhang（2008）也指出，许多城市都试图仿效深圳的做法但却没有真正获得成功。

入选文章

以下四章从更细微的角度对上文中提出的问题进行了探讨。首先是 Rodriguez、Parra-Lopez 和 Yanes-Estevez（2008）对西班牙的特内里费岛目的地生命周期的发展提出的思考。收录这篇文章有以下几个原因，首先，它简要回顾了 Butler 在 2000 年对生命周期理论的重新评价，这一次 Butler 指出了在如何看待旅游目的地的性质时还需要考虑的其他问题，包括限制增长的作用、空间关系的性质以及旅游地变化的活力程度等。然而作者继而评论说："本文的目的论模型中就融进了能够阐释上述那些被遗漏的要素的观点。该观点认为，目的地的变化不是既定的，而是由一系列的变量决定的，包括公共机构的决策、目标、战略规划和社会建设等。"（Rodriguez, Parra-Lopez & Yanes-Estevez, 2008:55）

这些观点与本书编者在前面所讲的完全一致。此外，Rodriguez、Parra-Lopez 和 Yanes-Estevez 对环境的可持续发展问题也表现出极大的关注。本文被收录的另一个原因是特内里费岛的特性。特内里费岛是欧洲旅游业内一个发展得很好、很成熟的度假地，如果说中国读者在这里要学习的不仅有西方同事所从事的学术工作，那么还应该学习的就是发展得如此完善的目的地是如何设法解决承载力所带来的问题的。而且，特内里费岛的例子也表明，"承载力"这个概念本身就是复杂的，因为任何旅游目的地的任何能力都是不定的。

目前旅游目的地所运用的管理方法可以决定目的地接纳更多游客人数的能力——或是通过对现有自然环境更细致的管理，或是准备好接受这些环境的改变。总之，接受、质疑、支持或阻止变化本身就是目的地能够接纳更多或更少游客的能力的一个重要方面，这又取决于政府在其职责和可持续发展规划范围内所确立的目标如何。因此，Rodriguez、Parra-Lopez 和 Yanes-Estevez（2008:63）所讲的内容也不会让人感到奇怪，他们指出："生命周期模型无法解释目前在许多目的地都存在的、寻求可持续发展的趋势，因为这被认为是避免发生停滞的战略行为。因此，显而易见，可持续性必须通过多个模型的结合来诠释……"

下一章是 Zhong、Deng 和 Xiang（2008）对张家界国家森林公园的研究。该公园是中国 1982 年建立的第一个国家森林公园，因此，作为一个重要的旅游地，它已有 20 多年的历史。实际上作者将该公园的历史一直追溯到了 20 世纪 50 年代末，以此来分辨其演变过程的不同阶段——这里的阶段指的是 Butler 的早期理论。在追溯历史的过程中，他们也回顾了旅游业在中国区域政策中所发挥的作用，以及在前期由于新城区毫无节制地快速开发建设而带来的问题，因此原有的自然环境区域遭到破坏，这些区域在承受新的土地使用模式的同时其环境也因为当地居民及游客人数的增加而严重恶化。本研究的一个重要发现是，尽管包括本书的编者们在内的许多评论家都在呼吁将规划作为一种措施来应对发展旅游业所带来的问题，规划本身其实也会出现偏差。Zhong、Deng 和 Xiang（2008）注意到至少有两个重大问题。首先，在制作河流系统模型上出现了错误并因此而造成了排水问题；其次，就是私营企业的政治影响力。对此，他们指出："这又导致了新的教训，即，随着公园的发展和演变，甚至连政府都开始失去对旅游开发的控制力。反之，企业家则通过跨国资本投资在很大程度上影响着政府官员的决策行为（Zhong, Deng & Xiang, 2008:14）。"

私营部门和公共部门的关系是第三章的主题，由 Dianne Dredge 在澳大利亚完全不同的环境下提出。Dredge 一开始就指出，目的地的管理是关键问题，但管理的质量在很大程度上取决于通过公共和私营部门之间的关系网络而加入的各方利益者的参与程度。网络有其独特的活力——比如网络中的节点数（即参加者的人数）、组成网络节点间的信息传输的方向和速度、参与者之间的亲密度或距离、影响模式以及某些人通过劝说影响他人的能力、信息共享或对政治权力的使用能力，以及对共同目标、愿景或利益的理解等。Dredge 还指出，知识的管理也同样重要，即当参与者信息完全互通并因此而能够做出更正确的决策时，网络便处在最佳状态。这就需要网络中的参与者之间相互信任。然而，现实往往是不完美的，通过案例研究方法，Dredge 还指出旅游目的地有可能难以形成景点的综合网络或住宿和旅游项目相结合的完美模式。因为这样一来，对游客来说目的地还有可能会显得太同质化了。

Dredge 因此认为在旅游目的地管理中也有许多重要的课程需要学习，领导的特质就是其中之一。然而，涉及的关键参与者——公共部门还存在一定的模糊性。地方政府旅游规划过程中的任何一个具体的参考者，均力求落实它所负责的整个社区的更广泛的利益。在这一点上，我们认为，中国同澳大利亚的情况是一样的，在中国，可以看到地方政府不断在各方利益竞争中寻找平衡点。其中一个例子是由 Yuan Jian Qiong, Dai Li Min, Wang, Qing Li（2008）所提供的。他们对长白山生物圈保护区发展生态旅游的努力进行了考察，并注意到当地政府对制定这方面的政策缺乏热情。他们在结论中指出："应当制定一套新的、更全面的关于生态旅游和资源利用的政策和配套法规，以确保当地人民能够分享这些活动所产生的惠益，包括保障他们能从收益中获得合理的比例。"（Yuan Jian Qiong, Dai Li Min, Wang, Qing Li, 2008:71）。

这个结论中有以下几点值得注意：第一，发展生态旅游被认为是推动经济发展的一种手段，同时从这篇文章可以清楚地看出，生态旅游因为和环境的可持续发展相协调而被确定为发展目标；第二，规划部门在这里也发挥着作用，因为它们被认为是保证这些目标得以实现的唯一有效方式；第三，当地人对旅游业缺乏热情的事实被认为是不适当的反应。这些问题当然复杂，由于作者把当地政府的不支持态度看成是要解决的问题而不是要尊重的决定，未免使其结论的价值大打折扣——对作者来说这或许有点事与愿违，不过这个例子确实也反映出目的地开发评估中的问题的实质。正如西方研究人员已注意到的,并不是所有的潜在旅游目的地都会开发!当然,与澳大利亚相比,中国政府无论在什么层面上都面临着一个更大的问题——发展经济使大批人口能够摆脱贫困状态(Ryan & Gu, 2008)。不过我们也认为这件事与 Dredge 所作的分析并没有构成多大的矛盾,而且网络的理念和运作也是将来中国进行目的地宣传、规划和旅游地建设的重要因素。

这部分的最后一章讨论的是休假理论。在这一章中 Hyde 和 Laesser(2009)提醒我们注意旅游目的地的一个基本事实——旅游目的地存在和发展的基本因素是为游客提供服务,因此了解游客如何安排他们的假期便显得非常重要。如果 Butler 的生命周期理论强调的是向游客提供基础设施、服务和活动项目的话,那么对任何目的地来说不考虑游客就意味着对旅游目的地的理解不够完整。因此,Hyde 和 Laesser (2008:240)在摘要中指出:"……休假的理论结构应包括五个部分:(1)休假有结构;(2)许多休假者追求他们休假体验的结构;(3)休假中存在三个可替换的宏观结构;(4)休假的微观结构由游客所选择的基本成分的混合体所构成;(5)休假的宏观结构影响微观决策。"从这个观点看,旅游地的性质是影响决策的一个关键因素,而 Hyde 和 Laesser 尝试的是将游客特点和旅游目的地的属性结合到一起而提供一个休假结构的分析报告。他们详细划定的是能够代表瑞士人特征的数据,因此并不打算提出能够概括任何国家或地区的理论,但很多研究人员完全可以以他们的概念作为起点,然后对自己所关注的那些地区的休假结构进行构思。

以上四篇文章合在一起,便概括了旅游目的地的四个主要方面,即目的地的演变、管理、利益相关者的关系以及为其未来的游客构建假期时要发挥作用的方式。这些文章也不是对各种统计数据关系的简单的陈述——而且也确实没有做这方面的考虑——反而更强调的是概念、假设和理论,这些可能更有助于我们对旅游业、它的本质以及在更广泛的层面上对旅游地及其居民的思考。从这些论文中也可以明显地看出,旅游地的规划是必要的,而这则构成了本书第二部分的主题。

参考文献

Ballesteros, E. R. and Hernandez Ramirez, M. (2007). Identity and Community—Reflections on the Development of Mining Heritage Tourism in Southern Spain. *Tourism Management* 28(3): 677–687.

Bastakis, C., Buhalis, D., & Butler, R. W. (2004). The Perception of Small and Medium Sized Tourism Accommodation Providers on the Impacts of the Tour Operators' Power in Eastern Mediteranean. *Tourism Management* 25(2): 151–170.

Beerli, A., & Martı́n, J. D. (2004). Factors Influencing Destination Image. *Annals of Tourism Research*. 31(3), 657–681.

Brown, S. (1988). The Wheel of the Wheel of Retailing. *International Journal of Retailing*. 3(1): 16–37.

Butler, R.W. (1980). The Concept of a Tourist Area Cycle of Evolution: Implications for Management of Resources. *Canadian Geographer*, 24: 5–12.

Cohen, E. (1972). Toward a Sociology of International Tourism. *Social Research* 39(1): 164–182.

Cohen, E. (1979). Rethinking the Sociology of Tourism. *Annals of Tourism Research* 6(1): 18–35.

Coles, T. (2006). Enigma Variations? The TALC, Marketing Models and the Descendants of the Product Life Cycle. pp.49–66 in Butler, R.W. (ed.), The *Tourism Area Life Cycle Vol.2: Conceptual and Theoretical Issues*. Clevedon: Channel View Press.

Cooper, C., and Jackson, S. (1989). Destination Life Cycle: The Isle of Man Case Study. *Annals of Tourism Research*. 16(3): 377–398.

Dianne D. (2006). Policy Networks and the Local Organisation of Tourism. *Tourism Management* 27(2): 269–280.

Dhalla, N. K., and Yuspeh, S. (1976). Forget the Product Life Cycle Concept. *Harvard Business Review*. 54(January/February): 102–112.

Dianne D. (2006). Policy Networks and the Local Organisation of Tourism. *Tourism Management* 27(2): 269–280.

Duval, D. T. (2008). *Tourism and Transport: Modes, Networks and Flows*. Clevedon: Channel View Books.

Fan Yezheng and Hu Qingping (2006). The Development of Tourism Planning and Research in China. Tourism Tribune, *Chinese Tourism Research Annual, 2001–2004*, Beijing: Social Sciences Academic Press.

Gibson, H. & Yiannakis, A. (2002). Tourist Roles: Needs and the Lifecourse.

Annals of Tourism Research. 29(2): 358-383.

Gladwell, N. J., and Bedini, L. A. (2004). In Search of Lost Leisure: the Impact of Caregiving on Leisure Travel. *Tourism Management.* 25(6): 685-693.

Gu, H., and Ryan, C. (2008). Place Attachment, Identity and Community Impacts of Tourism—the Case of a Beijing Hutong. *Tourism Management* 29(4): 637-647.

Hayward, K. M. (1986). Can the Tourist Area Life-cycle be Made Operational? *Tourism Management* 7(3): 154-167.

Hoosie, L. (1990). Gringos in Paradise. *Business Magazine,* Toronto Globe *and Mail,* February, pp.65-70.

Hyde, K., and Laesser, C. (2009). A Structural Theory of the Vacation. *Tourism Management* 30(2): 240-248.

Kermath, B. M. and Thomas, R. N. (1992). Spatial Dynamics of Resorts: Sos ú a, Dominican Republic, *Annals of Tourism Research* 19(2): 173-190.

Leiper, N. 1990. *Tourism Systems,* Department of Management Systems, Occasional Paper 2, Massey University, Auckland.

Padilla, A., and McElroy, J. L. (2005). The Tourism Penetration Index in Large Islands: The Case of the Dominican Republic. *The Journal of Sustainable Tourism* 13(4): 353-372.

Page, S. J. (2005). *Transport and Tourism: Global Perspectives 2nd edition.* Harlow: Pearson Books.

Papatheodorou, A. (2006). TALC and the Spatial Implications of Competition. pp 49-66 in Butler, R.W. (ed.), *The Tourism Area Life Cycle Vol 2. Conceptual and Theoretical Issues.* Clevedon: Channel View Books.

Park, M. and Stokowski, P. (2010). Social Disruption Theory and Crime in Rural Communities: Comparisons across Three Levels of Tourism Growth. *Tourism Management.*

Pearce, P. L. (1982). *The Social Psychology of Tourist Behaviour:* International Series in Experimental Psychology, Vol 3. Oxford: Pergamon Press.

Pearce, P. L. (1988). *The Ulysses Factor: Evaluating Visitors in Tourist Settings,* New York: Springer Verlag.

Pearce, P.L. (2005). *Tourist Behaviour: Themes and Conceptual Schemes.* Clevedon: Channel View Press.

Plog, S. C. (1973). Why Destinations Rise and Fall in Popularity. *Cornell Hotel and Restaurant Association Quarterly* 13: 6–13.

Pyo, S. (2005). Knowledge Map for Tourist Destinations – Needs and Implications. *Tourism Management.* 26(4): 583–594.

Rodriguez, J. R. O., Parra-Lopez. E., and Yanes-Estevez, V. (2008). The Sustainability of Island Destinations: Tourism Area Life Cycle and Teleological Perspectives. The Case of Tenerife. *Tourism Management.* 29(1): 53–65.

Ryan, C. and Gu, H. (2008). *Tourism in China: Destinations, Cultures and Communities.* New York: Routledge.

Ryan, C., and Birks, S. (2006). Passengers and Low Cost Flights: Evidence from the Trans-Tasman Routes. *Journal of Travel and Tourism Marketing* 19(1): 15–28.

Sainaghi, R. (2006). From Contents to Processes: A Dynamic Destination Management Model (DDMM). *Tourism Management* 27(5): 1053–1063.

Schianetz, K., Kavanagh, L., and Lockington, D. (2007). The Learning Tourism Destination: The Potential of a Learning Organisation Approach for Improving the Sustainability of Tourism Destinations. *Tourism Management* 28(6): 1485–1496.

Sparks, B., and Pan, G. (2009). Chinese Outbound Tourists: Understanding Their Attitudes, Constraints and Use of Information Sources. *Tourism Management* 30(4):483–494

Steinecke, A. (1993). The Historical Development of Tourism in Europe in W. Pompl, and P. Lavery (eds.), *Tourism in Europe, Structures and Developments,* Wallingford: CABI.

Thomas, M. J. (1991). Product Development and Management. pp. 284–296 in Baker, M. (ed.), *The Marketing Book-Volume 2.* Oxford: Butterworth Heinemann.

Walmesley, D. J., and Jenkins, J. (1992). Tourism Cognitive Mapping of Unfamiliar Environments, *Annals of Tourism Research* 19(3): 268–286.

Wang lin (2010). On the Change of Government's Role In the Development of Tourism Industry in China. The First International Conference on Tourism between China and Spain, March 28, 2010. Palma, Spair.

Yiannakis, A., and H. Gibson. (1992). Roles Tourists Play. *Annals of Tourism Research*, 19(2): 287−303.

Young, B. (1983). Touristization of Traditional Maltese Fishing−farming Villages. *Tourism Management*, 4(1): March, 35−41.

Yuan Jian Qiong, Dai Li Min, Wang. Qing Li, (2008). State−led Ecotourism Development and Nature Conservation: A Case Study of the Changbai Mountain Biosphere Reserve, China. 13(2): 55−71.

Yuksel, A. (2004). Shopping Experience Evaluation: a Case of Domestic and International Visitors. *Tourism Management* 25(6): 751−759.

Zhang, N., and Zhang, W. (2008). Overseas Chinese Town: A Case Study of the Interactive Development of Real Estate and Tourism pp.88−99 in Ryan, C., and Gu, H. (eds.), *Tourism in China: Destinations, Cultures and Communities*. Routledge (2008)

Zhong, L., Deng, J., and Xiang, B. (2008). Tourism Development and the Tourism Area Life−cycle Model: A Case Study of Zhangjiajie National Forest Park. *Tourism Management* 29(5): 841−856.

第一章　旅游区生命周期和目的论视角下的岛屿旅游地可持续发展

——以西班牙特内里费岛为例

Juan Ramón Oreja Rodríguez[*], Eduardo Parra-López,
Vanessa Yanes-Estévez

Departamento de Economía y Dirección de Empresas, Universidad de La Laguna, Facultad de Ciencias Económicas y Empresariales, Campus de Guajara, 38071-La Laguna (Tenerife), Islas Canarias, Spain

1　引言

在过去的几十年里，旅游区或旅游目的地生命周期模型（Butler, 1980）已使研究人员和政府能够对滨海旅游目的地的历史发展路径（过程）进行分析并对未来的发展趋势进行预测。然而，游客拥挤所带来的社会压力［如拥挤嘈杂的街区，有损自然资源的基础设施建设以及对稀缺资源（比如水）的滥用等］已经使有关机构开始对此做出反应，许多人都在思考能够解决这些问题的可持续发展战略。

本文的目的一方面是确定一个概念性框架以整合战略计划，推动岛屿旅游目的地的可持续发展；另一方面，利用生命周期模型探讨目的地今后可预期的演变。通过这种方式，本文提出了针对这些目的地的变化的解释性模型，其理论基础将在下一节中解释。

该模型被应用于一个案例研究中：特内里费岛（西班牙加那利群岛中的一个岛屿）。本文参照生命周期模型（Butler, 1980）分析了该岛的现状。该岛目前的状况是目的地变化，尤其是在过去 15 年里发生的变化产生的结果。为补充和完善该模型，并用战略的观点加以论述，本文还讨论了政治—法律决策。分析中特别包括了来自政府两个层面的规划：来自地区层面（加那利群岛地区）——规范岛屿旅游业决策；岛屿层面（特内里费岛的地方政府）——对重新定向旅游供给采取的直接措施。

2　研究目标

　　这项研究以前人的理论文献为基础,试图阐释岛上沿海旅游地的可持续性发展。以往的大多数研究应用旅游区生命周期模型(Butler, 1980)探讨旅游地的演变。这种观点强调长远规划和管理的重要性,以保持地区竞争力,但它本质上是一个描述性模型。为突破这个局限,需要结合将在下文中论述的其他方法。本文具体目标如下:

　　1. 提出并制定一个完整的模型,使可持续发展成为成熟旅游目的地的一项战略计划或决策过程。

　　2. 以欧洲的一个主要旅游地——特内里费岛(加那利群岛)为例,阐释拟议模型的适用性。

3　沿海旅游目的地的演变模型

3.1　生命周期模型

　　岛屿滨海旅游目的地的演变可用规范分析法来解释,因此通过与其他旅游地及该旅游地早期的状况相比可以解释它们是如何发展的。根据 Van de Ven 和 Poole (1995)的观点,本文将通过实地观察滨海旅游目的地随时间推移而产生的在形式、质量或条件上的差异来探讨其变化。

　　已有几种模型被用来描述旅游目的地的发展。其中最早的是由 Christaller (1963)提出的艺术家模型——认为人们寻求新的安静的地方以获得灵感。Plog (1973)确定了三类游客(探索型、中庸型和保守型),他们的心理和偏好制约着旅游地发展的好坏。然而,最被广泛认可和探讨的是 1980 年由 Butler 提出的模型,他把生命周期模型应用到旅游目的地环境中。通过纵向分析,Butler 视旅游地的变化为所经历的不同阶段的要素。生命周期模型(Butler, 1980)提出了旅游地演变假设,认为旅游地发展经历了六个阶段(探索、参与、发展、巩固、停滞、衰落和复兴),每阶段都有各自的特点。

　　许多采用此模型的案例研究都选择成熟的旅游地,并大都特别关注停滞阶段(Lundtorp & Wanhill, 2001)。为避免重蹈此模型所展现出的宿命化轨迹,一些文章还重点探讨了重建和复兴策略。例如, Agarwal (1997)讨论了生命周期(Butler, 1980)和重建论点之间的联系,认为衰退现象直到采取纠正措施才可以停止的假设在这两个观点中都没有明确（Agarwal, 1997）。生命周期模型描述了此阶段的特征和亟待解决的问题，而重建的观点探讨了克服游客接待量停滞不前的一系列战略选择。

20 年后，Butler（2000）重新审视了他的模型，并突出了该模型自 1980 年以来后续关联的各个方面。他认为许多研究由于过分关注细节，该模型一些关键方面和整体有效性却往往被忽视。为了解释旅游区的增长、变化、局限和干预，该模型以如下八个要素为基础（Butler, 2000）：

●活力：旅游活动中最典型的特征之一。

●过程：旅游区的变化是一个可被模式化的发展过程。

●增长的能力和极限：该模型认为如果游客数量超过旅游目的地的承载能力，游客体验的质量将会下降。旅游目的地承载力测量难度大，引发了许多专家学者的评论（Weaver, 2000）。

●触发器：造成旅游目的地发生变化的因素，如创新。

●管理：强调旅游目的地作为一个整体的重要性，因为许多旅游目的地注重单个资源和设施的管理，而忽略了旅游目的地的整体管理。

●长期发展观点：关键要有长远的观点，从一开始就力争避免衰退。

●空间组成部分：认为一旦某一特定旅游目的地发展停滞，可以在附近进行空间发展转移，这样一个新的旅游目的地产生了。

●普遍适用性：此模型适用于所有的旅游目的地。

随着时间的推移，该模式吸引了许多理论性和应用性检测（Butler, 2006a, b, Cooper, 1990, 1992a, b, 1994; Digance,1997; Tooman, 1997），并被不断地修订和评论（Agarwal, 1997, 1998; Oppermann，1995, 1998）。Lundtorp 和 Wanhill（2001）用公式阐释了生命周期模型的需求生成，此数学公式和模型证实了 Butler 1980 年提出的理论，并且结合 Berry(2006)的观点，有可能标记出度假胜地生命周期发生的各阶段时间。

此周期模型也作了修改（Butler, 2006a）。例如，Agarwal（1994）强调选择分析单位的重要性，并提出把模型应用到旅游目的地的每个产品，因为每个产品都会经历它自己的周期。

在一些文章，例如 Hovinen（2002）的兰开斯特郡的个案研究中，虽然该模型不是非常适合这个案例，作者仍然认为该模型有助于描述、解释该旅游地的情况。Hovinen 坚信，如果没有制定恰当的管理决策或规划，该地区有可能进入衰退阶段。

由于需要长时间的统计数据，旅游目的地生命周期模型（Butler, 1980）的理论有效性验证已倾向于集中在岛屿滨海旅游地，例如，Choy（1992）、Cooper

和 Jackson（1989）、Debbage（1990）、Douglas（1997）、Foster 和 Murphy（1991）、Ioannides（1992）、McNutt 和 Oreja（1996）、Meyer-Arendt（1985）和 Weaver（1990）。与此密切相关的，如 McNutt 和 Oreja（1996）在加那利群岛（西班牙）的研究。

3.2　用于解释旅游业发展的目的论

旅游目的地本身具有固定的变化过程或生命周期会呈现出其内在逻辑。因此，其发展和变化都应该能预先确定。然而，旅游地的变化同样受其他要素影响，包括环境（地理、经济、政治和社会因素），旅游地群体和个人对地区的思想意识和信念，可利用的资源，过去的成果，指定的目标或策略，以及混乱、突发事件等（Russell, 2006）。

出于这个原因，阐释旅游地变化时应该结合除生命周期概念外的其他要素。这些其他要素应该允许相关机构根据岛屿沿海地区旅游地实际情况和可持续发展理想状态作出适当的决策。

基于这种理念，Butler 的生命周期模型（Butler, 1980）突出和强调了管理和控制的极端重要性，以克服和避免潜在的危险。然而，由于生命周期主要描述了每个阶段的状况和问题，所以有必要寻求其他模型的其他要素。本文的目的论模型中就融进了能够阐释上述被遗漏的要素的一些观点。该理论观点认为，目的地的变化不是既定的，而是由一系列的变量决定的，包括公共机构的决策、目标、战略规划和社会结构等。所有这些因素综合影响了旅游地的内在发展逻辑。图1表示"结构产生的变化"与生命周期模型特征"既定的变化"的对比（Butler, 1980）。

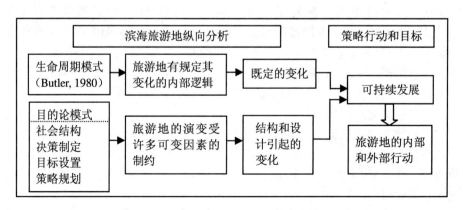

图1　岛屿滨海旅游地可持续性模型

3.3　Weaver 和可持续性

Weaver（2000）提出了一个不同于生命周期模型（Butler，1980）但又与其相辅相成的模型。他视 Butler 的各阶段为其框架内可能出现的一个情节。它强调要规范旅游资源——尤其是环境——的使用，以此调整游客流量。此外，还需要纳入并解释可持续性的概念，以使其融入沿海旅游地的发展。

如果出现高度控制的情况，Weaver（2000）建议该旅游地可以采取"人为替代旅游业（DAT）"，涉及大众旅游的两种形式和旅游地的可持续性发展。第一种形式他称为"非持续性的大众旅游业（UMT）"。像 Butler（1980）预测的一样，它是旅游业继续发展的逻辑结果——由于缺乏严格的监管而超过了旅游地的承载能力和环境、社会文化所允许变化的极限。第二种形式为旅游地"可持续的大众旅游业（SMT）"。这种形式理论上存在于旅游业高度发达的地方，但管理严格，对承载力限制严格。从第一种形式转换到第二种形式，要求当局比正常水平更严格地控制调整旅游地的客流量。这些控制可能包括通过采取管理战略保留主要游客，继续重新进行基础设施、当地设备和活动的建设和开发，以朝着可持续性方向发展（Weaver，2000）。在这种情况下，控制到达目的地的大众游客的旅游公司能更有力地影响这些变化，并能和当地公司进行更多的合作以便于可持续性发展。如果当地经济因此发展，这些开发可能允许资源的重新配置，从而可以进行更多适当的干预和教育性项目，这样将有助于目的地的循环利用和美化建设（Clarke，1997；Goodall，1992）。

驱动 UMT 过渡到 SMT 旅游发展的主要动力之一是利益相关者的支持。利益相关者间的相互影响能解释很多旅游发展的冲突（Markwick，2000）。每个集团都有不同的特点和理念（Needham & Rollins，2005），它们试图达到各自的利益和目标。这一过程形成了一个伸向四面八方、各个角落的复杂的权势网络。Tsaur、Lin 和 Lin（2006）制定了一个生态旅游可持续性评估的模型。在该模型中，他们确定了主要的利益相关者，并根据经济、社会和环境因素明确了它们的相互关系。下一节我们将列举这些影响和本案例研究（特内里费）的利益相关者，从而为 Weaver 在 2000 年提出的实例加上又一个案例（Clavia 和 Jersey 的 Mallorcan 市政当局）。

3.4　可持续性发展综合模式假设

生命周期模型（Butler，1980）强调了旅游地管理中控制和责任的重要性，采用描述的方法描述了这一情况，并列出亟待解决的问题，被称为"既定的变化"。因此，它成为一种可解释沿海旅游地开发的启示性工具，但它没有具体说明避免某些情况所需的战略选择。然而，该模型强调，必须进行积极主动的战略性规划，这对战略决策有指导意义（Buhalis, 2000）。必须在其他模型中找到补充该生命周期的要素。

对生命周期模型最普遍的批判是该模型认为存在一个不可避免的过程，似乎限制或否定了干预的作用（Cooper, 1994; Haywood, 1992）。因此，生命周期模型不能完全解释起支撑作用的、在许多旅游地常见的、作为克服停滞时期方法的可持续性。可持续性应用综合的观点来加以解释，包括生命周期模型，规定的要素和自然变化，目的论观点所计划、创造和操控的改变。图 1 为本文提出的以特内里费为背景的解释性模型基本原理图。它有助于分析岛屿旅游区朝可持续性方向发展的变化，并从可持续性的定义中得以证明。

旅游可持续发展传统上指一套用于指导旅游开发的原则、政治法规和管理方法，并结合旅游地环境、文化和基本设施资源保护（Lane, 1994）。从这一立场出发，Hunter（1997）把可持续性旅游业看做是取决于自身发展环境条件的适应性范例。他提出四个备选观点。

1. 通过"强制性旅游业"进行可持续发展：这是一个对可持续性发展非常无力的解释。此时旅游业的发展重心在于满足游客和旅游经营者的需求和愿望。旅游活动代表一种真正意义上的提高，并为更多人创造福利，这种观点是合理的。

2. 通过"产品导向旅游"进行可持续发展：这同样是一个对可持续性发展的无力的解释，因为它仅次于主要需求，旨在设计新产品并维持现存旅游产品。

3. 通过"环境导向旅游"进行可持续发展：这种观点促进了依赖保持高质量自然环境和/或文化体验的旅游类型。

4. 通过"幼态旅游"进行可持续发展：该观点依据旅游业永远会给环境带来冲击，而试图尽可能保护自然生态系统的功能完整性这一理念。

本文重点讨论这四种观点中的通过"产品导向旅游"进行可持续发展。这个观点符合本案例（特内里费）的岛屿旅游地体验，与岛上主要相关机构采用的发展观相符。Bianchi（2004）对这一观点有所补充，因为他发现，加那利群岛旅游法规中概述的可持续原则用他的话说只是对复杂问题的"技术解决方案"。这也是后来由 Aguilo、Alegre、Caldera 和 Sard（2002）修改的 Morgan（1991）著作中的观点。在这些旅游地，环境方面可能受到极大关注，但主要需求是保持当前旅游产品（阳光和沙滩）或新产品的开发，当地岛屿的经济依靠旅游业的发展。环境方面主要集中在采取措施减少旅游业带来的损失，改善使用中的资源，并限制还没有和这个领域发生关联的资源的使用。

总之，为了在岛屿旅游地建立可持续发展目标时克服生命周期模型指定的局限，可以补充使用这里提出的目的论模型。这包含了一系列建设性理论（Van de Ven & Poole, 1995），特别是社会建设（Berger & Luckmann, 1966），决策（March & Simon, 1958），目标确定和战略规划（Chakravarthy & Lorange, 1991）。

4　案例研究：特内里费（加那利群岛）

文中假设的模型（图 1）被应用于欧洲主要旅游地之一特内里费。该地区正朝着可持续发展迈进，以期克服发展成熟和停滞阶段的到来（既定的变化）。这种可持续性是目的论观点（战略计划、决策和目标）的产物，受以下两种考虑所致：加那利群岛旅游业重建和特内里费发展的特有战略优先权。在本节中，在简要概述特内里费主要地理和经济特征之后，我们将评述作为生命周期阶段产物的外在因素和朝可持续方向发展的合理性。然后再概述两个战略决策来源：第一个来自地区政府（加那利群岛），第二个来自特内里费岛当局（特内里费）。

4.1　特内里费：闻名全球的旅游地

加那利群岛是西班牙版图内一个自治区，由 7 个火山岛组成。特内里费是群岛中的主要岛屿，位于非洲大陆西部，距伊比利亚半岛大约 1000km 远的大西洋上。特内里费也是群岛中最大的岛屿（2026km^2），有着类似金字塔三角底座一样的外形（图 2）。岛屿沿多石的海岸向中部攀升，在泰德峰达到最高点（3718m），也是加那利群岛和西班牙的最高点。

岛上有许多独特的气候区，从沿海地区阳光明媚的沙滩，到皑皑白雪的泰德峰。信风有助于区分北方和南方的湿度和温度。岛屿风景秀丽，有泰德国家公园、温带雨林森林、峡谷和火山地带。

特内里费岛既有农田和岩石海岸，又有广阔的沙滩，各类景观混合，神奇美丽。岛屿气候常年不变，自然资源丰富，阳光沙滩是主要的旅游产品。

特内里费岛地方议会、加那利群岛和巴利阿里群岛等政府单位进行的研究强调特内里费在冬季的主要竞争者是加那利群岛的其他岛屿，稍远一点的还有加勒比海诸岛，而夏天竞争对手扩大，包括地中海和加勒比海的旅游地。

由于旅游业的发展，特内里费岛近几年人口增长显著，常住居民人数从 1996 年的 665,611 攀升到 2003 年的 799,889，增长率为 20.17%。目前特内里费岛人口占加那利群岛人口总数的 42.20%（2003 年）。特内里费人口主要来自欧洲，2003 年人口密度为 394.81/km^2，是群岛中人口最稠密的岛屿。特内里费人口的增长大致可以从加那利群岛旅游业的增长反映出来，在过去 8 年里加那利群岛旅游业几乎翻了一番，增长速度仅次于其中一个主要的竞争对手（表1）。

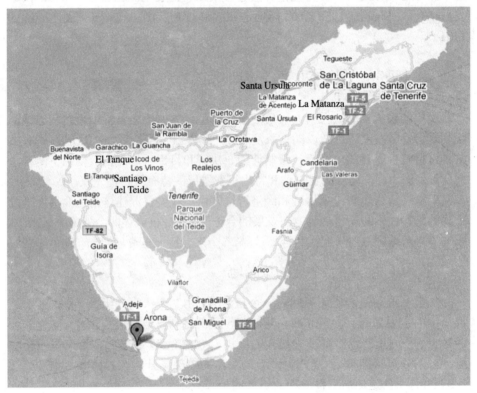

图 2　特内里费岛旅游区

来源：特内里费岛旅游业（Tourism of Tenerife, 2006）

表 1　特定国家和地区外国游客增加变化情况（1997=100）

	1997	1998	1999	2000	2001	2002	2003	2004	2005
塞浦路斯	100.0	88.7	127.5	117.9	132.5	134.5	124.9	133.8	142.4
克罗地亚	100.0	19.1	18.0	21.6	32.5	18.8	37.6	54.4	58.3
埃及	100.0	87.6	122.1	95.0	97.7	119.1	146.3	151.7	133.3
希腊	100.0	90.6	105.2	106.1	119.9	114.2	104.1	113.5	123.0
马耳他	100.0	102.6	114.9	121.9	134.9	128.0	120.9	127.4	135.6
葡萄牙	100.0	107.9	110.8	105.2	114.3	118.6	121.3	126.8	140.8
西班牙	100.0	100.3	107.1	109.3	126.8	113.8	118.9	126.9	140.1
摩洛哥	100.0	103.4	109.1	100.1	86.1	64.7	66.9	76.3	80.6
突尼斯	100.0	100.6	110.5	114.1	120.3	128.6	121.3	133.1	147.3

	1997	1998	1999	2000	2001	2002	2003	2004	2005
土耳其	100.0	107.3	136.5	123.0	125.7	147.6	166.0	188.4	186.7
以色列	100.0	88.7	142.0	155.8	173.0	208.4	197.6	189.1	182.7
加勒比海	100.0	99.7	103.1	112.6	120.0	123.1	125.8	134.1	140.3
多米尼加共和国	100.0	90.5	108.4	123.3	131.6	136.1	147.6	169.4	176.9
古巴	100.0	127.8	139.1	166.4	188.7	226.9	305.5	352.6	425.1
西非洲	100.0	92.7	98.9	95.0	100.2	137.3	161.6	156.3	172.7
东南亚	100.0	93.5	101.6	112.7	126.4	135.9	144.6	142.6	136.2
巴利阿里群岛	100.0	102.3	105.2	115.5	138.7	142.9	144.6	156.5	171.9
加那利群岛	100.0	114.1	123.5	134.3	155.3	163.6	164.3	173.1	191.9
共计	100.0	101.2	109.6	112.9	120.5	123.8	130.7	135.2	138.9

来源：OMI，加那利群岛政府，巴利阿里群岛政府和作者自己的整理

　　特内里费岛旅游业的发展主要以阳光沙滩为主，遵循相对保守的大众旅游模式。沿海各旅游地增长速度不一。岛屿旅游业总增长很大程度上受南部各旅游地区（Arona-Los Cristianos/Adeje-Las Amé ricas）业绩的驱动，而岛屿北部地区（Valle de La Orotava-Puerto de la Cruz）近几年正处于停滞阶段。岛上其他沿海旅游地（Santa Cruz de Tenerife/La Laguna and Tacoronte）就游客接待量而言没有很大的发展。

4.2　特内里费岛旅游模式和可持续发展

　　图 3 和图 4 说明了过去 15 年特内里费岛游客接待量上的变化。1 区、

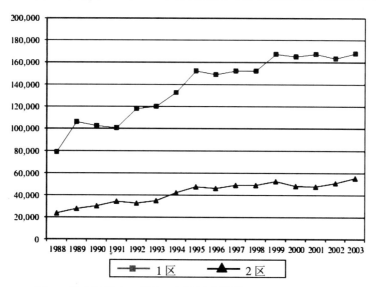

图 3　特内里费岛 1 区和 2 区的游客数量（1988～2003 年）
来源：作者整理

2 区和 3 区（Santa Cruz de Tenerife/La Laguna and Tacoronte/Valle de La Orotava-Puerto de la Cruz）近几年几乎没有增长，而 4 区（Arona/Adeje）驱动了岛屿游客数量的总体增长。因此保持现有的特内里费游客接待量水平很大程度上取决于 4 区（Arona/Adeje）的业绩。

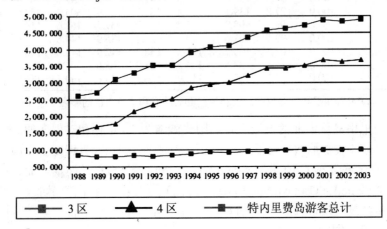

图 4   特内里费岛 3 区和 4 区游客数量及该岛游客数量总计（1988～2003 年）
来源：作者整理

　　该大众旅游模型对该岛屿的自然资源产生了影响（McNutt & Oreja, 1996）。海岸已经受到旅游部门后续阶段建设开发的影响，包括酒店、公寓和居民区的建设（包含第二寓所）。

　　城市开发导致审美污染，如噪声、垃圾污水问题、当地传统建筑的消失、公路基础设施建设对该地区景色的影响等（见 Bianchi, 2004）。另外，沿岸还增加了很多工业设施，包括一个炼油厂和一家发电站。并且特内里费岛当局政府正在考察是否能在纳索菲娅国际机场附近的工业区建造一个"超级港口"，它邻近该岛南部最大的一个自然海滨沙滩（El Médano）。

　　这个想法遭到生态环境专家组和许多市民的反对，但得到了当地政府的支持。目前这一建设工程可能带来的影响还不明确。生态环境专家组预测自然环境将遭到严重的损害，而当地政府则强调，他们考虑到了环境因素，这是区域化发展的需要，也符合岛屿未来的发展方向。该项目位置如此接近重要的自然旅游资源，引起人们对其合理性及对游客审美影响的担忧。

　　通过追溯过去 15 年酒店和非酒店床位数量的演变（图 5 和图 6），我们可以清楚地看到 4 区（Arona/Adeje）的建设压力，以及该区为全岛总体床位数所作出的贡献。相比之下，1 区和 2 区无关紧要，而 3 区几乎停滞不前。

　　考虑到以上这些模式,加那利地区和特内里费当地政府间有了社会政治争议——如果该岛旅游业的增长唯独依靠南部区域的继续发展,维持目前这种旅游增长模式是否是明智之举?

　　至于在此次可持续性的争议中不同利益相关者的作用,在特内里费岛有可能确认出 Tsaur 等(2006)指出的一些影响。在特内里费岛,可以说旅游发展的实际模式源于建筑部门的压力,而建筑部门则是旅游业主要利益相关者之一。新的旅游基础设施为当地公共行政(自治区政府当局)带来了经济效益,

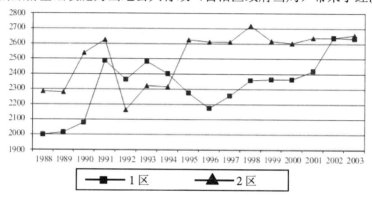

图 5　特内里费岛 1 区和 2 区的床位变化(1988~2003 年)

来源:作者整理

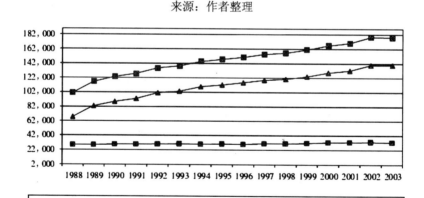

图 6　特内里费岛 3 区和 4 区的总体床位变化(1988~2003 年)

来源:作者整理

正好为争取更多的基础设施如港口、公路和文化设施等建设资金找到了来源和合理的理由。对当地社区来说,在开发早期阶段,旅游代表就业机会,新的基础设施(例如,机场、铁路、和大陆更好的沟通条件和海滩的改善),以及文

化发展带来的社会效益。然而，在达到某种程度的饱和后，先前的效益变成劣势，造成海滩拥挤、交通堵塞和独特的风景名胜区受损。这就是为什么居民已开始讨论是否需要建立有关承载力的指标，以减轻大规模旅游业继续扩张所带来的不良影响。当地社区这种向行政部门施加压力，要求制定相关法规的举动常常得到酒店经营者的支持。他们的目标是通过减少或限制目前的食宿供应（目前一直处于需求状态）以提高食宿价格。这就是为什么现有的酒店业者赞成通过法规控制新增的床位数量。游客本身也在旅游发展中发挥着重要作用，他们希望以低廉的价格享受现代先进的基础设施，获得独特的产品和服务。最后，作为旅游利益相关者，生态环境专家组也致力于促进法规的制定，因为他们的方针是保护环境不受任何形式的损害，如上文提到的由大众旅游开发带来的损害。

　　加那利群岛的其他岛屿围绕该度假地所达到的生命周期阶段，也引发了类似的争论。由于利益相关者对当地政府施压，地方当局制定了具体的战略决策。其主要目标是实现整个地区旅游业的可持续发展。结果各岛屿采取了相关的具体措施（如下所述）。

4.3　加那利群岛的旅游重建和可持续开发

　　Villar（2003）的最近一项研究指出，20 世纪 60 年代初至 80 年代后期，加那利群岛已采用类似于西班牙其他地区的措施，以促进旅游业发展。主要目的是改善旅游胜地过度扩张或对发展不利的资源、基础设施和设备。当时的想法是建立基于 Butler（1980）模型的增长基石。

　　用于规划这一增长进程的法律文书称为"旅游管理规划"。这些规划控制了可能建立的机构类型，以及相关的设施和服务。随之，"城市管理规划"出台，确定了旅游业赖以建立的开发极限和性质。

　　然而，旅游业的增长和一些地区日趋成熟的旅游业使人们非常担心岛上资源的消耗殆尽。因而，政府主动倡议行动，导致行政—立法环境的变化。政府行动试图减缓旅游业扩张，把旅游开发逐步引入可持续发展的过程，寻求受旅游业驱动的经济发展和资源合理利用的平衡。此时，还针对农村地区（1987年）和自然景区（1987 年）颁布了法律，最终导致《加那利群岛旅游法规》的制定（1995 年）。

　　然而，这些措施的出台和执行并不能有效控制加那利群岛难以阻挡的旅游业明显增长。因此，当地政府设定的可持续发展目标，通过上文提到的类似 Hunter（1997）称为"通过产品导向旅游业实现可持续发展"的方针，从行政、立法角度采取战略决策，几乎暂停了所有的进一步旅游开发，以期在各个岛屿实现更好的旅游活动监管。

　　这些后期法规中制定的措施已经中止了旅游业的进一步建设和规划申请。例外的情况只包括乡村旅游开发、在住宿承载力范围内恢复或修建旅游机构，如分级建筑的餐馆、城市商务酒店建设等。

　　例外的情况还包括四星级和五星级酒店。如四星级酒店，它们只有拥有自己的配套设施，例如高尔夫球场、码头、主题公园、体育或健康设施等，才会得到建设许可。五星级酒店如果遵守具体针对它们的规定，也可以得到建设许可。这些例外条件用来充当"进入关卡"，以过滤抵达该岛的游客种类。当局采取这些措施旨在设法实现具体的目标，即把特内里费岛定位为吸引更高档次游客的旅游地，进而实现该岛的可持续发展。其依据为，来特内里费岛的游客大多收入水平较高，有能力支付高档次（四星级和五星级）酒店及其相关设施的费用。与此相关的理论依据是，如果抵达的游客人数减少或被限制，资源的使用必然下降，从而减少进一步的基础设施建设。

　　要实现或朝可持续发展前进，就要用图形对所取得的进步进行标示，在这种情况下引入了"承载力"这一概念。与 Mathieson 和 Wall（1982）一样，2003年颁布的第 19 号法令（第 4 章第 25 条）将"承载力"定义为：它是一组参数，指的是游客对某旅游地的利用，不会导致游客体验满意度的下降，不使旅游资源承受的压力过大，不破坏该地生态环境和自然景色，不会对当地居民社区造成过度影响，但具备旅游活动和服务人口所需的常规设备、服务和基础设施。

　　每个岛屿以及各岛的不同区域都引入了"承载力"这一概念。在某些区域，由于已经达到饱和状态，其供应已经超过了估计的需求，因此根本不允许旅游业的扩张。然而，当地政府发现很难具体说明承载能力的测量（Villar, 2003），因为承载力——如当前地区法规所述——包含了一系列具体而又复杂的因素：生态、社会、景观、基础设施、市场承载力、技术的应用、专业和人力资源，以及旅游资源和自然资源的储备与评估等。

　　每 3 年确定一次住宿承载力的合适增长比例，并建立了奖励机制。这些检测既可以按要求以时间顺序进行，也可以接受公开邀请。例如，2003～2006年（Villar, 2003）协定的增长率如下：

　　• 在大加那利岛、特内里费和富埃特文图拉兰萨罗特暂停发放新建旅游机构许可证，例外情况为城市酒店在不增加承载力的前提下的机构重建，以及2001 年 1 月前授予了许可证的项目，允许新增 50,000～90,000 张床位。

　　• 在"绿色群岛"——耶罗岛、拉·古玛拉和拉·帕尔玛——分别允许每年增加 200、1100 和 1750 张床位。

　　• 特内里费岛已中止发放 2003～2006 年的新建筑许可证（Government of

Canary Island, 2003）。但这不包括在不增加承载力前提下的城市酒店重建，以及 2001 年 1 月 1 日前领到许可证的项目。

实行这些限制的目的是建立一个利益相关者可接受的，而又不超过岛屿承载能力的可持续的旅游发展模式。当新酒店的建设不会导致群岛自然资源无可挽回的损害，就可以发放许可证（Government of Canary Islands, 2003）。

这样，行政—立法环境的变化在上文提到的 2003 年 4 月 14 日颁布的 19 号法令中具体化了，通过了《一般规章指令》和《加那利群岛旅游规章指令》，旨在实现群岛的可持续和持久发展模式，特别是对环境的尊重，这将保护自然资源、文化和地方遗产，同时达到社会均衡和公平发展，以及经济财富的生成。

然而，这种暂停并没有停止，或甚至减少加那利群岛床位数量的增加。与此相反，过去几年床位数目仍有所增加，固定不变的需求压力依然存在，这正好支持我们的论点，即模型和规章本身并不能推动旅游地朝可持续性方向发展。前面提到的目的论组成部分和战略行动在取得可持续性方面起着至关重要的作用。

4.4　特内里费岛旅游发展的战略方向

然而，如果不结合特内里费岛旅游管理相关部门采取的辅助措施，假设的模型也是不完善的（图 7）。这就体现了生命周期模型和目的论范例的互补性。目标是以现有产品为基础，制定一个新的旅游框架（Hunter, 1997）。这种互补的方法是在为重新界定特内里费岛旅游业而制定一套策略的背景下发展出来的，包括改善岛屿不同旅游区的供应，适应旅游业的发展，反映客户和市场类

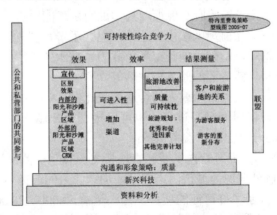

图 7　特内里费岛旅游发展策略型线图

来源：特内里费岛旅游业（Tourism of Tenerife, 2006）

型等。这样岛屿就能获得难以模仿的竞争优势：特内里费的独特假日体验是一种难以确定的无形的产品，任何其他旅游地都不可能复制（SPET，1999～2002）。

为了取得这一竞争优势，特内里费岛负责旅游管理的公共机构——特内里费岛官方旅游局（SPET，西班牙语缩写）制定了战略，其利益相关者是特内里费岛政府（特内里费岛议会和自治区），以特内里费、拉·帕尔玛、拉·古玛拉和耶罗岛酒店及非酒店协会（ASHOTEL）为主要代表的私营部门，以及其他与服务业有关的企业。自十多年前成立以来，SPET 一直在进行这种咨询活动。

SPET 提出的第一个战略旨在提高特内里费岛旅游供应的质量，具体体现在品牌和区域的开发上。因此，就品牌而言，目前正在推广以下品牌：特内里费岛高尔夫、特内里费精品、特内里费岛自然风景、特内里费岛和海洋，特内里费会议局（TCB）和特内里费电影委员会（TFC）。

特内里费岛高尔夫的目标是在市场内创造特内里费岛高尔夫球场的品牌意识，以及与此品牌相关的酒店和公寓意识，以期形成一批忠诚的客户（SPET，1999～2002）。特内里费精品被打造成为俱乐部，结合了岛上最奢华的旅游设施，只向有高消费能力的客户开放。2000 年打造的特内里费岛自然风景品牌试图促进特内里费岛农村地区及其大自然活动的开发。特内里费岛和海洋品牌开始于 2000 年，旨在促进特内里费岛度假地的海上休闲活动开发。1993 年特内里费会议局（TCB）成立，旨在通过国会、大会、产品展览会和奖励旅游等向国内和国际推销宣传特内里费。特内里费电影委员会（TFC）成立于 2001 年，其目的在于通过制作视听产品宣传岛屿。它设立了一个一站式联系，帮助来访的电影制片商寻找所需的地方，获得制作电影的许可，并安排当地企业（如视听产品生产商，能提供电影制作商所需服务的酒店、模特机构、租用专业工具和空中取景专业人士的公司）给予专业协助。

当局采用的第二个战略目的是专业化区域供给（SPET，1999/2002）。这导致了特内里费岛传统旅游区域结构的变化。因而，特内里费岛的北部区域——奥罗塔瓦山谷、巴哈岛、圣克鲁斯－拉古纳和巴哈马尔·伊达尔戈角——已被重新界定，各区提供与众不同的供应。在最后一个区域巴哈马尔－伊达戈角——制定了旨在改善资源和基础设施的《改善计划》。

旅游目的地特内里费岛南部已计划修改它们的供应。如前面所指出的，这个地区从游客接待量来说主导着特内里费岛的总体增长。自 1999 年该地实施了《旅游目的地改进计划》，重点改善洛斯克里斯蒂亚诺斯－阿德赫海岸区的城市和自然景区，健全并完善公共使用空间和公共服务，同时增加公共服务。

该《改进计划》得到了特内里费岛议会、阿德赫和阿罗纳自治区的资助。

《特内里费南部计划》在 2001～2004 年期间实施，由 SPET 负责管理，从西班牙经济和财政部、加那利群岛地区政府、特内里费岛议会、阿德赫和阿罗纳自治区获得了九百万欧元的资助。其目标是改善该岛南部区域的旅游基础设施。

奥罗塔瓦山谷于 1998 年被划为旅游区，目的是打造奥罗塔瓦山谷自己的品牌形象，强化其作为多元化海滨旅游地的位置，开发其供应的主要部分。在英国市场，它被打造成一个神秘的旅游目的地，是一个多样化的神秘山谷，拥有独特的自然景观和文化传统（SPET, 1999, 2002）。

巴哈岛品牌包括特内里费岛东北区域，如加拉奇科、洛斯锡洛斯、埃尔坦凯和布埃纳维斯等村庄。该品牌规划的第一步是达成统一旅游模式的协议（2001年），随后采取了一些初步措施，为后续的计划执行奠定了基础（2002 年）。

5　结论及其启示

本文结合了旅游业的两个观点进行旅游分析，旅游区生命周期模型侧重旅游产品，目的论模式侧重策略。两种观点都综合在图 1 所示的模式中，代表了该岛屿旅游地旅游管理关键方面的战略整合。

生命周期模型无法解释可持续性发展，这是许多旅游地普遍追求实现的目标，是用以克服停滞期的战略。因此，很显然，如上文所提到，可持续性发展必须结合一种以上的模式加以解释。

采用可持续发展战略必须包括环境保护措施和土地使用总规划。如果这些战略对环境产生积极的影响，就必须结合与环境有关的监管机构。虽然特内里费岛已采取了措施，正朝正确方向迈进，包括上文提到的加那利群岛政府颁布的 2003 年第 19 号法令和关于建筑管理的策略，但这些措施尚未最后完成。没有所有相关机构的一致同意，不能通过任何法令。如果不能达成共识，就只能取得零碎的结果。这给我们一个启示，我们的模型强调付诸实践的必要性，不仅从法令上，还要保证旅游地战略管理部门考虑到不同利益相关者的利益，并努力共享同一目标，但这似乎难以做到。

通过探讨特内里费岛，也使我们认识到上文讨论过的与该岛战略行动有关的问题的关联性，涉及旅游活动、供给过剩、需求不平衡、环境事务和安全问题缺乏共识等。这些问题导致该岛屿发展到了目前的停滞阶段。这是一个关键时期，同时也强调了为了制定一个稳固连贯的方法来管理该岛，有必要在适当的框架下结合可持续发展的原则。这和该领域重要学者们的意见相符（Agarwll,

2001; Buhalis, 1999; Garcia Falcon & Medina Munoz, 1999）。

本文关于特内里费岛的研究结果为其他岛屿旅游目的地树立了一个范例，特别是经历生命周期模型后阶段时的应对措施。加那利群岛目前正努力为可能会出现的停滞期提供战略回应。在处理可持续性发展问题前，我们必须首先评估各旅游目的地未来发展的基本原则（例如农村人口统计、经济和发展潜力）。这样才能够分析不同战略和预期目标间的相互关系，并衡量这些应对措施所带来的消极和积极影响。

参考文献

Agarwal, S. (1994). The Resort Cycle Revisited: Implications for Resorts. In C. P. Cooper, & A. Lockwood (Eds.), *Progress in Tourism, Recreation and Hospitality Management*, Vol.5 (pp.194-208). London: Cassell.

Agarwal, S. (1997). The Resort Cycle and Seaside Tourism: An Assessment of its Applicability and Validity. *Tourism Management*, 18(2), 65-73.

Agarwal, S. (1998). What is New with the Resort Cycle? Reply. *Tourism Management*, 19(2), 181-182.

Agarwal, S. (2001). Restructuring Seaside Tourism. The Resort Lifecycle. *Annals of Tourism Research*, 29(1), 25-55.

Aguiló, E., Alegre J., Caldera, M., & Sard, M. (2002). *La fase de postestancamiento de un destino turístico maduro*. Dressing up to Screen the Same Blowsy Tart? FITUR. Madrid.

Berger, P. L., & Luckmann, T. (1966). *The Social Construction of Reality*. New York: Doubleday.

Berry, T. (2006). The Predictive Potential of the TALC Model. In R. Butler (Ed.), *The Tourism Area Life Cycle Model, Vol.1. Applications and Modifications* (pp.254-280). Clevedon: Channelview Publications.

Bianchi, R. V. (2004). Tourism Restructuring and the Politics of Sustainability: A Critical View from the European Periphery (The Canary Islands). *Journal of Sustainable Tourism*, 12(6), 495-529.

Buhalis, D. (1999). Tourism on the Greek Islands: Issues of Peripherality, Competitiveness and Development. *International Journal of Tourism Research*, 1, 341-358.

Buhalis, D. (2000). Marketing the Competitive Destination of the Future. *Tourism Management*, 21, 97-116.

Butler, R. W. (1980). The Concept of a Tourism Area Cycle of Evolution: Implications for the Management of Resources. *Canadian Geographer*, 24, 5-12.

Butler, R. (2000). The Resort Cycle Two Decades on. In B. Faulkner, E. Laws, & G. Morcado (Eds.), *Reflections on Experience* (pp.284-298). London: Cassell.

Butler, R. (2006a). *The Tourism Area Life Cycle Model. Applications and Modifications*, Vol.1. Clevedon: Channelview Publications.

Butler, R. (2006b). *The Tourism Area Life Cycle Model. Conceptual and Theoretical Issues*, Vol.2. Clevedon: Channelview Publications.

Chakravarthy, B. S., & Lorange, P. (1991). *Managing the Strategy Process*. Englewood Cliffs, NJ: Prentice-Hall.

Christaller, W. (1963). Some Consideration of Tourism in Europe: The Peripheral Regions-under Developed Countries-recreation Areas. *Regional Science Associated Papers*, 12, 95-105.

Choy, D. J. (1992). Life Cycle Models for Pacific Island Destinations. *Journal of Travel Research*, Winter, 26-31.

Clarke, J. (1997). A Framework of Approaches to Sustainable Tourism. *Journal of Sustainable Tourism*, 5, 224-233.

Cooper, C. (1990). Resorts in Decline—The Management Response. *Tourism Management*, 11(1), 63-67.

Cooper, C. (1992a). The Life Cycle Concept and Tourism. In P. Johnson, & B. Thomas (Eds.), *Choice and Demand in Tourism* (pp.147-162). London: Mansell.

Cooper, C. (1992b). The Life Cycle Concept and Strategic Planning for Coastal Resorts. *Built Environment*, 18(1), 57-66.

Cooper, C. (1994). The Destination Life Cycle: An Update. In Seaton, et al. (Eds.), *Tourism the State of Art* (pp.340-346). Chichester: Wiley.

Cooper, C., & Jackson, S. (1989). Destination Life Cycle—The Isle of Man Case Study. *Annals of Tourism Research*, 16(3), 377-398.

Council of Tenerife. (1988-2003). Estadísticas de Turismo Receptivo. Islade Tenerife. Área de Desarrollo Econó mico del Cabildo de Tenerife. Santa Cruz de Tenerife.

Debbage, K. (1990). Oligopoly and the Resort Cycle in the Bahamas. *Annals of Tourism Research*, 17(4), 513-527.

Digance, J. (1997). Life Cycle Model. *Annals of Tourism Research*, 24(2), 452-455.

Douglas, N. (1997). Applying the Life Cycle Model to Melanesia. *Annals of Tourism Research*, 24(1), 1-22.

Foster, D. M., & Murphy, P. (1991). Resort Cycle Revisited—The Retirement Connection. *Annals of Tourism Research*, 18(4), 553-567.

Garcí a Falcón, J. M., & Medina Muñoz, D. (1999). Sustainable Tourism Development in Islands: A Case Study of Gran Canaria. *Business Strategy and the Environment*, 8(6), 336-357.

Goodall, B. (1992). Environmental Auditing for Tourism. In C. P. Cooper, & A. Loockwood (Eds.), *Progress in Tourism, Recreation and Hospitality Management*, Vol.4 (pp.60-74). London: Belhaven Press.

Government of Canary Islands. (2003). *Law 19/2003 on Arrangement of Territory and Tourism of the Canary Islands*. Government of the Canary Islands.

Haywood, K. M. (1992). Revisiting Resort Cycle. *Annals of Tourism Research*, 19(2), 351-354.

Hovinen, G. R. (2002). Revisiting the Destination Lifecycle Model. *Annals of Tourism Research*, 29(1), 209-230.

Hunter, C. (1997). Sustainable Tourism as an Adaptative Paradigm. *Annals of Tourism Research*, 24(4), 850-867.

Ioannides, D. (1992). Tourism Development Agents—The Cypriot Resort Cycle. *Annals of Tourism Research*, 19(4), 711-731.

Lane, B. (1994). Sustainable Rural Tourism Strategies: A Tool for Development and Conservation. *Journal of Sustainable Tourism*, 2, 102-111.

Lundtorp, S., & Wanhill, S. (2001). The Resort Lifecycle Theory. Generating Processes and Estimation. *Annals of Tourism Research*, 28(4), 947-964.

March, J. G., & Simon, H. A. (1958). *Organizations*. New York: Wiley.

Markwick, M. C. (2000). Golf Tourism Development, Stakeholders, Differing Discourses and Alternative Agendas: The Case of Malta. *Tourism Management*, 21, 515-524.

Mathieson, A., & Wall, G. (1982). *Tourism: Economic, Physical and Social Impacts*. London: Longman.

McNutt, P. A., & Oreja, J. R. (1996). Economic Strategies for Sustainable Tourism in Islands: The Case of Tenerife. In L. Briguglio, R. Butler, D. Harrison, & W. Leal Filho (Eds.), *Sustainable Tourism in Islands and Small States. Case Studies*. London: Pinter.

Meyer-Arendt, K. J. (1985). The Grand Isle, Lousiana Resort Cycle. *Annals of Tourism Research*, 449-465.

Morgan, M. (1991). Dressing up to Survive. Marketing Majorca Anew. *Tourism Management*, March, 15-20.

Needham, M. D., & Rollins, R. B. (2005). Interest Groups Standards for Recreation and Tourism Impacts at Ski Areas in the Summer. *Tourism Management*, 26, 1-13.

Oppermann, M. (1995). Travel Life Cycle. *Annals of Tourism Research*, 22(2), 535-552.

Oppermann, M. (1998). What is New with the Resort Cycle? Comment. *Tourism Management*, 19(2), 179-180.

Plog, S. C. (1973). Why Destination Areas Rise and Fall in Popularity. *The Cornell Hotel and Restaurant Administration Quarterly*, 14, 55-58.

Russell, R. (2006). Chaos Theory and its Application to the TALC Model. In R. Butler(Ed.), *The Tourism Area Life Cycle Model. Applications and Modifications*, Vol.1 (pp.164-180). Clevedon: Channelview Publications.

SPET. (1999/2002). *Memoria. Sociedad de Promoción Exterior de Tenerife*, S.A. Santa Cruz de Tenerife. /www.webtenerife.com.

Tooman, L. A. (1997). Applications of the Life-cycle Model in Tourism. *Annals of Tourism Research*, 24(1), 214-234.

Tourism of Tenerife. (2006). *Strategic Planning*. 2005-2007. Council of Tenerife.

Tsaur, S.-H., Lin, Y.-C., & Lin, J. H. (2006). Evaluating Ecotourism Sustainability from the Integrated Perspective of Resource, Community and Tourism. *Tourism Management*, 27, 640-653.

Van de Ven, A. H., & Poole, M. S. (1995). Explaining Development and Change in Organizations. *Academy of Management Review*, 20(3), 510-540.

Villar, F. J. (2003). La ordenación territorial del turismo: luces y sombras de la limitación del crecimiento turístico en Canarias. *Actualidad Administrativa*, 24, 579-616.

Weaver, D. B. (1990). Grand Cayman Island and Resort Cycle Concept. *Journal of Travel Research Fall*, 39(2), 9-15.

Weaver, D. B. (2000). A Broad Context Model of Destination Development Scenarios. *Tourism Management*, 21, 217-224.

第二章 旅游开发和旅游地生命周期模型

——以中国张家界国家森林公园为例

Linsheng Zhong[a,*], Jinyang Deng[b], Baohui Xiang[c]

[a]Institute of Geographical Sciences and Natural Resources Research, Chinese Academy of Sciences, Beijing 100101, China

[b]Recreation, Parks, and Tourism Resources Program, West Virginia University, Morgantown, WV 26506, USA

[c]Department of Human Resources, China Woman's University, Beijing 100101, China

1 引言

1980 年 Butler 首次提出了旅游地生命周期的理论框架，自此以后此概念备受关注。Butler（2006a, 2006b）最近出版的两本著作进一步强调了它的重要性，认为它是旅游学研究中最常用的理论之一。Lagiewski（2006）回顾了前人的研究，共列出了 49 部与旅游地生命周期（TALC）相关的主要作品。这些研究从各个不同的角度对该模型进行了分析，有的单从客源的角度进行分析（如 Getz, 1992——尼亚加拉瀑布），有的则是从各具特色的旅游目的地角度进行分析（如 Hovinen, 1981——兰开斯特郡；Hovinen, 2002; Keller, 1987——加拿大西北领地；Johnson & Snepenger, 1993——美国大黄石地区；Tooman, 1997——大雾山地区）。另外，该模型的应用也很广泛，有的应用于各种不同类型的旅游景点和资源，如岛屿、滨海度假村、山区旅游景点等，有的则从不同的角度加以应用（如 Agarwal, 1997TALC 的有效性和适用性；Berry, 2001TALC 各阶段的社会、环境和/或经济变化；Hovinen, 2002; Tooman, 1997; 保继刚［Bao, J.］、张朝枝［Zhang, z.］, 2006——旅游规划；Getz, 1992 等）。尽管人们还未就 TALC 理论的有效性和适应性达成普遍的共识，但正如以上研究所示，它已被证实是一个非常有用的理论框架，适于诠释度假胜地旅游开发的动态。

显然，该模型还有待检验（Agarwal, 1997; Berry, 2001），正如 Butler 在上文提到的两部著作（Butler, 2006a, 2006b）的结语中所说："（我们）对（旅游目的地开发方式的）了解还远远不够。"笔者认为，我们应该特别关注 TALC 模型几乎未涉及的领域（如国家公园或其他边陲地区），尤其是经济快速增长的发展中国家的一些区域。原因如下：首先，现在大多数的研究都是关于沿海或岛屿景点，几乎没有研究关注到国家公园或其他保护区（两个例外：Boyd, 2006; Weizenegger, 2006）。然而，公园是保护生态系统和自然资源的重要地方，它还为公众提供了休闲旅游的机会，被认定为世界遗产的地区尤为如此（Boyd, 2006）。基于这些地区的性质，政府对其旅游发展的方向和速度的干预要多于海岛旅游度假区（Weizenegger, 2006）。其次，该模型的稳固性已在北美、英国、地中海地区得到了检验。这些地方旅游业发展历史悠久，经过了很长一段时间的发展才达到目前的状态（Baum, 1998）。

在发展中国家，这样的研究相对来说太少了。发展中国家的一些新兴旅游目的地可能在很短的时间内就达到了成熟阶段。Baum（1998: p169; 亦可见 Baum, 2006）认为，除具警示作用外，此模型对新兴旅游目的地，尤其是发展中国家的新兴旅游目的地价值不大，这种看法也有待商榷。新兴旅游目的地的发展期很可能短得多，并且随着全球化和跨国投资，它也可能越过了模型周期内的一个或多个阶段。

最后，Johnson 和 Snepenger（2006: 234）也强调应该在不同经济转型期的背景下开展更多的研究，这将使我们深刻地理解到旅游业影响力和目的地成熟过程的不断变化的特性。中国是世界上最大的发展中国家，经济增长速度最快，联系整个国家的宏观经济变化，可以为我们分析边远落后地区的新兴旅游目的地的发展过程提供研究背景。

基于以上考虑，本文采用 TALC 理论研究中国第一个国家森林公园——张家界国家森林公园（ZNFP）。选择 ZNFP 有三个方面的原因。第一，这个公园是 1982 年建立的第一个国家级森林公园，地处偏僻山区，具有独一无二的旅游资源——砂岩。旅游景点可以是一个度假村、一个小镇、一座城市、一个地区甚或一个村庄。对于哪一类旅游景点最适合分析，学者们还没有达成共识。可以想象，正如前人的研究所示，基于不同的旅游景点得出的分析结果也将不同。在运用 TALC 理论研究兰开斯特郡这一多样化景点的旅游开发时，Hovinen（2002: 220）认为："Butler 假设的旅游地发展阶段可能适合某些单一的旅游景点。"第二，众多旅游景点检验 TALC 理论的主要困难在于难以统计到该旅游景点游客的准确的长期趋势数据（Butler, 1980; Hovinen, 2002; Lagiewski, 2006）。这对于游客只能通过一道受控制的大门进入的公园来说却不是问题。

因此，像中国（参见保继刚［Bao, J.］、张朝枝［Zhang, Z.］, 2006）其他公园一样，张家界森林公园自开放以来就保持着完整可靠的旅游人数记录，另外，公园还有每年旅游收入的数据资料。第三，在过去 20 年里，学者们结合旅游业对该公园环境、经济和社会文化上的影响已经做了大量的研究。这些成果为现在的研究打下了坚实的基础。

Agarwal（1997）指出 TALC 理论的研究应集中在以下两方面中的任意一个：一方面，检验该模型的适用性；另一方面，结合不同问题，拓展该模型（引自 Lagiewski, 2006）。事实上，绝大多数研究综合了以上两点。本研究也将采用这种范式，具体研究以下三个方面：（1）该模型对于张家界森林公园的有效性和适用性；（2）构成该公园和周边地区旅游发展的内力和外力；（3）各阶段的环境、社会和经济变化。本论文避开以往的研究发展趋势分析 TALC 模型（见 Getz, 1992; Agarwal, 1997）。为了研究这些问题，本论文采用了 Getz（1992）的研究方法，利用现有的文献和前人的研究成果，并结合了访谈法、实地和地图观察法、问卷调查法。

2　TALC 模型

本部分旨在为本研究提供理论基础，将不详细论述 TALC 模型（详情请参考 Lagiewski, 2006；Butler, 2006a, 2006b），因此，接下来我们将回顾上文提到的本文研究的具体三个方面的前人研究成果。

2.1　TALC 的有效性和适用性

Butler 提出 TALC 包括六个旅游演化阶段，即探查阶段、参与阶段、发展阶段、巩固阶段、停滞阶段和复苏阶段。最后一个阶段以一段时间的持续衰退、恢复或稳定为特征。前人参照 Butler 提出的六个阶段论，通过观测旅游景点的演变情况，对 TALC 模型的适用性进行了评估。

Butler（1980:10）认为：“并不是所有的地区都会清晰地经历生命周期中的各个阶段。”这表明这个模型不可能以同一形式体现在所有的旅游目的地中。这个观点在前人的研究中已得到认可，前人研究发现，很多旅游景点经历的各阶段并不一致，这些发现均来自个案研究（Agarwal, 1997; Cooper & Jackson, 1989）。例如，Meyer-Arendt（1985）的路易斯安那州大岛度假村研究，Cooper 和 Jackson（1989）的马恩岛研究。而有些研究（如 Berry, 2006; Smith, 1992; Wilkinson, 1987）则显示这些景点的生命周期和 TALC 模型非常吻合。另外，有趣的是，Boyd（2006）曾研究过所有加拿大国家公园的建立和发展，整体

上它们的周期也符合 TALC 模型，不过，作者仍指出了确定"最佳代表 TALC
模型的个案"的难度（Boyd, 2006:138），这意味着加拿大各个国家公园经历的
六个阶段并不相同。

　　和加拿大国家公园的案例一样，许多其他的旅游地也不完全与这个模型吻
合。例如，大西洋城没有经历前两个阶段（Stansfield, 1978），加勒比海的开曼
群岛跳过了第一阶段（Weaver, 2000）。此外，先前的研究还发现，旅游景点的
不同阶段可以并存。例如，多样化的旅游地兰开斯特郡，表现为增长、停滞、
衰落和复苏阶段并存（Hovinen, 1981; Hovinen, 2002）。同样，旅游资源单一的
旅游地尼亚加拉瀑布"已发展成熟，巩固、停滞、衰退、复苏各阶段相互交织，
状态稳定"（Getz, 1992:752）。

2.2　影响 TALC 的内外部因素

　　尽管 TALC 模型有益于描述旅游发展的演变过程，但一个旅游地会经历什
么阶段？每个阶段会持续多久？这些受多方面因素影响。因此,没有放之四海
而皆准的完美模型。Butler（1980:11）发现："该曲线图的形状根据地区不同
也会有所不同，反映出不同的影响因素，如发展速度、政府政策、旅游产品相
似而具有竞争性的旅游地数量。"此外，还有很多其他因素也会影响该模型曲
线图的形状，其中包括政治动荡、恐怖主义、自然灾害。这些因素可以归为两
类：内部和外部因素（Agarwal, 1997）。内部因素包括目的地固有的因素（如
独特的资源和景点、当地的居民以及他们对旅游业发展的态度、渐趋恶化的旅
游资源）及与管理、服务和质量相联的因素。Butler（1980:9）认为："只有真
正独特的景区才可期以近乎永恒的吸引力。"也就是说，只要没有不利于旅游
业发展的外部因素（例如，自然灾害），旅游资源独特的景点可以永久地吸引
游客。如果事实果真如此，那么旅游地就可能不会无可挽回地衰败下去。与此
相反，由于旅游业是一个开放的体系，对外在因素非常敏感（Gunn & Var,
2002），旅游景点的盛衰起伏是常有的事（例如尼亚加拉瀑布，见 Getz, 1992;
又如黄山和长城，见保继刚 [Bao, J.], 1998）。

　　先前研究中涉及的外部因素有生产商、消费者和起调节作用的政府（参见
Keller, 1987）。例如，企业在为生命周期引进新元素，帮助旅游业复苏方面往
往扮演着重要的角色，如兰开斯特郡（Hovinen, 2002），澳大利亚黄金海岸
（Russell & Faulkner, 1999; 详情请参阅 Russell, 2006）。此外,旅游公司在 TALC
中也扮演着重要的角色。Ioannides（1992）对塞浦路斯的研究表明，一些大型
的旅游公司通过包机和组织大型旅游团大大地促进了旅游业的发展。Debbage
（1990）对巴哈马群岛的天堂岛的研究显示跨国公司可通过不完全竞争和垄断

控制与影响游客流向。

就消费者因素来说，游客不断变化的喜好和需求也在一定程度上影响着旅游地的盛衰（Butler, 1980）。例如，过去 20 年，人们对生态旅游的需求使得许多发达国家或发展中国家的保护区和国家公园广受欢迎（这些景区通常地处偏僻）而在起调节作用的当局政府方面，巴布亚新几内亚、所罗门群岛、瓦努阿图这三个岛国的旅游业发展的速度明显受到当地政府独立前后的影响（Douglas, 1997）。另一个反映政府在旅游业发展中的作用的例子是塞浦路斯（Ioannides, 1992）。旅游成为政府通过经济刺激和贷款实现经济多样化的手段。此外，塞浦路斯政府还采取措施降低游客增长率，调整住房发展的地理分布。

2.3 与 TALC 相关的环境、社会和经济变化

随着从探查阶段到停滞阶段的发展，旅游地的环境、社会和经济状况将不可避免地随时间发生改变（Butler, 1980）。通常发现旅游地经济增长的同时，也伴随着环境质量的日趋恶化与当地原有文化和习俗的逐步消失。

Boyd（2006:125）在研究加拿大国家公园时发现，公园处于探查和参与阶段时，"游客数量少对环境没有明显影响"。但是随着公园游客数量的增长，公园的设施和服务也随之增加，这进而将威胁到公园资源的生态完整性，甚至导致自然环境城市化。例如，由于人类的影响，加拿大班夫国家公园的环境已严重恶化。20 世纪 90 年代，有着 7600 人口的城镇班夫"地处栖息着高质量野生动物的公园里"（Banff-Bow Valley Study, 1996:137）。但到 2002 年，其人口已增加到约 9000（Clevenger, Wierzchowski, Chruszcz, & Gunson, 2002）。同样，自 20 世纪 80 年代初以来，黄石国家公园入口的周边社区发展迅速，难以控制（Ansson, 1998），在占地 18,000,000 英亩的黄石生态公园里，自 1990 年来，人口以高于 12%的比率增长，1998 年人口超过 322,000。随着旅游业的发展，黄石地区的各社区大部分已城市化。伴随而来的环境问题，如污染、烟雾、犯罪和交通拥挤已随处可见（Ansson, 1998）。

学者们已做了大量关于旅游业发展引起社会变化的研究，探讨居民对当地旅游业发展的态度（参见 Harrill [2004] 就此问题所作的一篇综述）。Butler（1980）指出，当地居民对游客和旅游开发的态度就像 Doxey（1976）在他的"刺激指数"理论中所述，会经历一个从开始的欢欣到冷漠、恼怒，直至对抗的一系列阶段。这种生命周期各阶段的发展和居民影响之间的逆向关系也得到了 Martin 和 Uysal（1990）的赞同。此外，Tooman（1997）发现，在旅游业成为主要经济部门的情况下（不论其处于哪个阶段），社会福利指标不会显示出明显的改善。

对于 TALC 模型六个阶段中的经济发展情况,从参与阶段到发展阶段,收入增长迅速。与此同时,本地人和外来投资者的旅游业收入差距拉大(Tooman,1997)。在巩固阶段,当地经济将受旅游业支配(Butler, 1980),大型企业将成为主要的经济参与者(Tooman, 1997)。

问题由此产生:这些效应在中国的国家公园表现明显吗?

3 研究区域

张家界国家公园(ZNFP)位于中国湖南省的西北部,距张家界市区(以前的大庸镇和大庸市)约 30 公里,距湖南省省会长沙 385 公里。该公园位于东经 110°24′～110°28′和北纬 29°17′～29°21′之间,占地面积 4810 公顷,是中国第一个由国务院批准成立(1982 年)的国家森林公园。后来与相邻的索溪峪自然保护区和天子山自然保护区合并组成武陵源风景名胜区,该名胜区于 1992 年被联合国教科文组织(UNESCO)列入世界文化遗产名录(WSHIA)。最近,这个公园又被冠以两个头衔:2000 年被中国国土资源部授予“国家地质公园”称号,2004 年被 UNSECO 授予“自然资源和世界地质公园”称号。因此,至少有三个机构即国家林业局(森林公园)、建设部(景区)、国土资源部(地质公园)直接参与该区的管理(Deng, Bauer, & Huang, 2003)。

ZNFP 以独特的自然景观闻名:成千上万的石英砂岩峰林从谷底延伸开来,高度从 50 米到 300 米不等。这些峰林分布在公园的六个旅游景区:黄石寨、金鞭溪(GWS)、腰子寨、刀沟、琵琶溪和袁家界(如图 1 所示)。从公园的数百个观景点和观景台都能看到这些峰林和邻近的景色。目前,公园里最受欢迎的旅游活动是乘坐世界最高的观光电梯、缆车或徒步观光。该地区以其独特的典雅、野性、宁静和神秘性魅力,吸引着国内外成千上万的游客。

图 1 张家界国家森林公园地图

该地区也是大量稀有和濒危动植物的家园，是环保教育和科学研究的珍贵场所。而且，公园及周边地区文化和历史资源丰富。当地居民主要由七个独具特色的少数民族（如土家族、白族、苗族等）组成，他们在此生活了数千年之久（Gu & Zhong, 2005）。

4　研究方法

本研究采用了三角测试法，通过深入访谈、问卷调查和二手数据源获得数据。本研究的调查结果是公园综合研究的一部分。深入访谈从 2004 年 7 月至 2005 年 11 月。在此期间，我们参观了该公园主要的景点和设施，并采访了 22 名背景不同的对象，要求被采访者回答诸如"公园自 1982 年成立以来有哪些发展"、"公园旅游转型带来什么结果"等问题。受访对象为张家界市政府官员两名，张家界公园管理者和工作人员五名，三所不同大学的教授五名，当地导游三名，当地居民三名，游客四名。他们的部分意见将穿插在后文中。

此外，2004 年 3 月至 2005 年 11 月间我们进行了两次问卷调查。第一次调查问卷的内容包括游客对该公园旅游业发展的看法以及旅游发展对游客旅游体验和当地社区造成的影响。此次我们采用了标准化自填式问卷，调查在公园的主要景点进行，随机挑选游客。要求同意参与调查的游客填写一份调查问卷，就出游特征、出游动机、对旅游业发展的看法，以及当地文化是否地道等问题作答。我们接触了 480 名游客，400 人愿意参与调查。其中 73 名参与者没有完成调查问卷，这些问卷视为无效。因此，有效问卷为 327 份，我们对此进行了数据分析。

此次调查发现，女性参与者（55.9%）数量略多于男性（44.1%）。大多数参与者为青年人（39 岁以下占 62.1%），平均年龄 32.6 岁。大多数参与者受过良好教育（67.9%有大学学位）。此外，33.3%的参与者家庭年收入超过 2.5 万元人民币。

调查还发现，大多数参与者（71.9%）在公园停留 3 天或 3 天以上，平均停留天数为 3.6 天。大多数参与者（72.7%）首次来参观，27.3%的游客已来了两次以上。这一比例与已记录的游客计划再次造访的数据相差无几，32.3%的受访者计划再次游览该公园。

第二次调查旨在考察该公园旅游业的发展对当地居民的影响。这项调查在该公园管辖下的张家界和袁家界两村进行。根据 2003 年公园的人口普查数据，张家界村有 1527 名居民、455 户家庭，袁家界村有 404 名居民、136 户家庭。问卷采用分层随机抽样法确定参与者，然后每个参与的家庭发一份问卷，要求每户家庭各派一名年满 18 岁的成员当面完成。200 份问卷中有 29 份未完成或空白，可用于进一步的数据分析的有效问卷为 171 份。

本次调查的大部分受访者在该地区已生活了相当长的一段时间，平均居住时间为 15.1 年。户均人数为 4.6 人，其中有两名在与旅游相关的公司供职。此外，绝大多数家庭成员的教育水平较低，平均每户有 3.0 个成员拥有高中及以下文凭。2004 年家庭总收入最低为 2000 元，最高达 100,000 元，平均为 25,958元，其中与旅游相关的收入从 0 元到 80,000 元不等，平均为 15,788 元。2004年与旅游相关的平均收入占家庭总收入的 60.8%。

本研究的二手数据主要来自中文版的有关该公园的出版物（即同行评论的期刊、书籍、新闻报道、环境报告等）。本次研究使用的地图包括 1983 年出版的地形图（比例尺：1/10,000）、1996 年绘制的土地使用地图（比例尺：1/10,000），以及 1987 年和 1998 年获得的两个 TM 图像。以 TM 图像为基础，通过无监督分类法，我们分析了公园转变的空间分布格局。此外，我们从公园管理处获得了自 1982 年以来 20 多年的年度统计报表，上面记载了游客数量和其他信息。

5　结果

5.1　旅游业的发展阶段和推动因素

在 1982 年被正式确立为国家森林公园之前，张家界的美景已久负盛名。例如，早在宋代（960～1279），一些诗人游历张家界时就作诗吟赋，惊叹其独特的美景（Gu & Zhong, 2005）。然而，该地区直到 20 世纪 80 年代早期才成为广受欢迎的旅游目的地。以下是该公园的旅游发展过程描述。

5.1.1　探查阶段（1978 年至 1981 年）

该公园过去为国营林场，建立于 1958 年，属大庸县管辖。1978 年以前，该林场的两个主要活动是种植和伐木。1978 年，湖南省林业厅陈平在国家级杂志《中国林业》上发表了一篇名为"张家界之旅"的文章，首次向公众介绍了张家界的自然美景（Gu & Zhong, 2005; Zheng, 1999）。此后林场逐步改变了种植、伐木的林业做法。然而，公园直到 1980 年才受到公众的广泛关注，当年中国著名画家吴冠中在《湖南日报》发表了一篇题为"张家界：养在深闺人未识"的文章，在他眼中，张家界是中国许多其他名山所无法媲美的（Gu & Zhong, 2005）。很多画家和摄影师也被吸引到张家界，证实了吴冠中的看法。通过画家和摄影师们的出版物和画展，张家界渐为公众所知。

在这个阶段，该地区没有为游客修建公路或铁路，也没有完善的设施，不过画家、摄影师、记者、科学家和探险家们仍旧经常来这里参观。据统计（Liu，1999），在此期间共有 88,000 人到访过此林场。1980 年 10 月 1 日（中国国庆日）这一天的游客接待量达到约 1000 人（Gu & Zhong, 2005）。在这个阶段，年平均游客量为 29,333 人。

当地政府很快认识到，不论是对当地还是对整个地区，发展旅游都可以产生巨大的经济收益。很快，湖南省政府（秘书长和省长）和国家林业部（1997年更名为中国国家林业局）领导对农场进行了视察。他们强调了风景区规划、景观维护以及扩建通向大庸县城（当时的大庸县政府所在地）公路的重要性。此外，他们对该公园的旅游发展进行了可行性研究。1980 年 10 月，为满足游客日益增长的需求，大庸县决定增加住宿设施投入，维修公路，解决电力短缺问题（Gu & Zhong, 2005）。同年，政府设立了行政部门，专门负责该地区旅游开发。1981 年 12 月，当时的林业部在北京召开了全国森林旅游研讨会，会议编写了《森林旅游开发备忘录》，确定该林场为全国七个森林旅游试验基地之一。同年，中国国家规划委员会和当时的林业部提议撤销该林场而改为国家森林公园（Gu & Zhong, 2005）。

5.1.2　参与阶段（1982 年至 1988 年）

由于先锋们不断宣传该地区的独特风景和景观，越来越多的游客来林场参观。造访的游客越来越多，他们给当地带来了直接的经济效益，因此，1982年 9 月，该地区被正式确立为国家森林公园。1982 年至 1988 年，其游客接待总量为 221.51 万人次（图 2），平均年游客接待量为 316,443 人次，约为探索阶段的 11 倍。

为适应日益增加的游客需求，公园开始进行设施建设。1982 年，景区第一家酒店——金鞭酒店正式营业，该酒店有 260 张床位（见表 1）。1984 年，通往最近城镇——大庸县（1985 年改为大庸市，1994 年改为张家界市）的主要公路修建开通，更便于全国各地的游客来游览。同年还修建了铁路，通过国家铁路网，县城和全国其他地区连接在了一起。在这一时期，铁路成了进入这个城市的主要交通工具（Zheng, 1999）。铁路的修建被视为该区旅游发展的一个转折点，因为此后景区开始接待旅游团队。另外，此时在公园的边界处（即锣鼓塔、水绕四门、袁家界）还增建了很多住宿设施。如表 1 所示，家庭旅馆、酒店、床位数分别从 1982 年的 0、1、260 增长到 1985 年的 18、25、2590。同样，商场也从 1982 年的 20 家增长到 1985 年的 45 家。

表 1 ZNFP1982～2004 年的住宿和购物设施

年份	床位	酒店	家庭旅馆	柜台和商店
1982	260	1	0	20
1985	2590	25	18	45
1990	4020	32	60	190
1995	7080	42	76	280
1999	8585	49	196	326
2004	5005	35	125	302

来源：张家界国家森林公园管理处（ZNFPA, 2006）

与在探查阶段类似，此时画家、记者以及其他名流仍旧通过造访和出版刊物，在公园宣传方面发挥着重要的作用。不同的是，其中有些是受当地政府和公园管理处的邀请而来。例如，1986 年，公园邀请了 30 多名来自中国香港、澳门、台湾地区的记者和编辑。此外，公园管理处和当地政府还采取了进一步措施，走出公园，向外推销该景区。1987 年，公园组成了六个宣传小组，在全国各地举办了景区图片展。同年，湖南省旅游局在美国和日本展示了公园景区图片。此外，来自中国科学院和其他大学的科学家和学者们开始研究该地区的地质、植被、气候和景观。地质部、国家旅游局和国家环境保护总局的政府官员也经常访问该地区。除此之外，一些政府首脑，如国家总理、国外的重要来宾（如比利时首相）都参观过该公园。这些贵宾的来访使公园更受欢迎，知名度更大。

这个时期政府在公园的开发中依旧扮演着重要的角色。1982 年，湖南唯一的少数民族自治州——湘西土家族苗族自治州成立旅游建设与开发领导小组。1983 年，张家界国家森林公园管理处成立，它是县级政府机构，除了管辖公园之外还管理三个村庄：张家界村、袁家界村和谢家村。1984 年公园编写了《导游翻译》。同年，大庸职业旅游学校正式建立。一年后，该地区第一家旅行社——张家界国家森林公园旅行社成立。随后在 1988 年，大庸旅行社成立，隶属于中国国际旅行社。1985 年，大庸市第一家酒店——大庸酒店开始动工。

在公园规划和管理方面，政府也发挥了重要作用。1982 年，湖南省相关部门编写了《张家界国家森林公园总体发展规划（1983～1985）》。这一阶段还制定了相关规章制度，其中包括大庸县 1983 年制定的第一个相关规章。1985 年，湘西土家族苗族自治州批准了一项与国外的经济和科技合作计划，强调经济活动从传统的以农业为主模式向旅游业相关模式转变。1985 年，国务院批准在该城市附近建立一个民用机场——荷花机场。1988 年大庸市升格为地级市。同年，成立了武陵源区，直接管辖公园和其他自然保护区。

值得一提的是，公园在这个阶段建设的资金（共计 1200 万人民币）主要来自中央和省级政府（Xia, 2004）。

5.1.3　发展阶段（1989 年至 1999 年）

这一时期游客人数增长迅猛。1989 年公园游客接待量为 381,500 人次。10年后，即 1999 年，这一数字跃升至 1,187,400（见图 2）。此期间总参观人数达到 7,941,900 人次，平均年旅客量为 721,991 人次，约为参与阶段的 2.3 倍。

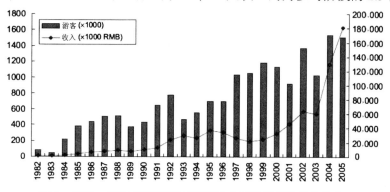

图 2　1982～2005 年张家界国家森林公园游客接待量和收入

来源：张家界国家森林公园管理处（ZNFPA, 2006）

伴随着游客的快速增长，公园及周边地区也得到了快速发展，其特点表现为：（1）国际化；（2）区域化；（3）现代化；（4）自然外观转变（下一节将详细讨论）。

首先，1989 年公园领导受缅因大学之邀前往参观美国的国家公园。同年大庸市与前苏联旅行社签署了第一个国际合作协议。由当时湖南省副省长倡导，1991 年举办了首届张家界国际森林保护节，从此以后，该节日每年举办一次。公园还举办了一些国际学术会议和体育节（如 1991 年国际生态林业会议，1992 年国际森林保护杯登山比赛等）。

张家界森林公园和相邻的两个自然保护区因 1992 年被联合国教科文组织（UNESCO）列为世界自然遗产而赢得国际声誉。在此期间，国外资金和技术被用于酒店和其他旅游相关设施建设。例如，大庸酒店利用外资扩建改造，并更名为翔龙国际大酒店。1997 年，来自祖国宝岛台湾的一家公司投资建设了一条长 863 米的索道。此外，被称为世界上最高的室外观光电梯于 1999 年开始建造（2002 年竣工）。该项目由三家公司联合投资 1.2 亿元，其中包括美国贸嘉国际有限公司。电梯由德国一家公司制造。

其次，以张家界国家森林公园（ZNFP）为核心的武陵源风景名胜区（WSHIA）的建立产生了连带的区域效应。整个风景区占地 397km^2，人口为44,954，成为国内最大的旅游地之一。该景区也促进了这个西部省份的其他景区的发展。

最后，在此阶段，公园及周边地区越来越现代化。1994 年张家界机场正式投入商业运作。同年，大庸市采用了公园的名字，更名为张家界市。这三个汉字暗含"张姓人家向世界敞开大门"之意。现在中国主要城市（包括香港、澳门）的游客均可乘坐飞机直达张家界。截至 1999 年，除了香港和澳门的两条航线外，机场还开通了 23 条国内航线。这一年，机场游客接待量约为 500,000人次。

正如前几个阶段，本阶段政府在加快公园及周边地区开发方面仍然发挥了至关重要的作用。例如，1993 年武陵源风景名胜区（WSHIA）管理处成立。1995 年，当时的国家主席江泽民访问了公园，指示"把张家界发展成为一个闻名全球的旅游目的地"。同年，该省第一辆从张家界至广州的观光列车——"张家界号"开始运营。此外，1993 年由同济大学和湖南省建设委员会起草的《武陵源风景名胜区总体规划》获得批准。同年，《大庸市旅游业管理条例》颁布。1996 年，张家界市政府决定重点发展旅游业，"以旅游为龙头，带动区域经济发展"。

综上所述还可以看出，企业跨国投资的作用不能忽视。如果没有这些投资，公园不可能像现在这样得到开发和转型。

5.1.4　巩固阶段（2000 年至今）

公园 2000 年进入巩固阶段。在此阶段，公园共接待游客 7,496,800 人次（2000 年至 2005 年），平均每年接待游客 1,124,947 人次，约为发展阶段的 1.7倍（见图 2）。公园基础设施发展开始变缓（将在下节讨论），发展重心转向外部因素，包括为国内游客完善区域陆路交通，加强对国际游客的宣传营销，这将对公园的可持续发展产生长期影响。如下文所述，这个时期，该地区的经济与旅游业紧密相联。

2002 年，张家界开始动工兴建通往常德的高速公路，该工程 2005 年竣工。常德市位于张家界东部 137 公里处，为一座较大的城市。该高速公路的修建使常德和长沙到张家界公园的旅途时间缩减了一半。更重要的是，由于该高速公路和国内其他高速公路网的连接，通过陆路交通，公园的可进入性大大提高。

自 2001 年以来，各级政府不断努力，以韩国游客为主要目标，向国际游客宣传促销公园旅游产品。在此期间，市政府秘书长带领着由旅行社和相关部门组成的代表团考察了韩国游客集中的大连。他们还远赴韩国，向韩国人直接推销公园和武陵源风景名胜区。此外，国家旅游局和湖南省旅游局也努力向韩国宣传该地区。因此，韩国游客由 2002 年的 102,400 人次增加到 2004 年的 220,000 人次，2005 年跃升至 360,000 人次（Deng, 2006; Wan, Du, & Tian, 2004）。2005 年张家界到汉城的直达航班开通，可预计韩国游客在今后几年将继续增加。为了给韩国游客留下深刻的印象，使他们有宾至如归的感觉，公园聘用了 400 多名韩语流利的导游。现在，为了销售自己的产品，当地农民和商贩都能讲些简单的韩语。韩语也是公园三种标识语语言之一（其他两种为汉语和英语）。

由于韩国游客主要为老年游客，并且该国的总人口数不大，公园考虑到韩国市场最终将饱和。因此，公园和武陵源风景名胜区开始寻找新的客源市场，他们把北美作为主要目标。《纽约时报》最近首次登载了 Winchester（2007）的一篇关于该地区的文章，这标志着国际市场新波动的开始，甚至可以说是游客涌向该公园的新波动的开始。

5.2　环境、社会/文化和经济的变化

5.2.1　环境变化

在探查阶段之前，公园的环境得到了很好的保护。然而，自参与阶段起，公园的自然面貌开始逐渐改变。发展阶段改变迅速，公园环境有了很大转变。在探查阶段，居民住房和设施的空间格局比较零散，到参与阶段已演变成线性模型，围绕着锣鼓塔、水绕四门和袁家界修建了很多住宿设施（见图 3）。发展阶段继续带状发展形式，第一批酒店的成功经营带动了更多酒店应运而生，后续的酒店位于第一批酒店的后面，因为靠近路边的土地越来越少。这样，酒店逐步地沿着通向公园主入口的公路排列开来，形成了带状发展模型。为了方便游客，有些商店在外面支起了摊位。在此期间，水绕四门和袁家界周围又出现了两个旅游村，而锣鼓塔作为居民区和旅游村也迅速扩大（见图 3）。如图 3 所示，与 1987 年相比，1998 年公园布局比较零碎，水绕四门、袁家界和武陵源风景区下游尤为突出。

随着这些自然面貌起变化的还有公园的床位由 1990 年的 4020 个增加到 1999 年的 8585 个，公园和整个武陵源风景区的环境转变迅速，让 1998 年来公园参观的联合国教科文组织世界遗产委员会官员大为震惊。他们给予了警

示，提出无节制的旅游开发正在摧毁公园的自然景致。部分是出于对此警告的反应，公园在2000年底开始实施拆迁计划。

　　由于公园的旅游设施已充分开发，接下来则要控制这种发展。这种控制代表公园已开始进入巩固阶段。自2000年起，水绕四门和袁家界的很多建筑因威胁到公园的生态完整性而被拆除。床位也因此由1999年的8585张下降到2004年的5005张（见表1）。由于公园环境的日益改变和商业化，公园的空气质量和地下水质量逐步恶化，到发展阶段已发展到顶峰。另外，野生动物及其栖息环境已受到严重的干扰。公园的主要空气污染源来自煤和石油的消耗，以及汽车的尾气排放（Shi, 2005）。这主要集中在以下三个地点：锣鼓塔、水绕四门和袁家界。如表2所示，煤炭消耗量1981年（勘探阶段）为70吨，到1985年（参与阶段）增加到1200吨，1998年（发展阶段）猛增至6100吨。由此可见，从探索阶段到发展阶段，二氧化硫、氮氧化物和烟尘污染成倍增加。石强（Shi, 2005）指出，根据污染指数分析，锣鼓塔1984年至1988年（参与阶段）空气质量为中度污染，但从1993年至1999年（发展阶段），空气质量每年为严重污染。

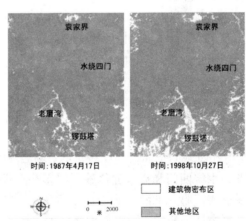

图3　张家界国家森林公园建设区的变化

表2　煤消耗量及导致的污染物排放量（单位：吨）

	1981	1982	1985	1990	1995	1998
煤炭消耗量	70	500	1200	2300	6300	6100
SO_2	4.20	30.00	72.00	138.00	378.00	366.00
NO_x	0.25	1.81	4.34	8.33	22.81	22.08
烟尘	6.44	46.00	110.40	211.60	579.60	561.20

来源：Shi（2005）

由于水消耗量和污水排放的增加，公园的地下水也随着时间的推移日益恶化（见表3）。例如，水消耗量从1981年（探查阶段）的6000吨，增加到1985年（参与阶段）的20,000吨，1999年（发展阶段）则达到250,000吨。结果污水的排放量也增加了，从1981年的5000吨增加到1999年（发展阶段）的225,000吨。煤炭消耗情况也是一样。锣鼓塔水消耗量最大，是金鞭溪的主要污染源。在公园建立之前和之初，金鞭溪的水质在亚洲被认为是独一无二的（Xia, 2004）。河流全长7500米，水清澈透明，两岸植被保护良好。然而，从1990年起，河流水质逐年恶化（Shi, 2005）。例如，当地环境监测部门从金鞭溪老磨湾河段采取水样分析，发现化学需氧量（COD）平均值从1984年的0.79mg/L上升到2000年的2.5mg/L（Quan, 2003）。

表3　水的消耗量和污水排放量（x 1000吨）

时间	1981	1982	1985	1990	1995	1999
水消耗量	6	10	20	160	230	250
污水排放量	5	9	18	144	207	225

来源：Shi（2005）

水质恶化的主要原因是位于金鞭溪上游的锣鼓塔的快速发展。锣鼓塔的酒店和其他场所向金鞭溪直接排放生活污水。据Yang和Zhou（2005）统计，2002年锣鼓塔每天最高污水排放量达2800吨，全年污水排放约700,000吨。这些污水未经处理即直接排放到金鞭溪（不过2005年污水处理厂终于开始运营）。由于金鞭溪水流量相对较小（如甚在雨水丰富的季节日径流量亦仅为34,000～86,000m³)，大量污水排放超出了金鞭溪的自我净化能力，导致水质受到污染（Yang & Zhou, 2005）。当地一名导游曾如此描述金鞭溪水污染的严重性："我小时候经常直接喝金鞭溪的水，但上世纪90年代中期后就再也不喝了。我经常看到水面有白色泡沫，而河底石头的颜色却变成了灰色和黑色。"

旅游开发也给公园的生物多样化带来了不利影响。其中以采石、修路、伐木、种植、修建花园和其他被游客追捧的活动给野生生物及其栖息地带来的不良影响为最大。这些活动破坏了自然生态系统的完整性，降低了动物迁徙的频率和植物种子的传播速度，分裂了野生生物的栖息地，因而公园生物种类比以前有所下降。从本次研究的数据看出，自1980年以来，公园生物的种数和哺乳动物的数量都减少了。突出的例子如豺、麝香鹿、喜马拉雅斑羚、亚洲黑熊、云豹、果子狸等物种，公园内已经绝迹。此外，猕猴的数量也从1982年约30只减少到2003年的7只。Shi（2005）曾通过调查当地居民对某物种存在的察觉度来研究公园动物的多样性。他发现被调查者中有 87%、80%、94% 的人认为鸟、兽、爬行动物在 20 世纪 70 年代后期（探查时期）是可以见到的。然而到 20 世纪 80 年代后期（参与阶段）分别降到 56%、38%、39%，到 90 年代后期（发展时期）又分别骤降到 35%、16%、7%。

5.2.2 社会文化变动

1982 年，公园有 1092 名常住居民，其中非农业人口 174 名。23 年后常住人口增至 3495 名，其中绝大多数为非农业人口，2005 年总计约 2630 名（见表 4）。总人口数增加的直接原因是人们为寻求更好的工作和更高的收入从全国各地涌入公园。非农业人口的急剧增长表明该地区经济由以农业为主的模式向以旅游业为主的模式转变。本研究调查显示，60.8% 的当地居民的收入主要来自旅游业，此外，87.9% 的当地居民反映，由于旅游业的发展，他们的生活质量得到了提高。93.4% 的被调查者更愿意发展旅游业来提高收入，不愿为求得安静的生活环境而限制旅游发展。Wu 和 Liu（2003）也有类似的发现。

表 4 张家界国家森林公园 1982~2005 年人口结构

年份	总人口数	非农业人口数	非农业人口数百分比（%）
1982	1092	174	15.9
1985	1723	643	37.3
1990	2828	1098	38.8
1995	3291	1193	36.3
2000	3310	2590	78.2
2005	3495	2630	75.3

资料来源：张家界国家森林公园管理处（ZNFPA, 2006）

已有的研究表明，公园旅游业发展对当地居民保留当地文化传统产生了消极影响（Wu & Liu, 2003）。在我们对游客的调查中，86.3% 的游客认为在公园滞留期间没有强烈地感受到民族文化氛围，仅有 7.7% 的游客感受到当地居民的热情和友好。这暗示了当地居民对游客的友好态度随时间而逐渐减弱。他们对挣更多的钱更感兴趣。在当地居民对游客的看法的调查中，54.5% 的被调查者认为他们喜欢或非常喜欢游客的衣着，仅有 2.5% 的人持反对意见。

随着公园的旅游业发展，当地居民反对和不满的呼声日益增加，在巩固阶段达到了顶峰。不满原因主要与 2000 年开始实行的住房拆迁规划有关。2000

年联合国教科文组织参观该公园时，曾警示管理者：整个武陵源风景区，尤其是张家界森林公园的环境已经基本转变。为此，公园从 2000 年开始实施拆迁计划。例如，最近的调查报告指出 56%的居民愿意搬出核心景区。然而，仍有很大一部分人不愿这样做。主要有两个原因：第一，他们对村庄间不同的搬迁补偿费不满意；第二，对绝大多数人来说，在新地方找一份新工作并不容易。当地政府似乎没有在意居民的意见，导致一些居民提出请愿，诉告当地政府（Li, 2007）。

　　游客对景区尤其对自然风景的感受，受到了很大的影响。商业化进程的逐步推进和从探查阶段过渡到发展阶段发生的转变极大地影响了游客对自然景色的感受。一位游客在接受该调查采访时说，当他来到锣鼓塔时感觉像置身于一个大城市的商业区。此外，当地很多居民在公园贩卖商品。据一位导游说，尽管当地居民通过销售纪念品和其他土特产赚了不少外快，但他们不断纠缠游客，甚至强迫游客买他们的商品，这给游客留下了不好的印象。当地一家旅游公司的经理也抱怨公园里一些景区商业化色彩太浓，致使当地的自然文化特征消失殆尽，从而把吸引游客的特色推向了危险的边缘（Zhang & Ouyang, 2004）。

　　风景改变和破坏已经影响到了公园的美学质量，破坏了使游客慕名而来的自然景色的完整性和真实性。一项评估公园景色及其美学价值的研究指出，影响公园石英砂岩风景的主要消极因素是住宿设施和服务的建筑环境（Zhou & Yu, 2004）。在本项研究中，所有 179 名被调查者都认为由于人造设施镶嵌在自然景观中，其美学质量变得更糟了。

5.2.3　经济转变

　　尽管该地区距最近的市镇大庸镇仅 30 公里，在 20 世纪 80 年代初，由于地处山区，该地没有主干道与全国其他地方相连，张家界村和袁家界村居民主要依靠农业和林业为生，1981 年人均年收入约 193 元。自公园步入参与阶段以来，当地居民收入迅速增加。例如，2002 年人均年收入增至 4000 元（2004）。据袁家界一位接受采访的居民说，1982 年以前，该村与外界隔绝。从该村走到最近的高速公路要花费 4 个小时。他完全靠种庄稼过日子。由于缺少粮食，村民常常到其他地方借。1983 年以后，来村庄的人日益增多。村民们开始通过为游客提供食宿赚钱。现在一些家庭从旅游业获得的收入超过了从农业获得的收入。公园的收入也增加了。1981 年，林场总产值为 268,000 元，公园工作人员人均年收入 640 元（Wang & Zhang, 1996）。自 1982 年林场改为国家森林公园以来，公园在参与阶段的收入迅速增加，从 1981 年的 558,800 元增长到 1988 年的 9,101,500 元，这时期的总收入为 2,940,100 元，年均 420,014 元。发

展阶段收入尽管有所波动，总体趋势还是上升的。收益从 1989 年的 6,844,200
元增至 1999 年的 23,808,000 元。该阶段收入总计达 250,526,900 元，年均达
22,775,172 元，约为参与阶段的 54 倍。从 2000 年到 2005 年巩固阶段的总收
入为 511,642,300 元，年均 85,273,717 元，约为发展阶段的 3.7 倍（见图 2）。

公园和整个武夷山风景区旅游业的发展推动了张家界市的经济发展，这在
巩固阶段尤为突出。例如，2002 年城市税收的 59% 来自旅游业及其相关产业，
而 20 世纪 90 年代初这一数字仅为 20%（Liu, 2005）。2005 年该市与旅游相关
的产业占城市生产总值的 54.4%（Liu, 2006）。2005 年产业结构迅速从由以第
一、第二产业为主转变为由以旅游业相关的第三产业为主，三者之比为
17.9:27.7:54.4（Liu, 2006）。

经济发展的确对当地居民及整个地区产生了积极影响，但随着公园的日益
发展，收入不均也随之出现，至少在当地居民看来确实如此。比如，由于观光
电梯的建成营运，乘坐轿子的游客越来越少。正如张家界村一位当地居民所说，
"我丈夫是轿夫，自从 2002 年电梯投入使用后，他的生意变差了。绝大部分
游客选择坐电梯到山顶，而不愿意沿着小道步行，弄得身心疲惫。"在我们的
调查中，当被问及村民间旅游收入分配的公平性时，仅有 18.2% 的人认为"很
公平"，81.9% 的人却认为"基本公平"或"不公平。"

企业是获利最大的一方。例如，2002 年天子山缆车特许经营营业额约为 5
亿元。这比该地区 1998 年财政收入（3 亿元）还多（Zhang, 2002），稍逊于该
地区 2005 年的门票总收入（6.6 亿元）。当然，当地政府和社区从旅游发展中
获得的经济效益也低于投资者所获的利润（Zhang, 2002）。

总之，该公园自营运伊始就发生了较大变迁。据调查中当地居民的说法，
外观的变化最显著。当被问及公园旅游发展给当地环境和社会经济特征带来多
大影响时，37.1% 的受访者认为自然环境首当其冲，之后依次为社会经济结构
（31.4%）、当地生活（18.6%）和当地习俗（10.0%）。

6　讨论

以往的研究很少运用生命周期模型（TALC）探讨旅游业、国家公园和其
他保护区的开发。当然至今也没有人运用这个概念分析中国包括森林公园在内
的保护区。本研究检验了该模型对中国第一个国家森林公园——张家界森林公
园的适用性。此外还分析了影响该公园旅游开发的因素以及因此而产生的环
境、社会文化和经济变化。结果表明，该公园经历了 4 个阶段（即探查、参与、
发展和巩固阶段），证实了 Butler（1980）的观点。例如，在探查阶段，先锋

者的造访提升了公园的知名度。在参与阶段，政府及公共机构开始为游客提供或改善交通和其他设施。在此阶段开始呈现极大的旅游市场。紧接着公园进入了发展阶段，其特点表现为游客迅速增加，地区对旅游发展的控制力减弱。此外，公园外观上的变化十分明显。最后进入巩固阶段，此时该地区的经济与旅游业紧密相联。政府营销和宣传力度加大，采取各种手段吸引国际游客，打入其他客源市场。大幅度增加国际旅游宣传（如针对韩国）。该公园经历的四个明显的阶段与 Baum（1998）及 Weizenegger（2006:137）的观点相悖，Baum认为这个模型应用于发展中国家意义不大，Weizenegger 认为："这个模型只能有限地应用于保护区。"

通过比较各阶段的游客数量和收入，再一次证实了公园四个阶段的划分。在参与阶段，年均旅客数量为探查阶段的 11 倍，而发展阶段的年均旅客量是参与阶段的 2.3 倍。巩固阶段的游客量是发展阶段的 1.7 倍。虽然从 2000 年到 2005 年游客人数有所增加，但和前几个阶段相比，巩固阶段游客的增长速度相对较慢。参照各阶段收入的相应变化，研究还发现该模型很适用于该公园。具体地说，发展阶段年平均收入是参与阶段的 54 倍。然而，当公园进入巩固阶段时，增长趋势明显减弱，年平均收入大约为发展阶段的 3.7 倍。这么说来，依然存在明显的差异。首先，从探查阶段一开始游客数量就多于当地居民，该状态一直保持到公园进入巩固阶段。而在巩固阶段的后期，游客数量达到甚至超过了该地区人口数（156 万人）。这暗示在这个案例中，作为巩固阶段特征之一的游客和当地居民的比率与生命周期模型（TALC）通常的理解不符。但我们必须注意到中国对外开放政策的作用。从 1978 年以来，中国的经济迅速腾飞，人民生活水平的迅速提高、对休闲和旅游的积极态度的形成也激发了旅游动机，而 1999 年由中央政府推行的"黄金周"（即每年 3 个为期 7 天的法定假日）也刺激了旅游发展。从这个意义上说，公园的旅游发展反映了国家的发展。

第二个不同是，按照 Butler 的假说，在探查和参与阶段，当地居民主要提供游客膳宿。而在本案例中，在后续的各阶段中，甚至有更多的居民提供膳宿。例如，在对当地居民的调查中，7.3%的受访者指出他们在 1982 年以前为游客提供住宿，但 2004 年这一比例已提高到 29.0%。其部分原因是张家界国家森林公园和当地政府鼓励当地居民以家庭旅馆的形式参与到服务业中来以增加收入。

第三个不同在于该公园在发展阶段已拥有完善的基础设施。即公路建设、人工设施及其他辅助设施在这一阶段已完成或者正开始（例如观光电梯）。现在再也没有地方可以进行进一步的设施和道路建设，已达到该地区的物理承受能力极限。此外，公园的环境质量下降，低于国家标准，已超出了环境承载力。这说明正是在发展阶段，而不是 Butler（1980）所描述的停滞阶段，该公园"已达到承载力极限"。相比之下，巩固阶段由于环保巴士的使用、污水的循环再利用以及煤炭消耗量的减少，公园的环境质量得到了改善（Bu，2006）。承载能力不是一成不变的，相反，其处于动态变化之中。如上所述，发展阶段公园的物理承载力迅速增加。例如，公路网、观光电梯以及索道系统的建设加快了游客在公园中的移动速度，从而增加了物理承载能力。

第四，尽管环境质量有所下降，体验自然风景的机会减少，但是游客数量并没有因此而减少。这有四方面的原因。首先，公园的景观在中国，甚至在世界范围内都是独一无二的。其次，尽管观光电梯的建造存在争议，其主要的运输功能或许也可以吸引游客。再次，到公园来观光是很盛行的活动。游客来参观公园的目的未必是想亲密接触大自然。他们来此体验并惊叹自然的奇妙，然后离去又转到其他的地方。这些游客可被视为一般的生态旅游者，他们对便利、舒适性有很高的要求，如交通方面。韩国游客尤其如此——他们中很多的人是老年人和体能较差的跟团游客。这些游客对于公园中的人工设施可能不会很挑剔。在本研究中，大多数受访游客（54.4%）大力支持建造缆道电车，而仅有19.9%的人强烈反对。同样，当地居民对此举也非常支持。例如，49.0%的受访居民"支持"或"非常支持"观光电梯的存在，58.0%的人"同意"或"十分同意"缆道电车的建设。最后，大多数游客（本次调查为72.7%，Luo 在 2006年的调查为 84.2%）是第一次来访。因此，虽然大多数游客反映在旺季拥挤是一个主要问题（Luo，2006），并且视觉干扰会对其满意度产生不利影响，但鉴于许多游客是首次来访，这种负面经历对今后游客数量的影响是极其缓慢的。由此可见，Plog 的论断"伴随着地区日益商业化并失去起初吸引游客的特色，这些地区也为其自我毁坏埋下了潜在的种子"（Butler，1980:6）似乎并不适用于基本没有回头客的景点，如该公园所证实。

第五点不同在于：虽然独特的风景游一直并将继续是公园中占主导地位的旅游活动，但是可以预见，即使公园进入停滞阶段，仍旧不会"严重依赖回头客"（Butler，1980:8）。这是对 Lundtorp 和 Wanhill（2001）论点的质疑，他们认为 TALC 模型仅适用于那些有回头客的旅游地。

最后，该公园在探查阶段因新闻记者、画家和摄影师等先锋者而为公众所知，这些人在巩固阶段及之后仍将继续来参观该公园，这事实上也吸引了一些有相似兴趣的游客的加入。

公园的旅游发展是许多因素——包括消费者、政府、企业和旅游社等——作用的结果。首先，游客数量的大幅度增加促进了公园设施和服务方面的完善。

该公园距张家界市 30 公里，且参观公园内所有最具吸引力的风景名胜至少需要 2 天时间。此外，住在公园内或附近能有更多机会欣赏公园风景。因此，许多游客在观光期间选择住在公园内或附近。这刺激了投资者在此修建更多的设施，从而加速了公园环境的改变。

政府在规划、调节和协调公园的发展中起了决定性作用。在参与阶段，规划过程只涉及省内的几个部门，但后期开发涉及区域审议，外省的专家们也参与到进一步规划当中。到了巩固阶段该规划上升到中央级别，主要由中央政府的决策者和专家负责。如上所述，公园早期的不合理规划导致了环境的破坏。1984 年，公园总体规划从最大限度使游客满意为原则，但却忽视了锣鼓塔位于金鞭溪上游的事实。该规划中，锣鼓塔被划为公园的接待区。因此随着该地区游客留宿的增多，越来越多的污水流入金鞭溪。1992 年，中国建设部批准了武夷山风景区（包括公园在内）总体规划。此规划提出了建造观光电梯的建议。由于 1992 年 12 月该公园被联合国教科文组织列为世界遗产，许多环境专家对此持反对意见，担心巨大的观光电梯会破坏自然风景的完整性。

根据联合国教科文组织大会 1972 年正式通过的《有关保护世界文化和自然遗产的协议》，保护风景完整性是世界遗产指定的目标之一（Xie, 2000）。然而受经济利益的驱使，后来还是修建了观光电梯。

这又导致了新的教训，随着公园发展的推进，就连政府也开始无法控制旅游业的发展。相反，企业却通过跨国投资在很大程度上影响着政府官员的决策行为。上文提到的备受争议的观光电梯的建造就是个很好的例子。电梯于 2002 年开始运营，一年后因该项目未经当地政府批准而被迫停止运营，但经专家评估审核确认其为安全环保的建设后，2004 年电梯再次投入商业使用。

在中央政府通过发展旅游业减轻贫困的政策下，旅游业已被政府各级官员视为新的经济增长点（Zeng, 2006）。发展旅游业更多关注的是经济方面，而忽视了其对环境带来的消极影响。为了促进区域旅游业的发展，当地政府通过了一项吸引投资者的优惠政策，包括低价租赁土地、免税、简化申请手续等。尽管该森林公园是中国受影响最严重的保护区，目前却没有与森林公园相关的立法。例如，现存的《森林公园管理条例》中，除少数自然/文化景观或核心景区外，允许在公园内进行商业开发（第 11 条）。中国控制自然保护区旅游业发展的法规还不完善（Han & Zhuge, 2001）。风景名胜区存在类似的缺憾。例如，《风景区临时管理条例》第二条为保护区的重叠和多重管理提供了依据，因为任何自然保护区或森林公园只要满足指定的条件都可冠以"风景名胜区"的称号，这导致了管理上的冲突。现存的大多数法规和政策都制定于计划经济体制时期，但现在该体制正逐渐转型，因此规划再次混杂。现在中国正加大力度把

国家风景区指定给特许经营单位和私人企业经营。因此需要制定新的法律和政
策来应对。

　　自参与阶段以来，旅行社在吸引更多游客来该公园方面一直发挥着很重要
的作用，巩固阶段尤其如此，此时韩国游客以包团的形式蜂拥而至。若没有两
国旅行社的协调运作，韩国游客不可能大量流入。

7　结论

　　如 Butler 在其论文中所描述，该公园经历了前 4 个阶段。自 1982 年建立
以来，公园已在过去的 20 年里，从一个不便进入的林场转变为如今乘坐火车、
汽车、飞机都可到达的闻名世界的旅游地。从 1978 年中国实行对外开放政策
以来，社会和经济发生了很大的变化，也证实了各级政府、名流、企业在促
进公园快速转变中所起的重要作用。各级政府官员从一开始就扮演着主要的
角色，他们通过亲自参观、评论、制定政策，为特许经营者批准土地使用特
权、组织活动和发展国内外市场，规划、调节并指导着公园的发展方向和
模式。

　　尽管从理论上讲该公园会进入停滞和后停滞阶段，但急剧或总体下降似乎
都不太可能发生，因为该地区经济对旅游业依赖性强，景点知名度大，无论从
经济上还是政治上都不可能接受这一现象（参见 Agarwal, 1994）。政府的干预和
管理难以避免。但这并不适用于某些特殊的客源市场。例如，在巩固阶段产生
并迅速壮大的韩国市场，可能会经历自己的微生命周期，因为该客源市场会达
到饱和，然后萎缩甚至退出该旅游地。预料到未来这种可能性的存在，公园已
经采取了积极主动的措施，开始把重心放在北美市场。这个潜在市场可能在韩
国市场萎缩之前就出现，也同样可能经历从发展到停滞甚至退出的自我周期。
因此，从长远角度看，该地区可以用 Handy（1994）的 S 型曲线来描述，即新
旧产品可能相继存在（Baum, 2006）。新市场的有序进入，也可能符合 Haywood
（1986）所描述的图形，即不会每段都是以同样方式走标准的 S 型曲线。

　　任何国内游客市场都可能经历这种微生命周期。例如，游客在参观多次后
可能不愿再来，因为公园活动的性质主要和观光有关。另外，那些追求真正亲
近自然的游客，参观一次后可能会因为公园自然景观的缺失和商业化的增强而
转向其他地方。很难说公园特定客源市场所经历的这种微生命周期会严重影响
到公园的可持续发展，因为该公园风景独特，并且国内游客将一直是主要的客
源市场。

　　Butler（1980:9）认为："只有真正独特的景区才可期以近乎永恒的吸引力。"

以此看来，该公园应把生命周期模型（TALC）作为警示，即要通过不断调整、纠正、积极行动来实现或增强其可持续性。张家界森林公园是武夷山风景区的核心组成部分，而武夷山风景区属于世界自然保护联盟保护区系统分类中的第五类（景观保护）。第五类保护区强调人与自然的互动。根据世界自然保护联盟的规定，第五类保护区应是"可持续性的典范"（Phillips, 2002）。这和生命周期模型（TALC）一致，因为保持或促进景区的可持续性，需要了解旅游业发展的进程（Butler, 2006）。

这项研究的主要局限在于该公园还没有完成自身的发展周期。因此，现在说该模型完全适用于该公园可能为时过早。但既然公园已经历了前四个阶段，它迟早要进入停滞阶段，因此从可持续发展的角度来说，公园和其他政府部门应采取预防措施来阻止其停滞或衰退，这样才能实现长期可持续发展。

公园和市政府似乎已经预见到该问题，并开始扩大客源市场范围，努力推销产品，如北美。不过，由于地区地面交通的改善，有车族可以进行自助游。可以预见，巩固阶段将会继续持续很长一段时间。

监测国内外客源市场的特定部分的变化将有待进一步研究，同时也应该根据 TALC 模型进行对当地人口的动态变化监测研究。例如，景区的主要问题是如何留住当地的年轻人。由于居民在当地的工作酬劳低，年轻人更愿意迁到其他地方（主要是大城市），寻找待遇更好的工作。同时，受过良好教育的外地人则进入该地区寻求好工作和高收入。这些外来人可能不会像当地人一样关心环境，因为他们对公园还没有产生归属感。越来越多的年轻人外迁及外来者的迁入可能会破坏可持续性建立的基础。

鸣谢

第一作者感谢国家自然科学基金资助项目（30200040 项目）和中科院地理科学与资源研究所（CXIOG-B04-04 项目）对本项目研究的慷慨资助。

参考文献

Agarwal, S. (1994). The Resort Cycle Revisited: Implications for Resorts. In C. P. Cooper, & A. Lockwood (Eds.), *Progress in Tourism, Recreation and Hospitality Management*, Vol.5 (pp.194-208). Chichester: Wiley.

Agarwal, S. (1997). The Resort Cycle and Seaside Tourism: An Assessment of its Applicability and Validity. *Tourism Management*, 18(2), 65-73.

Ansson, R. J. (1998). Our National Parks—over Crowded, under Funded, and Besieged with a Myriad of Vexing Problems: How Can We Best Fund Our

Imperiled National Park System? *Journal of Land Use and Environmental Law*, 14(1), 1-52.

　　Banff-Bow Valley Study. (1996). Banff-Bow Valley: At the Crossroads. Technical Report of the Banff-Bow Valley Task Force. In R. Page, S. Bayley, J. D. Cook, J. E. Green, & J. R. B. Ritchie (Eds.), *Prepared for the Honourable Sheila Copps, Minister of Canadian Heritage*. Ottawa: Minister of Supply and Services Canada.

　　Bao, J. (1998). Tourism Planning and Tourist Area Lifecycle Model. *Architect*, 12, 170-178.

　　Bao, J., & Zhang, Z. (2006). The TALC in China's Tourism Planning: Case Study of Danxia Mountain, Guangdong Province, PRC. In C. Cooper, C. M. Hall, & D. Timothy (Series Eds.) & R. W. Butler (Vol.Ed.), The Tourism Area Life Cycle: Vol.1. *Applications and Modifications* (pp.107-115). Clevedon: Channel View Publications.

　　Baum, T. (1998). Taking the Exit Route: Extending the Tourism Area Life Cycle Model. *Current Issues in Tourism*, 1(2), 167-175.

　　Baum, T. (2006). Revisiting the TALC: Is there an off-ramp? In R. W. Butler (Ed.), *The Tourism Area Life Cycle:* Vol.2. *Conceptual and Theoretical Issues* (pp.219-230). Clevedon, UK: Channel View Publications.

　　Berry, E. N. (2001). An Application of Butler's (1980) Tourist Area Life Cycle Theory to the Cairns Region, Australia 1876-1998. Doctorial dissertation, School of Tropical Environment Studies and Geography, James Cook University of North Queensland, Australia, unpublished.

　　Berry, T. (2006). The Predictive Potential of the TALC Model. In R. W. Bulter (Ed.), *The Tourism Area Life Cycle:* Vol.2. *Conceptual and Theoretical Issues* (pp.254-279). Clevedon, UK: Channel View Publications.

　　Boyd, S. W. (2006). The TALC Model and its Application to National Parks: A Canadian Example. In C. Cooper, C. M. Hall, & D. Timothy (Series Eds.), & R. W. Butler (Vol. Ed.), *The Tourism Area Life Cycle:* Vol.1. *Applications and Modifications* (pp.119-138). Clevedon: Channel View Publications.

　　Bu, X. L. (2006). Environmental Protection for Sustainable Tourism in Zhangjiajie. *China Environment Newspaper*, Published on September 20, 2006.

　　Butler, R. W. (1980). The Concept of a Tourist Area Cycle of Evolution: Implications for Management of Resources. *Canadian Geographer*, 24, 5-12.

Butler, R. W. (2006a). *The Tourism Area Life Cycle:* Vol.1. *Application and Modifications*. Clevedon, UK: Channel View Publications.

Butler, R. W. (2006b). *The Tourism Area Life Cycle:* Vol.2. *Conceptual and Theoretical Issues*. Clevedon, UK: Channel View Publications.

Butler, R. W. (2006c). The Future and the TALC. In R. W. Butler (Ed.), *The Tourism Area Life Cycle:* Vol.2. *Conceptual and Theoretical Issues* (pp.281-290). Clevedon, UK: Channel View Publications.

Clevenger, A. P., Wierzchowski, J., Chruszcz, B., & Gunson, K. (2002). GIS-generated, Expert-based Models for Identifying Wildlife Habitat Linkages and Planning Mitigation Passages. *Conservation Biology*, 16(2), 503-514.

Cooper, C. P., & Jackson, S. (1989). Destination Life Cycle: The Isle of Man Case Study. *Annals of Tourism Research*, 16(3), 377-398.

Debbage, K. (1990). Oligopoly and the Resort Cycle in the Bahamas. *Annals of Tourism Research*, 17, 513-527.

Deng, R. (2006). South Koreans: New Lovers of Zhangjiajie. Retrieved September 20, 2006, from http://www.zjj-trip.com/news/NewsInfo.aspx?ID=3172 &pageUp=220.

Deng, J., Bauer, T., & Huang, Y. (2003). Ecotourism, Protected Areas, and Globalization: Issues and Prospects in China. *ASEAN Journal on Hospitality and Tourism*, 2(1), 17-32.

Douglas, N. (1997). Applying the Life Cycle Model to Melanesia. *Annals of Tourism Research*, 24(1), 1-22.

Doxey, G. V. (1976). When Enough's Enough: The Natives are Restless in Old Niagara. *Heritage Canada*, 2(2), 26-27.

Getz, D. (1992). Tourism Planning and the Destinations Life Cycle. *Annals of Tourism Research*, 19(4), 752-770.

Gu, C., & Zhong, Y. (2005). *Zhangjiajie: A Story of 2000 Years*. Beijing: Five-Continent Dissemination Press.

Gunn, C. A., & Var, T. (2002). *Tourism Planning: Basics, Concepts, Cases* (4th ed.). New York: Routledge Taylor & Francis Group.

Han, N., & Zhuge, R. (2001). Ecotourism in China's Nature Reserves: Opportunities and Challenges. *Journal of Sustainable Tourism*, 9(3), 228-242.

Handy, C. (1994). *The Age of Paradox*. Boston: Harvard Business School Press.

Harrill, R. (2004). Residents' Attitudes toward Tourism Development: A

Literature Review with Implications for Tourism Planning. *Journal of Planning Literature*, 18(3), 251-266.

Haywood, M. K. (1986). Can the Tourist Area Life Cycle be Made Operational? *Tourism Management*, 7(3), 154-167.

Hovinen, G. (1981). A Tourist Cycle in Lancaster County, Pennsylvania. *Canadian Geographer*, 15(3), 283-286.

Hovinen, G. R. (2002). Revisiting the Destination Lifecycle Model. *Annals of Tourism Research*, 29(1), 209-230.

Ioannides, D. (1992). Tourism Development Agents: The Cypriot Resort Cycle. *Annals of Tourism Research*, 19(4), 711-731.

Johnson, J. D., & Snepenger, D. J. (1993). Applicationof the Tourism Life Cycle Concept in the Greater Yellowstone Region. *Society and Natural Resources*, 6(2), 127-148.

Johnson, J. D., & Snepenger, D. J. (2006). Residents' Perceptions of Tourism Development over the Early Stages of the TALC. In C. Cooper, C. M. Hall, D. Timothy (Series Eds.), & R. W. Butler (Vol. Ed.), *The Tourism Area Life Cycle: Vol.1. Applications and Modifications* （pp.222-236). Clevedon, UK: Channel View Publications.

Keller, P. C. (1987). Stages of Peripheral Tourism Development—Canada's Northwest Territories. *Tourism Management*, 8(1), 20-32.

Lagiewski, R. M. (2006). The Application of the TALC Model: A Literature Survey. In R. W. Butler (Vol. Ed.), *The Tourism Area Life Cycle: Vol.1. Applications and Modifications* (pp.27-50). Clevedon, UK: Channel View Publications.

Li, Y. (2007). Community Participation in Tourism Management of World Natural Heritage Sites: The Case of Wulingyuan. Masters Degree Thesis, School of Tourism, Central South University of Forestry and Technology, Hunan, China, unpublished.

Liu, K. L. (1999). From Forest Farm to National Forest Park. In X. Y. Li (Ed.), *The Growth of Zhangjiajie* (pp.119-138). Changsha: Yuelu Press.

Liu, Y. D. (2005). Strategies on the Increase of Tourism Tax Revenues in Zhangjiajie. Retrieved February 17, 2007 from: http://www.hnce.cn/ news/Article_Print.asp?ArticleID=377.

Liu, Y. W. (2006). Zhangjiajie Tourism Development with a Promising Future. Retrieved February 17, 2007 from: http://www.zjj-trip.com/news/NewsInfo.aspx?

ID=3568&pageUp=5.

Lundtorp, S., & Wanhill, S. (2001). Resort Life Cycle Theory: Generating Processes and Estimation. *Annals of Tourism Research*, 28(4), 947-964.

Luo, Y. (2006). Perception of Recreational Impacts and its Relation to Visitors' Experience: A Case Study of Zhangjiajie National Forest Park. Doctoral Dissertation, Central South University of Forestry and Technology, Changsha, China, unpublished.

Martin, B., & Uysal, M. (1990). An Examination of the Relationship between Carrying Capacity and the Tourism Lifecycle: Management and Policy Implications. *Journal of Environmental Management*, 31, 327-333.

Meyer-Arendt, K. J. (1985). The Grand Isle, Lousiana Resort Cycle. *Annals of Tourism Research*, 12(3), 449-465.

Phillips, A. (2002). *Management Guidelines for IUCN Category V Protected Areas: Protected Landscapes/seascapes*. Cambridge, UK, and Gland Switzerland: IUCN.

Quan, H. (2003). Theories and Practices of Ecotourism Construction: Take Zhangjiajie as an Example. Doctoral Dissertation, The Institute of Geographic Sciences and Natural Resources Research, Chinese Academy of Sciences, Beijing, China, unpublished.

Russell, R. (2006). The Contribution of Entrepreneurship Theory to the TALC Model. In R. W. Butler (Vol. Ed.), *The Tourism Area Life Cycle: Vol.2. Conceptual and Theoretical Issues* (pp.105-123). Clevedon, UK: Channel View Publications.

Russell, R., & Faulkner, B. (1999). Movers and Shakers: Chaos Makers in Tourism Development. *Tourism Management*, 20, 411-423.

Shi, Q. (2005). *Environmental Impact Assessments of Forest Parks*. Beijing: China Science Press.

Smith, R. A. (1992). Beach Resort Evolution: Implications for Planning. *Annals of Tourism Research*, 9(2), 304-322.

Stansfield, C. (1978). Atlantic City and the Resort Cycle. *Annals of Tourism Research*, 5(2), 238-251.

Tooman, L. A. (1997). Application of the Lifecycle Model in Tourism. *Annals of Tourism Research*, 24(1), 214-234.

Wan, Y., Du, G. F., & Tian, J. R. (2004). Visitors from South Korea: An Emerging Market to Zhangjiajie. *Zhangjiajie Daily*, published on 10 October 2004.

Wang, Y., & Zhang, X. (1996). Evaluation on Social Benefits of Zhangjiajie National Forest Park in Hunan Province. *Forestry Economic*, 5, 44-54.

Weaver, D. B. (2000). A Broad Context Model of Destination Development Scenarios. *Tourism Management*, 21(3), 217-224.

Weizenegger, S. (2006). The TALC Model and Protected Natural Areas: African Examples. In R. W. Butler (Ed.), *The Tourism Area Life Cycle:* Vol.2. *Conceptual and Theoretical Issues* (pp.124-137). Clevedon, UK: Channel View Publications.

Wilkinson, P. (1987). Tourism in Small Island Nations: A Fragile Dependence. *Leisure Studies*, 26(2), 127-146.

Winchester, S. (2007). China's Ancient Skyline. The New York Times. Retrieved August 5, 2007 from: http://travel.nytimes.com/2007/07/15/travel/15 wuling.html.

Wu, Z., & Liu, M. (2003). Tourism Impacts on Local Residents: An Analysis of Wulingyuan Scenic Area, Zhangjiajie. In Z. Wu (Ed.), *Assessment of Environmental Resources in Forest Tourism Areas* (pp.196-206). Beijing: China Environmental Science Press.

Xia, Z. (2004). A Historical Examination of the Modern Tourism Development in Zhangjiajie. Doctoral Dissertation, Hunan Normal University, Changsha, China, unpublished.

Xie, N. (2000). Protect Natural and Cultural Heritage and Revive the Traditional Civilization of Conservation. *Chinese Landscape Architecture*, 2, 36-38.

Yang, M., & Zhou, G. (2005). Study on Effective Measures of Environmental Protection for Sustainable Development of Tourism Industry in the World Natural Heritage Wulingyuan. *Ecological Economy of China*, 1(2), 84-88.

Zeng, B. (2006). The Role of Tourism in Eliminating Poverty in China: A Review of Literature. *Tourism Tribune*, 21(2), 89-94.

Zhang, J. (2002). The Sightseeing Life: A Monster in the Cliff. Retrieved July 14, 2007 from: http://www.cctv.com/geography/news/20020906/15.html.

Zhang, Z., & Ouyang, H. (2004). Tourism Circle of Southern Hunan, China. Retrieved May 29, 2006, from http://www.hnphoenix.com/fhcweb/fhyj/fhyjnr.asp?id=337.

Zhangjiajie National Forest Park Administration(ZNFPA). (2004). Building Zhangjiajie Forest Park and Promoting its Tourism Industry. Retrieved December

20, 2006, from http://www.hnforestry.gov.cn/listinfo.aspx?ID=14001.

Zhangjiajie National Forest Park Administration(ZNFPA). (2006). Tourism Development in Zhangjiajie.

Zheng, L. (1999). *Tourism Development of Zhangjiajie*. Beijing: China Tourism Press.

Zhou, N., & Yu, K. (2004). The Urbanization of National Park and its Countermeasures. *Urban Planning Forum*, 1, 57-61.

第三章　政策网络和当地旅游组织

Dianne Dredge

School of Environmental Planning, Griffth University, Nathan QLD4111, Australia

1　引言

政策制定的职责扩展到公共机构和私营部门，这种管理方式的转变提高了人们对把网络作为一个组织概念以促进联合行动的兴趣（Howlett & Ramesh, 1995; Rhodes, 1997; Borzel, 1998; Marsh, 1998）。Porter（1990, 1998）的研究更有其独特的看法，他认为利益网络或群体形成了集体行动联盟，它是革新和社区能力建设的前提（Di Maggio, 1992; Sabatier & Jenkins-Smith, 1993; Rhodes, 1997）。《新区域主义理论述评》一书即源于此观点，书中大量的案例描述了利益群或网络是如何对区域的创新和竞争力作出贡献的（Storper, 1997）。这些案例研究存在的问题是其毫无置疑地运用网络和经济群战略，没有考虑企业的利益会暂时联合起来，也没有考虑利益之间的争斗确实会发生，这些争斗将不断地重新界定行动的性质。因此，革新没有因利益联盟而简单地发生，但可视为通过利益间的相互竞争而引起的社会文化变化。由此可以推论，利益同盟可能会不时地阻碍合作。

本文以澳大利亚新南威尔士州麦加里湖为例，研究了当地旅游组织发展的艰辛。政策网络在旅游业的正式组织内部，行业参与者、不同政府机构和民间社团间运作，为利益和战略的发展和沟通提供了一个重要的平台。网络处于社会、文化和历史情境中，存在于不同的地理范围。网络在公共—私人领域的运行方式、关系的催化性质以及知识构建和共享的深度和广度上对旅游地创新能力有很大的启示（Sabatier & Jenkins-Smith, 1993）。从这个角度说，对地方旅游组织（LTOs）的发展和政策网络在旅游业的应用的历史研究都很少，本文可以说填补了这一空白，旨在加深我们对 LTOs 历史基础的了解，并指出网络在当地旅游目的地的管理意义。

在大多数的旅游地，LTO 是旅游行业的最高机构，由涵盖公共和私营部门的正式和非正式的网络群支撑，这些部门可包括特定部门的子网和其他基于所在地、议题或相似观点的局部利益子网。LTO 和当地政府的结合是最重要和最有影响力的政策网络之一，对该行业在地方的发展有重大影响。但是，学者们指出，旅游政策的制定往往受制于狭隘的相互竞争的党派纷争，缺乏专业鉴定和前瞻性（如：Hall & Jenkins, 1995; McKercher & Ritchie, 1997; Reed, 1997）。本文认为，了解 LTO 和地方政府之间的结构和动态关系及其关系的强度，有助于更好地理解网络功能的性质，以及建立有效的公共私营合作的机遇和挑战。因此，本文的目标有两个：第一，试图准确论述网络理论在理解地方旅游地开展有效的公私合作伙伴关系能力方面的作用；第二，通过案例研究，试图更好地了解网络对地方公私合作的机遇和障碍所产生的影响。

由于在旅游规划、产品开发、包装和销售层面上能最好地理解公私合作关系建立的能力，个案研究方法最适合用于探索网络的作用和影响。在麦加里湖的案例研究中，1970～2000 年期间的网络关系很不稳定。地方政府和行业间的斗争已变得艰难而激烈。网络关系的运行常常会导致公私合作伙伴关系的破裂和重组，在本案例中则表现为 LTO 的建立。案例研究常常是选取最佳的范例。但是，分析有问题的案例同样重要，因为它们同样为反思和深入了解管理提供了机会。本文以麦加里湖为例加以介绍。

2　旅游业、网络和旅游地管理

网络指多种正式和非正式的社会关系，这种关系促成政府、行业和民间团体间的联合行动（如：Atkinson & Coleman, 1992; Howlett & Ramesh, 1995; Rhodes, 1997）。网络理论试图增进对正式和非正式组织结构的认识。该组织涵盖了公私部门，有助于联合行动。20 世纪二三十年代，网络理论的早期发展受系统论影响，并且认为，在不同空间范围运作并关注相互关联的问题的参与者间的社会网络对问题的产生、解决方案的生成以及对最佳方案的选择等有重大的影响（如：Parsons, 1995）。最近，由于政府的精减、责任的偏移和政府职能的转变，政府、企业和民间团体间的相互关系以及公私部门在决策中日益模糊的角色成为关注的焦点。

从本质上说，网络的特点就是各种参与者都超越了组织的范围和结构（如：Howlett & Ramesh, 1995; Rhodes, 1997; Marsh, 1998），网络成员都承诺享有共同的目标和观点（Burstein, 1991）。这种"联通性"又为知识的交流和分享提供了机会，这是发展创新和竞争的重要特性（如：Porter, 1990; Storper, 1997; MacKinnon, Cumbers & Chapman, 2002）。Rhodes（1990）指出，随着时间的推移，稳定的网络能够发展成准体制结构和行为规则，并能替政府为政策决策和执行分担责任。

在过去十年中，政府结构的变化和职能的转变使得研究兴趣转向政府、商业和民间团体间的社会关系，也助长了对网络的兴趣，旅游业文献中出现了两个应用主流。首先，在组织研究中，网络为理解商业网络的发展，其后的产品开发、包装以及长远发展机遇提供了有用的框架（如：Pavlovich, 2001; Tinsley & Lynch, 2001）。这些应用为如何形成和管理组织间关系以及如何最大限度利用利益群及其互补性提供了独到的见解。第二个应用主流来自政策分析文献，在此网络被视为管理公私关系和理解旅游管理结构的重要渠道（如：Palmer, 1996; Tyler & Dinan, 2001; Pforr, 2002）。这两个主流相互重叠。具有创新意识和促进作用的生产商网络要求一个有计划的、受监管的环境，以便能灵活地及时处理问题。政府需根据企业的需要和利益进行协调。社区团体需要以论坛的形式了解政策和决策过程，通过这种形式，培养政府和非政府参与者的创造和创新精神。本文的研究重点为第二个应用流派即关注地方公私旅游业合作关系中网络的作用和影响。

网络从强有力的组织角度，试图理解决策的关系概念（如：Milward & Walmsley, 1984; Burstein, 1991; Rhodes, 1997; Marsh, 1998）。源于政策制定的多元论和合作主义论（如：Rhodes, 1997; Howlett & Ramesh, 1995; Howlett & Ramesh, 1998），网络理论认为，决策发生在一个公开、灵活且动态的体系中，该体系贯穿于公私部门、同一政府的不同部门以及联邦体制下的不同政府层面。此时，这一关系持久的参与者网络，承诺共享特定的观点，忙于确认、制定、讨论并协商政策议题、存在的问题和机遇（如：Milward & Walmsley, 1984; Ham & Hill, 1993; de Leon, 1998）。网络也常用作比喻，用于解释公共私营领域权力和责任界限模糊的政策制定。Borzel（1998），Bogason 和 Toonen（1998）等人认为网络理论可用于解释新的管理结构和过程，空间很大。

在旅游目的地规划和管理方面，网络理论为当地旅游政策发展研究和更好地理解政府—企业—社区之间的关系（如：Tyler & Di-nan, 2001; Pforr, 2002）提供了非常重要的分析法。旅游的概念多元化，牵涉多个部门领域（见 Leiper, 1979, 1990; Smith, 1988, 1991, 1998），适于分散式分析特定的问题和政策领域，比如，交通政策、环境政策或国外投资政策对旅游业的影响。围绕网络理论分析旅游规划和政策过程有助于促进理解政策是如何产生于多样化的公私部门和机构间的相互作用网的。它也让人们更加理解相互依赖、相互作用、互惠互利、相互信任、代表性和领导权。运用政策网络法理解旅游地的公共—私营部门关系，有如下四个主要优势。

第一，政策网络方法认同重叠和同步方式。允许同一政策社群内的不同问题可由不同级别的不同网络随时解决。例如,网络可在同一个旅游政策社群内同时讨论区域协调、旅游产品的开发和管理营销和宣传。第二,网络方法承认公共和私营领域的差别通过推动实施根植于管理概念中的联合行动和共同责任的策略而变得模糊不清。因此,该网络方法非常适合公共和私营部门政策利益多维地区的旅游业。第三,网络方法认识到,在一个政策网络中,不同的政策问题可能受不同层次的政治支持。例如,当地旅游协会的发展可能有政治支持,但这种同级别的政治支持不会出现在区域合作中。第四,网络方法认识到政策参与者为不同的政策网络之一员,他们的权力、作用、职能、支持级别和相互作用在这些结构内可能各不相同。

3 网络研究

尽管在政策分析文献中网络问题得到日益普遍的关注,但它仍受到强烈批判,被认为定义模糊不清,没有统一的方法(O'Toole, 1997; Borzel, 1998)。旅游地规划和政治决策的制定必然混乱,超越了时间和空间界限。研究方法受案例研究独特性影响。只有通过不断应用、理论构建和方法改进,才能更好地了解某些问题如管理、创新和社区能力建设等。量化分析方法可用于分析描述一时的现象,但不能进行长时间的动态探索。由于网络的作用和影响在旅游地处于规划和管理阶段时最好理解,所以通过实例研究尤其可深刻理解网络理论。然而,我们很少进行历史案例研究。相关地方记录一般很少,当事人有时不愿公开发表意见,毕竟这是他们生活和工作的社区。

网络研究的难点体现在开展更广泛的社会建构主义论研究的方法论上。如何撰写分析报告则更加紧急。此类研究具有社会性、文化性和历史性,要求详实的叙述性说明。而这对学术期刊发表的文章是一个很大的挑战。学术期刊必须在字数限制内均衡具体证据和综合论述的比例。基于以上困难,笔者拟订了如下几个方法论问题,便于引导该案例研究陈述的进一步进行。

3.1 我们怎样识别和研究网络运作

网络很难界定,它可能是正式或者非正式的,网络参与者积极活跃,网络所关注的内容具有动态性。网络在不同空间、时间中运作,网络中的成员在任何同一时间可以隶属于一个以上的网络。这项研究旨在调查 1970 年至 2000 年间麦加里湖的地方旅游网络。在这期间,许多重要的社会、政治、环境和文化促进因素很大程度上影响了地方政府对旅游管理的参与,旅游业中出现了很多利益相关者(Dredge, 2001a, 2001b)。本文描述了公共和私营部门在建立地方旅游组织方面所做的努力。在实际运作中也有其他的网络，例如区域旅游网络［结合区域旅游组织（RTO）］和产品研发网络，这些尽管有关联但不是本文研究的重点。没有哪一种网络可以被认为是完全正式或非正式的，这是因为正规的机构（如各委员会和协会）经常用成员间的非正式关系来作补充。

　　本文采用了定性研究方法，数据来源包括对24个网络成员的深度访谈、报纸、地方历史和地方政府档案资料等。网络成员包括现任和前任国家和地方政府官员（n=10）和政治家（n=3），以及当地商业机构（n=8）和社区利益相关者（n=3）。一些秉持多元论和后结构主义观的代表代表了多组利益（如政府、商界、社区），根据他们当时的利益，各自对网络的贡献也不同。受访者还被问及他们过去对当地旅游的参与情况，与其他参与者的关系以及这些关系如何影响旅游地共享战略制定的能力。通过对30多年的政府档案、报刊文章和政府会议记录的掌握，我们更深入地了解了各参与者之间的关系的细枝末节。

3.2　我们如何决定调查网络的哪些方面？

　　网络调查有许多不同的方法。网络的结构、模型及关联强度是网络关系的决定因素。根据结构—功能主义的观点，可根据不同维度，如向心性、密度、关系的强度和相互作用等调查网络。向心性是指正式组织相对于网络广义结构的地位，以及当地旅游组织（LTO）、政府部门、行业、广义社区之间关系链的性质。共享相同的前景、价值观与责任的程度影响网络的向心性，且必然影响着网络领导结构特征和权力范围（Brass & Burkhardt, 1992）。一般认为，和无向心力的组织相比，拥有高度向心力的组织更易于积累资源和支持各类网络参与者。相应地，他们更能从容应对意料之外的、需要领导紧急处理的情况。因为向心性强的组织里总会有一个领导级别的人，他可信而正直，能立即做出决定。密度指参与者之间关系链的数量和特征。例如，密度高的网络具有更强的凝聚力，信息交换和责任共担的机会也更大。然而，也有人对此提出了批评，认为高密度网络增强了企业的惰性，尤其不利于创新和制定新的政策（Sabatier & Jenkins-Smith, 1993）。

　　尽管围绕结构和关系特征对网络进行调查可以提供详尽的描述性见解，也有人认为要超越结构与关系，从无形的、文化的角度探索参与者战略、行为准则、制度化和权力关系等级的动态（例如：Atkinson & Coleman, 1992; Howlett & Ramesh, 1998）。通过这个方法，可以深入地阐释随时间变化的网络。表1列出了网络的维度和特殊属性，用来组织从深度访谈中获取的数据，表格资料源自于 Van Waarden（1992）的有着重大影响的著作，后又经 Howlett & Ramesh

（1995）、Klijn（1995）、Marsh（1998）等人的完善。

表1　网络的维度和属性

维　度	属　性
参与者和机构	参与者的数量和类型；参与者的需求和兴趣；参与者、机构、能力和资源之间的相关性；职业化程度；授权；参与者的角色和态度。
网络的职能	参与决策制定过程；参与者间磋商和交流；协商；协调；政策形成中的合作。
网络结构	网络的规模；界限（开放式的还是封闭式的）；会员要求；联系模式；关系强度；密度/多元性；聚类；网络的向心性；相互作用。
制度化特征	从临时的或非正式的组织变为正式的、稳定的、永久的同盟结构。
行为准则	协商调节相冲突的利益；共享公共福利；保密性或公开性；政治化或相互理解非政治化问题；理性主义者的实用主义观或思想争论。
权利关系	因商业利益夺取政府机构；政府自治；夺取私人利益；政府利益团体间的权利平衡。
参与者策略	在网络内建构关系；影响网络内参与者的选择；影响网络职能；形成协议或培育兴趣。

来源：根据 Van Waarden（1992）改编而成

此外，还有很多人认为应该更多了解对网络在时间和空间上的演变产生重大影响的微观和宏观因素之间的相互作用（Baker, 1992; Granovetter, 1992）。这些影响在不同的空间范围显现，会在特定时间增强或降低网络的参与度。例如，近年来，流行的新自由主义经济、政治和公共行政思想意识有助于旅游政策网络的发展。不过，正如本案例研究所要展示的，内部网络连接和外部联系会在极大程度上受到政权更迭、资金流动和其他相关网络活动开展的影响。

3.3　我们如何确定网络在发展公私伙伴关系上的影响？

本文主要研究地方网络在建立和维护公私结构和合作沟通框架上的影响，然而，也并不是简单地确定当时的公私合作伙伴关系（动态性和背景性），而是调查网络创造机遇以促进或妨碍体制创新的方式，即网络为沟通、对话、新思想的产生、理论付诸实践等创造机会。

3.4　如何处理证据？

本研究采用了 Foucault 的话语分析方法，该方法包括语篇和话语，并和政治决策的实践联系起来（Foucault, 1976, 1980）。运用此方法，研究人员对不同参与者构建和表达自己和其他人地位的方式很敏感，同时对根植于参与者和机构之间的话语的权力关系方式也很敏感（见 Foucault, 1976, 1980）。在为期 18 个月的时间里，本研究者出席了政府、社区和当地旅游协会的会议以及专题讨论会，"从内部"视网络关系和政策争论（Browne, 1999:68）为一种民族志形式。这种方法试图深入全面地阐释动态的、交互式的网络关系和行动，并通过反复过程把这些解释和理论联系起来（Majchrzak, 1984）。这样就能把重点放在对问题、机遇和限制必然包含着多种解释的政治语言上（Howlett & Ramesh, 1998）。通过这项研究，可以详细了解网络动态，使研究者能够从对网络结构的静态描述发展到对网络影响的深入说明性理解（Burstein, 1991; Howlett & Ramesh, 1998）。

研究者的角色不是保持价值中立。他记录了各类委员会会议，受邀就自治区的旅游业作报告，并在 2000 年任职于一委员会，着手重新建立 LTO。在承担这些角色的过程中，研究者和某些参与者进行了非正式对话，这有利于获得存档文件和未公开发布的报告和数据。通过作政府会议报告和参加本地的早餐网络会，有益于研究者把在当地公共场合的研究合法化，当地参与者也更愿意接受采访。同时，受邀参加这些活动，使自治区的地方经济开发管理层能在当时通过公开与"不相干的"专家磋商，把政策变为"合法化"。

在这些讨论中，调查个案网络研究的一般做法是探讨和收集关于网络操作的宏观、中观和微观数据（如：Hall & Jenkins, 1995）。最初研究的是影响旅游地的社会、政治、经济和环境因素，确定了广泛的政策社群，包括所有对旅游地开发和管理有直接或间接利益的参与者和机构。在这个广泛的社群里确定了许多网络。本文着重讨论与当地旅游协会发展密切相关的网络的特征（详见表 1）。

4　案例研究背景

麦加里湖位于悉尼以北 200 公里、纽卡斯尔以南 15 公里处的海岸上。其西北部大约 40 公里处有亨特谷，该山谷以澳大利亚主要的产酒区和旅游区之一而著称。麦加里湖是一个传统的海滨度假胜地，由于为来自工业中心悉尼和纽卡斯尔的游客提供优美的自然风光和休息场所，最初在 19 世纪 80 年代后期确立了知名度。到 20 世纪五六十年代，麦加里湖变成一个广受欢迎的家庭旅游胜地，在度假高峰季节到处都是露营者和度假者。统计资料（尽管小范围资料有限，并且不太可靠）表明，这个地区的过夜游客量从 1988/1989 年相对较少的 235,000 人次增加到 2000/2001 年的大约 3,000,000 人次，一半的游览伴随着探亲访友。这个悉尼之外的小憩之地在此期间已经发展壮大，麦加里湖风景如画，为高质量的帆船运动提供了一个好场所，良好的冲浪沙滩和位置适中的内陆贸易区，更是吸引了游客的到来。产品开发主要为含早餐的小旅馆、小型别墅和临水乌篷酒店建设，度假胜地的有限开发和公共投资的海滩改造。主要的体育赛事和特殊活动，例如葡萄丰收节、冲浪狂欢节、帆船比赛等，为本地区的旅游增长做出了巨大贡献。然而奇怪的是，在旅游业增长的同时，当地没有稳固的旅游组织，公私部门关系受狭隘的乡土观念和争夺支配。人们普遍认为，如果麦加里湖建立地区旅游组织，形成了有效的公私部门间的合作关系，那么该地区当可更好地利用当前和将来的增长趋势。

5　发展历史

1972 年，第一个当地旅游行业协会——亦为当地第一家商会正式成立。当时全国只有 20 个地方旅游协会（LTOs），说明其在当时还是一个新观念。由于缺乏财政支持，加上麦加里湖市议会拒绝正式承认该协会（由此，根据当时澳大利亚税务办公室的规定，无法获得免税），协会持续了不到一年的时间就解散了。市议会所存档案表明，议员们不希望协会作为议会的一种延伸（《致麦加里湖旅游协会主席 K. Fulton》，1973 年 3 月 12 日，档案编号 3/570/204/068）。根据《1919 年地方政府法》（新南威尔士州），旅游业是议会的一项责任，议员们担心对委员会的支持将会篡夺他们的权力。这表明议会和旅游行业次级网络从一开始就是在竞争中发展的。

在决定不支持产业主导的网络不久后，议会成立了旅游设施开发小组。此议会委员会负责修正湖周围的旅游标识。这项责任完成后，该委员会于 1974 年解散。然而，1977 年议会成立了另一个旅游设施发展委员会。该委员会负责协调与旅游相关的一切事务（《会议记录、财政、著作和图书馆委员会》，1981 年 10 月 12 日，档案编号 3/570/204/608）。虽然该项权责看来广泛，议会的内部卷宗显示该委员会的主要目的是确定旅游发展的潜在地点。议会在寻求以需求为导向的旅游增长方面扮演了家长式的、实证主义角色。该委员会的工作很少涉及行业信息，在官僚作风的真空中进行，这也许显示出当时典型的以官僚作风为导向的政府思想。

1981 年，新一轮的创新开始。建立了第一个作为议会委员会的正式旅游组织。尽管许多行业代表在 LTO 董事会中占有席位，但 LTO 几乎全部由议会支持和控制。行业在资源和网络方面作用很小，主要考虑的是议会的（往往是狭隘的）政治利益。议会决定董事会的结构和代表，这些代表在很大程度上控制着组织的议程和事务。该 LTO 持续了不到一年，因忽视行业利益、缺乏财政会费而解散。简单地说，行业没有取得 LTO 的会员身份，因为没有看到它提出行业所关心的问题（引自某商业经济开发经理，1999 年 9 月 26 日）。行业相关人员间缺乏沟通，以及行业和议会间领导权的争夺遏制了对话和潜在的创新——甚至在这轮创新的早期阶段。很显然，创新也是伴随着议会和行业间的竞争和不协调，以及网络和支持机构的解体而进行的。

1984 年，这种循环再次开始。由于政府倡导发展区域旅游组织，以及用于宣传和发展当地旅游的资金如期注入，行业建立了麦加里湖旅游协会（有关新南威尔士区域旅游组织的全面讨论，请参见 Dredge & Jenkins, 2003）。尽管过去也有 LTO，但这是行业自身倡议所致，这一事实也可视为创新。该组织部分受议会支持，并被正式授权，"有权向议会就旅游事务建议，反过来，议会也可以就游客问题向 LTO 建议"（《纽卡斯尔早报》，1984 年 3 月 17 日）。这标志着行业利益和议会间出现了协商的关系（《议会会议记录》，1984 年 11 月 12 日，文件编号 3/570/204/608）。在网络内，议会再次努力扮演领导者的角色，视行业为脆弱的、零散的一方，需要加以引导。

"当时行业的干劲肯定不大。我认为动力和利益的缺乏没有给正在发展的旅游业带来真正的推动力。"（某选举代表如是说）

一些运营商也承认产业的幼稚是创新的主要阻碍。"过去麦加里湖旅游业试图把行业集中在一起。当时每个人都有疯狂的想法如'建立一个迪士尼乐园'或'在湖上建立一座桥'。令人感到沮丧的是当时大家说得多，却做得少。"（某经济发展部经理如是说）

1989 年 LTO 有 60 名会员。会员数在下降，行业的利益围绕地方各种问题，显得零散而分化。根据地理特色和聚落类型，出现了一些小规模的地方"子网"，分散在湖的周围。这种模式使得面对面的交流变难。逐渐地，LTO 被视为与地方性事务无关（《档案注释》，档案编号 3/310/216/030）。这些地方性利益团体一味关注 LTO 内部的公正和表现，而扩大麦加里湖市场占有率这个更大的任务却在激烈的争论中消失了。

当亨特地区的其他 LTOs 关注通过创新产品开发和包装建立牢固的关系的时候，麦加里湖的生产商网络正卷入权力和代表权的内部争斗中。这抑制了物流管理、产品协同和体制调节方面的革新。几个关键人物之间的斗争对行业信心产生了毁灭性的影响。1989 年后期，LTO 设法通过割断与议会联系来加强它的关联性，通过重组合并为一个协会。然而，切断该组织与议会的联系只会加剧不稳定性。由于不能办理会员资格，庞大的行业不能使该组织合法化。LTO于 1990 年解散（见号 3/310/216/030 档案），随后议会决定重新设立另一个 LTO作为议会委员会。

"在前一协会解散后，我们联系了当时的议会各部门的董事和旅游经理及地方经济发展部经理。这是旅游业委员会的关键人物。结果怎么样呢？他们没有露面。这是麦加里湖行业的通病。人们并不认为自己是其中的一部分。"（某选出的代表如是说）

议会的动机部分在于区域利益重建，以及国家资金流动的变化为地方政府融资提供了机遇。这使得议会希望至少在地区一级被看到正忙于当地旅游业的发展，以确保在地区中自己有一席之地，并能从国家争取到部分资金投入。然而，由于当地行业以处于相对脆弱和不稳定的关系为特征，有几个关键人物曾试图领导这个松散的行业，但收效甚微。

1994 年发生了又一次网络重建和改组。当时指派了一名经济开发经理，符合国家促进地方经济发展的举措。由于地方政府通过了新的法规，议会也进行了大规模的重组。旅游业委员会改为经济发展和旅游综合特遣小组，并被授予"推进麦加里湖发展标兵"的称号。委员会由 14 名成员组成，包括来自当地政府内外的企业、学术界和区领导，很少有人具备旅游业方面的直接经验或知识。部分由于缺乏兴趣和专业知识，该团体逐渐失去了旅游问题的重点和信誉。由于没有集中的机构或强有力的领导，行业会员之间的联系链也进一步削弱。该时期的经济走低是许多网络参与者开始重新关注自己的操作方式的重要因素。低水平的道德规范，领导力和共同的承诺及热情的缺失也显而易见。一位经营者曾痛心地说："我认为（旅游业）是正退化为一种（无）任何实质的东西，这是一件可悲的事。"另一经营者也如是说：

"我认为推动麦加里湖是做无用功，我一直在奔走呼号——当然是友好地——希望委员会能更加主动。委员会中确实有些人想参与进来，想主动积极，而不希望什么也不做，但其他人却只想露露面，什么也不做。他们甚至都不住在这里"。

直到 1999 年后期，有人对建立旅游协会再次表现出了兴趣。作为地区议会组织主席，该市市长发现麦加里湖没有 LTO（与该地区其他大多数议会不同），也缺乏区域组织和当地行业之间重要的沟通链接（麦加里湖市长如是说）。他指示地区议会组织，总经理调查是否有可能建立一个当地的旅游协会。毫不奇怪，8 个月后一个新的协会建立了。

6 分析：网络对公私伙伴关系的影响

在 1970 年至 2000 年期间，网络各机构以及相互关系已经为麦加里湖的旅游组织打下了基础，它已表现出切实可行的可持续发展公私伙伴关系的能力。在麦加里湖，网络能力的发展和体制创新倾向非常不均衡，特点是参与、竞争和不满的循环。这一分析表明，通常社会关系，尤其是不同利益的网络，加大了 LTO 建立的难度。社区、地方政府和行业间的共同承诺、集体行动和富有成效的对话随时间有很大的不同，引起公共、私营的短暂而非持久的配合。根据分析采访数据、档案资料和参与者的评论，我们得出了七个麦加里湖网络运作影响公共私营合作关系方式的原则。

1. 参与者采用竞争策略，使用察觉到的实际权利力去操纵网络议程，特别是议会和行业网络间的竞争关系，逐渐削弱了旨在建立公私伙伴关系的创新的持续时间。当地旅游协会连续的成立和解散表明，合作是有可能的，但承诺和连续性不是网络强有力的特征。狭隘的地方政治导致议会把责任归咎于行业：

"如果行业不参与，怎么会有一个有效的行业组织呢？最后行业不得不支持它自身。它可以依靠议会提供某些东西，但必须记住，议会的作用是为整个社区提供基础设施、废弃物管理等所有这些事情。我们并不是一个旅游组织，我们可以成为它的一部分，但我们不能主导它。"（某选出的代表如是说）

行业却把责任归咎于议会：

"例如，我认为很多议员根本不主动积极。他们坐在那里享受着议员的身份。我对塞斯诺克有些了解，他们完全不同，有很多新议员，都非常积极。并且正是因为有了这些议员一切才开始启动。"（某旅游经营者如是说）

问题在于议会的双重立场。一方面，议会急于通过建立 LTO 支持公私伙伴关系的发展，但同时，它也有责任质疑谁受益于公共开支："到何种程度地方政府应该提供营销资金？就纳税人的真正回报而言，我对此表示怀疑。"（某地方经济开发官员如是说）

作为回应，一个经营者评论说：

"有些议员会说：'我们为什么要拿出纳税人的钱用于推动私营企业呢？'这是眼光短浅的表现。"（某旅游经营者如是说）

2. 缺乏明确的网络结构对 LTO 内部的沟通以及 LTO 的所有权都有消极的影响。参与者们不能清晰了解网络的构造。该网络没有中央节点，没有明确的沟通界限，网络会员的关系、角色和责任都不明确，尤其是议会、LTO 委员会和行业之间。角色和责任的缺失影响了新的创新所有权，如 LTO 或旅游策略的发展：

"所有权是我们已经为之奋斗了多年的事情。虽然你可能从董事会成员手中得到所有权，但你有了改变，这意味着很多后加入董事会的人没有参与（规划）发展进程。无论他们是来自议会，或为规划者，甚至来自行业本身，你都必须趁热打铁，这意味着你有大约 12 个月的时间，然后你又开始失去这些曾参与规划调查的人。它与生命周期和人们参与的工作类型相联系。"（某旅游规划顾问如是说）

此外，在麦加里湖这一案例中，LTO 作为议会委员会这一安排意味着，对资源的分配方式、最终董事会的政策取向如何解释及实施，议会都保留相当大的控制权。议会的意图是要保持控制权，这表明它并不认为该行业具有自我管理的技能或前景。结果，许多经营商忙于自己的生意，觉得没有什么理由来支持由议会控制的行业协会。

"老实说，我不认为旅游协会有很大价值。在我加入到那个协会之前，我们就有过那种组织。现在我在这里要做的事情很多。"（某旅游经营者如是说）

3. 关键成员的特征，就其专业知识、技能和网络能力而言，对网络的凝聚力、共同观点的发展和问题的理解都有重要影响。尤其当议会在网络中占据支配地位时，当地旅游官员的作用对 LTO 发展至关重要。如果缺乏对行业的信心，将不能实现 LTO 形式的公共私营合作伙伴关系。

"最大的问题是，没有任何人可以站出来驾驭它（LTO）。在麦加里湖我认为你需要有经验的人，一个知道如何拿起电话，如何找对人的人。"（某旅游经营者如是说）

"这种失败太多了。具有专业知识和技能的人太少了。有的是一些以自我为中心的人，有些人根本不应该在那里。（LTO）四分五裂、支离破碎，没有起任何作用。"（某旅游经营者如是说）

这些指责逐渐削弱了主动性，表明即使行业不是主要的财政捐助者，它对网络却有重要的影响。

4. 该组织中积极的网络参与者和不活动的成员比例严重失调。这些不活动的成员阻碍组织内聚力的形成，并阻碍着共同利益平台的发展。尽管麦加里湖是一个休闲旅游目的地，休闲、娱乐和旅游业市场有很大的重叠，但活跃的网络会员却很少。此外，在麦加里湖旅游行业中，小型旅游公司占主导地位，这意味着有能力（如时间、专业知识等）为网络做贡献的参与者相对较少。这令人担忧当地旅游政策开发中社团利益的影响力。

"我认为，存在着这么一种观点，即大的玩家想要占据主导地位。吸取所有的资金去宣传他们自己的景点。我们已经做了大量的工作，希望在该地较小的末端建造海边别墅和家庭旅馆，但是他们却不看。我想他们可能就一直没有考虑。"（某地方经济发展官员如是说）

议会的政治议程受基层的社区问题驱动，这些问题直接影响所选的代表，并间接影响着议会官员。在决定重点议题优先权时，旅游业往往是靠边站。

"对旅游业来说，存在着许多来自社区的阻力。人们很难从工业时代走出来。议员也没能挺身而出，打消社区的担忧。"（某地方经济发展官员如是说）

"除了我们几个，没有太多的人对此感兴趣。并且在当时，也确实没有太多来自行业的动力。我认为议会有些成员缺乏动力和兴趣，没有给 LTO 带来真正的推动力。最终蒙上了议会的政治色彩。"（某选举代表如是说）

"在麦加里湖，我们发现存在着这样的困难，即在那儿居住的人们视麦加里湖为旅游区，但很可能实际上那是个居民住宅区。某些利益集团的力量很强大。就推动该地区发展的特色而言，麦加里湖的很多地方都处于停滞状态。"（某旅游规划顾问如是说）

5. 进行公共和私营部门合作时，把语言化为行动一直很成问题。这种功能性障碍，部分是由于 LTO 官员的自愿立场以及在进行金融决策时缺乏权力所致。LTO 和各议会旅游业官员（他们是职位相对较低的议会人员）之间缺乏协调与合作，这加剧了 LTO 的低效率。

"你在说要求做生意的人抽出时间去做别的事情——而他们的时间也是有限的。像我这样的人苦恼的是：你去参加会议，但它却一直结束不了，你走开了，想着'我干吗要这么在乎它？'……对旅游协会你只能要求这么多，在每月的例会之间，他们没有人去认真做事情。"（某旅游经营者如是说）

一位经营者认为，旅游业官员的低效率可以归因于"旅游业是一个次优先级行业"这么一个政治大气候。

"旅游业官员精力充沛，转了好多圈。官员的出发点是好的。但官员在议会中和一些不知道自己得到了什么，也不知道自己有什么潜力的人在一起工作。我谈论的是议员和官员们的态度。旅游业没有得到它应得的优先地位。"（某旅游经营者如是说）

"我们发现行业想要议会做所有的事情，而议会却不愿为此提供资金。我们决定我们应该做行业的后盾，在后方支持他们。"（某选举代表如是说）。

6. 网络的地理特性对 LTO 内的合作、协调、领导权和议程设置都有深远的影响。麦加里湖旅游地地理位置分散，围绕着两倍于悉尼港大小的麦加里湖分成了许多区域，网络因此而受到影响。

该行业本身已经非常不容易。甚至把大家都召集来开会时，他们也会变得非常功利。Coorongbong 在 20 世纪 80 年代末至 90 年代初发展很好，但他们还只是把焦点都集中在 Coorongbong 上。因此该行业没有对麦加里湖的旅游提出任何策略规划，这个会议就讨论查尔斯镇的事情，Coorongbong 的事情。议会也没有想要为麦加里湖做点什么。

7　讨论：网络管理

因此，管理当地网络的意义何在？简明的管理策略依赖于目的地、运行中的网络以及相关的参与者和代理机构的具体特征。从这些分析中可以看出，管理当地旅游业网络的关键点涉及许多问题的协调。第一，需要考虑当地政府和行业使用的不同权力类型，解决领导权问题。理解不同行动者之间的权力区别，以及行动者参与的不同机遇，这对决定策略以鼓励参与利用不同地方政府和行业参与者的影响来说非常重要。第二，需要更广泛的社团参与。而不是地方政府声称他们代表了更广泛的社区，参与这些社团的机会应公开，当地政府仅代表他们认为的更广泛社团的议题和利益，无需准确无误。本案例中，地方政府声称代表更广泛的社区，从而在网络工作中拥有更大的权力，然而，议会是否确切地代表了更广泛社区的利益，这点却从不明朗。有些参与者给予了否定的回答。第三，与第二点相关，地方政府和 LTO 的角色和职能应明确重点并阐明清楚。在考虑这些角色时，应考虑议会在支持和服务更广泛社区方面的作用。本案例中的角色和职责不明确，经常处在谈判过程中，还常常使用破坏性的策略，诸如撤回资金或不再支持创新或行动者等。第四，行动规则需进行公开讨论和协商。行动者期望他们的呼声能被听到，期望不管经营规模大小，都能够参与讨论。行动规则清晰化需要有领导和专业人员。第五，旅游业资源是一个能引起很大争议的议题，与领导的期望和在网络内的控制力密切相关。小企业的零散性质，其在当地旅游行业中占据的优势主导地位，以及行动者之间脆弱的联系，使得行业网络难以自食其力。

8　结论

总之，本文试图通过如下两点从理论和实践的角度探讨对地方旅游网络的认识和管理。第一，文章详细讨论了网络理论对于理解旅游目的地发展有效的公共—私营合作伙伴关系能力方面的实用性。虽然文献资料非常分散，在旅游业方面的应用也很少，但从概念上来讲，网络理论主要有以下四大优点：

（1）网络理论确认了在不同范围内不同政策社团在不同时间处理旅游问

题上的重叠性和即时性。

（2）网络理论指出，私营和公共行动之间的区别是模糊的，网络方法，作为一个公共私营部门政策利益的多维区，非常适合用于分析旅游业现状。

（3）网络理论指出不同的旅游政策问题存在着不同级别的政治支持，这就是为什么有些议题会受到更多或更少的关注的原因。

（4）网络理论认为利益相关者可以在不止一个网络中拥有会员资格，利益相关者的权力、角色、相互作用和职能也因此而可能会有所不同。

简而言之，网络可被看做一个组织概念，用于理解地方旅游业网络的纷繁复杂。因此，本文的重要贡献在于展示了如何用网络理论理解当地政府、LTO、行业和社区之间的复杂关系。

尤其对于那些不仅满足于描述网络结构和功能的研究者来说，本文提供了一种实用的研究方法，可以帮助他们了解网络的动态性，开发网络管理策略。迄今为止，测量关系、描述网络结构的网络结构—功能主义分析在旅游网络有限的文献资料中已居首位。本文通过深入的定性调查，论证了网络"模糊的"、难以明确的社会和文化方面的调查的重要性。

本文的第二个目标是通过麦加里湖的案例研究，更好地理解网络是如何为地方公共—私营合作关系形成机遇和干扰的。在本案例中，网络在领域内外的精心运作，导致地方旅游协会的形成落实。网络在角色、职责方面协商不够，相互竞争以及较少沟通交流导致关系链的不稳定。此外，积极和不积极的网络成员数量上的不均逐渐引发破坏稳定性的问题，如质疑组织、LTO 代表和领导的合法性。本研究一项非常重要的发现是，需明确关注以下两个方面的平衡：（1）地方政府和行业对 LTO 支配权的平衡；（2）需设法达成积极网络和被动政策社区间的平衡，以避免被动社区会逐渐削弱积极的 LTO 网络的合法性情况的出现。

参考文献

Atkinson, M., & Coleman, W. (1992). Policy Networks, Policy Communities and the Problems of Governance. *Governance: An International Journal of Policy and Administration*, 5(2), 154-180.

Baker, W. (1992). The Network Organization in Theory and Practice. In R. G. Eccles (Ed.), *Networks and Organizations: Structure, Form and Action* (pp.397-429). Boston: Harvard Business School Press.

Bogason, P., & Toonen, T. (1998). Introduction: Networks in Public Administration. *Public Administration*, 76, 205-227.

Borzel, T. (1998). Organizing Babylon: On the Different Conceptions of Policy Networks. *Public Administration*, 76, 253-273.

Brass, D., & Burkhardt, M. E. (1992). Centrality and Power in Organizations. In N. Nohria, & R. G. Eccles (Eds.), *Networks and Organizations: Struture, Form and Action* (pp.191-215). Boston: Harvard Business School Press.

Browne, W. P. (1999). Studying Interests and Policy from the Inside. *Policy Studies Journal*, 27(1), 67-76.

Burstein, P. (1991). Policy Domains: Organisation, Culture, and Policy Outcomes. *Annual Review of Sociology*, 17, 327-350.

de Leon, P. (1998). Policy Analysis: Empiricist versus Postpositivist Positions. *Policy Studies Journal*, 26(1), 109-113.

Di Maggio, P. (1992). Nadel's Paradox Revisited: Relational and Cultural Aspects of Organisational Structure. In N. Nohria, & R. G. Eccles (Eds.), *Networks and Organisations: Structure, Form and Action* (pp.118-142). Boston: Harvard Business School.

Dredge, D. (2001a). Leisure Lifestyles and Tourism. *Tourism Geographies*, 3(3), 279-299.

Dredge, D. (2001b). Local Government Tourism Planning and Policy-making in New South Wales: Institutional Development and historical Legacies. *Current Issues in Tourism*, 4(2-4), 355-380.

Dredge, D., & Jenkins, J. (2003). Destination Place Identity and Regional tourism development. *Tourism Geographies*, 5(4), 383-407.

Foucault, M. (1976). *Critique and Power: Recasting the Foucault-Habermas Debate*. Cambridge: MIT Press.

Foucault, M. (1980). *Power/Knowledge: Selected Interviews and Other Writings*. New York: Harvester Wheatsheaf.

Gibbs, D., & Jonas, A. E. G. (2000). Governance and Regulation in Local Environmental Policy: the Utility of a Regime Approach. *Geoforum*, 31, 299-313.

Granovetter, M. (1992). Problems of Explanation in Economic Sociology. In N. Nohria, & R. G. Eccles (Eds.), *Networks and Organizations: Form, Structure and Action* (pp.25-56). Boston: Harvard Business School Press.

Hall, C. M., & Jenkins, J. (1995). *Tourism and Public Policy*. London: Routledge.

Ham, C., & Hill, M. (1993). *The Policy Process in the Modern State*. Hertfordshire:

Harvester Wheatsheaf.

Howlett, M., & Ramesh, M. (1995). *Studying Public Policy: Policy Cycles and Policy Subsystems*. Toronto: Oxford University Press.

Howlett, M., & Ramesh, M. (1998). Policy Subsystem Configurations and Policy Change: Operationalizing the Postpositivist Analysis of the Politics of the Policy Process. *Policy Studies Journal*, 26(3), 466-481.

Leiper, N. (1990). Tourist Attraction Systems. *Annals of Tourism Research*, 17, 367-384.

MacKinnon, D., Cumbers, A., & Chapman, K. (2002). Learning, Innovation and Regional Development: A Critical Appraisal of Recent Debates. *Progress in Human Geography*, 26(3), 293-311.

Majchrzak, A. (1984). *Methods for Policy Research*. Newbury Park:Sage.

Marsh, D. (1998). *Comparing Policy Networks*. Buckingham: Open University Press.

McKercher, B., & Ritchie, M. (1997). The Third Tier of Public Sector Tourism: A Profile of Local Tourism Officers in Australia. *Journal of Travel Research* (Summer), 66-72.

Milward, H. B., & Walmsley, G. L. (1984). Policy Subsystems, Networks and the Tools of Public Managment. In R. Eyestone (Ed.), *Public Policy Formulation* (pp.3-25). Greenwich: JAI Press.

Newcastle Morning Herald (1984). *Lake Mayor Heads Tourism*.

O'Toole, L. (1997). Treating Networks Seriously: Practical and Research-based Agendas in Public Administration. *Public Administration Review*, 57(1), 45-52.

Palmer, A. (1996). Linking External and Internal Relationship Building in Networks of Public and Private Sector Organisations: A Case Study. *International Journal of Public Sector Management*, 9(3), 51-60.

Parsons, W. (1995). *Public Policy: An Introduction to the Theory and Practice of Policy Analysis*. Aldershot: Edward Elgar.

Pavlovich, K. (2001). The Evolution and Transformation of a Tourism Destination Network: the Waitomo Caves, New Zealand. *Tourism Management*, 24, 203-216.

Pforr, C. (2002). The Makers and the Shakers of Tourism Policy in the Northern Territory of Australia: A Policy Network Analysis of Actors and Their

Relational Constellations. *Journal of Hospitality and Tourism Management*, 9(2), 134-151.

Porter, M. (1990). *The Competitive Advantage of Nations*. London: Macmillan.

Porter, M. (1998). Clusters and the New Economic Competition. *Harvard Business Review*, 76, 77-90.

Reed, M. (1997). Power Relations and Community-based Tourism Planning. *Annals of Tourism Research*, 24(3), 566-591.

Rhodes, R. A. W. (1997). *Understanding Governance: Policy Networks, Governance, Reflexivity and Accountability*. Buckingham: Open University Press.

Sabatier, P., & Jenkins-Smith, H. C. (1993). *Policy Change and Learning: An Advocacy Coalition Approach*. Boulder: Westview.

Sharp, L., & Richardson, T. (2001). Reflections on Foucauldian Discourse Analysis in Planning and Environmental Policy Research. *Journal of Environmental Policy and Planning*, 3, 193-209.

Smith, S. L. J. (1988). Defining Tourism: A Supply Side View. *Annals of Tourism Research*, 15(2), 179-190.

Smith, S. L. J. (1991). The Supply Side Definition of Tourism: Reply to Leiper. *Annals of Tourism Research*, 18, 312-318.

Smith, S. L. J. (1998). Tourism as an Industry: Debates and Concepts. In D. Ioannides, & K. Debbage (Eds.), *The Economic Geography of the Tourist Industry* (pp.31-52). London: Routledge.

Storper, M. (1997). *The Regional World*. New York: Guilford Press.

Tinsley, R., & Lynch, P. (2001). Small Tourism Business Networks and Estination Development. *International Journal of Hospitality Management*, 20(4), 367-378.

Tyler, D., & Dinan, C. (2001). The Role of Interest Groups in England's Merging Tourism Policy Network. *Current Issues in Tourism*, （2-4）, 210-252.

Waarden, F.V.(1992). Dimensions and Types of Policy Networks. *European Journal of Political Research*. 21(1-2).

第四章 休假结构理论

Kenneth F. Hyde [a],*, Christian Laesser[b]

[a]Business School, AUT University, 42 Wakefield Street, Private Bag 92006, Auckland 1142, New Zealand
[b]Institute for Public Services and Tourism, University of St. Gallen, Dufourstrasse 40a,9000 St. Gallen Switzerland

1 引言

对旅游研究者而言，休假决策过程是一个值得探索的重要领域。这类研究涉及许多问题，包括计划休假时需要做些什么决策，由谁来做这些决策，怎样做出这些决策，以及什么时候做这些决策。对于第一个问题，休假需要做哪些决策，即休假需要考虑的因素，许多文献已经有了详尽的描述（Bieger, 2002; Freyer, 1997; Inskeep, 1991; Jeng & Fesenmaier, 2002; Kaspar, 1991; Woodside & MacDonald, 1994），同时，对由谁来选择这些休假要素以及如何做出这些决策等问题仍在继续研究之中（Decrop & Snelders, 2004; Woodside, Caldwell, & Spurr, 2006）。

本文主要讨论第四个问题——最有可能在什么时间决定休假的各个要素：这是旅游管理的一个重要问题。如果旅游产品的供应商想要影响消费者的选择，了解消费者做出这些选择的时间将是非常有用的。

本文认为，并不是所有的休假类型都表现出相同的决策模型，休假类型的种类也不是无限的。相反，本文采用包括三种休假宏观结构的框架体系，试图以逻辑推断出每种休假类型最有可能在什么时候选择休假的关键因素。同时本文旨在说明这种鉴别休假类型的结构方法对旅游管理实践有很大的启示。这种方法现仍应用于传统的多目的地旅游类型学研究中（Lue, Crompton, & Fesenmaier, 1993）。

本文首先回顾了现有的休假决策模型，以为休假结构理论提供理论依据，然后介绍了休假结构理论的构成，并通过代表性抽样，实证研究了瑞士家庭的休假旅游，详细分析了研究结果。在这些休假旅游中，结合相关的人口统计、动机和行为研究，很容易识别这三种宏观结构。最后得出结论，认为运用结构理论的方法了解休假对旅游管理有很大的启示作用。

2 休假决策模型

社会科学的技术方法已被应用于了解游客在一系列旅游选择中做出决策的过程，包括旅游目的地、航线和住宿地的选择（Hess, Adler, & Polak, 2007; Huybers, 2005; Yavas & Babakus, 2005）。直到近来，对游客决策的研究已集中到了单一的一点，即游客对旅游目的地的选择（Decrop, 1999; Sirakaya & Woodside, 2005）。如果没有弄清休假因素之间的相互依存性会在什么时候影响决策的制定，旅游目的地选择的研究就将受到限制（Woodside & MacDonald, 1994）。例如，游客旅游目的地的选择可能受休假活动的偏好和现有支付能力的限制，或者航线的选择可能受旅游目的地选择的限制。此外，旅游者只去一个目的地旅行的假设可能限制了对游客决策制定的研究（Lue *et al.*, 1993）。

因此休假表现为对多样化商品、服务和体验的消费，即在相互依存的选择间决策。仅在过去的 10～15 年，休假决策的综合模型才被提出，试图塑造休假的多面性。下面将讨论当今有关休假决策模型的三种类型：购买消费体系类休假、个体生态体系要素类休假和旅游决策系列类休假。

2.1 购买消费体系类休假

Woodside 和 MacDonald（1994）是首次提出综合框架理论描述休假决策的多面性的研究人员。他们提出了系统的结构框架，力求阐述游客的主要休假因素选择，即对目的地、住宿、娱乐活动、景点、旅行方式和路线、饮食、次级目的地、纪念品和购物的选择。这其中的许多要素都没有在休假前预先计划，而是在旅游过程中做出的选择。Woodside 和 MacDonald 的框架理论认为这些休假要素的选择在一定程度上相互依存。

Woodside 和 MacDonald 的框架理论虽然认识到了休假决策由哪些因素构成，但却没有明确对这些因素做出选择的时间。本文作者呼吁其他研究人员帮助阐明影响旅游者休假因素选择的时间顺序和趋势（Dellaert, Ettema, & Lindh, 1998）。

Woodside 与 King（2001）借用 Woodside 和 MacDonald 的框架理论对夏威夷岛游客的休假决策进行了实证研究。根据 Woodside 和 MacDonald 的理论，休假的因素选择之间应该是相互依存、相互作用的关系。Woodside 和 King 说明了休假决策是如何进行的。他们运用购物消费体系的概念来说明旅游者进行的一连串的购买行为，即购买一种商品会引发对其他几种商品的购买。休假因素的选择被视为一个类似于激活后不断蔓延的进化过程（Anderson, 1983），譬如说，游客一旦选择了某旅游目的地，就将限制住宿地的选择，依次地，用餐地点等因素也可能会受限。Woodside、MacDonald 和 Burford（2004）通过分析加拿大爱德华王子岛游客的购买消费体系，也得出了类似的研究结果。

2.2 个体生态体系要素类休假

在最近出版的著作中，Arch Woodside 和他的同事们对适合个人生活方式的休假决策制定做了广泛而全面的研究。Woodside（2006）认为个人在休闲娱乐和追求自由方面所做出的选择多半是由历史因素所致，而非理性或有限理性的决策。休假者作出的选择像一双手套，受自己生活方式的限制。此外，此类休假模型也试图解释休假决策是如何进行的。

Woodside 等（2006）认为消费者在休闲娱乐和追求自由方面所做出的选择是由构成他们生活环境的微观和宏观生态系统造成的。根据这个观点，促进和制约性因素的结合会有助于或阻碍个人特定休假方式的选择。这些促进和制约性因素可能包括工作需求、家庭责任、可随意支配收入的选择需求以及陪伴他人休假的邀请等。

Decrop（2006）的研究成果表明，一些促进和制约性因素可能预先影响休假决策。Decrop 和 Snelders（2004）以比利时家庭打算去哪里度暑假为例，对休假前的决策过程做了纵向研究，研究人员全面逼真地描绘了每个家庭的休假计划是如何形成的。

Woodside、Caldwell 和 Spurr 以及 Decrop 和 Snelders 的研究主题都是关于休假前的决策。目前，研究人员仅把"休假作为个体生态系统的一个方面"这一模型运用于"是否去休假"类似的决策，而没有用于休假期间休假者的决策。

2.3 旅游决策系列类休假

休假决策模型的第三类把决策视为一系列事件。此类模型主要关注休假者何时选择休假的各个要素。

Jeng 和 Fesenmaier（2002）提出休假决策的制定有三个特征：多维度性、序列性和相连性。其中多维度性指休假决策是一个包含多个决策的复杂过程。序列性指休假决策以一定的顺序演化，即按时间和级联顺序的过程（Jeng & Fesenmaier, 2002:26）。相连性指在休假决策早期阶段所作出的决定限制了后续决策的范围。

在一个美国国内旅游的实证研究中，Fesenmaier 和 Jeng（2000）提出了一个休假决策的时间等级体系，他们将其划分为核心决策、次级决策和第三级决策。他们认为休假者在出发前做的一系列核心决策是固定不变的，这包括主要目的地、旅行日期、旅行团队的成员、住宿地、旅行路线和费用预算等方面的选择；休假者在出发前也做一系列比较灵活的次级决策，包括次级目的地、娱乐活动和景点的选择；不过，休假者将第三级的决策延迟到旅行途中进行，其中包括休闲站点、就餐和购物的选择。

在一项对前往新西兰休假的游客的研究中，Hyde 和 Lawson（2003）提出了另一种休假决策等级体系：第一为次级目的地，第二为旅行线路，第三为景点和旅游活动。他们所研究的这次休假包括开始休假前的决策因素和大量的未计划的因素。

以 Correia（2002）的初步研究为基础，Bieger 和 Laesser（2004）在对瑞士休假者的研究中把休假决策分为两个阶段：前期决策阶段和后期决策阶段。这两个阶段由于旅游目的地选择的不可变更，有法律效力的合同的签订，如旅途中预订或购买了一个或多个因素，或其他与法律无关但也不可变更的责任而互不相关。

2.4　总结

在三种休假决策模型中，"旅游决策系列类休假"的模型关注休假者何时选择休假因素的问题。对于旅游管理而言，这是一个重要的问题，没弄清游客选择休假因素的时间将不利于理解旅游产品供应商最大程度影响顾客产品选择的方式。

然而，Fesenmaier 和 Jeng（2000）、Hyde 和 Lawson（2003）以及 Woodside 和 King（2001）的每一个研究发现都提出了不同的旅行决策体系。这种情况反映了休假决策体系的变量可能依赖于关键的相联因素。因此，现在需要一个适用于少量的随关键相联因素而变化的旅游决策体系的理论框架。

3　休假结构理论的基本原理

本文接下来将描述休假结构理论。通过介绍这个理论，笔者试图逻辑推导出休假者最有可能在何时选择休假因素。并且，笔者还试图证明在构建微观结构中最有可能起到首要作用的休假因素，以及最有可能成为次级性质的休假因素。

笔者认为，休假的结构理论应该适用于大多数情况，而不论休假的地点或游客的文化构成。本文第 8 节提出了该理论对旅游管理实践的意义。

4　休假结构理论

休假是以休闲娱乐为目的的旅行，包含离开居住地的异地过夜逗留（Ryan，2000）。休假结构理论认为：

（1）休假具有结构性。休假是发生在特定期限内的人类体验。这种体验的要素以逻辑性、因果联系的方式展现。

（2）许多休假者渴望并追求休假体验的结构性。休假的结构性减少了休假者的不确定性和风险（Litvin, Crotts & Hefner, 2004; Money & Crotts, 2003）。休假决策制定经常涉及若干个体。

（3）根据目的地的数量和休假行程中的灵活度，休假存在三个不同的宏观结构。

（4）休假微观结构包括一系列综合因素，其中主要有出发和返回的时间、目的地、旅行伙伴的选择、旅行路线、交通工具、住宿地点、参观的景点、娱乐活动、就餐和购物体验以及花费水平等（Middleton, 1994）。

（5）休假宏观结构影响微观结构决策。

从宏观水平看，休假结构通常涉及游客参观的目的地数量和旅途中游客变更目的地的灵活度。后者可能指旅游行程的灵活度。见图1。

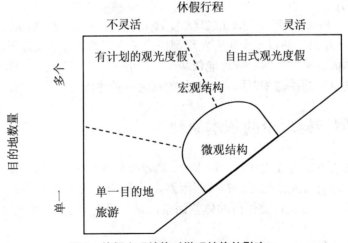

图1　休假宏观结构对微观结构的影响

在很多情况下，目的地数量都是单一的，过去关于休假决策的研究通常也假定游客只去某个单一的目的地休假。然而，任何休假的模型都需要包含游览多个目的地的可能性（Lue *et al.*, 1993）。

　　旅游行程的灵活性表明休假的一个重要特征不仅仅是包价游和自由游间的简单区别。旅程中的灵活度指旅游目的地是游客在出发时决定的，还是在旅游过程中可以进行调整。按照传统惯例，根据旅游的关键要素是否全部从旅游零售商处购买，采用团体游和自助游这两个词来区分旅游的类型（Hyde & Lawson, 2003; Sheldon & Mak, 1987）。然而，旅游和服务产品网络销售的增长以及游客越过旅游零售商中介直接向供应商购买产品的机会的增多表明应该产生一种基于休假宏观结构的新型旅游类型（Hyde, in press）。

　　在宏观层面，休假结构指的是针对具体要素做出的选择，如旅游目的地和住宿场所。其中尤其有趣的是休假决策的时间：这些决策是在出发前做出的，还是在旅游过程中做出的？此外，这些信息对旅游产品供应商有效影响消费者选择产品非常重要。

　　我们认为休假可能展示出三个宏观结构，即单一目的地旅游、有计划的观光旅游和自由式观光旅游，游客就其休假宏观结构作出的决策影响微观水平的决策，尤其是关于休假要素选择的时间。单一目的地旅游展现了微观水平最简单的休假结构，而自由式休假展现了微观水平最复杂的旅游结构。

　　休假要素的选择有两个独特的背景：休假前制定的决策和休假开始时制定的决策（Hyde, 2004）。我们认为，在构建休假微观结构时，游客出发前做出了一系列核心决策，这些决策预测并制约了后来的一系列次级决策。休假的核心决策相对来说很可能相互依赖，像一个有内聚力的组合（Tay, McCarthy & Fletcher, 1996）。游客在休假过程中也做出了一系列次级决策：这些决策很可能彼此相对独立。

　　文献资料提出了大量休假决策包含的要素（Bieger, 2002; Freyer, 1997; Inskeep, 1991; Jeng & Fesenmaier, 2002; Kaspar, 1991; Woodside & MacDonald, 1994）。表 1 中列举的要素为休假结构理论的组成部分。

表 1　休假结构理论构成要素

休假	指以休闲娱乐为主要目的，在常住地以外地方过夜的旅行体验。
休假要素	指构成休假结构的关键要素，包括主目的地、到达目的地的交通工具及其线路、旅行团队的成员、时间安排、预算、住宿、次级目的地及其之间的交通工具和线路、娱乐活动、景点、购物和就餐。
休假计划	指所有出发前的决策累积，是出发前做出的融为一体的、前后逻辑一致的一系列休假要素选择。
主要目的地	指游客旅行的关键地方，主要目的地可能是整个旅程中唯一的目的地，也可能是最远的目的地，或者是随后旅程的基地（Lue *et al.*,1993）。

续表

次级目的地	指附属于主要目的地的其他过夜停留地。
主要休闲消遣	指休假过程中游客想要体验的最重要的休闲娱乐活动，比如滑雪、购物、观光、体验阳光沙滩、游览主题公园、文化古迹等。
旅游行程	指休假日程安排表，规定次级旅游目的地及游览时间。
休假的灵活性	指游客在出发前，事先决定（主要和次级）旅游目的地时，没有预订住宿的直接结果。预订住宿的灵活度和旅游行程的灵活度成反比。
次级目的地间的交通工具	次级目的地之间交通工具的选择将影响休假行程中的灵活度。某些交通工具本身更加有助于自助游，比如汽车。

4.1　单一目的地休假

　　某些休假只涉及单一的旅游目的地，出发前预先安排好唯一的住宿地点。这类休假可称为原地或单一目的地休假。其中包括城市休假、假日别墅休假、休假胜地旅游、主题公园休假和海滨休假。这类休假不会游览多个目的地，也不会在几个不同地方过夜停留。

　　构建单一目的地休假的微观结构，必须在出发前做好几个核心决策（见表2）。这些核心决策很可能包括旅行团队成员的选择、休假日期、花费预算、主要娱乐消遣、目的地、到达目的地的交通及其线路、食宿地点等。

表 2　假定的结构决策要素

	单一目的地休假		有计划观光休假		自由式观光休假	
	出发前	休假中	出发前	休假中	出发前	休假中
旅行团队成员	●		●		●	
出发、返回时间及休假长度	●		●		●	
花销预算	●		●		●	
核心休闲消遣	●		●		●	
主要目的地	●		●		●	
到达主要目的地的交通及线路	●		●			
住宿地	●		●			●
次级目的地			●			●
次级目的地间的交通工具			●			●
次级目的地间的交通线路			●			●
景点		●		●		●
娱乐活动		●		●		●
餐饮		●		●		●
购物		●		●		●

　　这七个休假核心要素的选择极可能相互影响：出发前，游客设计一个决策组合以适应所有七个核心要素的需求（Tay *et al.*, 1996）。旅游目的地的选择不

仅要便于参与核心休闲消遣活动，还要考虑到旅行团队的所有成员、休假日期和旅游预算。住宿地的选择要与目的地的选择紧密联系，因为游客可能选择休假别墅或预订休假酒店。游客对旅游目的地的选择可能是单一目的地休假模型决策的关键要素，这是以往大量研究的焦点（Sirakaya & Woodside, 2005）。

对于单一目的地休假，假定游客在休假过程中将做出几个次级决策，这类次级决策不需在出发前预先做出。次级决策包括具体娱乐活动、景点、购物和用餐等体验的选择。这些要素可以当场选择，灵活性大，并且很可能彼此互不依赖。

4.2 有计划的观光休假

有计划的观光休假包括在多个地区过夜停留，游览几个目的地。出发前每个位置的住宿地点已安排好，这是有计划观光休假的显著特征（Hyde, in press）。一旦出发前安排好了每一个区域的食宿地点，休假行程——包括次级目的地和旅行线路——就已经确定。休假行程可能由休假者自己亲自确定，但这些决策经常由商业旅游咨询机构代表游客做出。有计划观光休假包括列车观光休假、邮轮观光休假和汽车旅游。有计划观光休假的主要娱乐消遣是旅行观光本身。

我们假设构建有计划观光旅游微观结构的决策过程与构建单一目的地休假微观结构的决策过程有许多共同点（见表 2）。出发前，需要做几个关键决策，包括旅行团队成员、休假日期、花费预算、主要旅游目的地（即游客旅行的主要地点）以及到达主要目的地的交通工具和线路。这些决策很可能会相互影响。除了这些要素选择之外，有计划观光旅游微观结构很可能包括出发前对次级目的地及其间的交通工具和线路的选择。另外，这些出发前的选择也很可能彼此依赖。

旅游者在休假时很可能会做出若干更加灵活的次级决策，包括具体娱乐活动、景点、购物和就餐的选择。这些休假中的选择在很大程度上都是彼此独立的。

4.3 自由式观光休假

自由式观光休假的一个显著特征是很少提前安排住宿的地方。由于没有提前安排具体的住宿地点，旅游者可以灵活安排休假行程（Hyde, in press）。自由式观光休假包括徒步旅游、骑车旅游、旅宿汽车游和其他汽车旅游。同样，自由式观光休假的核心休闲体验是旅行观光本身。我们假定要在休假日期、花费预算、主要目的地以及到达主要目的地的交通工具和线路确定前做几个核心决策（见表 2）。与单一目的地休假或有计划观光休假中这些因素的稳定性相比，自由式观光休假有一定的灵活性：例如，旅行团队的成员、休假日期、甚至目的地的选择都可能改变。

自由式观光休假的微观结构中很可能有大量的次级决策，即休假中做出的决策。这些包括次级目的地、旅行线路、住宿地点、休闲活动、景点、购物和就餐等的选择。自由式观光休假者做的一个关键决策是主要目的地交通工具选择。一些交通工具为自由式观光休假提供了便利，其中包括汽车的使用（Larsen, 2001）。这些休假要素的选择相互独立，灵活性强，可以在旅途中决定。

4.4　旅行动机

研究人员也可以考虑游客选择休假类型的动机。有人就认为动机不同导致类型选择不同（Dann, 1981）。对休闲放松的极度需求会促使游客选择单一目的地休假，渴求探险和新奇经历可能会激发有计划观光旅游，而对灵活性和自发性的强烈需求刺激了自由式观光休假（Crompton, 1979; Lee & Crompton, 1992; Mayo & Jarvis, 1981）。从表 2 大致可看出自由式观光休假能提供给旅游者体验所谓"独立性"的更大机会，即休假因素选择的灵活性和自发性更强（Hyde & Lawson, 2003）。

5　假设

笔者通过对全国家庭的旅游行为研究，试图检验瑞士家庭的休闲旅游是否属于以宏观休假微观结构为基础的三类休假类型。此外，如果可以确定三种不同类型的休假，那么应该进一步假设属于各种休假类型的休假者在行为、动机和人口统计上的差异。具体来说，我们提出以下假设：

假设 1　单一目的地休假往往与熟悉的旅游目的地相联系，而有计划的观光休假则与陌生的目的地相联系。

假设 2　不同的休假类型之间存在差异：

ⓐ 旅行团队的组成；

ⓑ 休假的持续时间；

ⓒ 休假的花费水平。

假设 3　不同休假类型目的地交通工具的选择存在差异。

假设 4　不同休假类型旅游动机存在差异：

ⓐ 单一目的地休假类型的大部分游客的旅游动机是休闲放松；

ⓑ 有计划的观光休假类型的大部分游客的旅游动机是探险和体验新

事物；

　　◎自由式观光休假类型的大部分游客的旅游动机是休假的灵活性和自发性。

6　研究方法

6.1　问卷调查

　　整套数据来源于 2004 年对瑞士居民的代表性抽样调查。调查每三年进行一次。这种周期性调查的主要目的是为与圣加伦大学、一些企业和政府合作伙伴共同合作的不同项目搜集数据。调查要求参加者就过去一年内的每次休假完成一份旅游问卷，问卷可以纸质或网络方式完成。参与者每三个月得到一次提醒，要求他们返还完成的问卷，或者告知过去的三个月没有外出旅游。参与者年底还将另外完成一份关于人口统计和个人心理信息的问卷。

　　受圣加伦大学公共服务与旅游学院委托，数据收集工作由欧洲最重要的市场调查研究机构之一——GFK 来完成。研究小组接洽了 3050 户具有代表性的家庭，并邀请他们参与这项研究。最终有 1540 户家庭按照要求完成了全年所有的调查问卷：包括 4081 人和 11,245 人次。

　　这次旅游调查问卷收集了许多变量的信息，包括目的地的选择、以前游览此目的地的次数、来自家庭内部和外部的旅行伙伴数量、旅行持续时间、旅行的组织类型（即包价旅游或非包价旅游）、花费水平（见表 5a 和表 5b）；针对个人的调查问卷也收集了许多变量的信息，包括被调查者的性别、年龄、教育程度、职业等社会人口统计学方面的信息（见表 3）；参与者人格特质方面的信息（以此根据消费心态学对参与者进行分类）（Gountas & Gountas, 2001）（见表 4）；以及一个包含 24 个条目的量表，用来测量游客的旅游动机（见表 6）。

　　关于这些变量及其组成部分的全面概述，请参见 Biege 和 Laesser（2005）。

表 3　社会人口统计学表

	单一目的地休假（%）	有计划观光休假（%）	自由式观光休假（%）	总 计（%）
性别：x^2=.647; p=.724; cc=.009				
男	49.1	48.3	50.8	49.2
女	50.9	51.7	49.2	50.8
年龄：x^2=33.731; p=.001; cc=.066				
5 岁以下	3.2	(1.7)	2.3	3.1

	单一目的地休假（%）	有计划观光休假（%）	自由式观光休假（%）	续表 总　计（%）
5~14 岁	14.1	(8.2)	14.1	13.8
15~24 岁	6.9	(5.5)	6.7	6.8
25~34 岁	7.2	7.5	**8.4**	7.3
35~44 岁	20.9	(18.4)	**24.4**	21.0
45~54 岁	18.0	**19.1**	**19.3**	18.1
55~64 岁	16.4	**19.8**	(15.3)	16.4
64 岁以上	13.4	**19.8**	9.5	13.4
所接受的最高教育：x^2=61.511; p=.000; cc=.089				
义务教育	9.2	(6.8)	(7.0)	8.9
学徒制/职业学校	31.3	**36.1**	(26.4)	31.2
中专毕业	1.1	1.0	2.1	1.2
中学/商业学校	8.1	8.8	**11.0**	8.3
专业硕士学位	5.5	**7.8**	6.5	5.7
技术学校	5.9	**7.1**	5.7	5.9
高等技术学院	6.5	(5.4)	**9.1**	6.7
应用技术/应用科技大学	7.0	**9.2**	7.6	7.1
大学	7.7	(5.8)	**12.5**	8.0
职业：x^2=57.586; p=.002; cc=.086				
CEO/高层管理人员、政府高级官员	3.3	2.4	3.4	3.3
中小企业主管/老板	2.8	**4.8**	2.5	2.9
农民	.5	.0	.2	.5
自由职业者	1.6	**2.7**	2.1	1.7
中层管理人员	11.9	**15.3**	**14.8**	12.2
商业/技术雇员	20.4	**20.7**	**23.8**	20.6
工人	4.2	3.4	4.4	4.2
退休人员	13.4	**19.0**	12.2	13.5
家庭主妇	15.9	15.6	(12.2)	15.7
待业在家者	1.0	0.7	1.1	1.0
在校见习生	2.2	2.0	(1.1)	2.1
在校中学生	2.0	(0)	2.3	2.0
在校大学生	1.7	1.4	2.7	1.8
以上未涉及的	13.2	(6.8)	13.7	13.0
军队服役人员	.3	.3	.4	.3
其他	5.6	4.8	(3.2)	5.4

粗体部分表示该值比总数高一个百分点或更多。（ ）部分表示该值比总数低一个百分点或更多。

表4 人格特质量表

人格特质: x^2=3.194; p=.784; cc=.024	单一目的地 休假（%）	有计划观光 休假（%）	自由式观光 休假（%）	总 计 （%）
务实、自给自足的现实主义者	33.6	34.4	33.8	33.7
富于想象、敏感的梦想主义者	22.5	22.2	24.5	22.6
享乐主义者（身体和精神状态良好）	22.1	18.6	20.4	21.8
脚踏实地的物质主义者	21.9	24.9	21.3	22.0

表5a 旅行特征表

	单一目的地 休假（%）	有计划观光 休假（%）	自由式观光 休假（%）	总 计 （%）
目的地: x^2=580.228; p=.000; cc=.227				
瑞士	**45.2**	（17.3）	（21.6）	42.4
奥地利	6.9	（3.6）	**7.8**	6.8
德国	7.8	8.3	**14.1**	8.3
法国	9.8	10.0	**18.6**	10.5
意大利	9.4	**12.6**	8.8	9.5
其他欧洲国家	13.2	**27.6**	**15.0**	13.9
美国	1.7	**7.6**	**7.6**	2.3
非洲	2.5	**3.8**	2.8	2.6
亚洲	3.2	**6.7**	（2.3）	3.3
大洋洲	（0.2）	**2.6**	**1.4**	0.4
以往旅行次数: x^2=71.0962; p=.000; cc=.081				
没有	20.3	**31.1**	（17.4）	20.5
1～2	17.1	**23.8**	（14.5）	17.2
3～5	15.1	（11.5）	**19.7**	15.3
5～10	15.2	（11.1）	15.9	15.1
大于10	32.3	（22.6）	32.5	31.9
团队中家庭成员: x^2=29.606; p=.000; cc=.052				
1人	15.1	**16.9**	14.4	15.1
2人	38.2	**48.5**	（36.2）	38.5
3人	13.9	（12.0）	13.9	13.8
4人	32.8	（22.6）	**35.5**	32.6
旅行持续时间: x^2=463.483; p=.000; cc=.203				
1天	**10.0**	（0）	（0）	8.9
2～3天	19.6	（13.9）	（14.4）	19.0
4～7天	**36.1**	（29.7）	（25.7）	35.1
8～14天	21.6	**32.8**	**27.8**	22.4
15～21天	7.1	6.9	**11.7**	7.4
21天以上	（5.7）	**16.3**	**20.1**	7.1

续表

	单一目的地休假（%）	有计划观光休假（%）	自由式观光休假（%）	总　计（%）
旅游组织类型：x^2=1298.874; p=.000; cc=.327				
从未参加过团队游	66.4	(0)	**100.0**	66.2
个人团队游（无固定日期）	12.9	**38.8**	(0)	13.0
家庭团体套餐游（有导游）	5.4	**24.7**	(0)	5.8
家庭团体套装游（无导游）	3.3	**7.3**	(0)	3.2
其他团队游	5.8	**16.2**	(0)	5.8
目的地交通工具：x^2=862.623; p=.000; cc=.272				
轿车（自有或租借），旅宿汽车	**62.1**	(27.3)	**61.4**	60.4
铁路/火车	14.0	(12.9)	(9.8)	13.7
飞机	(17.6)	**36.0**	22.2	18.7
游船	0.3	**4.2**	0.9	0.5
公共汽车	5.1	**19.1**	(0)	5.3
摩托车	0.5	0	**5.4**	0.5

粗体部分表示该值比总数高一个百分点或更多。（）部分表示该值比总数低一个百分点或更多。

表 5b　旅行特征表

	F 值，P 值/E^2	单一目的地休假	有计划观光休假	自由式观光休假	总　计
旅行同伴数量 [a]（平均值）	F=31.805, p=.000/ E^2=.076	7.0	**13.3**	4.0	7.1
人均旅游总花费（CHF）	F=290.555, P=.000/ E^2=.226	(977)	**2331**	**1773**	1088
人均日花费（CHF）	F=19.414, p=.000/ E^2=.060	154	**209**	154	156
最终决策与出发时间间隔周数（平均值）	F=11.139, p=.000/ E^2=.045	21.69	(18.77)	(17.08)	21.25

粗体部分表示该值明显高于总数。（）部分表示该值明显低于总数。

"[a]" 指旅行团队平均人数，不管旅游团队是家庭成员组成还是包价游团队组成。

表 6　旅行动机

	F 值，P 值/E^2	单一目的地休假	有计划观光休假	自由式观光休假	总计
追求多样化；体验新事物	F=77.978, p=.000/E^2=.014	2.19	**2.80**	**2.59**	2.24
逃避日常杂务	F=15.265, p=.000/E^2=.003	2.59	**2.82**	**2.81**	2.61
从责任（人际关系）中解脱	F =20.246, p=.000/E^2=.004	1.83	1.87	**2.11**	1.86

续表

	F 值，P 值/E²	单一目的地休假	有计划观光休假	自由式观光休假	总计
体验景观文化，拓宽视野	F=208.547, p=.000/E²=.037	1.91	**2.68**	**2.61**	1.99
终止/结束某一段生活	F=30.813, p=.000/E²=.006	1.25	1.36	1.40	1.26
休闲和放松	F=2.674, p=.069/E²=.000	**2.58**	2.43	**2.59**	2.58
美容之旅	F=13.475, p=.000/E²=.002	1.32	1.48	1.39	1.33
体验异地风情	F=62.245, p=.000/E²=.011	1.35	1.61	1.60	1.38
体验灵活、自主决策的能力	F=108.267, p=.000/E²=.020	1.54	1.69	**2.07**	1.59
享受舒适、放纵	F=8.951, p=.000/E²=.002	1.79	**2.02**	1.76	1.80
体验自然风光	F=52.325, p=.000/E²=.010	2.58	**2.96**	**2.99**	2.62
享受夜生活	F=20.528, p=.000/E²=.004	1.34	1.45	1.49	1.36
结交新朋友	F=67.407, p=.000/E²=.012	1.56	**1.91**	1.88	1.60
探访名人足迹	F=25.894, p=.000/E²=.005	1.21	1.32	1.32	1.22
调节日常生活和工作	F=6.613, p=.001/E²=.001	2.30	2.30	**2.48**	2.31
挑战激励自我	F=72.851, p=.000/E²=.013	1.37	1.61	1.68	1.40
享受阳光沙滩	F=6.211, p=.002/E²=.001	1.72	1.84	1.84	1.74
运动	F=.838, p=.432/E²=.000	**1.96**	1.90	1.92	1.96
寻找自尊	F=40.080, p=.000/E²=.007	1.23	1.32	1.41	1.25
体验土著生活	F=70.977, p=.000/E²=.013	1.39	1.60	1.72	1.42
体验刺激甚至冒险	F=70.691, p=.000/E²=.013	1.26	1.42	1.49	1.28
和爱人团聚	F=7.721, p=.000/E²=.001	2.31	2.32	**2.51**	2.32
和家人团聚	F=9.347, p=.000/E²=.002	**2.41**	2.13	**2.47**	2.40
寻找属于自己的时间	F=2.720, p=.066/E²=.001	2.18	2.20	**2.30**	2.19

粗体部分表示该值高于中值。

问卷选项采用 4 分量表，1%为完全不重要，4%为非常重要。

6.2 数据处理

本研究总共分析了 10,723 次休假游。为把旅游划分为三组（单一目的地休假游=STAY，有计划观光游=ART，自由式观光游=FWT），根据以下原则对整套数据进行了事前区隔：

1. 把单一目的地休假游和观光游区分开来：区分过程结合排除原则（第 1 步）和纳入原则（第 2 和第 3 步）。

1.1 在不同地点过夜停留不超过三次被视为单一目的地休假。这一程序性步骤包括了关键的休假中途停留，外加最多一次的往返途中的中途停留。

1.2 确定每一个目的地的停留时间。通过比较任一目的地过夜停留的最大次数和整个休假时间，计算出比率（HOLTYPE）。该比率值从 0 到 1 不等，1 表明是一站式休假游。数值为 0.7 意味着核心停留占所有过夜停留的 70%。根据这个比率，确定了单一目的地休假游的定点值为 70%，即 HOLTYPE＞70% 为单一目的地休假游，而 HOLTYPE≤70% 为观光游。为了排除与观光休假游特征相符却无关的案例，研究人员选择了一个比 Pearce 和 Elliott（1983）在旅行指数中提议的更高的定点值。

1.3 最后，为确保在若干地点停留次数增加的休假游被归类为观光游，研究人员再次检查了单一目的地休假游的案例。如果［旅游持续时间－（旅游持续时间×HOLTYPE）＞5］，这类单一目的地休假游重新归类为观光游。仅 0.3%（n=34）的案例以这种方式重新归类。

2. 区分有计划观光游（ART）与自由式观光游（FWT）：根据以下步骤，将观光类型的案例进一步细分为 ART 和 FWT。所有属于团体套餐游或个人团体游的旅游可归类为 ART 休假游；自主安排行程的旅游以及没有进行住宿预订的旅游可归类为 FWT 休假游。

6.3 数据分析

研究人员采用了卡方和方差分析，以确定经推理划分的休假游类型的差异假设。假定基于同一数据进行反复的检测计算，相互间的潜在作用不会反映在各次检测的 P 值上，那么 P 值为邦弗朗尼更正（Hair, Anderson, Tatham & Black 1998）。这一更正增大了所需的 P 值，考虑到了独立检测计算的次数，并更保守地评估了在假设验证中发现的差异的重要性。

7 结果

结果表明 89%（n=9528）的旅行可归类为单一目的地休假游，4%（n=421）为有计划观光休假游，7%（n=774）为自由式观光休假游。这些结果均符合先前的研究，认为大部分瑞士人的旅行是单一目的地休假游，比如滨海休假（19%）、城市旅行（22%）、疗养休假（16%）、体育赛事游（21%）（Bieger & Laesser, 2005）。这一结果也与许多其他成熟旅游市场的调查结果相符合，比如国际 IPK 欧洲旅游监管机构所报道的德国、比荷卢三国和英国（Beritelli, Bieger & Laesser, 2007）就是这种情况。对于这些欧洲国家的居民而言，观光旅游相对较少，这从他们较高的净旅行倾向和旅行频率中可以看出。

总而言之，研究结果（p＜0.001）显示三个类别之间存在显著差异（见表 3 至表 6）。

年龄和教育程度：表3表明各休假游类型之间社会人口统计学方面的差异很小。自由式观光游的游客较有计划观光游的游客年轻，受教育程度更高（x^2=33.731, p=0.001; x^2=61.511, p=0.000）。

性格类型：根据 Gountas（2001）的性格集群划分，表4表明不同休假游类型间没有明显差异。

目的地选择：表5a和表5b表明单一目的地休假游主要在国内旅游。有计划观光游则往往涉及意大利、非邻近的欧洲国家甚至海外国家。自由式观光游则经常前往周边国家、非邻近的欧洲国家和精选的海外旅行目的地（x^2=580.228, p=0.000）。

对目的地的熟悉程度：有计划观光游经常去以前没有游历过的地方。自由式观光游往往是去以前游览过的地方（x^2=71.962, p=0.000）。因此，假设1部分成立。

旅行伙伴的人数：与单一目的地休假游（mean=7）或有计划观光游（mean=13）相比，自由式观光游（mean=4）的团队往往更小（F=31.805, p=0.001）。自由式观光游团队往往由家庭成员组成，而单一目的地休假游和有计划观光游团队包括家庭之外的其他成员，比如包价游团体成员（x^2=29.606, p=0.000）。因此，假设2a成立。

旅游持续时间：大部分单一目的地休假游持续一周左右时间；相反，大部分有计划观光游和自由式观光游持续时间超过一周（x^2=463.483, p=0.000）。因此，假设2b成立。

花费：与自由式观光游（1773 CHF）或单一目的地休假游（997 CHF）相比，有计划观光游（2331 CHF）的人均总花费更高（F=290.555, p=0.000）。有计划观光游（209 CHF）的人均日花费也高于自由式观光游或单一目的地休假游（154 CHF）（F=19.414, p=0.000）。因此，假设2c成立。

旅游目的地的交通工具：单一目的地休假游的典型目的地交通工具是汽车。有计划观光游目的地的交通工具很可能包括飞机、公共汽车或轮船。自由式观光游的典型目的地交通工具包括汽车或飞机（x^2=862.623, p=0.000）。因此，假设3得到证实。

旅行计划：与有计划观光游或自由式观光游相比，单一目的地休假游计划一般制定得更早（F=11.139, p=0.000）。

旅游动机：各类型游客之间的旅行动机存在明显差异（见表6）：

单一目的地休假游的主要动机是休息和放松、积极参加运动，并且有时间和家人在一起。因此，假设4a得到证实。

有计划观光游的主要动机是消遣娱乐（体验新事物）、摆脱烦恼、游览风

景、体验文化、享受舒适和放纵、体验自然风光、结交新朋友。因此，假设
4b 得到证实。

自由式观光游的主要动机是消遣娱乐（体验新事物）、摆脱烦恼、从约束
中解脱、游览风景、体验文化、休闲放松，灵活自主作出决策的能力、体验自
然风景、调节日常生活和工作，和朋友、家人共处、独处。因此，假设 4c 得
到证实。

8　结论与探讨

本文的目的旨在介绍旅游休假的结构理论。该理论提出的休假因素对旅游
机构有一定启示作用，也有助于旅游者制定出游计划。

结构理论认为旅游休假分为三种基本类型：单一目的地休假游、有计划观
光游和自由式观光游。有时，一次休假可能分属一种以上的类型。在这种情况
下，占据绝大多数时间的休假类型很可能确定了此次休假的最主要特征。

旅游管理中一个最普遍的差异就是团队旅游和自助游间的区别。该区别在
于由哪一方（休假者抑或旅游零售商）负责选择休假的要素，尤其是交通工具
和住宿地的选择（Hyde & Lawson, 2003; Sheldon & Mak, 1987）。在越来越多的
旅游者通过网络直接向供应商购买休闲旅游产品的时代，有必要就当前的团队
旅游/自助游两分法的继续使用进行讨论（Hyde, in press）。本文根据参观的目
的地数量和旅游行程的灵活度，用另一种方式探讨休假游。

旅游休假的结构理论认为，构建旅游休假微观结构的一系列核心决策必须
由旅游者在休假开始前完成。三种宏观结构类型的核心要素各不相同。本文继
续采用既定的多目的地旅行类型传统（Lue *et al.*, 1993），并把休假游的现存模
型扩展为旅游决策等级制（Jeng & Fesenmaier, 2002）。

本研究以瑞士家庭代表性样品为例，区分了旅游休假的三种宏观结构。研
究也发现这三种宏观结构之间在目的地选择、休假持续时间、休假花费水平、
旅行团队构成、交通工具选择以及旅行动机等方面存在差别。

瑞士居民的单一目的地休假游通常是家庭成员在熟悉的目的地做短暂的
停留（Bieger & Laesser, 2005）。许多单一目的地休假游选择到第二居所休假，
以最大程度减少交通费用及整个旅游花销（Bieger & Laesser, 2005）。比较 2004
年瑞士旅游市场调查数据与瑞士联邦人口普查中心公布的旅游总密度数据，发
现高达 20% 的旅行可能没在记录当中（Bieger & Laesser, 2005）。其中就包括家
庭别墅休假游。许多旅游者将他们的第二居所视为平时居住环境的一部分，因
此，可能不会将在第二居所的休假视为休闲游。这一发现不会影响目前的研究。

相反，有计划观光游时间较长，通常涉及陌生的旅游目的地旅游。由于长距离交通工具的使用和较高的酒店使用率（Bieger & Laesser, 2005），整个旅行平均总花费以及日均花费都较高。

瑞士居民自由式观光游的持续时间也相对较长。其日花费水平中等，表明休假者倾向于选择低价的酒店和交通工具。

休假构建的核心决策可能是旅游伙伴的选择。旅游者可能自己决策，或者由其顾问和代理人——商业运营商——为其做出选择，或者可能双方共同参与。通过了解旅游者休假活动的安排，旅游经营商能更好地为旅游者的休假经历创造价值。尤其两类商业企业能从中受益，即旅游零售商和旅游软件开发商。作为帮助旅游者设计休假活动的第一步，这些商业企业应该弄清楚游客想要三类休假宏观结构的哪一种，因为这将决定哪些因素是旅游休假结构、计划和执行的核心，哪些因素是次要的。

商业运营商在寻求单一目的地休假的游客中有很好的市场。旅行社的传统角色是为游客提供旅行和住宿的一站式服务以满足休假核心要素的需求，调整旅行团队的规模、旅游的最佳时间和花费预算，同时也可以向游客预售次级要素，包括娱乐活动、景点游览、购物和就餐等。

商业运营商在有计划休假游的组织过程中一贯发挥着不可或缺的作用，一个最典型的例子就是完全包价旅游（Buhalis, 2000）。此时，商业运营商可以抓住时机，在单个的包价游内尽可能多地结合休假体验的要素，包括次级要素，如娱乐活动、景点、就餐和特定购物点等。

相反，在自由式观光游中，旅游者自己安排休假活动的绝大部分内容，这种安排可能缺乏细致的先期策划，但也是富有创意的冒险，随着旅途的开始，画面才逐渐打开（Hyde & Lawson, 2003）。旅游行业为共同构建自由式观光游休假能起的作用包括：

提供各种交通工具，比如汽车租赁或不停更换使用公共交通系统的旅行通行证；

提供住宿凭证以便游客在所选的住宿地兑现；

建议旅游行程；

通过旅行指南、地图、信息中心、标示或者移动装置提供信息以满足旅游者日常旅行信息需要（Edwards, Blythe, Scott & Weihong-Guo, 2006）；

提供交通和住宿基础设施，使在目的地区域的旅行便利、安全。

为了解决这些问题，国家和地方政府的政策制定应以使每位游客的休假体验满意、便利为目的。

显然，本次实证研究结果仅局限于瑞士居民。针对其他人群的进一步研究需要确立此三种典型的休假宏观结构的相对比例。本次研究以横向的代表性抽样为基础，而不是以纵向的数据为基础。因此，假设的三个决策等级还没有得到充分的验证。决策等级的实验证据有待于进一步验证。

本研究认为存在少量离散型的休假宏观结构。休假结构理论的应用有助于我们更好地理解游客如何安排休假，也有利于旅游从业人员最大程度地为满足游客的旅游体验提供便利。

参考文献

Anderson, J. R. (1983). A Spreading Activation Theory of Memory. *Journal of Verbal Learning and Verbal Behavior*, 22, 261-295.

Beritelli, P., Bieger, T., & Laesser, C. (2007). The Impact of the Internet on Information Sources Portfolios: Insights from a Mature Market. *Journal of Travel & Tourism Marketing*, 22(1), 63-80.

Bieger, T. (2002) *Management von Destinationen*, Vol.5. Munich: Oldenbourg.

Bieger, T., & Laesser, C. (2004). Information Sources for Travel Decisions: Towards a Source Process Model. *Journal of Travel Research*, 42(4), 357-371.

Bieger, T., & Laesser, C. (2005). *Travel Market Switzerland 2004—Basic Report and Variables Overview*. St. Gallen: IDT.

Buhalis, D. (2000). Package Tour. In J. Jafari (Ed.), *Encyclopedia of Tourism* (pp.423-424). London: Routledge.

Correia, A. (2002). How Do Tourists Choose? *Tourism*, 50(1), 21-29.

Crompton, J. (1979). Motivations for Pleasure Vacation. *Annals of Tourism Research*, 6(4), 408-424.

Dann, G. M. S. (1981). Tourist Motivation: An Appraisal. *Annals of Tourism Research*, 8(2), 187-219.

Decrop, A. (1999). Tourists' Decision-making and Behaviour Processes. In A. Pizam, & Y. Mansfeld (Eds.), *Consumer Behaviour in Travel and Tourism* (pp.103-133). Binghamton, NY: The Haworth Hospitality Press.

Decrop, A. (2006). *Vacation Decision-making*. Wallingford, UK: CABI Publishing.

Decrop, A., & Snelders, D. (2004). Planning the Summer Vacation—An Adaptable Process. *Annals of Tourism Research*, 31(4), 1008-1030.

Dellaert, B. G. C., Ettema, D. F., & Lindh, C. (1998). Multi-faceted Tourist Trade Decisions: A Constraint-based Conceptual Framework to Describe Tourists'

Sequential Choices of Travel Components. *Tourism Management*, 19(4), 313-320.

Edwards, S. J., Blythe, P. T., Scott, S., & Weihong-Guo, A. (2006). Tourist Information Delivered through Mobile Devices: Findings from the Image Project. *Information Technology & Tourism*, 8(1), 31-46.

Fesenmaier, D., & Jeng, J. (2000). Assessing Structure in the Pleasure Trip Planning Process. *Tourism Analysis*, 5(1), 13-27.

Freyer, W. (1997). *Tourismus Marketing*. Munich: Oldenbourg.

Gountas, J., & Gountas, S. (2001). A New Psychographic Segmentation Method using Jungian MBTI Variables in the Tourism Industry. InJ. Mazanec, G.Crouch, J. Brent Ritchie, & A. Woodside (Eds.), *Consumer Psychology of Tourism, Hospitality and Leisure*, Vol.2 (pp.215-230). Oxford, UK: CABI.

Hair, J., Anderson, R., Tatham, R., & Black, W. (1998). *Multivariate Data Analysis* (5th ed.). Upper Saddle River, NJ: Prentice Hall.

Hess, S., Adler, T., & Polak, J. W. (2007). Modelling Airport and Airline Choice Behaviour with the Use of Stated Preference Survey Data. *Transportation Research Part E*, 43(3), 221-233.

Huybers, T. (2005). Destination Choice Modelling: What's in a Name? *Tourism Economics*, 11(3), 329-350.

Hyde, K. (2004). Aduality in Vacation Decision-making. *Tourism Analysis*, 8(2-4), 183-186.

Hyde, K. The Vacation Flexibility Index: A Measure of Independence in Touring Vacations. *Tourism Analysis*, in press.

Hyde, K., & Lawson, R. (2003). The Nature of Independent Travel. *Journal of Travel Research*, 42(1), 13-23.

Inskeep, E. (1991). *Tourism Planning —An Integrated and Sustainable Development Approach*. NY: Wiley.

Jeng, J., & Fesenmaier, D. (2002). Conceptualizing the Travel Decision-making Hierarchy: A Review of Recent Developments. *Tourism Analysis*, 7(1), 15-32.

Kaspar, C. (1991). *Tourismuslehre im grundriss*. Berne: Haupt.

Larsen, J. (2001). Tourism Mobilities and the Travel Glance: Experiences of Being on the Move. *Scandinavian Journal of Hospitality and Tourism*, 1(2), 80-98.

Lee, T. H., & Crompton, J. (1992). Measuring Novelty Seeking in Tourism. *Annals of Tourism Research*, 19(4), 732-751.

Litvin, S. W., Crotts, J. C., & Hefner, F. L. (2004). Cross-cultural Tourist Behaviour: A Replication and Extension Involving Hofstede's Uncertainty Avoidance Dimension. *International Journal of Tourism Research*, 6(1), 29-37.

Lue, C., Crompton, J., & Fesenmaier, D. (1993). Conceptualization of Multi-destination Pleasure Trips. *Annals of Tourism Research*, 20(2), 289-301.

Mayo, E., & Jarvis, L. (1981). *The Psychology of Leisure Travel*. Boston: CPI Publishing.

Middleton, V. T. C. (1994). Marketing in Travel and Tourism. Chichester, U.K.: Heinemann.

Money, R. B., & Crotts, J. C. (2003). The Effect of Uncertainty Avoidance on Information Search, Planning, and Purchases of International Travel Vacations. *Tourism Management*, 24(2), 191.

Pearce, D. G., & Elliott, J. M. C. (1983). The trip index. *Journal of Travel Research*, 22(1), 6-9.

Ryan, C. (2000). Vacation. In J.Jafari (Ed.), *Encyclopedia of Tourism* (pp.618). London: Routledge.

Sheldon, P. J., & Mak, J. (1987). The Demand for Package Tours: A Mode Choice Model. *Journal of Travel Research*, 25(3), 13-18.

Sirakaya, E., & Woodside, A. G. (2005). Building and Testing Theories of Decision Making by Travelers. *Tourism Management*, 26(6), 815-832.

Tay, R., McCarthy, P. S., & Fletcher, J. J. (1996). A Portfolio Choice Model of the Demand for Recreational Trips. *Transportation Research Part B: Methodological*, 30(5), 325-337.

Vargo, S. L., & Lusch, R. F. (2004). Evolving to a New Dominant Logic for Marketing. *Journal of Marketing*, 68(1), 1-17.

Woodside, A. (2006). Foreword. In A. Decrop (Ed.), *Vacation Decision-making* (pp.xi-xxiii). Wallingford, UK: CABI.

Woodside, A., Caldwell, M., & Spurr, R. (2006). Advancing Ecological Systems Theory in Lifestyle, Leisure, and Travel Research. *Journal of Travel Research*, 44(3), 259-272.

Woodside, A., & King, R. (2001). An Updated Model of Travel and Tourism Purchase-consumption Systems. *Journal of Travel & Tourism Marketing*, 10(1), 3-27.

Woodside, A., & MacDonald, R. (1994). General System Framework of

Customer Choice Processes of Tourism Services. In R. Gasser, & K. Weiermair (Eds.), *Spoilt for Choice: Decision-making Processes and Preference Changes of Tourists—Intertemporal and Intercountry Perspectives*. Thaur, Austria: Kulturverlag.

Woodside, A., MacDonald, R., & Burford, M. (2004). Grounded Theory of Leisure Travel. *Journal of Travel & Tourism Marketing*, 17(1), 7-39.

Yavas, U., & Babakus, E. (2005). Dimensions of Hotel Choice Criteria: Congruence between Business and Leisure Travelers. *International Journal of Hospitality Management*, 24(3), 359-367.

第Ⅱ篇　旅游地规划

导言

Chris Ryan Huimin Gu

引言

毫无疑问，目的地规划已经引起了西方旅游学界的极大关注，它常常被视为实现环境、社会和经济的长期可持续发展的手段。利用规划管制如分区制——它能够在区域和/或时间上很细致地规定勾画出允许和禁止使用的陆地或海洋区域——可能是一种最常见的规划手段，不过在宏观和微观层面也有很多可选的其他方法。Ryan（2003）就曾列出一份清单分别介绍了这些方法，包括"蜜罐"目的地的使用——将目的地设计成一个旅游开发重点，从而使其他地区不受干扰；人行道的精心设计和修建——能将游客直接引到景点并使之远离更易受损害的地区；进行软旅游开发——即旅游业只能顺应现有的经济发展模式而不是主导它（如某些农业旅游形式）；以及采取更多的利他主义的措施，如呼吁遵守规定的行为守则等。

规划的必要性

Corak（2006）举例证明了这些呼吁的性质。在谈到克罗地亚的奥帕蒂亚海岸时她提到了 20 世纪 30 年代的衰退期、第二次世界大战之后大众旅游的恢复期、南斯拉夫解体后的基础设施进一步衰退期和投资需求，以及伴随着这段时期的动乱。她进而指出："如果奥帕蒂亚海岸想要在未来成功扩大旅游业，其开发就不应该是像过去那样不加控制的、无规划性的活动。而应该采用有计划发展旅游业的方法来确定和评估最佳发展途径。"（Corak，2006: 284）

这样就很容易理解为什么需要做旅游规划，尤其在纠正以往的错误时。Agarwal（2002:36-37）指出："具体产品的重组战略包括投资和技术的变化、集中和产品的专业化。产品转化战略包括服务质量的提高……环境质量提高……重新定位、多样化、合作和适应。"鉴于在一个单一的机构内完成这样一项任务需要非常认真的准备和规划，如第一篇导言所述，通常作为多样化产品的旅游目的地又有多少是真正的目的地呢？

旅游发展必须有规划性，这一观念也由于西方英语国家在国家公园管理系统中得以采用而得到了进一步的加强。在拥有大面积未遭破坏土地的国家如美国、加拿大、澳大利亚和新西兰，作为保护区的国家公园和地区公园禁止很多活动的开展，有些地方甚至禁止人类的进入。即使在 80% 以上的土地面积可能由私人拥有并用于商业活动的英国，也要求遵守一些分区条例，如控制用于建筑的材料种类、休闲活动的类型，以及建筑物的具体位置等。实际上，新西兰近 37% 的国土面积为保护区，在这里即使得到许可，人类的进入也仍然会受到严格控制。因此，许多关于自然区规划和所使用的技术的文献资料都来自这些地区，其典型代表是 Newsome、Moore 和 Dowling（2002）。

因此对旅游目的地进行规划的必要性已是毋庸置疑。第一篇的导言从旅游区生命周期（Butler，1980）的角度讨论了旅游目的地，确定了旅游目的地的一些特征。这些特征已在第一章到第四章中得到了进一步论证，它们包括：

（1）目的地往往随时间的变化而变化，这些变化以居民和游客人数以及土地利用的变化为特征。

（2）如果不仔细规划，目的地将超越其承载力而呈现如下特征：①基础设施不健全，缺乏投资，这源于为提高住宿率而不提高价格导致未能取得理想的收益；②自然环境由于拥挤、污染和城市化而恶化。

（3）在衰退阶段，很可能部分私营部门资本需要公共部门的干预，通过公共部门的投资以解决所谓"市场失灵"导致的问题。总之，复兴需要公共部门的有力参与。

（4）市场的性质从最初的倾向小规模运作的市场分割，向更高程度的密集型转变，这种密集型有助于价格适中并以娱乐为主的酒吧、夜总会和娱乐设施等的建设。

（5）随着时间的推移，外部市场和资本被吸引进来，地方企业的参与会变得越来越边缘化。尽管如此，决策中心却仍然远离目的地。

规划的意义何在?

这样看来，规划似乎是毋庸置疑的，从而也可以理解它为什么会吸引研究者的注意力。因此现在的问题是，除国家公园这种特殊地区之外，这种规划往往很零碎，更多因其缺失而引人注意，即使是已有的规划，也只不过是一系列拼凑到一起的试图争取更多游客的统筹宣传，几乎没有遵循任何承载能力评估的设想。许多关注新西兰的作者都仔细研究了这种情况。Dymond（1997）的早期研究对该国 73 个地方当局在旅游规划中的作用提出了质疑。他们采用了与景点保护、景点使用、垃圾管理、进程规划及其他环境措施等相关的 11 项可持续规划核心指标。Dymond 的结论是，虽然这些措施可能被视为评估规划执行情况的实用标准，但在大多数情况下，实际上优先考虑的还是那些有关旅游宣传和游客满意度的问题，而不是缓解对环境和社会带来冲击的问题。

Page 和 Thorn（1997, 2002）曾对新西兰地方政府关于旅游目的地规划的实际情况进行了两次调查。在第一次研究中，他们得出的结论是，如果缺乏对新西兰旅游业的总体了解，认识不到旅游业对经济和社会的重要作用，这便意味着就旅游所做的目的地规划更多的是一句空话而非任何有实际意义的实践活动。在第二次研究里，他们提到了在 1995 年至 2000 年间旅游业的持续增长、一次重大的环境报告的完成以及公共部门不断地拨款研究此期间旅游业对环境和社会的冲击。他们获得了来自 46 个地方当局的数据资料，发现其中仅有 18 个地方有关于旅游业的政策方针。他们指出了 5 年间没有什么政策变化这种令人不安的结果，但也发现一些材料表明农村地区的领导者对环境问题的关注——旅游对他们是很重要的。他们认为，政策的缺乏部分是因为在政治上对旅游的重要性认识不足。他们指出："然而，与所有的政治问题一样，各部长们并未视旅游业为有影响力的或理想的投资，其活动和重点往往被与日常生活相关的社会福利、税收和政治议程等重大政治问题所取代。在很多人看来，旅游业根本不是一个政治问题……"（Page & Thorn, 2002:234）考虑到旅游业是新西兰最大的单项外汇收入来源，直接和间接地提供了 10% 的就业，同时自然环境是该国旅游投资推向国际化的关键部分，这一研究发现意义重大。

Hall（1999, 2007）及其他学者（如 Ryan & Zahra, 2004；Zahra & Ryan, 2005, 2007）在一系列专著和论文中讨论了旅游规划必要性的理论论述与现实中有限的规划应用——而不仅仅是旅游促销宣传——之间的差距。Hall（2007）考察了西方社会中政府在更广泛的社会、环境问题中参与方式的变化。在他写作该文时，政府已转向以市场为导向的解决问题方式，而且在许多情况下甚至国家公园也面临着寻找创收途径的压力（Van Sickle & Eagles, 1998）。因此，人们往往把重点放在旅游宣传和经济利益上，但到了 20 世纪 90 年代末及 21 世纪初，在如英国、新西兰等国各种"公共利益"的思潮影响下，政治钟摆又开始摆回到倾向于政府干预的新手段。Hall 认为旅游目的地规划的问题之一是政治所扮演的角色和利益相关者所拥有的影响力，以及如 Dredge（2006）在本书第三章中所设想的在一个网络系统中建立一种共识的意义。Hall 同意 Evans（1997: 8）的观点："……如果想要可持续性的环境规划……尽可能产生效果，正式和非正式的公众辩论和争议的政治进程就需要发挥比以往更重要的作用。"

另外 Hall（1999）也具体说明了为什么在旅游规划和相关的政治进程中非正式的形式和正式的形式一样有必要。借助参与规划的诸多网络，看到的问题是，他们更青睐能够在网络内组织活动的利益相关者，而在旅游业中，这往往是当地或区域性旅游行业的成员。由此网络在规划过程中出现了政治动机中存在的偏袒，政府要求规划在既定的时间和财政预算内完成。Hall（1999: 285）指出："旅游业和政府旅游机构之间的这种关系显然引发了如下问题：既定的政治进程将在多大程度上产生满足公共利益、有助于可持续发展的结果，而不仅是为了满足狭隘的部门利益。"实际上他更进一步认为，随着时间的推移，社区内主要利益相关者的失职将会削弱政府进行旅游目的地有效规划的能力。

持反对意见者认为，这种观点意味着最终可以达成共识。Ryan（2003）参照了 20 世纪 80 年代后期至 90 年代初加拿大亚伯达省在旅游规划中为社区咨询所做的巨大努力（Getz & Jamal, 1994; Jamal & Getz, 1995）的经验，他指出，认为社区具有同质性并因此可达成共识的设想只是一个现实中不会存在的理想状态。事实上，在西方社会，地方规划的特点往往被形容为一种双重现象，即"不在我家后院"（NIMBY）和"当地多余的土地使用"（LULU），这正是不愿改变现状的当地社区居民的回应。Schively（2007）还从她的角度确定了在提出规划方案时其他有可能出现的地方群体，包括"NIABY"（不在任何人的后院），"NIMTOO"（不在我的任期内）、"BANANA"（绝对不要在靠近人的任何地方进行建设）、"NOPE"（不要在地球上建造）和"CAVEs"（对一切都持反对态度的公民）。Schively（2007）认为，在这种情况下，规划进程受到了一系列因素的影响，包括健康风险和其他与变化有关的担忧，负责规划进程的政府的观念，对抗性进程和该过程的公平性问题所产生的科学证据相冲突的危险。并不只有Schively 一个人意识到这个问题，当地群体往往只能对由外地商业利益提出的主张做出反应，而无权从更广泛的社区内部提出主张。

Ryan 和 Zahra（2004）、Zahra 和 Ryan（2005, 2007）认为，这些失败部分源于地方政治体制。理想的状态是，具有前瞻性的旅游目的地规划应该采取一些手段，使当地社区成员能够讨论他们希望为社区实现什么样的目标，并因此为规划当局提出建议。这种理想情况有时可能会发生，就像新西兰拉格伦所作的规划（Ryan & Cooper, 2004），但这种政治过程往往是以诸多问题为争夺关注而告终。而在许多情况下有关旅游业的问题或许并没有得到重视。事实上，Zahra 和 Ryan（2007）曾追溯了新西兰单个区域旅游组织的兴衰过程，就像在当地政府允许范围内摇摆不定的钟摆，他们由此推断出其过程并不总是与科学理性的任一形式相符，而是更切合地方议员的个人偏好。从社区利益的观点上考虑，这可能会或多或少有点利他主义的成分（Ryan & Zahra, 2004）。

总体规划制度的作用

可以注意到，以上论述中有一些共同的主题。Dymond（1997）、Page 和 Thorn（1997, 2002）、Hall（1999, 2007）以及 Zahra 和 Ryan（2005, 2007）都提到了目的地规划这一更广泛意义上的理论框架及其运作的法律制度。Connell、Page 和 Bentley（2009）就新西兰 1991 年颁布的《资源管理条例》对这个问题进行了研究。这篇论文再现了 Page 及其同事们对新西兰目的地规划的变化过程所进行的第三次评论，亦即其与 Thorn 所做的研究的后续跟踪。在该文中，Connell、Page 和 Bentley（2009:3）指出了与旅游业相关的三个问题：（1）"部分未受污染的自然环境的质量的下降"；（2）"由于增量开发而导致的环境舒适感的降低，这也将影响到社区及其生活方式，在游客比例高的地方尤其如此"；（3）"基础设施的压力给当地社区带来了巨大的经济负担"。尽管他们讨论的是新西兰的情况，但在其他国家，特别是在农村地区，类似的这种花费也应该比较常见。例如，Xu（1999:5）在提到中国的情况时就指出，虽然（此前这一直是一个在一定程度上被忽视的研究领域）在旅游业给环境造成不利影响方面已经有了明确的共识，除此之外，旅游对东道国社会的不利影响还包括"对当地的文化和传统的侵蚀，艺术品和工艺品的贬值，以及剥夺感意识的增强"。Tisdell（1996）以中国云南省西双版纳为例，论述了旅游的影响和规划。他在研究了多个案例后总结说，早期的旅游开发主要是以创收和就业机会为导向，而很少致力于抑制其他自然和社会环境等方面产生的不利影响。

因此，尽管看起来几乎全球都认可将产生潜在的危害和益处，但全球似乎也都同样关注一个问题——目的地规划的实际情况落后于口头的呼吁。不过也有改进的迹象。再返回到 Connell、Page 和 Bentley（2009）的研究，大家可能还记得，Page 及其同事们以往的研究已证实新西兰旅游业缺乏规划是问题产生的源头。到 2009 年这一问题已经得到解决——新西兰国家旅游部联合旅游管理部门和环保部与一系列的机构共同协商，响应最初由新西兰旅游行业协会发起的倡议，并且从 1998 年起拟定了一系列规划，并将其纳入新西兰旅游发展战略。本文写作时该规划已拟定至 2015 年。在 2009 年的研究中，Connell、Page 和 Bentley 发现地方当局的旅游规划机构对旅游业的意识越来越强，57%

的人都认为"需在接下来的政策/规划审查中解决具体的旅游问题"(Connell，Page & Bentley，2009:6)。总之，到 2009 年，与前几年相当低的水平相比，65%的地方政府都制定了旅游政策。

这代表着进步，同时这种进步也缓解了 Hall（2007）提到的一些问题。因此，Connell、Page 和 Bentley（2009:9）写道："从调查结果中可以很明确地看出，许多地方议会在履行监管规划职能和促进旅游业增长的问题上扮演的双重角色也引发了潜在的利益冲突问题——既要实施《资源管理条例》(RMA)，同时又要考虑当地的经济发展。环境与经济的争议由来已久——但在可持续发展环境下，必须保护环境资源以确保未来的经济稳定发展。"

正如本书第三章中 Dredge（2006）所指出的，网络是目的地开发的一个重要手段。在 2009 年，Dredge 和 Thomas（2009）重申了旅游目的地的管理和规划问题，并借用小说家萨尔曼·拉什迪（印度裔英国作家，《撒旦诗篇》[The Satanic Verses] 的作者。——译者注）的作品，在考察对自然区域的保护时引入了"混合管理"(mongrel management)这一术语（Dredge & Thomas, 2009）。他们声称："在这个意义上，混合管理指的是一种既非公共也非私营的管理形式，其特征为角色和责任的分散化，利益的多样化"。（ Dredge & Thomas, 2009:250）他们首先考虑目的地规划中公共利益的作用，假定了一系列的可选形式，见图 1。

该图显示了在公共利益方面目的地规划的四种不同解释。第一种为科学理性，源于 19 世纪的进步，即可以把问题还原为可检验的系列假设以寻找最佳解决方案。第二种强调公共利益，源于对社会内部多样性的认可，即在寻求集体利益时，一些利益可能需要妥协、让步，从而导致一定的损失。

Dredge 和 Thomas（2009）对第三种"具体利益的公共利益"的诠释是，规划当局积极调解以保护和提高以往难以获得主流政治、经济和社会权利的少数群体的地位。在旅游业中最好的例子也许是旨在改善少数原住民的地位的旅游形式（Ryan & Aicken, 2005）。第四种，市场构建的公共利益，涉及许多西方社会的新自由主义经验，这里公共利益明确规定优先处理竞争激烈的状况，以保持经济增长以便提供资源解决其他社会弊病。

然而，Dredge 和 Thomas（2009）认为，这些分类没有一个是切实可行的——无论是在解决具体地方发生的有争议的实际问题时，还是当占有不同社会和政治资本的各利益方要为各方所关注的目的地的问题寻求达成某种形式的解决办法而进行谈判时。在 Dredge 和 Thomas（2009）的论文中，过程的描述参照南澳大利亚州的维多利亚的阿尔卑斯地区。像 Hall（2007）一样，他们特别关注具有行政责任的法定机构的作用，并指出，虽然其成员是在代表各方不同利益的基础上选出的，但他们的存在——即既要追求商业利益，又要满足环境保护的需要——本身就有一定的自相矛盾，而前者往往被看得更重。我们认为，有几个因素可以解释这一点，包括需要创收的立法机构的基础，专业管理集团进行的职业提升的属性等。专业管理集团通过追求自定的组织目标而疏远了广大社团。因此这些争议反映了管理职能正逐渐与上市公司的所有权脱离——正如美国的银行业危机中所表现出来的——这导致大量的奖金和退职解雇金发放给离职的高级行政人员——这在很大程度上由不受所有者约束的管理结构所决定。

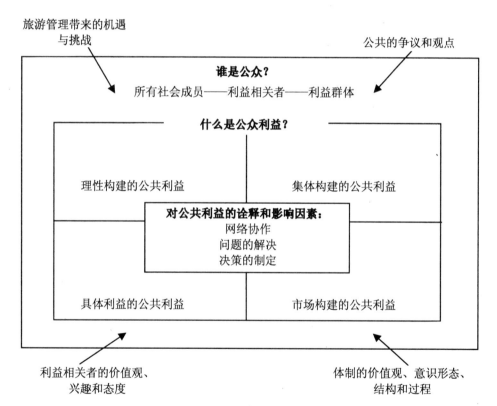

图 1　对公共利益的理解的影响
（来源：Dredge and Thomas, 2009）

　　这些过程的结果是，目的地管理成为一个多元化、混合型的管理模式，并受到可能不会长久的利益部门的监视，尽管承认利益相关者之间的分歧，该模式在范围内运作，而不会试图寻求总体一致的看法。Dredge 和 Thomas（2009:263）如此描述这一结果："地方政府和阿尔卑斯度假管理局之间的分裂和竞争并非源自差异，或在共同学习中成长，而是源自对差异的拒绝（也许是恐惧）态度上。地方政府和度假村管理机构已采取了共存战略，因为这也许比互相影响和妥协更舒适！"

这种规划当局的东拼西凑和力争维持既定利益，特别是商业部门利益的"解决方案"，在中国并非没有先例。例如 Ma, Lina 和 Zhang（2008）证实，许多政府机构参与了曲阜——孔子的诞生地——的规划，通过举办节庆、赛事和溯源活动来提升产品，已经形成了一系列导致曲阜品牌化的新的旅游体验，这一品牌可能有别于该镇原来的性质（Ma, Lina & Zhang, 2008）。同样，对于商业部门在开放国家公园和保护区以赢得更多游客方面的作用还存在很多争论，比如在武陵源世界自然遗址引进升降机和缆车（Xie, 2000;Zhang, Xu, Su & Ryan, 2009）。与此类似，Lai、Li 和 Feng（2006）讨论了导致中国目的地规划失败的另一原因，即对规划执行的监督机制的缺失（见本书第八章）。

在本书的这部分中又有四篇来自《旅游管理》已发表的文章，讨论了旅游目的地的规划问题。第一篇的作者是 Ruggero Sainaghi（2006）。他在文章中介绍了动态目的地学习模式的概念。他谈了两个初步发现。首先，尽管目的地是作为一个整体形象被推向市场的——它包括各企业个体的活动——其中许多都在目的地内相互竞争，但从商业的角度看，它们都在目的地的成功开发中获取了既得利益。由此引发了作者的第二点发现：基于人们对市场营销已有的了解，这里的问题已不在于做什么，而是如何做。这又引出了文章的理论基础，也是目的地战略目标和进程在内容上的区别。作者采用了六个研究案例，三个是意大利滨海度假地（陶尔米纳、里米尼和波多若斯），另外三个位于阿尔卑斯山区，即利维尼奥、科瓦拉和圣·莫里兹。他的研究表明，目的地营销组织（Destination Marketing Organisations, DMOs）有很明显的作用，但问题在于过程以及它们如何发挥各自的作用。

因此文章迅速挑选了以上概述的几个主题，其中之一是公共部门不同机构和私营商业中心利益之间的关系属性，以及它们是如何相互作用的。他对一系列的议题进行了考察，包括引进新产品、"搭便车"——对他人的努力没做什么贡献却受益于他人的成功——的性质。他由此指出，这一实证研究揭示了目的地营销组织（DMOs）体制结构的多样性：主体的结构——其利益由旅游局操作，这些主体预计要做出的贡献，他们要获得的赔偿、金融管理特权的行使方式、协调捐助和补偿之间的相互关系的机制和结构等（Sainaghi, 2006:1062）。

第二篇是 Schianetz、Kavanagh 和 Lockington 2007 年发表的文章。虽然 Sainaghi（2006）已经初步从营销组织和私营部门的商业利益的角度分析了目的地营销和规划过程，Schianetz、Kavanagh 和 Lockington（2007）从更长期的可持续发展角度来看待这个问题，因此其方法隐含着三重解释，需要考虑到社会、环境和金融三方面，因此要求包括更广泛的社区利益。与 Sainaghi 类似，他们也提到了需要动态学习，并运用了六个个案研究以考察研究主体。正如其他研究人员在前面已指出的，他们把达成集体认同感看做一个关键问题，因此在实现共同目标方面就谈得少得多。识别实现这些目标的手段并加以选择采用，正如 Sainaghi（2006）所言，被看做是一个动态的过程。目的地因此也被概念化为学习系统。共同操作（非正式合作）和共同协调（正式合作）是系统的重要组成部分，但要取得成功则需要文化学习和适应机制。为了测量取得长期可持续性的程度以便确定进程的性质，他们在全球范围内确定了以下 6 个地点：奥地利、希腊、印度尼西亚、澳大利亚、中国大陆和中国台湾地区。如上述讨论中可预料的一样，他们得出的结论是：所有利益相关者——而不仅仅是商业和政府机构——的积极参与是成功的一个先决条件，但另外，持续不断的测量和监测过程也是必不可少的。如果没有这些适当的过程，外加社会、环境和经济的准则，目的地就会停滞不前，到那时就不仅会出现 Butler（1980）生命周期的衰退过程，而且还会出现社会和环境的严重恶化。

第三篇文章来自 Pyo（2005）。他也认为，成功的目的地规划需要学习、数据收集和监控，因此主张使用不同的"知识地图"。Pyo（2005:584）认为："实施知识管理方法论一般有如下七个步骤：找出问题所在，准备应对变化，组织团队去实施项目，制作知识地图，建立反馈机制以反映所有困难，界定基本结构单元用于知识管理系统（如知识记载和收集）和整合现有信息系统。"与其他论文一样，Pyo 也采用个案研究法，这一次在韩国选择了四个地点。正如其他有关目的地管理的研究中所阐述的，他认为，每个目的地都有自己的特色，需要加以确定并考虑。

不过，在他的研究中，Pyo 采用了定量方法来确定在四个地点所采用的知识类型及其具体应用，其中一个是城市（首尔），另一个是岛屿（济州岛），第三个是山地（雪岳山），最后一个是历史遗迹（庆州）。研究进行了两次调查，主要包括政府机构与旅游景点和酒店工作人员，确定了四个地点之间知识需求构成的差异。从某种意义来说，该研究证实了 Page 及其助手们的研究成果——受访者可以较容易地辨识目的地规划所需的数据和知识结构，并能明确问题，找到解决方案。研究同时也证实了受访者的反应因人而异。当问及历史遗迹管理（庆州）和环境保护（济州岛）的必要性问题时，大多数答案偏向于对市场的专业关注和产品的提升，而对于加大社区的作用则很少提及。

最后一篇文章的作者是 Lai、Li 和 Feng（2006），讨论了"中国安徽牯牛降观音堂 2001 年至 2020 年旅游发展总体规划"三年期的实施。文章开篇论述了作者的发现，即理想与现实能力之间的差距，许多规划最终都束之高阁——变成沾满灰尘的文件而不是实际行动。他们认为，虽然有大量的文献论述规划要包括的内容，以及规划执行的初级阶段将发生的情况，但很少有研究能认真回过头去参照最初的规划，从更长的时间段来考虑目的地取得的成果。"牯牛降观音堂旅游发展总体规划"确定了一系列具体建议和 33 个抽样指标，Lai、Li 和 Feng 首先询问了公园管理人员和工作人员：参照这些指标，他们取得了什么成绩？如果出现差距，有哪些因素能解释这些差距？总结他们的调查结果，发现有如下 7 个主要原因，即（1）总体规划的漏洞；（2）规划者背景知识、调查和分析不足；（3）规划者对问题和事件预测不够准确；（4）规划者缺乏实践经验；（5）管理和工作人员的误解；（6）规划者和实践者之间的意见分歧；（7）私人投资的隐患和中国地区间的不平衡发展。

综合本文和后续的四章我们可以看到，虽然规划往往被视为成功的一个先决条件，但这既不容易全面实现，也不容易执行。其中存在许多干预变量。人们往往毫不在乎目标的先后次序，和很多因素相比，经济往往占上风，但这样做有潜在的危险，目的地赖以吸引游客的自然和社会环境将逐步恶化。让商业部门和当地政府管理层合作发挥作用本身就很难，但如果试图寻求加大社区管理，难度也将随之加大。其中有许多人对旅游业可能带来的影响或许都没有明确的概念，他们可能会受"不在我家后院"（NIMBYism）或 Schively（2007）所描述的其他态度的影响而拒绝改变现状。

Lai、Li 和 Feng（2006 年）的研究对人们是否完全理解规划提出质疑，因此在接下来的章节中其他作者将讨论构架知识地图和学习机制的必要性。这些学习过程也新增了一个讨论维度，这也是在所有利益相关者内部要加强的企业知识的要求。这意味着要稳定人事和主导者——即人事不会从这个目的地随意调到其他目的地，或主导者在其职位上不会永远是新手。实际上鉴于中国旅游业目前的发展状况，经验这一概念可能可以解释 Lai、Li 和 Feng（2006）提到的部分问题。总而言之,尽管是否有必要进行规划可能是一个容易回答的问题,但要避免问题的出现往往伴随着目的地变化,规划过程本身就可能产生很多问题:由于错误的设想而引起的错误转向和机遇的错失,缺乏社会的同质性,未准确预测未来的发展趋势,盲目遵守规划而导致不同的状况发生,以及负责制定和执行规划者经验的缺乏等。显而易见,规划还要求长期的承诺,对进程的监控和评估,以及纠正背离规划的不利行为的手段。同时,规划还要求有利益相关者可能无法长时期提供的、受制于外部环境影响的资源。可以说,规划不是灵丹妙药,在寻求解决问题时其本身也是一个问题。

参考文献

Agarwal, S.(2002). Restructuring Seaside Tourism: The Resort Lifecycle. *Annals of Tourism Research* (01):36-37.

Butler, R.W. (1980). The Corcept of a Tourist Area Cycle of Evolution: Implications for Management of Resources. *Caradian Geographer*, 24, 5-12.

Connell, J., Page, S.J. and Bentley, T. (2009). Towards Sustainable Tourism Planning in New Zealand: Monitoring Local Government Planning under the Resource Management Act. *Tourism Management*.

Corak, S. (2006). The Modification of the Tourism Area Life Cycle Model for (Re) inventing a Destination: The Case of the Opatija Riviera, Croatia. pp. 271-287 in Butler, R. W. (ed.) *The Tourism Area Life Cycle* Vol 1: *Applications and Modification*. Clevedon: Channel View Press.

Dredge, D. (2006). Policy Networks and the Local Organization of Tourism. *Tourism Mangement* 27(2006):269-280

Dredge, D. and Thomas, P. (2009). Mongrel Management, Public Interest and Protected Area Management in the Victorian Alps, Australia. *Journal of Sustainable Tourism* 17(2): 249-267.

Dymond, S. (1997). Indicators of Sustainable Tourism in New Zealand: A Local Government Perspective. *Journal of Sustainable Tourism*. 5(4): 279-293.

Evans, B. (1997) From Town Planning to Environmental Planning. In A. Blowers and B. Evans (eds) .*Town planning into the 21st Century* (pp.1-14). London and New York: Routledge.

Getz, D. and Jamal, T. (1994). The Environment-Community Symbiosis: A

Case for Collaborative Tourism Planning. *Journal of Sustainable Tourism*, 2(3): 152–173.

Hall, C.M. (1999). Rethinking Collaboration and Partnership: A Public Policy Perspective. *Journal of Sustainable Tourism* 7(3/4): 274–289.

Hall, C. M. (2007). *Tourism Planning: Policies, Processes and Relationships* (2nd ed.). Harlow: Prentice Hall.

Jamal, T. and Getz, D. (1995). Collaboration Theory and Community Tourism Planning. *Annals of Tourism Research*, 22(1): 186–204.

Lai, K., Li, Y., and Feng, X. (2006). The Gap between Tourism Planning and Implementation: A case of China. *Tourism Management*. 27(6): 1171–1180.

Ma Aiping, Si Lina and Zhang Hongfei. (2006) The Evolution of Cultural Tourism: The Example of Qufu, the Birthplace of Confucius. pp. 182–196 in Ryan, C., and Gu, H. (eds.) 2008. *Tourism in China: Destinations, Cultures and Communities*. New York: Routledge.

Lai, K., Li, Y., and Feng, X. (2006). The Gap between Tourism Planning and Implementation: A case of China. *Tourism Management*. 27(6): 1171–1180.

Newsome, D., Moore, S. A., and Dowling, R. K. (2002). *Natural Area Tourism: Ecology, Impacts and Management*, Clevedon: Channel View Publications.

Page, S. J., and Thorn, K. (1997). Towards Sustainable Tourism Planning in New Zealand: Public Sector Planning Responses. *Journal of Sustainable Tourism* 5(1), 59–77.

Page, S. J., and Thorn, K. (2002). Towards Sustainable Tourism Development and Planning in New Zealand: The Public Sector Response Revisited. *Journal of Sustainable Tourism* 10(3): 222–238.

Pyo, S. (2005). Knowledge Map for Tourist Destinations—Needs and Implications. *Tourism Management*. 26(4): 583–594.

Ryan, C. (2003). *Recreational Tourism—Impacts and Demand*, Clevedon: Channel View Press.

Ryan, C., and Aicken, M. (2005). *Indigenous Tourism: The Commodification and Management of Culture*. Oxford: Pergamon.

Ryan, C., and Cooper, C., 2004. Residents' Perceptions of Tourism Development: The Case of Raglan, New Zealand. *Tourism Review International*.

8(1): 1−17.

Ryan, C. and Zahra, A. (2004). The Politics of Branding Cities and Regions: the Case of New Zealand, pp. 79−110 in N. Morgan, A., Pritchard and R. Pride (eds.), *Destination Branding: Creating the Unique Destination Proposition*, Oxford: Butterworth Heinemann. Second edition.

Sainaghi, R. (2006) From Contents to Processes: A Dynamic Destination Management Model (DDMM). *Tourism Management* 27(5): 1053−1063.

Schianetz, K., Kavanagh, L., and Lockington, D. (2007). The Learning Tourism Destination: The Potential of a Learning Organisation Approach for Improving the Sustainability of Tourism Destinations. *Tourism Management* 28(6): 1485−1496.

Schively, C. (2007). Understanding the NIMBY and LULU Phenomena: Reassessing Our Knowledge Base and Informing Future Research. *Journal of Planning Literature, Vol.*21, No. 3 (February 2007): 255−266.

Tisdell, C. (1996). Ecotourism, Economics and the Environment: Observations from China. *Journal of Travel Research* 34(4): 11−19.

Van Sickle, K. and Eagles, P. F. J. (1998). User Fees and Pricing Policies in Canadian Senior Park Agencies. *Tourism Management* 19(3): 225−235.

Xie, N. G. (2000). The Threats of Cableways to World Heritage Sites. *Tourism Tribune*, (6): 57−60.

Xu, G. (1999). *Tourism and Local Economic Development in China: Case Studies of Guilin, Suzhou and Beidaihe*. New York: Routledge.

Zahra, A., & Ryan, C. (2005). National Tourism Organisations—Politics, Functions and Form: A New Zealand Case Study. Anatolia: *An International Journal of Tourism and Hospitality Research*, 16(1), 5−26.

Zahra, A., & Ryan, C. (2007). From Chaos to Cohesion—Complexity in Tourism Structures: An Analysis of New Zealand's Regional Tourism Organizations. *Tourism Management* (3): 854−862.

Zhang, C.Z., Xu, H., Su, B.T and Ryan, C. (2009). Visitors' Perceptions of the Use of Cable Cars and Lifts in Wulingyuan World Heritage Site, China. *Journal of Sustainable Tourism*.

第五章　从内容到过程：旅游目的地动态管理模型（DDMM）

Ruggero Sainaghi

Istituto di Economia e Marketing via Carlo Bo`, IULM University, 1, I-20143 Milan, Italy

1　引言

　　旅游目的地战略管理在现实中的重要性越来越明显。旅游企业已意识到这个层次在实施有效的竞争策略中的关键作用（Go & Govers, 2000）。出于同样原因，许多国家的经济政策也将旅游目的地作为"业务部门"对待，意指具有特权的有竞争优势的投资环境，国家系统借助于这个环境将自身定位在旅游市场（Bieger, 1997, 1998; Kaplan & Norton, 2001; Ritchie & Crouch, 2000）。

　　这种新视角在学术界产生了很大的反响，由此引发了大量研究，形成了所谓的目的地管理（DM，即 destination management）潮流。这些年来，该领域研究已涉及各类议题，包括旅游设施的规划和开发（Ahn、Lee & Shaker, 2002; Davidson & Maitland, 1997; Gunn, 1972, 1979, 1980; Inskeep, 1991, 1994; Pearce, 1989）、管理承载力（Williams & Gill, 1998）、目的地生命周期应对措施（Butler, 1980）以及目的地营销组合管理等（Buhalis, 2000; Gartrell, 1988; Perdue & Pitegoff, 1990）。最近，关注点又转向了战略管理挑战（Bieger & Weibel, 1988; Flagestad & Hope, 2001; Middleton, 1994; Weaver, 2000）。此外，如果说最初"目的地"的概念符合大地理区域的话，现在研究重点则转向到了地方层面（Middleton, 1994），划分出了不同类型的目的地（Buhalis, 2000; Gilbert, 1990）。

　　这些研究在方法的运用上有一个共同倾向，即研究重点主要集中在内容上（有哪些关键的成功因素、什么样的战略定位能够产生最佳效果等）。结果，方法本身（即要怎样确立这种定位）往往变得模糊了。那么，在一个有着数百家相互独立、发展方向各不相同的机构进行竞争的旅游区，谁来做目的地管理（DM）？如何使这些机构朝着某个既定目标共同努力？如何使地区层面的行为与当地私营企业的行为保持一致？

本文所做的实证研究强调：必须建立目的地管理总模型，以便实现旅游业的发展目标，比如淡化季节性或开发新产品或新景区、可同时使用各种工具等。这就要求包括公共和私营在内的各类主体的参与。

此外，目的地管理也是长期行为，而且在执行既定行为的过程中也要不断进行修正。这可能是由于在执行行为的过程中不断获取新信息，也可能是为了保持内部的一致性。因此，有必要通过系统观察某个运营中的旅游目的地（此处指旅游区）来制定一个动态的框架。该模型采纳地方目的地管理机构（DMOs，即 destination management organisations）的观点。实际上，在所有案例研究中，这些机构都在目的地管理中发挥着主要作用。

该模型提供了一个有用的框架，可用来整理文献中已有的具体研究。这些研究主要集中在：（1）目的地管理的具体职能（如营销）；（2）旅游区生命周期的阶段性管理（例如复苏或启动阶段）；（3）某些特殊问题（如承载力）。

2　背景

2.1　旅游区和旅游目的地

长期以来，根据中间或终端客户的需求范围，"目的地"被定义为系列景点，或包含这些景点的地理区域（Bieger, 1997; Buhalis, 2000; Leiper, 1979, 1990, 1995; Smith, 1988）。这导致了"目的地"这一术语的模糊性，在某些情况下它可能只是一个度假胜地，或在更广泛的意义上它又可能指一个地区、一个区域、一个国家，甚至是一个洲。这种地理范围上的模糊性使得目的地管理这一议题成为一大难题。

从这个意义上讲，有必要从整体的角度探讨问题，包括供给和需求两个角度（Burkart & Medlik, 1974）。这种全面的观点强调有系列景点的地理区域和客户段的稳定关系。此处的"经济空间"被定义为"旅游区"，在这里可以根据权威的马歇尔式方法识别旅游区的组成成分，即：（1）有界定明确的地理区域；（2）靠大公司支撑的中小企业人口；（3）相同的文化内涵。尽管如此，旅游区（相对于工业区而言）表现出一些独特的特征，而且这些特点大部分都可以追踪到横向生产模式以及后设管理所起的重要作用。

关于横向生产结构，终端客户对更广泛意义上的产品感兴趣，即所谓的"全球产品"，其中的成分（单项产品）由当地个别企业提供。典型的纵向生产结构已不存在，取而代之的是产品专业化（或水平化）模式（Keller, 1988; Sainaghi, 2004）。不同的产品可由终端客户（点对点），专业化中介机构（包装），或区域内的机构例如协会、公会、旅游董事会（网络）等归类。至于后设管理的职能，当地企业的散状结构（社区模式），结合客户视地区为单一产品的看法，传统上支持 DMO 的发展。

2.2 战略内容和战略过程

　　旅游区的结构使战略管理的实施变得极为复杂（从目的地管理的角度来看），因为它是一个侧重战略的制定和实施的融合过程（Mintzberg, 1978; Mintzberg & Waters, 1985）。这种复杂性主要和供给的零散结构、当地企业运用的各种竞争性策略之间的不一致性、DMO 等级权力的缺乏，以及当地机构利益的复杂性等有密切的关系（Buhalis & Fletcher, 1995; Middleton, 1998）。因此，关键的问题不是做什么，而是如何做。实际上，在通常情况下，许多运营商和 DMO 都很清楚旅游区面临的挑战是什么，都有哪些可能的解决途径。但是，方法即"如何做"，仍然不确定：如何让运营商参与进来；如何聚拢财政资源；如何协调 DMO 的行动和当地企业开展的活动等。

　　这个问题带来了在战略管理方面两个重要流派的传统区别：关注于内容（战略的内容）的静态型和关注于过程（战略过程）的动态型。有些学者坚持这一区别（Barnett & Burgelman, 1996; Chakravarthy & Doz, 1992），而 Pettigrew（1992）则指出，静态（内容）和动态（过程）界线的划定越来越难。Chakravarthy 和 Doz（1992）提出了区分两个流派的三个标准（图 1），分别为：（1）分析的焦点或对象；（2）研究人员所作的隐含假设；（3）研究方法。

	动态方法	静态方法
1. 焦点	战略 → 战略 进程 ← 定位 如何做	战略定位 → 结果 做什么
2. 隐含假设 A. 合理性 B. 上层管理的角色 C. 参与性	A. 有限理性 B. 非关键性 C. 较强的相关性（战略和结构密切关联）	A. 完美理性 B. 关键性 C. 没有相关性（结构适应战略）
3. 研究方法	侵入式,基于横向的、长期细致的现场观察	基于部门分析和二级公司的数据，时间周期短

图 1　静态和动态方法的主要差异

[来源：根据 Chakravarthy 和 Doz（1992）改编]

　　就焦点而言，作者指出，相当一部分文献主要集中在对某个企业的战略位置和最佳性能水平的关系的理解上。相反，动态流派的文献试图探讨特定企业如何确立自己的战略地位。那么，问题就从内容转向了过程，这样促成了从静态逻辑到动态逻辑的转变，企业以往所沿袭的途径变得至关重要。

至于研究人员所作的隐含假设，两个流派有明显的分歧，尤其在以下方面：（1）参与战略管理进程的主体的合理性；（2）高层管理的作用；（3）机构中其他主体的作用。静态的观点倾向于支持完美理性的假设，即支持高层管理的向心性，与该机构更被动的作用抗衡。反过来，动态的观点认为人的大脑的理性是有限的，因此高层管理人员没有能力辨别最佳战略。这也说明对机构，或更通常地说，对新出现的战略的日益重视。

就方法而言，研究问题的多样性导致了研究路径的多样发展，主要以动态流派的侵入式分析技术为主。反过来，也有各种例外，Chakravarthy 和 Doz（1992）指出，静态流派使用的资料来源与"企业次级发布数据"关系更密切（如年度报告、股市趋势、销售数据等）。如果分析过程，有必要利用侵入式技术了解战略是如何在机构内形成并出台的。这往往需要很长的时间，因为纵向研究在准确描述主要转折点或变化方面更有效。

3　研究方法

研究方法基于扎根理论（Glaser & Strauss, 1967），该理论过程旨在通过系统观察事实和事实间的联系，分析现场真实情况，以建立模式或理论体系。Glaser 和 Strauss 的方法在案例研究方法论框架中被广泛使用（Eisenhardt, 1989; Langley, 1999; Yin, 1981, 1984），因为它允许研究人员分析随时发生的现象，不管其动态性和复杂性，并同时与现场环境保持紧密联系。本研究设计基于 6 个根据 Eisenhardt（1989）和 Yin's（1981, 1984）的指征进行的纵向案例研究。驱动案例研究发展的研究问题包括（Sainaghi, 2003:4-7）如三方面：（1）有哪些主要过程体现出目的地战略决策？（2）谁是体现目的地战略的主要角色？（3）不同的战略过程和该地区的结果是如何相互关联的？

研究样本包括六个地点：三个高山区（利维尼奥、科瓦拉和圣·莫里兹）和 3 个滨海区（陶尔米纳、里米尼和波多若斯）。简单地说，案例的相关性与其"两极"结构有关，与各种 DM 管理模式有关，在少数情况下，还与区域战略的变化有关。

这种"两极"的特征体现在这些地区的各个不同方面：利维尼奥和科瓦拉属中小型旅游地（过夜游客数在 600,000~750,000 人次之间），圣·莫里兹、波多若斯和陶尔米纳属于中型旅游地（过夜游客数在 900,000~1,300,000 人次之间），而 Rimini 是大型旅游地（过夜游客超过 7,000,000 人次）。就目的地的生命周期而言，利维尼奥、科瓦拉和陶尔米纳仍在发展阶段，圣·莫里兹处于成熟期，而里米尼和波多若斯则正处在再次腾飞期。

就 DM 结构而言，在每一个案例中，各地 DMOs 在财政资源的处理和 DMOs 活动的扩展方面都发挥了非常积极的作用。然而，在管理风格，特别是机构机制方面却有着极大的不同。例如，在利维尼奥、陶尔米纳和里米尼，可以看到基础的公共模式，建设资金来自城市或地区政府。而在科瓦拉，DMO 几乎无一例外地由私人自愿捐助。正好相反，在波多若斯和圣·莫里兹，资金来自当地企业，并且是强制性的（由具体的法律和条例规定）。

如果注意一下圣·莫里兹和科瓦拉当地 DMOs 所执行的战略的话，就会发现基本的连续性。事实上，这两个地区都有明确的竞争力。而在里米尼，1989 年出现的一次自然现象——海洋中出现黏液—— 一年内就导致游客人数减少了 2,000,000（Sainaghi, 2003:344）。这次现象之后，当地的战略做了一次全面修改，使过夜游客数在 20 世纪 90 年代急剧上升（1990 年起上升了 18%）。而 Portorose 不得不面临体制的彻底改变：1991 年内战后社会主义制度结束。国外游客人数从 1,000,000（1990 年）锐减到 176,000（1991 年）。此外，企业管理方式完全改变。在此之前，企业为集体制。在陶尔米纳，旅游设施进行了重大的升级：四星和五星级酒店所占比重从 33%（1985 年）上升到 50% 以上（2004 年）。利维尼奥在保持其竞争优势的同时（免税、地区有活力），住宿设施质量水平有了极大的提高，山区铁路得到全面检修。同时还推动体育赛事以巩固其品牌效应。

在这六个案例的研究中，利用了各种资料来源：半结构式访谈（每个案例至少有 11 次访谈，共计 100 多次，所有的访谈都由采访者做了书面记录并进行复核）、直接观察、量化数据（连续 20 年目的地的经营情况，DMO 的财务报表以及其他有助于相关性和一日游演变评估的当地资料）与公文和游客观察资料（仅限于利维尼奥案例）。收集的材料形成了六个研究案例的基础（Sainaghi, 2003:87-479），使作者能够进行交互分析。本研究首先从三个相关的宏观变量分析各案例间的异同：（1）DMOs 的体制结构；（2）管理过程；（3）性能。每个宏观变量又被分解成若干参数，可参见 DM 过程（第 4.2 节）。

4 结果

通过实证研究，鉴定出了受 DMOs 影响的代表性地区（第 4.1 节）以及后设管理过程的不同类型归类（第 4.2 节）。

4.1　DMO 的影响范围

本节的目的是为了描述 DMO 有代表性的旅游区，其区域管理过程受其他地方机构（公共的和私营的，营利性的和非营利性的）支配，被定义为监督过程，称为"监督管理"或"后设管理"。

从这一点上讲，有利于澄清"过程"和"资源"这两个概念，确定对二者有效和管理责任的不同对象。"资源"可被定义为"由企业拥有或控制的可用因子股票，可通过利用公司其他各种资产和相关机制将资源转换成最终产品或服务"（Amit & Schoemaker, 1993:35）。如同所有的股票，资源往往需在具体的时间点上测量。Grant（1995:121）提出了可行的建议，将资源分为三大类：（1）物质的，包括财政资源（货币）和物理资源（植物、土地、建筑物等）；（2）非物质的，如技术、形象、文化；（3）人力，涉及个人的能力、知识，人际和沟通技巧以及动机。"过程"指影响股市变量的行动，并改变其质量和/或数量特征。因此，新酒店建设增加了目的地物质资源的股票；地区品牌的发展有可能会改善目的地的形象（非物质资源）；培训课程会提高参与者（人力资源）的技能。

因此，过程是一个动态元素，可以影响地区特定时间点的可用的资源储备。在目的地建立可持续性竞争优势，即通过追求独特性或降低成本来创造价值，需要以协调一致的方式创造并结合不同的资源。但最终，所有这一切只有不同级别的管理层实施一致连贯的管理过程才能成为可能。

那么在这个动态游戏中 DMOs 应扮演什么角色？

要回答这个问题，很有必要思考一下对于当地资源，谁具有"可用性"，谁具有"管理责任"。人们可以大致认为，对于这两种职能（可用性和管理责任），当地四种不同的主体有权行使：（1）东道主社区；（2）地区企业；（3）DMO；（4）当地政府（通常是市政府）和其他非营利机构（如体育俱乐部或行业协会）。

以下几个章节仅讨论后面三个主体，以降低模型的复杂性，同时也考虑到研究样本中企业体制结构（包括所有权和雇员）和地方社区之间的广泛重叠。它们的关系体现为如下由 9 个模块组成的复式图表（图 2）。

监督管理或元管理的作用（即 DMO 所开展的活动）各不相同。实证研究结果表明，有如下三个不同的影响领域：

●最大化影响（模块 I、II、III）：资源（由 DMO 或其他主体负责）由旅游局管理；

● 中等影响（模块 IV、VII）：DMO 负责的资源由其他主体管理；
● 最小化影响（模块 V、VI、VIII、IX）：其他主体对资源负责同时还必须对之进行管理。

		资 源		
		DMO	当地政府和非营利组织 (LG/NPOs)	当地企业 (LF)
过 程	DMO	现有资源：直接由DMO管理 投资决策：直接由DMO处理 I	现有资源：直接由DMO管理 投资决策：由LG/NPOs处理，DMO起间接作用 II	现有资源：直接由DMO管理 投资决策：由LF处理，DMO起间接作用 III
	当地政府和非营利组织 (LG/NPOs)	现有资源：直接由LG/NPOs管理，DMO起间接作用 投资决策：直接由DMO处理并与LG保持一致 IV	现有资源和投资决策：由LG/NPOs处理DMO只能起间接作用 V	现有资源和投资决策：由LF LG/NPOs处理，DMO只能起间接作用 VI
	当地企业 (LF)	现有资源：直接由LG/NPOs管理，DMO起间接作用 投资决策：直接由DMO处理并与LG保持一致 VII	现有资源和投资决策：直接由LF或LG/NPOs处理，DMO只能起间接作用 VIII	现有资源和投资决策：直接由LF处理，DMO只能起间接作用 IX

图2　DMO 过程中的相互关联图

4.1.1 最大化影响

在模块 I 中，DMO 要求支配由其负责的资源组合；这样，DMO 遵照既定的规范和法规，管理和投资决策完全自主。包括物质资源（货币和物理资源）、非物质资源（目的地品牌）和人力资源（技能和 DMO 员工的能力）。元管理的作用在这里发挥到最高水平，直接负责管理与投资的决策。

在模块 II 和 III 中，DMO 在过程中再次发挥了直接的、主要的作用，但资源由其他主体控制。设想一下，基础设施可能会交由旅游董事会负责，或其他由志愿者协会或立法机构控制的资源移交给 DMO 管理（各类资源可汇集在一起开展区域营销活动）。这样，相比模块 I，内容和管理过程中的自主性减少了，而且投资决策也并不总是由 DMO 控制。

4.1.2　中等影响

模块 IV 中，资源在 DMO 的管辖范围内，但这些资源的管理权却属于公共机构。典型的例子是物质、非物质和人力资源的分配为协会、运营商等主办的各类活动、集会、节日提供了支持。尽管和前面的情况相比，后者管理作用变小，但其内容广泛。

在模块 VII 中，DMO 将其负责的资源管理移交给了地区企业。如果资源授权给了当地企业，或通过政府补贴给了当地公司。在这两种情况下，元管理过程自然对管理的选择产生了——尽管是间接的——相当大的影响。就许可的服务来说，对投资决策的影响可以是直接或间接的，这取决于双方商定的使用权转让协议的具体规定，按照政府补贴，元管理过程可以鼓励私人投资或按市场要求的新标准，改善旅游设施。

4.1.3　最小化影响

在模块 V 中，资源属于负责管理过程的公共机构的管辖范围。毫无疑问，最重要的是该区现有的大量的公共服务，特别是入口路线、当地交通以及城市设施服务。

模块 IX 情况类似，当地企业可以利用资源并负责管理。在这里，重要决策旨在为酒店、滑雪以及提供娱乐和中介服务的企业等创造竞争优势。企业管理的自主性，尤其当涉及增添或维修基础设施时，都会受到由市政府直接控制的建筑法规或其他政治工具（许可证）的限制。

在模块 VI 中，我们会发现地方公共机构或其他非营利组织为当地企业管理公共服务。例如在 Livigno 地区，市政府为滑雪者建立了一个公共交通系统，其花费几乎全部为经营滑雪的公司吸收。

最后，在模块 VIII 中，资源属公共机构的权限范围，而管理过程由地区企业执行。与模块 VII 的情形类似，一般会有两种不同情形：公共资源可以授权给私营企业，或可将补贴用于支持地区企业的管理。某些公共资源管理授权的选择依据是私营企业是否有更高的管理效率和效果，最好的例子是阿尔卑斯山地区的滑雪使用权转让协议，而在滨海目的地，海滨许可则是关键。为了制定产品体系动态模型，该地区有着非常重要的作用，以此来巩固客户的忠诚度并吸引新的客源。但是，在这最后四个模块中，DMO 只发挥了间接作用，没有分层权力。这就是为什么必须了解如何通过合适的支持过程与当地机构对话。

4.2　元管理控制过程

目的地战略管理过程可以分为不同的形式。此处，我们指出了基本过程和支持过程的明显差别。前者注重产品的生产、开发、沟通和全球销售。而后者支持基本过程，确保 DMO 行为的更高效率和效果。

4.2.1 基本过程

就基本过程而言，旅游区是一个相当复杂的产品/市场联合，其反映景点和产品的多样性、它们在一年中不同的价值（旅游"季节性"）以及不同的终端客户类别。每个组合同时也是具体产品（包括住宿设施、自然和人为的因素、康乐和交通服务，等等）的汇总。除了生产和提供这些产品和设施，开发和沟通过程在吸引终端客户到旅游区方面也起着极其重要的作用。实际上，与终端客户建立联系之前（如考虑预订酒店房间），服务都只代表一种可能性。因此，基本过程可确认为以下三类：

- 制造并提供服务，由于涉及了"做什么"，它们被认为是"运营中的"；
- 开发新产品，确保旅游区的供应在数量和质量上都保持"递增"状态；
- 沟通，包括操控能吸引终端客户到旅游区的系列行动，并在他们到达景区后立刻向其宣传所有的名胜。

运营过程，简单地说，指管理那些与基础设施（物质资源）有关的资源。这些基础设施能使客户进入该地区，找到住处，并充分享受到各种服务。回过头再看前一节介绍过的资源的三种分类，第一类主要关注如下几种：企业能力（包括住宿和商业机构、滑雪设施、滨海机构建设以及根据市场价格体系进行管理的其他结构等），公共机构能力（包括进入、当地交通等）以及公共机构和/或 DMO（包括市内设施和运动设施在内的旅游设施）。在此模型中，DMO 可控制的非财政物质资源（即基础设施）并不那么重要，而公共机构和当地企业可利用的资源却占有很大的比重。出于这个原因，运营过程可归类为公共过程或私营过程。

在受公共运营过程影响的众多储备变量中，这里仅关注三类资源：（1）进入途径；（2）内部交通；（3）旅游设施。它们又细分为城市设施和运动设施。

能够加强、修正或完善这个重要资源储备的管理过程首先是由地方公共机构直接掌控的资源（指图 2 中的模块 V），还包括授权给私营企业（模块 VIII）或者 DMO（模块 II）的资源。因此，只有在这最后一种情况下可以参考包括直接管理（旅游董事会）的公共运营过程。不过，这是一个很关键的领域。在所有被研究的案例中，越发明显地发现，市政府将户内和户外设施的管理授权给 DMO。在地方公共机构和 DMO 的体制关系密切的地区，DMO 往往对管理过程和投资决策有相当的影响力。

私营资源的管理主要集中于由业主直接采取的行动或管理（模块 IX），这可得到由公共机构（一般很少见）（模块 VI）或 DMO（模块 II）所实施的管理活动的支持。

　　旅游董事会可通过筹资机制支持当地企业的具体行动（模块 VII——增添新的基础设施、开发新的服务、设立培训课程等）的方式来直接影响私营资源（无论是物质的、非物质的或是人力上的）的开发。不过，因为 DMO 的财政资源有限，这样的活动一般很少在地方级别上进行。

　　第二个非常重要的领域是新产品的开发。在这种情况下，资源通常会属于元管理的职权范围，主要表现为物质资源（资金）、非物质资源（形象）和人力资源（理念、关系技能）。监管过程的作用则非常宽泛，涉及管理和执行新的投资（见模块 I）。

　　新产品的开发主要体现在服务创建和活动包装，表现为针对既定目标的一系列同质服务。"包装"大小不等，而且通常被限定在被视为最重要的参照部分（指住宿、文化景点以及其他娱乐服务）的服务核心上，并且还要为附属成分留有空间。"活动"是在旅游区举行的特殊场合，能够激发广大潜在消费者的兴趣。

　　这两个过程联系非常紧密：包装可以围绕着一个活动而设定，反之亦然；为完成一个包装，可能特设一个活动。两者都可以是一次性事件，也可定期举行。

　　至于监管包装，许多地区已确立了主动权，而其效果又往往会因为下列过程问题而受到限制：

● 缺乏商业促销渠道；
● 床位数必须达到足够的"临界量"；
● 地区内的不同企业有不同的商业需要；
● 质量标准有区别。

　　创造的过程会被监督机构或当地企业所激发——只要双方水平一致。新产品的开发总是把监督过程和企业、地方公共机构所开展的活动混合在一起。

　　产品体系的沟通过程代表运营过程显示的服务潜力（结合目的地的自然、文化和历史资源）和潜在用户间的重要联系。这些进程包括一套针对服务目标（中介或终端客户）的战略性营销行动。因此，重点在于吸引潜在的客户到旅游区（外部沟通）或针对老客户提高当地景点的可进入性（内部沟通）。因此，下文中"沟通"指代这两个活动。

　　战略营销规定了旅游区的商业重点和促销原理，有效营销则具体讨论不同的市场联系工具。虽然在理论术语上容易辨认，但在实践中二者的区分并不那么明确。在大多数情况下，监管沟通过程利用归属于元管理能力范围内（见模块 I）或其他公共机构（见模块 II）或地区企业（见模块 III）分配给 DMO 的财政和人力资源。和地区企业直接管理的商业功能建立的关系相当复杂。监督沟通过程对大的地区企业（尤其是地区连锁酒店）来说并不那么重要，这些企业一般都有足够的"临界量"来直接组织市场行为，而同样的过程对没有足够的财政资源的小企业来说则是必不可少的。

此外，地区交流发展必须结合规模经济及与促销过程相关的积极外部效应的相关性加以考虑。就规模经济而论，毫无疑问，平均单位成本随着企业数量的增加而降低。因此，协调的促销投入会带来总体的改善。尽管上述模式差异很大，这一重要发现在本研究中所有地区的集中宣传模式中反映出来了。至于积极的外部效应，客户对整体的而不是单一产品的兴趣会促使一些宣传举措重点放在地区上。它遵循的原则是，好处通过口耳相传很容易扩展到许多本地企业，从而激发更多的"搭便车"行为。

用于交流过程的支持工具多种多样：从印刷媒体和信息资料的流通发行到参与抽奖、旅游博览会和专题讨论会，再到建立网站、安置情报点以及开发商业宣传渠道等。

4.2.2 支持过程

支持过程与基本过程的不同之处在于，其目的不是要建立、开发或宣传该地区的产品，而是通过"间接"行为使基本过程变得更有效率和效果。这涉及一系列的管理活动，可归类在三个标题之下：（1）内部营销；（2）培训；（3）研究。

内部营销的目的是鼓励 DMO 和旅游区企业之间的持续性对话，因为高效率的服务需要领会精神的人。地区的性质导致了当地运营商之间错综复杂的关系网。然而，重要的是要开发由旅游董事会运作的正规和非正规的沟通渠道，这有助于共享"发展愿景"。

为有效地管理内部营销过程，必须首先确定下面几项内容：（1）参与的主体；（2）沟通的内容；（3）利用的渠道。此外，沟通必须在时间上连续不断。至于主体，一般要确认不同类型的观众（旅馆经营者、店主、工匠、基层部门的操作员，等等）；每个类型还可再进一步细分（服务的客户段、产品或服务的范围、融合的程度，等等）。内部沟通中的听众和内容的选择与元管理要实施的行为有着密切的关系。

沟通渠道可大致归类为：口头形式、会议、简报、公告、当地媒体（电视和报纸）。沟通的形式往往是非正式的。欲提高内部沟通的有效性，保证信息提供过程的稳定性很重要。速度缓慢的变化（即使在考虑参与者数目的时候）也往往需要长时间的适应期。

培训的内容既可以有管理方面的也可以有营运方面的。首先针对管理人员，第二种情况则更多地涉及"营运"问题，重点放在不同岗位的员工身上。两种情况下的培训优先者均包括 DMO、公共机构、地方企业的管理人员、企业家与执行人员等。

最后，研究过程主要在以下两个方面对监督管理给予支持：（1）建设和完善数据库；（2）进行特定研究。就数据库而言，旅游法规要求酒店汇报客户信息。DMO 通常负责这项活动，因此拥有相当大的知识库。该信息的价值常常被低估了，但实际上系统分析这些资料对评估当地各种机构采取的行动的有效性极其有益，也有助于指导今后的行动。

除了住宿设施方面的信息，目的地还可以发掘其他有助于一日游监测的宝贵的量化资源（比如停车的统计数据，或是有关博物馆、游乐园、展览会等的数据）。通过综合不同的信息来源，我们常常可以勾画出一个非常详细的旅游状况图。

DMO 还可以做具体的研究来处理具体的管理问题：收集补充信息以支持某项决策，在采取某一既定行动前研究其有可能产生的结果，分析客户满意度等。研究过程可利用内部技术力量也可咨询外界顾问。

5　目的地管理动态模式（DDMM）

图 3 中的模型阐释了储备各资源变量和元管理过程之间的区别。元管理过程分为基本过程和支持过程。该图显示了 DMO 可利用各种手段来影响旅游区当前或后续的定位。监督行为与当地企业（模块 IX）、公共机构（模块 V）以及这两个主体间的互惠关系（模块 VI、VIII）所采取的管理活动相混合。

DMO 的行为可以通过三个环节来调整旅游区的储备资源，三个圆环表现如下：

● 基本进程（箭头 A）：指能通过更充分开发现有资源（以通信环节为代表）、使用新产品（开创新产品）和空间增长（营运过程）来影响旅游区的资源。

● 支持过程（箭头 B）：对保持和提高基本过程的效力往往不可或缺。因此，研究对于充分理解通过基本过程来处理的问题具有建设性的作用；培训将有利于提高 DMO 人员的技能；内部营销可以促进旅游董事会将承诺付诸行动。

● 支持过程（箭头 C）：可以影响其他主体在旅游区直接所做的决策和采取的行动，在该旅游区 DMO 没有特殊的等级权力。因此，培训活动可以修正当地企业的管理和运作方式，而某些研究活动，如果沟通适当，可以推动运营商进行新的投资，发展新的服务。

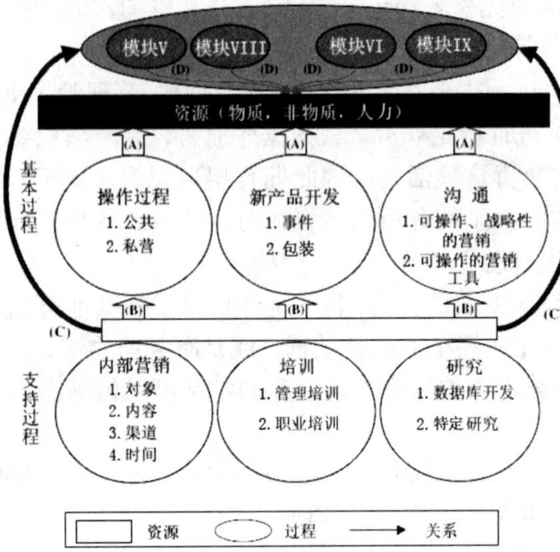

图 3 DDMM 模型

该模型有助于重新审查某个旅游区（在综合的水平上）所实施的总体战略，也有助于处理既定活动实施的细节，例如开展一次活动（在分析的层面）。为了说明 DDMM 的整体职能，本文将简要概括 DMO 在阿尔卑斯山 Livigno 地区采用的相关管理过程（在综合的水平上）。

Livigno 案例显示出地方基础设施标准的强劲增长，源于一些酒店进行了彻底的改造（模块 IX）。这些先驱者们做出的辉煌成绩使得许多其他企业开始效仿，从而促进了整体水平的快速提高。同样，经营滑雪项目的公司（由外部企业创立）被当地企业重新收购，并在 20 世纪 90 年代大量投资进行设施建设。DMO 通过开发新产品来支持这一过程，旨在增加季初和季末的游客流量，同时还投入大量资源用于外部交流。

旅游区的总体活力吸引了新的客户群体，引发了重要的口头宣传循环，入住率和平均价格保持稳步增长。最近，旅游董事会启动重大研究项目以便更准确地监测当地企业的竞争力，并进一步完善基本管理过程（新产品的开发和外部沟通）。案例研究显示 DMOs 采用了不同的过程组合（见图 4）。焦点大多数集中在基本过程，尤其是沟通活动上，而较少关注支撑过程。这个或许可以解释为什么除了 St. Moritz 和 Corvara 之外，DMO 所开展的一些活动和当地企业的行动之间缺乏某种凝聚力。

过　程	Lvigno	Corvara	St.Moritz	Rimini	Portorose	Taormina
I基本过程						
1. 营运过程						
公共部分						
进入路线	低	低	高	低	低	中
内部交通	中	低	中	低	低	中
旅游设施	高	高（运动）	高（运动）		低	中
私营部分	低					
住宿	高	高	高	高	高	高
商务	中	中	高	高	中	中
山区铁路	高	高	高	-	-	-
滨海度假	-	-	-	中	低	中
2. 新产品开发						
包装	中	中	低	低	低	低
活动	中	中	高	中	低	高
3. 沟通						
营运和战略						
营销	中	高	中	高	高	高
市场营销工具	中	高	高	高	低	低
II支持过程						
1. 内部营销						
主体参与的数量	中	高	高	低	低	高
内容广度	中	高	高	低	低	中
渠道	中	高	高	低	低	高
沟通的持续性	低	高	高	低	低	高
2. 教育/培训						
企业家/经理	中	中	低	低	中	低
雇员	中	低	低	低	中	低
3. 研究						
数据库建设	中	中	中	中	低	高
特定研究	中	中	低	低	中	

图 4　具体案例分析中的基本和支持过程

（来源：根据 Sainaghi（2003:495）改编而成）

6　讨论和结论

本次实证研究证实了为支持旅游区的竞争力 DMO 需要起的关键作用。事实上，现存旅游产品的分散结构需要一个负责的管理者，他能以"法人"的身份处理管理过程。DMO 应发挥的作用在于支持旅游区企业所做的战略决策，而这对于建立竞争优势至关重要。换句话说，如果当地企业的战略定位存在普遍而严重的不一致，DMO 所采取的元管理行为将很难产生有效影响。

本文提出的模型是动态的，它对 DMO 的干预主要存在于两个方面：基本过程和支持过程。基本过程的作用至关重要，特别是在新产品的开发、交流和旅游区的市场销售方面。实证证据清楚地表明，如果考虑到现有的积极的外部条件、"搭便车"现象、高额的初期投资以及不确定的财政回报等因素，这两个过程必须主要由 DMO 管理。此外，基本过程还表现为一个重要的指导机制，能够加强当地企业的竞争力，设置地区产品定位参数。例如，在圣莫里茨的 Kurverkehrsverein 进行的令人印象深刻的独一无二的体育赛事就引起了媒体的关注，引发了无数的社论和新闻报道。所有这一切都强化了圣莫里茨的"世界顶级"品牌效应，利用了有利的特许活动。

旅游区的成功与参与者"创造一个体系"，并朝共同的目标不断努力的能力有密切关系。支持过程便是一个很好的机会：它们允许地区在其运营商间不断地进行沟通（内部营销），鼓励技能的提高（培训），并产生新的信息以服务于规划和评估行为（研究）。这些过程，尽管发挥间接的作用，却能延伸 DMO 的工作，促进旅游区参与者之间关键而持续性的对话（企业和当地社区之间）。总之，支持过程制造了内聚力，开发了技能，并创造了张力。

DDMM 用于旅游区管理具有许多优势。最重要的是，DDMM 对地区进行了清晰定位，使 DMO 能在资源和过程两方面对该地区进行干预。该模型还确定了哪些活动应属于参与者的责任。此外，该模型有助于澄清 DMO 行为与其他地方参与者（当地企业和政府）行为之间的复杂关系，意识到这一点可以使 DMO 慎重对待支持过程。

此外，该模型可用于在事后确定某些具体监控行为成功或失败的原因，还可事前辨别对旅游区管理的运营建议。最后，也可通过微调具体行为以改进测量旅游区运营情况的体制。

7　有待解决及进一步研究的问题

本研究留下三个有待进一步研究的问题：（1）过程和 DMO 体制结构之间的联系；（2）监控过程和地区结果之间的联系；（3）DMO 的管理方式。

就第一个方面来讲，实证研究发现，DMO 的体制结构多样化：利益由旅游董事会控制的主体的构造、主体所预期的贡献、他们获得的补偿、金融管理特权的行使方式、机制,以及调节贡献和补偿之间的相关性的结构等。因此，如果存在无关的公共机制结构，或者正相反是很宽泛的机构，使当地企业为 DMO 的活动给予财力上的捐助，这些情况对 DMO 要执行的监控过程的类型会产生重要影响，也会对当地其他参与者进行的活动的冲击力有影响。

至于第二个方面，DDMM 强调了元管理过程的重要本质以及其他公共或私营机构在旅游区内所开展的活动。在这里有必要确认旅游区成功的真实程度，并有必要建立一系列指标，用以衡量——在可能的情况下——监控过程的效果和效率以及其他地方组织采取的行动。需要验证的双重假说是：目的地甚至在监控过程无效时是否也能够取得令人满意的结果，或与此相反，监控过程有效时是否也不能取得令人满意的结果。

最后，在监控管理方式方面，人们不禁要问：旅游区的多样性（规模、生命周期的阶段、国家规范、有竞争力的目标定位等）和 DMO 不同的体制结构一起，是否都会在目的地的实际管理方式中体现出来？换言之，这里所提出的总模型是否能等同于某些目的地管理模型？这些模型在不同的背景/环境以及生命周期的各阶段都将有效吗？这三个问题均有待进一步研究。

致谢

本文属于"Strategie di Network e Destination Management delle Città d'Arte"项目，得到了 Cariplo 基金会的部分支持。作者还要感谢所有那些抽出时间接受采访的人，他们为本课题的开展作出了具体的贡献。作者同时还要对给出评审意见的两位匿名专家致以特别的感谢。

参考文献

Ahn, Y. B., Lee, B., & Shaker, C. (2002). Operationalizing Sustainability in Regional Tourism Planning: An Application of the Limits of Acceptable Change Framework. *Tourism Management*, 23(1), 1-15.

Amit, R., & Schoemaker, P. J. H. (1993). Strategic Assets and Organizational

Rent. *Strategic Management Journal*, 14, 33-46.

Barnett, W. P., & Burgelman, A. R. (1996). Evolutionary Perspectives on Strategy. *Strategic Management Journal*, 17, 5-19.

Bieger, T. (1997). *Management von Destinationen und Tourismusorganisationen*. Dritte Auflage, Mü nchen/Wien: Oldenburg.

Bieger, T. (1998). Reengineering Destination Marketing Organizations—The Case of Switzerland. *The Tourist Review*, 3, 4-17.

Bieger, T., Weibel, C., (1988). Mö Glichkeiten und Grenzen des Kooperativen Tourismusmarketing—Schaffung von Tourismussystemen als Strategien Gegen Destinationsä Hnliche Konkurrenzprodukte. *Destination Marketing*, Vol.40. St. Gallen: AIEST.

Buhalis, D. (2000). Marketing the Competitive Destination of the Future. *Tourism Management*, 21(SI), 97-116.

Buhalis, D., & Fletcher, J. (1995). Environmental Impacts on Tourism Destinations: An Economic Analysis. In H. Coccosis, & P. Nijkamp (Eds.), *Sustainable Tourism Development* (pp.3-24). England: Avebury.

Burkart, A. J., & Medlik, S. (1974). *Tourism: Past, Present and Future*. London: Heinemann.

Butler, R. W. (1980). The Concept of a Tourist Area Cycle of Evolution: Implications for Management of Resources. *Canadian Geographer*, 14(1), 5-12.

Chakravarthy, B. S., & Doz, Y. (1992). Strategy Process Research: Focusing on Corporate Self-renewal. *Strategic Management Journal*, 13(SI), 5-14.

Davidson, R., & Maitland, R. (1997). *Tourism Destination*. London: Hodder & Stoughton.

Eisenhardt, K. M. (1989). Building Theories from Case Study Research. *Academy of Management Review*, 14(4), 532-550.

Flagestad, A., & Hope, C. A. (2001). Strategic Success in Winter Sports Destinations: A Sustainable Value Creation Perspective. *Tourism Management*, 22(5), 445-461.

Gartrell, R. B. (1988). *Destination Marketing for Convention and Visitor Bureaus*. Dubuque: Kendall Hunt Publishing.

Gilbert, D. C. (1990). Conceptual Issues in the Meaning of Tourism. In C. P. Cooper (Ed.), *Progress in Tourism, Recreation and Hospitality Management*, Vol.2. London: Belhaven Press.

Glaser, B., & Strauss, A. (1967). *The Discovery of Grounded Theory: Strategies for Qualitative Research.* Chicago: Aldine.

Go, F. M., & Govers, R. (2000). Integrated Quality Management for Tourist Destinations: A European Perspective on Achieving Competitiveness. *Tourism Management*, 21(SI), 79-88.

Grant, R. (1995). *Contemporary Strategy Analysis: Concepts, Techniques, Applications.* Oxford: Blackwood.

Gunn, C. (1972). *Vacationscape: Designing Tourist Regions.* Austin: University of Texas.

Gunn, C. (1979). *Tourism Planning.* New York: Crane Russak.

Gunn, C. (1980). An Approach to Regional Assessment of Tourism Development Potential. In D. E. Jawkins, E. L. Shafer, & J. M. Rovelstad (Eds.), *Tourism Planning and Development Issues.* Washington: G. Washington University.

Inskeep, E. (1991). *Tourism Planning: An Integrated and Sustainable Approach.* New York: Van Nostrand Reinhold.

Inskeep, E. (1994). *National and Regional Tourism Planning.* London: Routledge.

Kaplan, R. S., & Norton, D. P. (2001). *The Strategy Focused Organization: How Balanced Scorecard Companies Thrive in the New Business Environment.* HBS Press.

Keller, P. (1988). The Possibilities and Limitations of Destination Marketing—Findings of the 1998 AIEST Congress. *The Tourist Review*, 4, 2-5.

Langley, A. (1999). Strategies for Theorizing from Process Data. *Academy of Management Review*, 24(4), 691-710.

Leiper, N. (1979). The Framework of Tourism. *Annals of Tourism Research*, 6, 390-407.

Leiper, N. (1990). Partial Industrialization of Tourism Systems. *Annals of Tourism Review*, 17, 600-605.

Leiper, N. (1995). *Tourism Management.* Melbourne: RMIT Press.

Middleton, V. T. C. (1994). The Marketing and Management of Tourism Destinations: Research Directions for the next Decade. In P. Keller, & T. Bieger (Eds.), *Tourism Research: Achievements, Failures and Unresolved Puzzles*, Vol.36. St. Gallen: Publication of the AIEST.

Middleton, V. T. C. (1998). *Sustainable Tourism: A Marketing Perspective.*

Oxford: Heinemann.

Mintzberg, H. (1978). Patterns in Strategy Formulation. *Journal of the Institute of Management Science*, 9(5), 934-948.

Mintzberg, H., & Waters, J. A. (1985). Of Strategies, Deliberate and Emergent. *Strategic Management Journal*, 6, 257-272.

Pearce, D. (1989). *Tourist Development* (2nd ed.). NY: Longman Scientific & Technical.

Perdue, R. R., & Pitegoff, B. E. (1990). Methods of Accountability Research for Destination Marketing. *Journal of Travel Research*, 4.

Pettigrew, A. M. (1992). The Character and Significance of Strategy Process Research. *Strategic Management Journal*, 13, 5-16.

Ritchie, J. R. B., & Crouch, G. I. (2000). The Competitive Destination: A Sustainable Perspective. *Tourism Management*, 21(SI), 1-7.

Sainaghi, R. (2003). *Destination Management: A Process Based View*. Bamberg: Difo-Druck GmbH.

Sainaghi, R. (2004). *La gestione strategica dei distretti turistici*. Milan, Egea.

Smith, S. L. J. (1988). Defining Tourism—A Supply Side View. *Annals of Tourism Research*, 15, 179-190.

Weaver, D. B. (2000). A Broad Context Model of Destination Scenarios. *Tourism Management*, 21(3), 217-224.

Williams, P., & Gill, A. (1998). Tourism Carrying Capacity Management Issues. In W. F. Theobald (Ed.), *Global Tourism* (pp.231-246). Oxford: Butterworth- Heinemann.

Yin, R. (1981). The Case Study Crisis: Some Answers. *Administrative Science Quarterly*, 26, 58-65.

Yin, R. (1984). *Case Study Research* (1st ed.). Beverley Hills, CA: Sage Pubications.

第六章　学习型旅游目的地：学习型组织方法促进旅游目的地可持续发展的潜力

Karin Schianetz[a,*], Lydia Kavanagh[b], David Lockington[a]

[a]Environmental Engineering, University of Queensland, St. Lucia, QLD 4072, Australia
[b]Chemical Engineering, University of Queensland, St. Lucia, QLD 4072, Australia

1　引言

在过去的十年中，人们对可持续旅游管理和发展进行了大量的研究。全世界的旅游研究人员进行了很多有益的思考，这些思考推动了人们对旅游业可持续发展这一概念的认识。如今我们知道必须把可持续发展看做一个发展变化的过程（Farrell & Twining-Ward, 2005），把它看做一个"动态"的而非静止的目标（Lee, 2001）。这些发现对旅游业来说尤为重要，因为"旅游本质上是一个非线性的、复杂的、动态的系统"（McKercher, 1999），我们无法对其进行精确的预测，因此必须对其进行适应性管理（Farrell & Twining-Ward, 2005）。适应性管理（Adaptive management）的基础是一个承认不确定性并允许及时调整规划管理策略的持续、综合性学习概念（Holling, 1978）。这意味着为了提高旅游业的可持续发展能力，需要加强企业、景点或地区负责人相互之间的合作。为确保可持续发展（在超出私人企业和/或地方政府业务及职责之外的范围内仍能）得以落实，景点或地区层面的学习是必要的。

本研究提出学习型旅游目地的框架，其理论基础是"学习型组织"（Learning Organisation）这一概念（Senge, 1990），该概念运用系统思维（systems thinking）和系统动力模型（system dynamics modeling, SDM）来实施和促进集体学习过程。虽然系统动力模型已被运用在旅游目的地管理的战略规划和影响预测等方面（Holling, 1978; van den Bergh, 1991; Walker、Greiner、McDonald & Lyne, 1999; Wiranatha, 2001），但是现有研究没有对该模型在组织学习中发挥的作用进行系统地评价。系统动力模型是一种基于计算机技术通过模拟复杂系统的动态变化以支持系统思维的方法，常被用于定量分析相互关系和时间延迟的效果，并进行假设模拟，以对某些政策进行测试（Forrester, 1971; Meadows、Randers & Meadows, 2004; Sterman, 2000; van den Belt, 2004）。然而，系统动力模型的主要价值并不在于对未来进行预测，而是它能表明：复杂的经济、环境和社会体系是无法预测的；学会面对不确定因素是重要的；适应意外情况是必要的（Holling, 1978）。

旅游学的文献中很少涉及学习型组织，虽然在土耳其（Bayraktaroglu & Kutanis, 2003）和中国台湾地区（Yang, 2004）的饭店管理中对该理论有过评价。然而，还没有人研究学习型组织在景区层面的运用。Saxena（2005）把旅游目的地定义为"学习型区域"，该定义得到经济合作组织（OECD）和联合国教科文组织（UNESCO）等国际组织的推广（Cooke, 1997; OECD, 2001）。但是，Saxena（2005）并没有评价作为一种工具的系统动力模型在实施组织学习中所起的作用。

学习型旅游目的地框架需要考虑到旅游目的地与那些已经成功运用学习型组织这一概念的组织大不相同（Flood, 1999; Senge, 1990; Senge、Kleiner、Roberts、Ross & Smith, 1994）。因此，笔者首先确定了学习型旅游目的地的基本要素，并运用这些基本要素分析了六个旅游目的地的系统动力模型个案。在分析过程中，研究者再次证明了系统动力模型通过维持系统意识而充当实施和促进集体学习的工具。分析结果表明：通过在学习型旅游目的地建设中并入系统动力模型，将提高系统动力模型对持续性评估的有效性。

2 学习型旅游目的地实施的概念化

2.1 学习型旅游目的地的定义

"学习型组织"这一概念使旅游可持续发展与大多数注重解决问题的传统方法格格不入。传统方法要求明确界定问题，而这在旅游业中会因各个层面的情况都很复杂（如利益相关者、景点多样性等）而很难以做到。"学习型组织"这一概念的焦点不在解决问题，它使旅游利益相关者能够集中注意力运用和测试各种理论、方法和工具，以提高他们自身的技能。这样，我们就能够对以下方面达成共识：

旅游目的地如何发挥作用？

如何扩大市场？

如何适应不断变化的环境？

如何提高关于终极经济、社会和环境风险和影响的集体意识？

如何使风险最小化和/或如何应对风险？

换句话说，我们的目标从建立可持续发展的旅游目的地转变为在旅游目的地内建立能适应变化、能学习如何不断提高可持续发展能力的旅游组织。虽然现有文献已对学习型组织和学习型地区的目标和优点进行了大量描述，但是相关定义仍然模糊而且宽泛，无法为推导出一个可行的实施方案奠定坚实的基础。

例如，Senge（1990:3）把学习型组织定义为："在这样的组织中，人们得到他们真正想要的结果的能力不断提高；培养出了全新的、前瞻而开阔的思维方式；集体灵感得以释放；不断学习如何共同学习。"最近，学习型组织又被定义为"持续提高创造自己未来的能力的组织"（Flood, 1999; Senge *et al.*, 1999）。虽然可以把这一定义运用到旅游景点上，但是这并不能得出一个可行的"学习型旅游目的地"的概念。Boekema、Morgan、Bakkers 和 Rutten（2000）认为把"学习型组织"这一概念运用到某一地区是一件相当复杂的事情，不是一句话能够说清楚的。Geenhuizen 和 Nijkamp（2000:39）则通过如下两点来进行定义："首先，它（LTD）指那些拥有能够提高生产效率的知识实体（如研究机构、实验室或高等教育机构等）的地区。其次，它指运用上述知识实体通过积极、全面的学习而努力取得更好的成果的地区。"以上两点强调：明确可能具备的知识机构、发生学习的地区以及运用知识的地区非常重要。

为了找到一个可行的学习型旅游目的地的概念，我们需要回顾 Geenhuizen 和 Nijkamp（2000）对学习型地区的描述，必须指出组织、社团和个人学习是高度相关的，必须予以通盘考虑（Marsick & Watkins, 1999）（见图 1）。例如，个人的自我发展是在组织中工作以及在社区中生活的条件下发生的。这一点在对学习型旅游目的地定义和实施之中发挥重要作用。

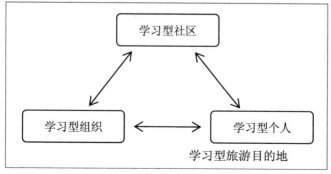

图 1　学习型组织、学习型社区、学习型个人语境下的学习型旅游目的地

如前所述，加强合作、实施与保持网络基础设施是知识实体内部不同组织之间信息交流的根本，这也促进了高效学习的良好循环。

此外，学习过程不仅由知识实体和应用领域来定义，也由如下方面来定义：扩散、加工和反思过程，收集新的外部信息的知识接口和扩散、加工并运用知识的领域间的反馈环节（见图2）。

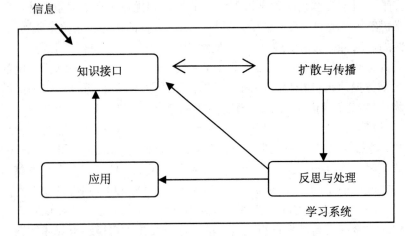

图2　学习型组织的信息系统

基于以上分析，我们提出了学习型旅游目的地的定义：实现共同目标过程中的，基于可持续发展整体目标的任何旅游城市、城镇、村庄及周边地区：

（a）把终身学习作为组织原则以及社区、组织与个人的共同目标；

（b）促进旅游部门、市政部门自愿团体和教育部门之间的合作；

（c）提供收集新信息，加工并应用所学知识的基础设施。

虽然建立学习型组织和学习型地区的理论在全世界已被广泛接受，但是其在旅游目的地内的实施却很少有人讨论和/或研究。尤其需要探讨像系统动力模型这样的在其他产业的学习型组织背景下被提出并测试的工具对于实施和维护学习型旅游目的地的有效性。

2.2　建立学习型旅游目的地的要求

虽然"系统思维"、"学习型组织"以及"学习型地区"等概念对于理解组织学习的必要性起到关键作用，但是它们本身对于组织学习的实施并不具有多大指导意义。为了在理论和实践之间架设一座桥梁，我们需要一个包含一套有效工具和程序的实用框架。这一点在旅游目的地环境下尤为重要，因为它们具有一些独特的特征。

第一，旅游目的地的发展通常是动态的。在某一旅游目的地的生命周期中，利益相关者的构成不断发生大的变动，可包括从家庭寄宿和主要由没有经验的老板与员工经营的额外收入企业，到高度专业化、竞争力强的企业。对于学习型旅游目的地，这意味着传统型合作以及支持家庭寄宿旅游的乡村社区这种自然发展的网络结构应当由更多的以商业和目标为导向的、规范的网络所取代。

第二，许多旅游目的地面临短期或季节性的游客与员工的大规模涌入。这些人员是临时性的，即他们只做短暂停留，并不一定再次回来。因此，为了提高效率，培训和学习计划设计要比人员流动性较小的其他产业更灵活一些。

第三，作为旅游目的地顾客的游客对旅游产品以及旅游目的地自身有着直接的影响。他们也同样影响相关生产或服务基础设施（即度假胜地、酒店、道路、交通等）。旅游目的地的过度开发与过度拥挤，加上环境与社会影响会破坏旅游景点的基础。因此，旅游目的地要想可持续发展，一个基本要求就是把顾客/游客纳入学习系统，而且规划、开发人员要对环境和社会影响进行评估。

此外，旅游目的地的规模大小不等，大到整个国家或整个洲，小到某一景点或度假胜地。所选择用于实施学习型旅游目的地的规模会影响实施的效率。目标定得太大，如一个国家或一个洲，是会出问题的，因为需要考虑的问题太多、太复杂；然而目标定得太小（如度假胜地、酒店、单个旅游景点），就无法保证足够的学习和网络设施。因此，合适的学习型旅游目的地的规模应该是地方或市政当局下辖的一个目的地，地方政府负责对其进行区域规划和管理。

图 3 显示了学习型旅游目的地的基本要素以及它们之间的相互关系。这八个要素并不是固定不变、完善或静止的。选择它们的目的是为了对学习型旅游目的地进行初步讨论和定义，并为系统地评价六个研究案例提供一个基础。在下面几节中，我们将给这八个要素下定义并简要分析在实施它们的过程中的相关困难。

因为本文无法形成这些要素的完整概念框架，所以本文只对系统思维促进它们实施的潜力进行评价，并分析可能阻碍向学习型旅游目的地转变的各种挑战。本文所提出的框架的理论基础包括：组织学习经验（Argyris, 1993; Argyris & Schon, 1978; Schwandt & Marquardt, 2000）、学习型组织的实施（Pedler & Aspinwall, 1998; Senge et al., 1994, 1999），以及学习型区域范式（Boekema et al., 2000）。

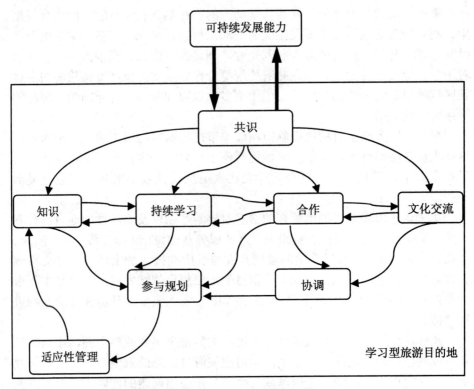

图3 学习型旅游目的地框架

　　图3表明所有要素高度相关：某一要素的宣传、实施和/或维护将会对其他要素产生积极效果。有些要素，如知识系统与合作，在一些旅游目的地中已经建设得很好，但是孤军奋战是无法体现一个学习型旅游目的地的全部优点的。

2.2.1 共享的观点和目标

　　要在一个组织或社区中开展集体学习，关键利益相关者需要在认同感、目的和未来规划上保持连贯和稳定（Senge *et al.*, 1999）。虽然旅游研究者和规划者承认在旅游规划方面达成共识的重要性（Crouch & Ritchie, 1999; Jamal & Getz, 1995），但是实证研究还没有发现在一个有着多样性利益相关者成分的旅游目的地中要想达成一致的观点需要哪些条件或工具。许多旅游目的地缺乏合作认同感，因此在达成共同目标或未来规划方面有困难。学习型旅游目的地可通过定期召开利益相关者专题讨论会以及对共同目标进行推广和持续宣传来形成并巩固共识，从而营造合作认同感。通过表明各自怀有不同目标的利益相关者是相互关联的，他们受到相同外部因素的影响而且依赖共同的资源，系统思维能够对共识的形成有所帮助。这样，就为形成共同理念和集体目标创造了强有力的动机。

对集体目标进行定义是一个动态过程，因为目标会因新的系统理解与研究发现而不断修正和完善。与之相似，共同目标在目的地的生命周期中将发生变化：处于发展初期的目的地关注基础设施建设以及对主要市场方向的定义；而成熟或已停止发展的目的地的目标则是制定维持原有市场或发掘新市场的策略。

虽然共同目标对于发展方向的选择至关重要，但是，它必须由具体策略和可测量的目标来补充，以维持利益相关者的最初志向。

虽然在像巴西这样的发展中国家已有人尝试实施共同目标（Medeiros de Araujo & Bramwell, 2002），但是与之相关联的政治不稳定、信用缺失以及歧视是主要的障碍。要想克服这些障碍，我们需要新的合作、网络以及信息交流方法。因此，本文关注发达国家学习型旅游目的地的开发。

2.2.2　信息系统

在一个拥有小型企业、开发景点和活动的旅游目的地提供信息是一个复杂的难题。为了促进信息流通，信息系统不仅要允许知识实体（如大学、环境机构、非政府组织）收集和加工的信息进行自动传播，而且连接反思和运用的反馈环节（如旅游企业、规划人员、开发商，游客）也必须建设完善，以有助于建立一个持续的学习循环（图 2）。

开发并实施旅游业支持的目的地市场信息系统的初步框架已被搭建起来。Ritchie 和 Ritchie（2002）的框架包含学习型旅游目的地信息系统的主要元素，如信息需求评估、信息来源库以及主要研究任务的具体化等，但它并未涉及能促进这些元素实施的具体工具。在这样的信息系统中使用系统思维工具已被证明可有效地促进组织内部信息的评估、加工、反思和传递（Senge *et al.*, 1999; Sterman, 2000; van den Bergh, 1991）。

2.2.3　持续学习与合作研究

为所有利益相关者提供持续学习和发展的资源和机会对于一个学习型旅游目的地来说是至关重要的。尤其是大学、地方议会、旅游组织和非政府组织都受到挑战，它们必须不断加强和调整它们的授课和教育计划，以适应旅游目的地快速变化的需求。不断加强和调整教育计划具有双重意义，因为这将激励人们通过在民意调查中表达他们的观点以及阅读当地报纸中的有关新变化的新闻等去挑战旧有的信念和思维模式。

然而，目前支持旅游发展的研究基础还很薄弱，而且由于研究者和使用者之间存在隔阂，研究氛围也很薄弱（De Lacy & Boyd, 2000）。在澳大利亚，人们努力去克服这些障碍，其方法是把澳大利亚的合作研究中心（Cooperative

Research Centre, CRC）模式运用到跨部门研究合作中去，以促进旅游业的可持续发展（De Lacy & Boyd, 2000）。该模式通过加快利用、商业化以及技术转换等过程，强调合作管理的重要性以最大化研究效益。它也包括一个重要的教育元素，其关注点为培养拥有产业所需相关技能的毕业生。虽然该模式到目前为止被证明是成功的，而且有越来越多的产业和研究者参与，但是 De Lacy 和 Boyd（2000）也指出，合作的成功需要在产业和研究、不同学科、不同产业部门以及相互对立的意识形态之间建立一座桥梁。然而，对此，De Lacy 和 Boyd（2000）并未提供任何实施指南。

系统思维方法有助于克服这些不同的文化障碍，因为它可在个人、组织和社区等三个层面上促进学习（见图 1）。通过对系统结构的更好的理解，系统动力模型能够找出需要研究的领域并增进人们对研究资金投入必要性的理解。

近期的旅游研究也讨论了在国内或国际合作项目的框架内学习其他旅游目的地的成功经验的意义（Yuksel & Yuksel, 2005）。Yuksel 和 Yuksel（2005）通过举例说明这些学习关系的管理与协调是一项复杂的任务，需要克服几个关键因素，如有限的资源、有限的信息共享、语言文化障碍、机构嫉妒和不信任。虽然旅游目的地内存在这些限制因素，但是这在目的地之间更难克服，因为很难形成共享观念和共同目标。系统动力模型可以成为一个评估和演示相互合作的学习型旅游目的地的异同以突出信息交流优先领域的有用工具。

2.2.4 合作（非正式协作）

在过去 20 年里，不少研究涉及组织间关系（Interorganisational relations）（如协调、协作、合作、合作伙伴），旨在克服由旅游业的分散、分割的本质所造成的问题（Bramwell & Lane, 2000; Jamal & Getz, 1995）。在本章中，"合作"（co-operation）一词被用于指非正式组织间关系，而"协调"（co-ordination）一词则指正式组织间关系（Hall, 2000）。Jamal and Getz（1995）认为合作认同和共同目标的建立有助于合作，因为利益相关者认识到合作共事的潜在优势。系统动力模型在促进旅游目的地形成合作式文化方面所发挥的作用还没有被研究过。然而，对系统关联的评估将帮助旅游利益相关者认识到内在依存性，并理解真正的改变只能通过合作来实现。系统思维表明：不存在"敌人"，系统内部的问题通常是因缺乏信息交流和理解而产生的。因此，系统思维是一个有助于克服困难的工具，这些困难产生于有着不同目的、目标和偏好的各种各样的利益相关者进行协调的过程中。这在旅游文献中常被提到（Bramwell & Lane, 2000）。

2.2.5 协调（正式协作）

协调，这里被定义为正式的组织间关系（如网络、伙伴关系），其在保持和提高旅游目的地的竞争力和可持续发展能力方面的重要性以及实施的途径已在现有文献中被广泛讨论（Bramwell & Lane, 2000; Lazzeretti & Petrillo, 2006; Pavlovich, 2003; Saxena, 2005）。

系统思维工具可在网络和合作伙伴组织的专题研讨会上用于分析复杂的问题，以提高系统意识。强化了的系统意识将提高人们参与网络的愿望，即使是在危机和竞争加剧时期，因为它们都被看做是机遇而不是威胁。系统动力可对系统行为模式（如市场波动）进行评估，可以判断网络结构如何积极影响并使旅游系统长期保持稳定。

2.2.6　文化交流

创造性地表达信念、文化和精神的可能性在学习型组织和学习型地区中发挥着关键作用，因为它是相互接受对方不同的世界观和信念系统的基础。对这些差异的理解不仅能促进个人和社区内部的对话，而且对于解释心理模式以及由此而产生的行为模式都是必要的。在旅游目的地中，对文化多样性的保护是首要任务，因为旅游可能会对作为该地区吸引力一部分的当地文化和传统产生消极影响（Dyer、Aberdeen & Schuler, 2003; Ryan & Aicken, 2005）。因此，学习型旅游目的地的目的不是不同信念的结盟，而是承认、欣赏、保护多样性，因为这样就能形成一个更加完整、更具活力的世界观。

改善个人、组织和文化之间的对话是系统思维的中心主题（Senge, 1990），是组织学习所不可或缺的。系统思维工具提供一个有助于不同信念、文化和精神之间进行交流的共同语言。

2.2.7　参与性规划与决策

当地人参与决策的必要性，以及在旅游目的地取得这一点所面临的困难和挑战已得到了充分的证实，包括 Bramwell 和 Sharman（1999），Bramwell 和 Lane（2000），以及 Vernon、Essex、Pinder 和 Curry（2005）。Bramwell 和 Sharman（1999）提出影响利益相关者参与旅游规划的三个主要因素：所有有关利益相关者群体代表的代表性；参与的深度；利益相关者意见的一致程度。尤其是不同利益相关者群体和个人权力的不平等将决定互动的程度并影响决策过程（Bramwell & Sharman, 1999）。学习型旅游目的地的目的是减小这些权力不平衡，并通过作为政策测试和方案分析的工具的模拟模型来提高对复杂连贯性的理解，从而促进参与性战略规划（van den Belt, 2004; van den Bergh, 1991）。

旅游目的地的决策者常常因认识到旅游目的地未来不可预知而感到不舒服或恐惧。对这一恐惧的一般反应是神秘兮兮、加大控制以及命令式领导（Dorner, 2005）。运用系统动力模型取得的对系统行为更深的理解可让我们更能接受不确定性，这样就可以促进交流。在学习型旅游目的地中，规划者和开发者公布他们的发展战略，并鼓励其他旅游利益相关者（如通过公开讨论所关注的议题）积极参与决策。事实上，规划的透明性可以消除对变化的抵制和对诸如追加资金或实施新的管理战略这样的决定的反对。

2.2.8 适应性管理（AM）

适应性管理是学习型旅游目的地的关键要素，它的设计目的是对有关复杂动力系统的行为的假设测试（Walters, 1986）。在全世界范围内，适应性管理被改进和测试，主要用于生态和政治系统，尤其是农业、渔业和林业管理（Holling, 1978; Schreiber、Bearlin、Nicol & Todd, 2004）。Holling（1978）首先把适应性管理运用于奥地利阿尔卑斯山的一个旅游村中（这是第三节将分析的案例之一）。然而，在那之后，几乎没有人把这一概念用在旅游业之中（Reed, 2000）。Reed（2000）对适应性管理在旅游业中运用的主要价值和挑战进行了评价，但是并没有把适应性管理和系统思维以及系统动力模型联系起来，这样就未涉及适应性管理的中心环节——模型框架的使用（Schreiber *et al.*, 2004; Walters, 1986）。适应性管理中建模的目的不是对现实进行真实的再现，而是明确描述管理要素以及它们之间的关系。系统动力模型有助于清楚地表述假设以及所察觉到的不确定性的层次和类型（Schreiber *et al.*, 2004）。承认不确定性对于开始集体学习很关键。

在一个学习型旅游目的地中，政策与战略的形成必须建立在持续的测试与调整的基础之上，例如通过建立和评价先导计划和小规模实验。不断收集新的信息，观测系统变化，这有利于迅速而及时地调整。适应性管理的实施将促进这一过程。

3　学习型旅游目的地背景下对系统动力模型案例的分析

在过去 30 年中，系统动力模型被不同程度地用于评估旅游目的地的可持续发展问题，但从来没有被作为建立学习型旅游目的地的方法而直接使用。主要的关注点是评价与长期可持续发展相关的规划和开发问题。作为实施和促进持续学习工具的系统动力模型潜力并未被充分利用。

在下面六个案例中，我们批评性地分析了系统动力模型在旅游目的地中的使用，涉及学习型旅游目的地实施的标记。此外我们也评价了如何更有效地运用系统动力模型来促进持久的集体学习、参与和合作。评价的目的是想引发对如下观点的理论和实践探讨：系统动力模型作为可持续发展评价工具的有效性可通过并入到学习型旅游目的地的建立而得到提高。

案例研究如下：

（1）欧伯古格尔/奥地利（1974～1984）：奥地利阿尔卑斯山滑雪胜地的一个示范项目，用于论证环境评估和管理（Holling, 1978; Moser & Moser, 1986; Moser & Peterson, 1981, 1988）；

（2）斯波拉提群岛/希腊（1990～1993）：一项评估不同政策对群岛所产生的影响的实验研究（Giaoutzi & Nijkamp, 1993; van den Bergh, 1991）；

（3）巴厘岛/印度尼西亚（1998～2000）：为在地区层面建立战略可持续发展计划而开展的一项研究（博士论文）（Wiranatha, 2001; Wiranatha & Smith, 2000）；

（4）道格拉斯郡/澳大利亚（1998～2004）：一项测试作为珊瑚礁旅游通道的沿海雨林地区管理政策的旅游研究项目（Walker *et al.*, 1999）；

（5）平顶/中国台湾地区（2003～2005）：将灵敏度模型（Vester, 2002; Vester & von Hesler, 1982）用作小旅游村的发展规划工具（Chan & Huang, 2004）；

（6）桂林/中国大陆（1998～2000）：为探讨一个老旅游区旅游业衰落的根源和可能的应对措施而提出的系统模型（Honggang & Jigang, 2000）。

这些案例研究的主要目的是帮助进行战略规划决策，以保持或提高旅游目的地的可持续发展能力。由于这些旅游目的地都位于生态脆弱地区，因此所有项目都强调环境保护，而且除桂林之外都强调对环境影响的评价。表1汇总了每个项目的问题、研究目标和在数据收集、模型化和评价过程中涉及的利益相关者。

虽然以上研究的关注点是政策测试和方案分析（scenario analysis），而不是学习型旅游目的地的实施，但是，它们使探讨系统动力模型和系统思维对相关利益相关者达成共识、对话以及思想变化的能力的潜力和影响成为可能。文献综述以及对参与者的访谈使我们可以分析每一个建模过程，涉及方面包括它是否引发或有可能促成第二节中所描述的学习型旅游目的地的基本要素。表2是对评价结果的总结。

欧伯古格尔项目是旅游业中被研究、记载得最好的项目之一，并且可能是一项最完整的可持续发展调查（Farrell & Twining-Ward, 2005）。它很好地展示了一个最初目的是"综合研究一个已成为旅游中心的阿尔卑斯村庄的日常生活和未来选择"的项目（Moser & Moser, 1986:103）是如何发起当地的社区、科学家和政治家们开展集体学习的。

研究者提出的用于总结对该地区进行的研究的系统动力模型（Holling, 1978）帮助欧伯古格尔人把"优质"旅游而不是"大众"旅游确立为他们的发展目标，也有助于他们意识到经济、社会和环境之间的相互依赖性，并使他们把这种意识与其行动联系在一起（Moser & Moser, 1986）。此外，许多其他团体也研究过欧伯古格尔项目，其调查结果被用来为建立持久的网络结构提供依据。欧伯古格尔的居民从一开始就积极参与该项目，并且随着系统动力模型的建立，他们"开展了研究者和当地居民之间的教学活动"（Moser & Moser, 1986:104）。

表 1　旅游目的地系统动力模型案例研究

	欧伯古格尔	斯波拉提群岛	巴厘岛	道格拉斯郡	平顶	桂林
1. 问题定义						
生态敏感地区	√		√	√	√	√
环境恶化	√		√	√	√	√
社会遗产缺失	√		√	—	√	—
预期经济衰退	√		√	√	√	√
依赖旅游	√		√	√	√	
2. 研究目的						
经济可持续发展/稳定	√		√	√	√	√
避免环境恶化	√		√	√	√	(√)[a]
保护文化	√		—	√	√	—
达成共识	√		√	√	√	—
定义研究需要	√			√	√	√
实施控制措施	√		√	√	√	
3. 所涉及的利益相关者						
旅游组织	√	√		√	√	√
地区规划者/开发者	√	√	—	—	√	
中央政府	√	√	—	—	√	
国际组织	√	√				
科学家						
经济学家	√	√	√	√	√	√
生态学家	√	√	√	√	√	—
社会学家	√	—	—	—		

　　a　（隐含其中但未表述的研究目标）

　　虽然欧伯古格尔研究的结果有着巨大价值，但是把所总结的经验直接运用到更大、更复杂的旅游目的地的可操作性是有限的。原先只有 80 户农民家庭的欧伯古格尔被认为是理想的微型研究对象（Holling, 1978），因为它只具有可供深入研究的几个系统要素，因此情况并不复杂。然而，大多数旅游景点因为思维模型以及相互竞争的目标的多样性而要复杂很多。这意味着在这些旅游景点中形成共同理念并让所有关键利益相关者群体积极、均等参与要比在欧伯古格尔观察到的更加困难。

表2 对学习型旅游目的地实施情况的评价

	欧伯古格尔	斯波拉提群岛	巴厘岛	道格拉斯郡	平顶	桂林
系统动力模型引发的改善的（地方）						
共识达成	是	部分	是	是	是	否
对话	是	部分	是	是	是	否
对系统的理解	是	是	是	是	是	是
对不确定性的接受	是	是	是	是	是	否
思维变化	是	部分	是	是	是	部分
系统动力模型显示出的促进学习型旅游目的地要素实施的潜力						
共同观念和目标	是	否	部分	是	是	否
信息系统	是	是	部分	是	部分	部分
持续学习	是	部分	否	是	部分	部分
合作	是	部分	是	是	是	是
协调	是	部分	否	是	部分	否
文化交流	是	否	部分	部分	是	否
参与性规划	是	部分	是	是	是	否
适应性管理	是	是	部分	是	是	否

　　与欧伯古格尔案例不同，复杂得多的巴厘岛项目分析了整个国家。该国虽然主要依赖旅游，但也受到其他产业，如渔业、农业和贸易的影响。该研究的经费也不同：欧伯古格尔项目拥有12年的充足经费，然而，巴厘岛项目只有3年的有限经费，这使关键利益相关者的参与受限。然而，为巴厘岛项目模型开发而举办的专题研讨会，涉及了来自不同背景的利益相关者，而且探讨了许多与旅游管理相关的大家共同关心的议题。参与到模型开发过程中的利益相关者开始理解系统思维（Wiranatha, 2001），这最终引起"思维方式的明显变化"（Wiranatha, 2001:361）以及原先相互竞争的发展部门间的认识的统一。虽然该项目没有引发持久的社区学习和网络结构，但是它证明了系统思维在化解利益相关者之间的冲突以及发动集体学习方面的潜力。

　　波斯拉群岛项目是一项由科学家主持的研究。该研究是受希腊环境部和欧洲委员会委托而进行，因此主要关注地区的可持续的经济发展、信息系统的实施以及环境评估工具（Giaoutzi & Nijkamp, 1993）。该地区面积大约为277km^2，主要产业为旅游业，并高度依赖其自然资源，如海滩、森林和海洋环境。系统动力模型对于达成一致的学习目标，尤其是确定进一步数据收集和研究的首选领域（如水质量、海洋生态和自然生态）是有用的。然而，该研究缺少一个能让地方政府、旅游业和其他旅游利益相关者共享的最高层面的共识。这种共识是实施研究者所建议的结构转变所要求的，也是实现可持续发展所需要的。该项目表明：没有所有旅游利益相关者的积极参与，没有他们希望改变以及参与集体和社区学习的愿望，最好的评估也几乎没有意义。

Giaoutzi 和 Nijkamp（1993:289）指出了发展教育和培训项目的必要性。为了提高私人和公共政策制定者的环境意识以及他们在相互冲突的海岛利益的背景下的达成共识的能力，Giaoutzi 和 Nijkamp（1993）"关注资源管理、旅游政策、中小企业等"。此外，科学家们强调囊括环境、社会和经济问题的可持续发展评估研究费钱、费时，而且长期预测的可靠性还远远不够（van den Bergh, 1991）。这证明了适应性管理的必要性。

道格拉斯郡模型源于 CSIRO（即，Commonuealth Scientific and Indurtrial Research Organisation［Australia］澳大利亚联邦科学与工业研究组织）野生动物生态部门的科学家和建模专家和道格拉斯郡旅游行业共同进行的一个项目。目的是提出一个评估以自然为基础的旅游的利弊，以及管理旅游活动和发展的政策的框架（Walker *et al.*, 1999）。科学家们认为，与学习型组织概念一同使用的系统动力模型能有效实现集体学习，并激发旅游利益相关者的创造力。通过一系列专题研讨会和访谈，该研究促进了参与者对旅游系统及其复杂内部关系的理解，这改善了相互之间的对话。系统动力模型也帮助旅游利益相关者研究思维模式的异同，因此有助于达成共识。与欧伯古格尔个案研究相似，该研究表明了利益相关者参与实施过程的重要性，特别是在目标制定和数据收集阶段。

平顶模式也是为一个大约有 2000 人的小型乡村旅游目的地设计的，但与欧伯古格尔项目不同，该项目几乎没有经费支持以进行数据收集和深度的影响研究。该研究强调对主要系统关系的理解。研究者强调了系统动力模型促进参与性规划和决策的潜力，因此模型建立过程主要关注有关利益相关者之间的交流、合作和妥协（Chan & Huang, 2004）。虽然研究者认为这些参与过程十分耗时，但是被证明它们在建立一个新的集体学习文化，以及形成被认为是"可持续发展社区的关键要素"的社区归属感这两方面起很大作用（Chan & Huang, 2004:135）。虽然该研究的经费来源相对较少，但是它表明了系统思维对实施学习型旅游目的地具有积极意义。

桂林项目的重要启示是：即使原先拥有很大的吸引力以及良好的市场结构和可进入性的旅游目的地，如果其管理不是建立在系统理解和利益相关者的合作的基础之上，也会丧失其可持续发展能力。由当地大学的旅游研究者为桂林旅游局进行的这项研究分析了一个原先很受欢迎的旅游地区的旅游市场迅速滑坡的原因（Honggang & Jigang, 2000）。

系统动力模型表明市场的不景气是由内部原因造成的（如未处理的消极环境影响、低品质的景点和糟糕的设施），而不是由东南亚金融危机这样的外部原因造成的（Honggang & Jigang, 2000）。Honggang 和 Jigang（2000）通过他们的模型表明当地所采用的用于解决该问题的政策和管理策略加速了情况的恶化。遗憾的是，研究者没有采用参与性模型方法，因此没有利用系统思维在达成共识和集体学习方面所发挥的潜在作用。要想改善现状并找到更有效的干预政策和管理策略，就需要一个更具合作性的方法。Honggang 和 Jigang（2000）指出了该过程所需要的五类利益相关者：游客、旅行社和其他服务供应商、旅游、景点开发商、非法运营商以及公共管理机构。在达成共识的基础上实施学习型旅游目的地将会改善所有内部结构问题，甚至包括那些一般认为很难改变的问题。

4　讨论

本研究最重要的发现是：系统动力模型具有促进旅游目的地学习以提高可持续发展能力的潜力。对六个案例进行的总结展示了系统动力模型是如何促进合作和集体学习的。遗憾的是，由于以前的研究没有认识到或没有去探讨系统动力模型在学习型旅游目的地建设中的重要性，所以，一旦建模或方案检测完成，这些过程也就停止了。这证明：旅游目的地内部持续的集体学习只有在其提供组织结构以促进学习的前提下才能实现，就像在学习型旅游目的地中那样。

该总结也表明广泛的模拟研究既不能保证集体学习的开始也不能保证目的地状况的改善。通常认为模型应该以参与性方法为基础，而且它应被放进一个学习概念中去，以便模型的结果能在现实中被测试（Holling, 1978; van den Belt, 2004），只有通过持续的进展评估以及信息结构和数据库的改善，模型才能有准确的预测能力。然而，旅游目的地如何实现这一目标，却尚未有人提出实用的框架并加以论述。本研究明确指出不足之处，从而证明了进行广泛的实证研究的必要性。

所有主要旅游利益相关者对模型建立和学习过程的积极参与被证明是成功的基础。与之相关的难题，如确认和招募利益相关者，已被广泛探讨（Bramwell & Lane, 2000; Jamal & Getz, 1995; Reed, 1997）。本文所分析的案例表明，系统动力模型能提高旅游利益相关者积极参与的愿望，因为他们把自己看做系统的重要组成部分（Moser & Peterson, 1981; van den Belt, 2004）。发现分析和理解不同思维模型的可能性能激励持续参与的决心。研究表明该潜力在学习型旅游目的地的环境中能更加持久，因为后者能为所学知识的运用和对系统理解提供组织基础。

如斯波拉提群岛项目那样，为提高模型的精确性而对广泛科学数据收集进行投资，并不一定能促进旅游管理。如果研究者建议采用的策略因个人兴趣或不愿改变等原因而没有被集体理解或接受的话，它们将不会被有效实施。因此，本文所提出的学习型旅游目的地框架把恰当的信息系统作为其重要部分。因此，它指出为了避免旅游目的地对改变的抵制，有必要对学习过程进行平衡，这样，所有旅游利益相关者都能获得应有的信息，而不只被科学研究所掌握。然而，这一点在高度分散的组织和网络结构仍在发展的目的地就是一个挑战。为克服这些障碍所进行的初步努力是大有希望的（如在澳大利亚合作研究中心CRC项目的框架中），但是有必要进行深入研究，完善现在的模型（De Lacy & Boyd, 2000）。

合作性、参与性的旅游规划不仅耗时，而且成本也高。利益相关者如果认识到参与其中的益处，就会更愿意投入时间和精力。很自然，那些将会从旅游业的发展中获益的人则更可能持续参与其中，而且更加精通于推销他们本人以及他们的想法（Jaylor, 1995）。虽然系统思维和系统动力模型是促进目标不同的利益相关者之间交流和达成共识的很有用的工具，但是，传统的权力持有者仍然会拒绝他人参与重大决策（Reed, 1997）。把系统思维融入决策是一个需要下定决心、持续培育以度过合作疲劳期的学习过程。本研究表明，像欧伯古格尔这样实施学习型旅游目的地所有八个要素的旅游目的地，要比那些只是部分实施该框架而且缺少人员与社区互动的目的地，更有可能坚持到底。

实施和维持学习型旅游目的地的策略取决于目的地的生命周期。新兴的以及处于发展初期的目的地常常缺少一个共同的理念和明确的发展战略。在新兴的旅游村庄欧伯古格尔，利益相关者的专题研讨会由外部人组织安排，这让大家看到不同的希望、威胁和思维模式，也催生了一个相对原始、简单的系统动力模型，该模型引发讨论并对利益相关者的不同思维模型提出挑战。这个起始可以作为建立学习型旅游目的地的第一步，它既可以促进交流，也可以找到合作与信息交流的潜在可能。然而，虽然欧伯古格尔项目遵循了学习型旅游目的地的框架，但是这并没有被认为是该项目成功的重要原因，因此可持续发展的机会减小了。要想将该机遇变为现实，新兴的旅游目的地必须要理解系统动力模型的有效性与学习型旅游目的地的要素的实施之间的关系。

相反，成熟的旅游目的地拥有发展完善但灵活性小的结构，因此需要把学习型旅游目的地的要素糅合到现有结构中去。组织间的关系（IOR）通常受竞争、权力关系以及个人目标而不是共识所驱动和控制。系统动力模型可以通过评价和交流可供选择的发展道路，把权力争斗暴露在公众面前来发挥作用。

第二节介绍的学习型旅游目的地的八个要素的出发点是引起讨论；需要指出的是，它们并不一定为旅游目的地发动组织学习提供完整基础。每一特征都引发新的议题，特别是运用方法的问题。这些问题中的大多数仍然有待回答和/或研究。然而，这些起始要素表明：与现有的寻求预测、反对变化，而不是接受不确定性并学习提高适应能力的方法相比，该方法更能把旅游业进一步引向可持续发展的实践方向。

5　结论

本研究强调：为了促进可持续旅游发展，有必要实施学习型旅游目的地。本文同时也强调系统思维方法，尤其是系统动力模型在实施、促进集体学习中的潜力。本文提出了包含八大要素的学习型旅游目的地框架，目的是减小学习型组织概念运用到旅游目的地的难度。本文所提出的框架并不是一个最终的概念，而是一个"学习型"概念，它需要被检验、修改并通过实际的研究和运用来调整。它为讨论和发展提供了一个基础。作为必要发展的开始，该框架被用于回顾并批评性地分析了六个案例。

本研究对当前的可持续旅游和目的地管理理论的贡献有四点：第一，本研究表明当前的旅游研究没有将组织学习以及旅游目的地层面的学习型组织等理论纳入其中。这一点很令人吃惊，因为像经济合作与发展组织和联合国教科文组织等国际组织已经在推动这些概念在地区层面的实施，目的是在全球变化中实现产业的可持续发展。旅游目的地也受到全球变化的影响，也许受到影响的程度更大，因此，为了在长期的三重底线（triple bottom line, TBL）可持续发展环境下保持竞争力，需要提高适应性和灵活性。因此，为了应对这一挑战，本研究鼓励学习型旅游目的地理论的实际运用。

第二，本文主张：三重底线旅游可持续性不能通过把旅游规划建立在对新发展、政策和策略可能带来的影响长期预测的基础上来实现。在像旅游目的地这样的复杂、动态的体系中，进行精确预测是不可能的；我们需要适应性管理运用工具承认不确定性，并允许集体学习。旅游可持续发展评估向来主要是建立在预测的基础之上，这些预测或者根本不知道这些因素，或者对其没有系统的理解。旅游业的管理者们如果关注的是预测而不是学习和适应性，就不可能意识到实施如基础设施和产品多样性这样的能适应变化的系统要素的必要性。

此外，更有可能错过策略或政策的有益改变的宝贵机会。

第三，对个案研究的综述证明了系统动力模型作为促进集体学习和实施学习型旅游目的地的工具的潜力。尽管在这些项目中系统动力模型只被用于方案测试和政策分析，但是研究结果表明模型建构过程引发了学习型旅游目的地要素的实施。然而，这一点并没有被看做是一个重要的研究目标，因此学习型旅游目的地并没有得到进一步发展。这意味着组织学习对旅游目的地可持续发展的影响并未被研究。其他产业的经验表明：通过对系统以及利益相关者的目标和行为的相关性的更深刻的理解，系统动力模型能够促进组织学习（Senge *et al.*, 1994）。此外，系统方法指出了阻止合作及改变的障碍（Gunderson, Holling & Light, 1995），并能帮助找到克服这些障碍的方法。

第四，分析结果表明：作为可持续发展评价工具的系统动力模型的有效性可以通过将其融入学习型旅游目的地的基础中而大大提高。好的模型能代表所有旅游利益相关者的心理模型，是建立在系统元素如何互动、如何相互影响的知识基础之上的。学习型旅游目的地提供了一个能够研究这些相互关系和影响的学习型环境。该知识可被用于提高数据收集的效率，这反过来又可以提高模型预测的准确性。这一发现的意义超出了旅游业，因为它表明作为评估地区可持续发展能力工具的系统动力模型，其有效性可以通过将其融入到学习型地区方法之中而得到提高。

总之，学习型旅游目的地的实施对提高旅游业的能力极其重要。旅游业因此可以在长期的可持续性发展方面承担更多的责任。本报告为今后的研究提供了一个初步的平台。

致谢

本研究是澳大利亚联邦政府下设的可持续旅游合作研究中心资助的研究项目的成果。

参考文献

Argyris, C. (1993). *Knowledge for Aaction: A Guide to Overcoming Barriers to Organizational Change.* San Francisco, CA: Jossey-Bass.

Argyris, C., & Schon, D. A. (1978). *Organizational Learning: A Theory of Action Perspective.* Reading, MA: Addison-Wesley.

Bayraktaroglu, S., & Kutanis, R. O. (2003). Transforming Hotels Intolearning Organisations: A New Strategy for Going Global. *Tourism Management,* 24, 149-154.

Boekema, F., Morgan, K., Bakkers, S., & Rutten, R. (Eds.). (2000). *Knowledge, Innovation and Economic Growth: The Theory and Practise of Learning Regions.* Cheltenham, UK: Edward Elgar.

Bramwell, B., & Lane, B. (Eds.). (2000). *Tourism, Collaboration & Partnerships: Politics, Practice and Sustainability.* Clevedon, UK: Channel View Publications.

Bramwell, B., & Sharman, A. (1999). Collaboration in Local Tourism Policy Making. *Annals of Tourism Research,* 26(2), 392-415.

Chan, S.-L., & Huang, S.-L. (2004). A Systems Approach for the Development of a Sustainable Community: The Application of the Sensitivity Model (SM). *Journal of Environmental Management,* 72, 133-147.

Cooke, P. (1997). Regions in a Global Market: The Experiences of Wales and Baden-Wurttemberg. *Review of International Political Economy,* 4(2), 349-381.

Crouch, G. I., & Ritchie, J. R. B. (1999). Tourism, Competitiveness, and Societal Prosperity. *Journal of Business Research,* 44, 137-152.

De Lacy, T., & Boyd, M. (2000). An Australian Research Partnership between Industry, Universities and Government: The Cooperative Research Centre for Sustainable Tourism. In B. Bramwell, & B. Lane (Eds.), *Tourism, Collaboration & Partnerships: Politics, Practice and Sustainability* (pp.247-271). Clevedon, UK: Channel View Publications.

Dörner, D. (2005). *Die Logik des Misslingens: Strategisches Denken in komplexen Situationen.* Hamburg: Rowohlt.

Dyer, P., Aberdeen, L., & Schuler, S. (2003). Tourism Impacts on an Australian Indigenous Community: A Djabugay Case Study. *Tourism Management,* 24, 83-95.

Farrell, B., & Twining-Ward, L. (2005). Seven Steps Towards Sustainability: Tourism in the Context of New Knowledge. *Journal of Sustainable Tourism,* 13(2), 109-122.

Flood, R. L. (1999). *Rethinking the Fifth Discipline: Learning Within the Unknowable.* London: Routledge Kegan Paul.

Forrester, J. W. (1971). *World Dynamics.* Cambridge, MA: Wright-Allen Press.

Geenhuizen, M. van, & Nijkamp, P. (2000). The Learning Capabilities of Regions: Conceptual Policies and Patterns. In F. Boekema, K. Morgan, S. Bakkers, & R. Rutten (Eds.), *Knowledge, Innovation and Economic Growth: The Theory and*

Practise of Learning Regions (pp.38-56). Cheltenham, UK: Edward Elgar.

Giaoutzi, M., & Nijkamp, P. (1993). *Decision Support Models for Regional Sustainable Development: An Application of Geographic Information Systems and Evaluation Models to the Greek Sporades Islands.* Avebury, UK: Aldershot.

Gunderson, L. H., Holling, C. S., & Light, S. S. (Eds.). (1995). *Barriers and Bridges: To the Renewal of Ecosystems and Institutions.* New York: Columbia University Press.

Hall, C. M. (2000). Rethinking Collaboration and Partnership: A Public Policy Perspective. In B. Bramwell, & B. Lane (Eds.), *Tourism, Collaboration & Partnerships: Politics, Practice and Sustainability* (pp.247-271). Clevedon, UK: Channel View Publications.

Holling, C. S. (Ed.). (1978). *Adaptive Environmental Assessment and Management.* Chichester, UK: Wiley.

Honggang, X., & Jigang, B. (2000). A System Dynamics Study of Resort Development. Project Management in Tourism Region: A Case Study of Guilin. *International Conference on Systems Thinking in Management 2000.* Geelong, Australia. http://www.informatik.uni-trier.de/ley/db/conf/icstm/icstm2000.html.

Jamal, T. B., & Getz, D. (1995). Collaboration Theory and Community Tourism Planning. *Annals of Tourism Research, 22*(1), 186-204.

Lazzeretti, L., & Petrillo, C. S. (Eds.). (2006). *Tourism Local Systems and Networking.* Oxford: Elsevier.

Lee, K. F. (2001). Sustainable Tourism Destinations: The Importance of Cleaner Production. *Journal of Cleaner Production, 9*, 313-323.

Marsick, V. J., & Watkins, K. E. (1999). *Facilitating Learning Organizations: Making Learning Count. Hamphire,* UK: Aldershot.

McKercher, B. (1999). A Chaos Approach to Tourism. *Tourism Management, 20*, 425-434.

Meadows, D., Randers, J., & Meadows, D. (2004). T*he Limits of Growth: The 30-year Update.* White River Junction, VT: Chelsea Green Publishing Company.

Medeiros de Araujo, L., & Bramwell, B. (2002). Partnership and Regional Tourism in Brazil. *Annals of Tourism Research, 29*(4), 1138-1164.

Moser, P., & Moser, W. (1986). Reflections on the MAB-6 Obergurgl Project and Tourism in an Alpine Environment. *Mountain Research and Development, 6*(2), 101-118.

Moser, W., & Peterson, J. (1981). Limits to Obergurgl's Growth: Alpine Experience in Environmental Management. *Ambio*, 10(2), 68-72.

Moser, W., & Peterson, J. (1988). Limits to Obergurgl's Growth: An Alpine Experience in Environmental Management. In N. J. R. Allan, G. W.Knapp, & C. Stadel (Eds.), *Human Impact on Mountains* (pp.201-212). Totowa, NJ: Rowman & Littlefield Publications.

OECD. (2001). *Cities and Regions in the New Learning Economy*. Paris: OECD.

Pavlovich, K. (2003). The Evolution and Transformation of a Tourism Destination Network: The Waitomo Caves, New Zealand. *Tourism Management*, 24, 203-216.

Pedler, M., & Aspinwall, K. (1998). *A Concise Guide to the Learning Organisation*. London: Lemos & Crane.

Reed, M. G. (1997). Power Relations and Community-based Tourism Planning. *Annals of Tourism Research*, 24(3), 566-591.

Reed, M. G. (2000). Collaborative Tourism Planning as Adaptive Experiments in Emergent Tourism Settings. In B. Bramwell, & B. Lane (Eds.), *Tourism, Collaboration & Partnerships: Politics, Practice and Sustainability* (pp.247-271). Clevedon, UK: Channel View Publications.

Ritchie, R. J. B., & Ritchie, J. R. B. (2002). A Framework for an Industry Supported Destination Marketing Information System. *Tourism Management*, 23, 439-454.

Ryan, C., & Aicken, M. (Eds.). (2005). *Indigenous Tourism: The Commodification and Management of Culture*. Oxford: Elsevier.

Saxena, G. (2005). Relationships, Networks and the Learning Regions: Case Evidence from the Peak District National Park. *Tourism Management*, 26, 277-289.

Schreiber, E. S., Bearlin, A. R., Nicol, S. J., & Todd, C. R. (2004). Adaptive Management: A Synthesis of Current Understanding and Effective Application. *Ecological Management & Restoration*, 5(3), 177-182.

Schwandt, D. R., & Marquardt, M. J. (2000). *Organizational Learning from World Class Theory to Global Best Practices*. Boca Raton, FL: St. Lucie Press.

Senge, P. M. (1990). *The Fifth Discipline: The Art and Practice of the Learning Organization*. New York: Currency Doubleday.

Senge, P. M., Kleiner, A., Roberts, C., Ross, R. B., Roth, G., & Smith, B. S.

(1999). *The Dance of Change: The Challenge of Sustaining Momentum in Learning Organizations.* New York: Currency Doubleday.

Senge, P. M., Kleiner, A., Roberts, C., Ross, R. B., & Smith, B. S. (1994). *The Fifth Discipline Field Book: Strategies and Tools for Building a Learning Organisation.* London: Nicholas Brealey Publishing.

Sterman, J. D. (2000). *Business Dynamics: Systems Thinking and Modeling for a Complex World.* Boston: McGraw-Hill.

Taylor, G. (1995). The Community Approach: Does It Really Work? *Tourism Management,* 16(7), 487-489.

van den Belt, M. (2004). *Mediated Modeling: A System Dynamics Approach to Environmental Consensus Building.* Washington: Island Press.

van den Bergh, J. C. J. M. (1991). *Dynamic Models for Sustainable Development.* Amsterdam: Thesis Tinbergen Institute.

Vernon, J., Essex, S., Pinder, D., & Curry, K. (2005). Collaborative Policy Making: Local Sustainability Projects. *Annals of Tourism Research,* 32(2), 325-345.

Vester, F. (2002). *Die Kunst vernetzt zu denken: Ideen und Werkzeuge für einen Umgang mit Komplexität.* Report to the Club of Rome. München: Deutscher Taschenbuch Verlag.

Vester, F., & von Hesler, A. (1982). *Sensitivity Model.* Frankfurt/Main: Umlandverband Frankfurt.

Walker, P. A., Greiner, R., McDonald, D., & Lyne, V. (1999). The Tourism Futures Simulator: A Systems Thinking Approach. *Environmental Modelling & Software,* 14, 59-67.

Walters, C. J. (1986). *Adaptive Management of Renewable Resources.* London and New York: Macmillan.

Wiranatha, A. S. (2001). *A Systems Model for Regional Planning Towards Sustainable Development in Bali, Indonesia.* Unpublished Ph.D. thesis at the University of Queensland. St. Lucia, Australia: Fryer Thesis.

Wiranatha, A. S., & Smith, P. N. (2000). A Conceptual Framework for a Dynamic Model for Regional Planning: Towards Sustainable Development for Bali, Indonesia. *Proceedings of the 1st International Conference on Systems Thinking in Management.* Geelong, Australia: Deakin University.

Yang, J. (2004). Qualitative Knowledge Capturing and Organizational Learning: Two Case Studies in Taiwan Hotels. *Tourism Management,* 25, 421-428.

Yuksel, A., & Yuksel, F. (2005). Managing Relations in a Learning Model for Bringing Destinations in Need for Assistance into Contact with Good Practice. *Tourism Management,* 26, 667-679.

第七章 旅游目的地知识地图
——需求和启示

Sungsoo Pyo

Department of Tourism Management, Kyonggi University, Choongjeong-ro 2 Ga,
Seodaemoon-goo, Seoul 120-702, South Korea

1 引言

　　知识管理是支持目的地管理的重要工具，因为它与创造价值和产生竞争优势的能力密切相关（Kim, Fillies, Smith & Wikarski, 2002）。知识管理过程以一种专注的、关联的、有成本效益的以及及时的方式为目的地的成功提供最高水平的专业知识（Poon, 1993; Kanter, 1999）。知识管理的实质是以较少的搜索成本获得并在合适的时间把知识传播给需要它的人。一般来说，旅游目的地的知识管理（Pyo, Uysal & Chang, 2002）包括以一种专注的、涉及旅游目的地管理者的方式获得、解释并交流与具体任务相关的专业知识（King, 1999）。

　　有关旅游业中的知识管理的研究数量有限。相关的研究包括对专家系统（Crouch, 1991; Moutinho, Rita & Curry, 1996; Low, Chun & Wong, 1996）、旅游代理的目的地推荐和咨询（Klenosky & Gitelson, 1998; Loban, 1997）、旅游目的地营销信息系统（Ritchie & Ritchie, 2002）和市场营销决策支持系统（Wober, 2003）等的研究。这些研究并没有明确使用"知识管理"的相关术语，也与知识地图无关。

　　在建立一个知识管理系统以分享知识之前，目的地管理人员应该知道目的地拥有哪些知识，以及这些知识在什么地方（Kim et al., 2002:130）。他们需要全面了解为实现目标需要哪些知识，哪些知识来源可用，哪些知识来源在被哪些人使用。这些答案可以用来比较所需要的与所拥有的知识；哪些知识供过于求的领域；知识的获取、处理、储存和传播中的瓶颈和优劣势等。

　　在这一探索过程中，知识地图已被启动。它与这一过程要么同时，要么相关。知识地图是帮助发现知识的蓝图。配以视觉符号（使用圆圈，用线条连接的图像)的知识地图使数据、信息和联系的等级关系概念化。

　　由于对知识有不同的要求,不同的目的地需要不同的知识地图。此外,相似的知识可以以独特的方式组织起来,以满足各个目的地的管理人员的需求。知识地图反映了地图创建者的经验、方法、程序和判断(Turban & Aronson,2001)。由于关于同一事物的目的地知识的呈现方式因环境而异,所以有必要开发一种视觉形式的建构和保存目的地知识的方法(Kim *et al.*,2002:131)。目的地知识地图应在建立目的地知识管理系统之前就准备好,以便在知识提取、分类和组织过程中使用目的地知识地图。

　　本文的目的是分析和比较不同类型旅游目的地的可能的知识地图结构,并讨论目的地知识管理系统的知识地图建构过程。

2　文献综述

　　知识指以可操作方式对信息进行加工后所产生的意义和理解(Alavi & Haley,1999)。知识是语境的、关联的、可操作的,可用于解决问题。这一定义意味着对知识管理中的知识的定义是实用主义的(Turban & Aronson,2001)。知识可分为(a)陈述性知识和(b)程序性知识(Wober,2003)。陈述性知识是真实的行业知识,如旅游市场、环境、旅游行为、竞争和某一目的地的详细情况的相关数据。程序性知识包括所使用的方法,如旅游规划模型、通信工具、预测和定量方法等。

　　知识管理系统专注于收集、储存和传播某一领域的专门知识和知识资产。知识管理是一个获取、组织和交流员工知识的系统过程,以便其他员工可以利用它来进行更有效、更富有成果的工作(Alavi & Haley,1999:2)。知识管理是一个识别、选择、组织、传播并转化重要知识和专业技能的过程,这样它就能够以正式的方式得以分享,并重复使用(Turban & Aronson,2001)。因此,研究者所做的实用性的定义,并不令人感到意外。

　　例如,奥地利的TourMIS(旅游市场营销信息系统)之所以存在,其目的是为旅游业的决策者提供最佳信息和支持(Wober,2003)。该系统通过不同的程序模块,将旅游市场研究的数据转换成有用的知识。多种管理程序对数据库进行维护,并跟踪和控制用户的知识(信息)搜索行为。

　　通常,各个组织在日常工作、程序、文件、政策和规章制度中获得知识(Alavi & Haley,1999:2),并以数据库、网络、个人通信、政策、展示、电脑文档、文件、报告和手册等形式将其存储起来。

　　Alavi 和 Leidner(1999,引自 Alavi & Haley,1999)提出了知识管理的三

个方面，即：信息中心、技术中心和组织中心。信息中心强调正确的信息量。技术中心涉及知识管理过程对信息技术的需要。组织中心则强调知识管理应具体化，以适应组织的文化、水平以及对知识的要求。健全的旅游知识管理系统应具备合适种类和数量的信息（知识）、适当的技术以及组织方面的支持。

知识管理方法的实施一般遵循如下七个步骤：找出问题、准备变化、组建项目工作团队、收集知识、创建报告困难的反馈机制、对知识管理系统的基础（如知识库和知识收集）进行定义以及对现有信息系统进行整合（Turban & Aronson, 2001）。

Ritchie 和 Ritchie（2002）提出了一个旅游业目的地市场营销信息（情报）系统的框架。该系统包括信息需求评估（综述研究成果当前的使用情况、评估对研究效果的认识、优先考虑信息需求以及定义研究过程中的各种角色）、信息来源清单和研究任务（如分析当前形势，衡量旅游动机，收集竞争市场营销情报，发现新机遇，评估市场营销活动，监控行业满意度以及衡量投资回报）。

在知识管理的实践中，知识地图提供了一个可以很容易为非专业用户查询、改进和分享的可视化知识框架。该数据库可能包括一个知识、技能、经验、专业知识、地点和联系信息的清单。一些知识可以与人力资源有关的数据一同存储在数据库中。知识地图还可以被用作一个联系世界上不同概念的互动工具（Kim *et al.*, 2002:130）。

加拿大旅游委员会研究委员会开发并传播最好的数据和信息，以为旅游业决策者提供支持（Smith, 1999）。该研究委员会对加拿大旅游业应该优先研究的课题进行了排序。这些课题包括：市场趋势、创造一个充满活力的行业、服务质量、产品和信息的分配、基础设施、人力资源、加拿大旅游业的地理结构以及管理效率。该清单可作为建立知识地图的基础。

知识地图能帮助我们便捷地找到关键资源，并能帮助我们发现限制知识创造和流动的因素。由于该地图使知识发现更加便捷，它也促进了知识的再利用。因此，也就降低了知识创新、搜索时间和知识获得的成本。在该地图中，重要的专业知识更加容易找到，因此也就促进并增加了知识的共享。其结果是，专家们帮助工作人员寻找关键知识的负担减轻了。此外，通过提供有用的知识、客户反馈，决策和问题解决的程序也得以改进。

从地图上，用户可以发现新兴的、高效的学习型实践社区，并发现学习的机会和知识的力量。知识地图可被用做衡量知识管理项目进展情况的基准，用于调查和评价知识和无形资产以及设计知识库（www.voght.com/cgi-bin/ywiki?Knowledge Mapping April 8, 2002）。

在准备制作知识地图时需要考虑很多的标准。这些标准可能包括知识来源识别以及知识的结构和用途。具体而言，制作知识地图时需要考虑如下方面：位置、所有权、有效性、及时性、领域、灵敏度、访问权限、存储介质、使用数据、所用媒体和渠道。

在制作知识地图时还要考虑文件和/或文档系统以及目录和知识之间的关系。知识的形式可以是边界物、知识性制品、故事、启发、模式、事件以及做法和活动，它们以明确、默认的知识格式呈现出来，并与战略驱动力、核心竞争力和市场情报等密切相关。该地图可描绘经过整理的以及非正式的内容；突出制约因素、假设、政策、文化、瓶颈、经纪人、仓库和边界管理人员（www.voght.com/cgi-bin/pywiki?Knowledge Mapping, April 8, 2002）。

要建立知识地图，应为各利益相关者进行广泛的研究和交流，内容涉及问题、过程、组织文化、知识基础以及知识转移和共享程序。实际知识的结构不是静态的，而是动态建构的，方法是通过语境来识别零碎的信息或知识并给它们编制索引（Kim et al., 2002:133）。有关知识地图的任务应是一个持续的过程，为了保持其可用性，必须加以更新和维护。

制作知识地图的过程可通过位置、组织结构图、工作职能和/或任务组来组织。制作目的地知识地图的过程包括确定知识要求、开展知识核查、确定可利用的信息源、确定流程、详细描绘程序、通过流程发现任务。

所需的知识需要通过显性知识和隐性知识的任务来组织。显性知识可从程序手册和文件中获得。隐性知识则可通过向专家或管理人员咨询获得。下一步是勾勒知识轮廓，涉及来源、已知知识、未知知识、特点、使用场合、领域内专家、显性知识、默认知识、总结和知识内容。TourMIS 使用的数据来源有：奥地利统计局、奥地利客户调查、欧洲旅游委员会、欧洲城市旅游、奥地利国家旅游局和奥地利旅馆和餐馆专家组（Wober, 2003）。

知识的联系是基于知识之间的相互依赖和关系，并以一个流动过程来再现这些关系。分支联系被组合在一起，以形成整体地图。最后，知识地图通过反馈观点得以测试。

我们可以通过知识再现进一步讨论知识联系。可以从如下四个角度来定义知识再现（Markman, 1999）：第一，被再现世界是再现的相关"领域"；第二，再现世界是包含再现的"领域"（Palmer, 1978）；第三，再现规则是"用再现世界的元素标示被再现世界的元素的一套规则"（Markman, 1999:7）；第四，利用再现的过程应该存在。

再现的类型有很多，知识地图可能需要用到其中的许多类型（Markman, 1999）。每种格式或类型都有助于理解知识结构，它们都可能成为未来理解的源泉。与提倡某些特定类型的再现方式相比，采用适合具体情况的方式是一个更好的策略，前提是该再现方式理解知识地图过程的规范。地图必须能够处理细节、语境和知识之间的关系。

2.1　研究问题

不同类型目的地的知识地图在环境和结构方面是独特的。因此，本研究的第一个研究的问题是"知识地图如何因目的地类型的不同而不同"，为了回答这个问题，本研究对开放式访谈问题进行了分析，作为知识地图的运用。

因为相同的知识对不同的目的地可能具有不同的价值，所以第二个研究问题是"知识要求如何因目的地类型的不同而不同"，我们通过从一项封闭式问卷调查获得的数据来分析第二个问题。封闭式问卷中的问题是根据上述开放式访谈的结果提出的。

2.2　知识地图案例

据 Gordon（2000:77）所述，英国航空航天公司因为两个原因启动了知识项目：第一个原因是为了弄清楚哪些知识是与其他组织共享的；第二个原因是该公司知悉并开展了有关知识地图的研究。该项目的目标是绘制一幅所研究地区的大型印刷知识地图，在考察相关地点并对员工进行访谈之后，为地图上的内容增加定性测量方法。这些定性测量方法是对每项知识内容的重要性以及学习难度的预测。员工指出了为成功开展某些活动所需要的知识，而且也透露了为学习某些知识所需要的前提知识。在访谈中，一些知识节点也被加入知识地图。

所绘制的地图显示了执行某些任务所需的具体知识，并用视觉关系图描绘了学习的等级依存关系。在每个节点上，都用不同颜色标注了具体知识的重要性和学习难度。该地图使得管理人员可以讨论每个部门正在使用的和需要的知识。该地图有助于决定什么是重要的知识和划分知识的层次。此外，根据知识对于不同任务单位的重要性以及知识的层次，该地图被用于制定培训计划。该公司估计该项目所获得的知识的价值至少达到 6 位数。

3　数据收集方法

本研究的数据收集自韩国四个不同的旅游目的地，目的是比较不同的知识地图模式。首尔作为一个城市旅游目的地入选，雪岳山被归类为山区，庆州被归类为历史遗迹，济州岛则是海岛度假胜地。

两组数据是通过便利数据收集法获得的。使用便利抽样法的原因是没有办法找到与研究领域相关的专家。对于每一个目的地，指派两位旅游专业出身并熟悉目的地的研究人员进行调查。研究人员事先与潜在的受访者进行接触，接下来就进行调查。研究样本选自目前正在从事饭店、旅游及相关领域工作（如度假地、酒店、旅行社、政府和其他与旅游业相关的实体）的人员。受访者居住在该研究地区。在第一次数据收集期间，研究人员通过开放式问卷来获取关于目的地知识结构和知识要求的线索。在第二次数据收集期间，研究人员则使用结构封闭式问卷收集关于目的地知识重要性以及目的地知识水平的数据。

3.1　第一次数据收集

为了初步获取基于知识要求的结构知识地图，调查问卷选项包括存在的问题、原因、结果以及目的地相关知识。更具体地说，问卷包括如下选项：目的地存在的问题、问题可能产生的原因、问题导致的后果以及有助于解决这一问题的知识等。在一份单页的问卷中，受访者可提出并讨论三个问题。

大部分的受访者都是在电话中表示同意后完成调查问卷的，问卷的答卷率为96%。在规定的时间内无法成功联系4%的未答卷者，原因为紧急会议、家庭问题以及客户关系问题等意外情况。

3.2　第二次数据收集

第二阶段的数据收集所采用的问卷是建立在第一阶段问卷调查得到的反馈的基础之上的。在对所有反馈答案进行认真分类后，第二份调查问卷共提出了23个问题。为了具有表面效度，除了作者，另外两名旅游领域的人士检查了上述过程，并进行了一些小的改动。

受访者要求回答与目的地的表现水平以及各个目的地的知识的重要性和水平相关的问题。问卷采用9级（而不是5或7级）李克特量表来从受访者那里获得更多的信息，当然变化仍可控制。1级指的是最不重要或最低表现(知识)水平，5级指平均水平，9级则指最重要或最高表现（知识）水平。

大部分受访者都是在电话中或当面表示同意后完成调查问卷的，问卷的答卷率为94%。造成6%的未答卷率的原因与第一次数据收集中的原因相同。在所有回收的答卷中，共有475份有效答卷。

4 样本特征与数据分析

4.1 样本特征

第一次调查共获得 169 份有效问卷。受访者几乎均匀地分布在四个地区。济州岛的数量最多（27.81%），而庆州的数量最少（22.49%）。大约 54% 为男性，46% 为女性。20 岁至 29 岁年龄组的人数最多（47.02%），35.71% 的受访者的年龄介于 30 岁至 39 岁之间，其他受访者（17.86%）的年龄为 40 岁及以上。只有 7.10% 受访者的教育程度为高中及以下。其他受访者的教育程度分别为大专（17.16%）、4 年制大学（67.46%）和研究生（8.28%）。受访者的工作单位分别为政府机构（30.77%）、旅行社（28.40%）、酒店（19.53%）、度假地（5.33%）以及其他（15.98%）。

由于受访者受过良好教育并在相关行业工作，我们判断他们有能力识别并再现目的地的知识需要。

第二次调查共获得 475 份有效问卷。四个地区拥有数量差不多的受访者。济州岛的数量最多（26.32%），而首尔的数量最少 23.79%）。大约 43% 为男性，57% 为女性。20 岁至 29 岁年龄组的人数最多（54.32%），33.05% 的受访者的年龄介于 30 岁至 39 岁之间，其他受访者（12.63%）的年龄为 40 岁及以上。只有 18.53% 受访者的教育程度为高中及以下。其他受访者的教育程度分别为大专（21.26%）、4 年制大学（56.42%）和研究生（4.79%）。受访者的工作单位分别为政府机构（34.32%）、旅行社（18.32%）、酒店（15.58%）、度假地（4.63%）以及其他（27.16%）。

由于受访者受过良好教育并在相关行业工作，我们判断他们同样有能力识别并再现目的地的知识需要，并适合参与本研究。

其他统计数据也支持这一判断。与知识的重要性以及知识水平（业绩）相关的问题项的信度值分别为 0.96 和 0.97。因子分析结果（表 1）表明数据具有区分效度和聚合效度，相关性较小的变量不属于同一组，而相关的变量属于同一组。

4.2 数据分析

为了回答第一个研究问题，在考虑概念之间的关系以及第一次调查的数据中出现的各个概念的频率之后，研究人员绘制了四份目的地的知识地图（图1～图4）。由于本研究的目的是分析并比较不同目的地知识地图的结构，

表 1　知识重要性因子分析结果

变量	因子载荷	特征值	方差解释	可靠性α	平均分
因子1　目的地管理知识		8.23	35.77%	0.95	6.73
延长游客游览时间的知识	0.81				
自然类目的地的管理与环境保护发展知识	0.77				
对高价作出反应的知识	0.75				
对旺季和淡季作出反应的知识	0.72				
公平贸易与消费者权益保护知识	0.71				
吸引更多游客的知识	0.70				
教育、培训员工的知识	0.69				
使用作为旅游资源的文化遗产及其保护的知识	0.69				
提高居民对旅游的理解以及引导他们欢迎游客的知识	0.68				
中长期地区旅游规划与管理的知识	0.67				
吸引旅游投资基金的知识	0.66				
关于游客要求、喜好、投诉和满意水平的知识	0.64				
扩建、维修旅游设施的知识	0.61				
针对旅游环境变化的战略调整的知识	0.58				
政府机构之间以及与大众的合作的知识	0.55				
夜生活、游览和体验的事物、事件、传统表演与文化区的知识	0.52				
因子2　关于信息及其获取的知识		5.67	24.66%	0.89	7.22
通过互联网提供最新的准确信息的知识	0.82				
建立、经营游客中心的知识	0.74				
关于易见的马路标志、地图的知识	0.71				
应对目的地流通、便捷进入和拥堵的知识	0.70				
关于旅游业的知识	0.63				
提供详细目的地信息、导游和翻译服务的知识	0.62				
关于宣传和广告战略的知识	0.55				

注：总百分比：60.44%

　　KMO=0.96

　　巴特勒球形检验值=8007.05(p=0.00)

概念之间的关系是构建地图的基础，因此没有必要分析问卷反馈答案的等级结构。地图中只考虑在开放式访谈问题中出现三次以上的概念。除了作者，两名旅游领域的专家检查了上述过程，并进行了一些小的改动。

　　为了回答第二个研究问题，研究者分析了封闭式问卷调查的数据。研究者使用因子分析来减少数据量，目的是找出潜在维度，并把这些潜在维度作为变量用于进一步的分析。因子分析之后又进行了多元方差分析（MANOVA）和方差分析（ANOVA），目的是发现不同地区和行业的知识的重要性、作用的不同。之所以选择这些变量（地区和行业），是因为所需的知识及其结构可能因它们而有所不同。

5 结果

5.1 不同类型目的地的知识地图

下面按照研究问题的顺序讨论研究结果。第一个研究问题是"知识地图如何因目的地类型的不同而有所差别"。虽然地图可以有不同形式的结构，但是在分析第一次调查的反馈数据之后，为了便于比较，我们确定了地图的主要结构。我们根据目标地管理、（旅游）信息、（旅游）产品、交通、旅游业和旅游业的支持等方面对地图进行分块，当然其他具有独特性的板块（小标题）也允许出现在地图上。虽然这个框架与加拿大旅游委员会的框架并不一致，但是它是可以接受的，因为每个目的地都有其独特的知识结构。

我们将频率超过三次的反馈答案放进适当的范畴里并让它们出现在地图上。其结果是，我们得到四份完全不同的知识地图（图1～图4）。地图上的数字显示各个目的地的最突出的需要以及重要的知识结构。

5.1.1 城市旅游，首尔

首尔的知识地图显示了城市旅游的特点（图 1）。很多受访者指出，首尔应注意交通拥堵、节日、活动以及独特的、创造性的旅游产品。

就目的地管理而言，需要知识的领域包括宣传与信息发布，包含最新正确信息的互联网网页，提供小册子的游客中心以及包括对传统手工艺品进行管理的设施管理。形象差异化、导游的语言能力和翻译设备等也是很多受访者提到的首尔所需的知识。

首尔也需要与具有独特文化吸引力的城市旅游产品（包括节日和赛事、夜生活和表演设施）相关的知识，以便游客能够游览和体验，包括提供各式各样的菜单，用不同的语言服务的餐馆。

处理交通拥堵、设置不同语言的道路标志、提供不同语言的出租车和巴士旅行的知识对于提高这类目的地的旅游业水平也是很重要的。此外，如何对员工进行培训也是首尔旅游业关注的一个重要问题。

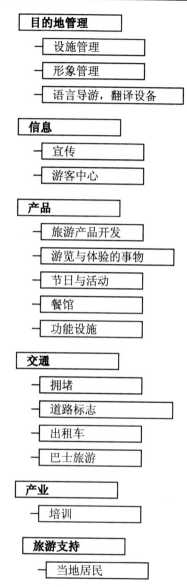

图1　城市旅游知识地图，首尔

5.1.2　山区旅游，雪岳山

图2中的山区知识地图显示了山区旅游业的独特特征。受访者最多提到的是山区应更多关注与山区交通、宣传和信息发布、独特有趣的景点以及与淡旺季的经营策略相关的知识。

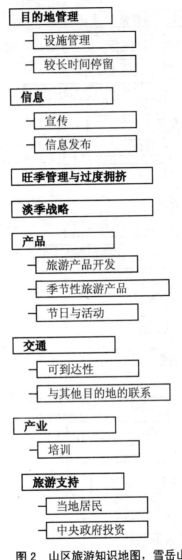

目的地管理
— 设施管理
— 较长时间停留

信息
— 宣传
— 信息发布

旺季管理与过度拥挤

淡季战略

产品
— 旅游产品开发
— 季节性旅游产品
— 节日与活动

交通
— 可到达性
— 与其他目的地的联系

产业
— 培训

旅游支持
— 当地居民
— 中央政府投资

图2 山区旅游知识地图，雪岳山

受访者认为有关目的地宣传，包括不出名或不太热门的目的地的信息发布以及公共交通的知识也对山区旅游的管理有帮助。

山区急需学习有关应对旺季的拥挤和堵塞、淡季的产品开发以及宣传和信息发布的知识。有趣、独特、四季皆宜的旅游产品（包括各种各样的节日和活动）的开发，也是雪岳山地区应关注的一个主要问题。

改善交通能力以及与其他目的地和旅游景点联系的知识对于克服山区所

带来的不便起着重要的作用。与从业员工培训相关的知识则被认为有助于提高目的地的服务水平。获得居民的支持以及中央政府对基础设施的投资的知识也被认为有助于目的地的改善。

5.1.3　历史旅游，庆州

庆州的知识地图显示了历史景点的特征（见图 3）。反馈回答频率显示庆州应该关注长期政策、战略和总体规划，多种独特纪念品的设计、宣传、活动和节日、景点交通、区分性旅游产品以及市场变化反应能力。受访者希望看到一个明确的、很少或没有变动的旅游政策、战略和长期总体规划。作为历史景点的庆州应当关注针对市场变化的宣传，并且要实现更多游客的长时间停留。

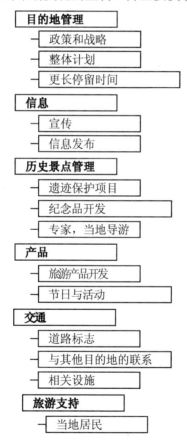

图 3　历史景点旅游知识地图，庆州

庆州应在如下主要领域开展知识建设：历史景点宣传、古迹保护、多种独特有用纪念品的设计以及旅游产品开发项目。历史遗迹专家可以为当地导游传授知识。各种独特的旅游产品（包括节日和活动）开发的知识应建设并实践。道路标志、连接景点的公共交通及与交通相关的设施是改善游客在庆州的出行所主要关心的问题。当地居民的支持对旅游业在该地区的成功与否起到至关重要的作用。

5.1.4 度假海岛旅游，济州岛

济州岛的知识地图见图4。为给游客提供积极体验而进行的新产品和新景点的开发、对市场变化的应变能力、当地居民的支持、旅行社经营、重游、员工培训、组织合作以及零售实践是受访者最频繁提到的发展济州岛旅游所需的知识。

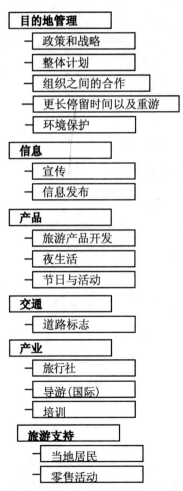

图 4　度假海岛旅游知识地图，济州岛

表2　多元方差分析结果

来源	因变量	F Sig.	因变量	F Sig.	因变量	F Sig.
模型	重要性 1	551.32	表现 1	309.45	差异 1	19.69
		0.00		0.00		0.00
	重要性 2	693.95	表现 2	319.13	差异 2	17.94
		0.00		0.00		0.00
地区	重要性 1	17.76	表现 1	8.26	差异 1	19.23
		0.00		0.00		0.00
	重要性 2	4.58	表现 2	3.35	差异 2	6.48
		0.00		0.02		0.00
职业	重要性 1	3.56	表现 1	3.25	差异 1	2.94
		0.01		0.01		0.02
	重要性 2	1.35	表现 2	3.58	差异 2	1.88
		0.25		0.01		0.11
地区×职业	重要性 1	1.87	表现 1	2.14	差异 1	2.11
		0.06		0.03		0.03
	重要性 2	2.49	表现 2	2.79	差异 2	1.50
		0.01		0.00		0.15

注：重要性=重要性水平，表现=知识水平，差异=表现减去重要性。1 代表因素 1，2 代表因素 2。

表3　地区多重范围检验

地区	重要性 1		重要性 2		表现 1		表现 2		差异 1		差异 2	
城市	～	5.32	～	6.45	(3)	5.73	(2)	6.06	(4)	0.41	(3)	-0.40
山区	*	7.24	*	7.37	(1)	4.27	(1)	4.55	(1)	-2.96	(1)	-2.82
历史	*	7.11	*	7.43	(2)	5.06	(2)	5.71	(2)	-2.06	(2)	-1.72
岛屿	*	7.16	*	7.57	(4)	6.62	(3)	6.66	(3)	-0.548	(3)	-0.92
总数	*	6.73	*	7.22		5.43		5.75		-1.30		-1.47

注：1. 根据方差分析的结果，所有因变量按照地区都在 0.01 水平上存在显著差异。

2. 重要性=重要性水平，表现=知识水平，差异=表现减去重要性。1 代表因素 1，2 代表因素 2。

3. 根据 Tukey HSD 多重范围检验，"～"和"*"分别表示显著低分和高分。"（1）"、"（2）"、"（3）"和"（4）"表示量级的顺序，（1）最小，（4）最大。

表 4　职业多重范围检验

职业	重要性 1		重要性 2		表现 1		表现 2		差异 1		差异 2	
政府	*	7.20	*	7.57	*	5.54	*	5.95	～	−1.65		−1.62
酒店		6.78*		7.07	～	4.34	～	4.67	～	−2.44	～	−2.39
旅行社	～	6.08	～	6.83	～	5.12	～	5.44	*	−0.96		−1.39
度假地	*	7.13		7.36	～	5.04		5.15	～	−2.09	～	−2.21
其他		6.48		7.11	*	6.18	*	6.43	*	−0.31	*	−0.68
总数		6.73		7.22		5.43		5.75		−1.30		−1.47

注: 1. 根据方差分析的结果，所有因变量按照职业都在 0.01 水平上存在显著差异。
　　2. 重要性=重要性水平，表现=知识水平，差异=表现减去重要性。1 代表因素 1，
　　　 2 代表因素 2。
　　3. 根据 Tukey HSD 多重范围检验，"～"和"*"分别表示显著低分和高分。

　　受访者建议应长期坚持政策、战略和总体计划。此外，他们指出，在组织之间的合作领域需要知识，以免因重复、针对市场变化的宣传、当前准确信息的发布而造成浪费，这样就可以实现游客更长时间的停留以及环境保护。

　　也有人认为，济州岛应学习更多知识，进一步开发旅游产品来为游客提供有趣而独特的体验，包括夜生活以及各种节日和活动。受访者建议设置多种语言的路标。为那些小旅行社提供行业知识、外语导游以及员工培训可以提高济州岛的旅游服务水平。包括那些参与零售活动的当地居民的支持是济州岛应该积累知识的一个重要领域。

5.2　不同类型目的地对知识的要求

　　第二个研究问题是"知识要求如何因目的地类型的不同而不同"，为了回答这一问题，我们进行了因子分析、聚类分析、多元方差分析、方差分析和多重范围检验。我们成功地进行了知识项重要性的因子分析，结果见表 1。然而，知识水平（表现）以及"表现减去重要性"项目因子分析产生的结果是每分析一个因子，该结果没有报告。它们可能只有一个基本维度，因为它们都是被当作一个整体来认识的。此外，我们也没有报告采用因子分数的聚类分析的结果，因为大多数受访者的分数都接近均值且结果并未显示出相关趋势，所以对研究目的没有什么帮助。

5.2.1　知识重要性的基本维度

　　主成分分析用于提取因子，方差最大旋转法则用于简化数据（表 1）。我们依据知识的重要性从问题项中提取了特征值大于 1 的两个因子。第一个特征

值为 8.23 的因子被命名为"目的地管理知识",因为该因子中的大多数项目与
"保持适合游客的目的地"有关。第二个特征值为 5.67 的因子被命名为"信
息与进入知识",它包括与互联网、游客中心、道路和信息相关的项目。方差
为 35.77% 和 24.66%;因子信度值为 0.95 和 0.89;原始均值分别为 6.73 和 7.22。

5.2.2　地区与工作职能的多元方差分析、方差分析和多重范围检验

我们对与地区和工作职能相关的知识重要性、知识水平(表现)以及"表
现减去重要性"进行了多元方差分析(见表 2)。模型在 p<0.00 的水平上具有
显著性。不同地区的知识重要性、知识水平(表现)以及"表现减去重要性"
在 p<0.05 的水平上具有显著性差异。除了第二个因子(因子 2:信息与进入
知识)的重要性以及"表现减去重要性"以外,"职业"这一变量的结果与地
区的结果一样。对于交互项(地区与职业),重要性 1(因子 1:目的地管理知
识)以及差异 2(因子 2:信息与进入知识的知识水平减去重要性)在 p<0.05
的水平上不具有显著性。

我们对与地区(表 3)和职业(工作职能)(表 4)相关的知识重要性、知
识水平(表现)以及"知识水平减去重要性"实施了方差分析和多重范围检验。
不同地区和职业的所有因变量在 p<0.01 的水平上具有显著性差异。

受访者认为与其他类型的目的地相比,城市旅游中知识的重要性最低。另
一方面,山区受访者给知识水平(表现)的重要性以最低的评价,而历史景点
的受访者则给知识水平(表现)的重要性以第二低的评价(表 3)。政府官员
认为目的地的知识更重要,并认为目的地的知识水平很高。旅行社则恰恰相反。
它们认为知识并不重要,并认为目的地的知识水平也很低(表 4)。酒店和度
假地两组之间对重要性和表现的看法的差异最大。

6　讨论

本研究使用了开放式和封闭式问卷各一份。开放式问卷的问题为目的地所
需要的知识提供深入和多样化的视角,这是封闭式问卷调查所无法获得的。一
系列与目的地存在的问题、问题的原因、问题的影响以及解决问题的可能的知
识有助于我们获得各个目的地所需的知识集合。在这一过程中,通过发现并应
对瓶颈,可以改善目的地表现,从而提高目的地知识管理的实用性。

知识地图中的概念组织需要所需知识集合的不同技能。为了绘制知识地图,
最重要的信息是目的地知识库用户有关合适的知识地图结构的观点。用户应该
能够很容易和方便地检索所需的知识。本研究采用旅游业的主要概念框架来帮
助给知识定位,当然其他用户可能会根据他们的偏好,形成不同的地图结构。

封闭式问卷可作为访谈或开放式问卷的补充，用以探讨知识的重要性和表现的权重以及知识的即时需要或瓶颈。各种统计分析结果使我们理解了用户群体所需的知识、将何种知识置于知识地图中的重要性以及知识的基本维度。这些研究结果可用于组织知识地图。举例来说，知识可以按用户类别分类，重要的知识可以作为一个小标题出现在地图的较高层次上。此外，除了旅游研究中所使用的传统知识概念分类以外，知识也可以按因子分析得出的基本维度来分类。

本研究中的知识地图的主要分项标题包括目的地管理、信息、产品、交通和旅游产业与支持，但分项标题却根据开放式问卷调查的反馈答案而有所变化。山区的"淡、旺季的旅游活动"和历史地区的"历史景点管理"这两点被加入知识地图结构中去，目的是体现不同目的地的独特特征。知识地图（图1~图4）显示了不同类型目的地的差异，并表明不同的框架适合于不同的知识需求和用户喜好。在城市旅游中（首尔：图1），小标题"交通"强调交通拥堵、出租车和巴士旅游。由于雪岳山地区（山区：图2）正在设法克服淡、旺季造成的问题，"旺季管理与过度拥挤"以及"淡季战略"两项就被放入了地图中。历史景点地区庆州的地图有"历史景点管理"一项，而济州岛（海岛度假旅游）则包含"环境保护"这一项。

实证测试分析进一步说明了不同目的地知识结构的差异（表2~表4）。总体而言，不同地区和职业的受访者对知识有不同的认识。山区和历史景点往往比其他目的地更加需要旅游相关知识（见表3）。此外，不同职业的受访者对目的地知识的重要性和（表现）水平往往持有不同的看法（表4）。

未来的研究应该认识到知识管理是一个持续的进程，其本质是动态的。知识地图应反映出用户的反馈意见。此外，还需要进一步研究通过考虑详细的子范畴和分类来建设知识地图。

本文使用了开放式问卷调查，该方法可用个人访谈来取代。面对面的访谈可以帮助我们发现用户的知识需求，从而用一种便捷的方式绘制易于使用的知识地图。此外，焦点组访谈法（focus group methods）可以用来获取目的地所需的知识，并用一种有意义的方式再现该知识。

7 结论

本研究的目的是探讨和比较不同类型旅游目的地的可能的知识地图结构，并讨论目的地知识管理系统的知识地图绘制过程。研究者提出了与研究目的相关的两个研究问题：第一个问题是"知识地图如何因目的地类型的不同而不同"；第二个研究问题是"知识要求如何因目的地类型的不同而不同"。

本研究对旅游业的贡献在于分析和比较了不同类型目的地的知识地图结构。结果发现：每个目的地都有其独特的知识需求，因此，应建立知识地图结构以满足目的地知识用户的需求和喜好。知识地图应综合各种视角，需要进行广泛的研究，以确保地图拥有正确的知识需求、地理位置和职位的问题、流程、组织文化、知识基础、知识转化和共享程序。应当通过更新知识库并确保获取知识程序的便捷来不断改进知识地图。

知识地图是知识管理初始阶段确定目的地知识需要并帮助用户以较低的搜索成本找到所需知识的一种有用工具。目的地知识管理可通过支持及时的决策以及消除寻找相同知识的重复努力来建立有竞争力的目的地。共享的知识成倍增长，并有助于提高生产力。因此，目的地内部以及有关目的地的知识应该得到共享。

公共部门应该参与旅游知识库的管理，因为小企业只能以有限的创造、获得并保持知识的能力来控制旅游业。通过互联网让获取知识变得更容易，这样可以大大提高目的地小企业的生产力并创造更多就业机会。这样一来，这些目的地的老百姓也可以受益。相关例子如下：确定一个目的地研究日程（Smith, 1999），建立目的地营销系统（Ritchie & Ritchie, 2002）以及使用营销决策支持系统（Wober, 2003）。

最后，未来的知识地图研究在考虑细节、背景和知识地图各组成部分知识之间的关系的同时，也应考虑目的地的知识需要。我们建议，应开展更多旅游知识管理领域的研究，此外，还应建立各种旅游知识库。国家和地区旅游组织、国际协会以及其他与旅游和饭店业相关的机构可以牵头开展与知识地图相关的知识工程项目。不同行业和/或区域的知识数据不同，因此知识库和地图可能存在不同的结构。但是共性也可能存在，该共性能针对其本身需要和其所在目的地，为不同组织的地图绘制提供信息。

参考文献

Alavi, M., & Haley, B. (1999). Knowledge Management Systems: Implications and Opportunities for Data Warehousing. *Journal of Data Warehousing,* 4(1), 2-6.

Crouch, G. I. (1991). Expert Computer Systems in Tourism: Emerging Possibilities. *Journal of Travel Research,* 29(3), 3-10.

Gordon, J. L. (2000). Creating Knowledge Maps by Exploring Dependent Relationships. *Knowledge-Based System,* 13, 71-79.

Kanter, J. (1999). Knowledge Management, Practically Speaking. *Information Systems Management,* 16(4), 7-15.

Kim, H.-G., Fillies, C., Smith, B., & Wikarski, D. (2002). Visualizing a Dynamic Knowledge Map Using Semantic Web Technology. *EDCIS 2002 Lecture Note in Computer Science* (pp.130-140). Berlin: Springer.

King, W. R. (1999). Integrating Knowledge Management into IS Strategy. *Information Systems Management,* 16(4), 70-72.

Klenosky, D. B., & Gitelson, R. E. (1998). Travel Agents' Destination Recommendations. *Annals of Tourism Research,* 25(3), 661-674.

Loban, S. R. (1997). A Framework for Computer-assisted Travel Counseling. *Annals of Tourism Research,* 24(4), 813-834.

Low, T., Chun, H. C., & Wong, K. F. (1996). An Expert Advisory System for the Tourism Industry. *Expert Systems with Applications,* 11(1), 65-77.

Maglitta, J. (1995). Smarten up. *Computer World,* 29(23), 84-86.

Markman, A. B. (1999). *Knowledge Representation.* Mahwah, NJ: Lawrence Erlbaum.

Moutinho, L., Rita, P., & Curry, B. (1996). *Expert Systems in Tourism Marketing.* London, New York: Routledge.

Palmer, S. E. (1978). Fundamental Aspects of Cognitive Representation. In E. Rosch, & B. B. Lloyd (Eds.), *Cognition and Categorization* (pp.259-303). Hillsdale, NJ: Lawrence Erlbaum.

Poon, A. (1993). *Tourism, Technology and Competitive Strategies.* Wallingford, UK: CAB International.

Pyo, S., Uysal, M., & Chang, H. (2002). Knowledge Discovery in Database for Tourist Destinations. *Journal of Travel Research,* 40(4), 396-403.

Ritchie, R. J. B., & Ritchie, J. R. B. (2002). A Framework for an Industry Supported Destination Marketing Information System. *Tourism Management,* 23, 439-454.

Smith, S. L. J. (1999). Toward a National Tourism Research Agenda for Canada. *Tourism Management,* 20, 297-304.

Turban, E., & Aronson, J. E. (2001). *Decision Support Systems and Intelligent Systems* (6th ed.). Englewood Cliffs, NJ: Prentice-Hall.

Wober, K. W. (2003). Information Supply in Tourism Management by Marketing Decision Support Systems. *Tourism Management,* 24,241-255.

www.voght.com/cgi-bin/pywiki?KnowledgeMapping. (April 8, 2002). Knowledge Mapping.

第八章 旅游规划与实施之间的差距：以中国为例

Kun Lai[a], Yiping Li[b,*], Xuegang Feng[c]

[a]Department of Geography, The University of Hong Kong, G-01B Hui Oi Chow Science Building, Hong Kong
[b]Department of Geography, The University of Hong Kong, 306 Hui Oi Chow Science Building, Hong Kong
[c]Department of Tourism, Business School, East China Normal University, ECNU, No.3663, Zhongshan Road North, Shanghai 200062, PR China

1 引言

大家公认的事实是旅游规划对旅游开发与管理的成功至关重要。旅游规划已经成为地区与国家级旅游开发项目中广泛采用的原则（Inskeep, 1991; World Tourism Organization［以下简称 WTO］，1994）。可以说，只有从一开始就实施旅游规划，其优点才有可能实现。既然这样，专家建议在旅游规划期间就要考虑规划的实施，并为此而制订实用的旅游规划（Cooper, Gilbert, Fletcher, & Wanhill, 1993; Gunn, 2002; Inskeep, 1991; McIntosh, Goeldner & Ritchie, 1995; Shepherd, 1998; Veal, 2002）。理想的情况是，旅游规划如何制定，就应如何实施。然而，在实际操作中，规划者经常面临的挑战是，他们的选择存在细微差别，必须要平衡理想主义（社会应该怎样）与实用主义（私营投资能给社会带来什么）（Burns, 2004:27）。这种状况造成旅游规划与其实施之间的差距（以下简称为 GPI），因此导致旅游规划的失败。例如，已有研究已经记录了因在土地使用监管中缺乏细节分析或计算错误而导致的旅游规划失败（Cooper *et al.*, 1993; Shepherd, 1998），缺乏社区参与而导致中央规划失败（Tosun & Jenkins, 1996），以及中央规划与地方可能性之间的错配（Burns & Sancho, 2003）。GPI 被讽刺性地描述为在做文字游戏，例如，"文书练习"（King, McVey & Simmons, 2000:413），"束之高阁、集揽灰尘"（Burns, 2004:29），"敷衍塞责或官僚作风"（Gunn, 2002:28）和"空谈理论"（Baidal, 2004:322）。

这种 GPI 现象，或旅游规划中途而废并被不完整地实施的现象，在中国旅游规划实践中并非罕见。最近，在两个论坛上披露了这种现象——2001 年中国旅游规划高峰研讨会和 2001 年发展中国家旅游规划与管理国际研讨会——旅游规划的有效实施在中国仍然是一个很薄弱的环节。有一句著名的规划行话"纸上画画，墙上挂挂"，简直就是"paper exercise（文书练习）"的中文版。前中国国家旅游局（简称 CNTA）规划部主任 Wei（2004）批评中国的旅游规划，认为特别是在总体规划阶段，就因缺乏创新而让其现有形式走到了尽头。由于 20 世纪 90 年代以来中国旅游经济持续增长（Zhang, 1995; Zhang & Lew, 2003），全国的旅游规划数目急剧增长。Wei 认为中国已经经历了并将看到高比例的旅游规划中途流产或低劣的实施水平，如果没有提出应对措施，势必严重影响参与旅游规划的公有与私营企业。所以，本论文的研究目的是找出中国旅游规划与旅游项目实施之间差距（GPI）的原因，以便为其寻求应对措施提供参考意见。

现有旅游规划文献很少深入地研究旅游规划与实施的差距（GPI）。这些文献更多地集中于"规划准备与首期实施"，"很少或没有文献考虑到随后发生的情况"（Pearce, 2000:191）。一些学者的确在社区参与的研究中涉及或研究了GPI 现象（Ioannides, 1995; Tosun & Jenkins, 1996），土地使用控制中的计算错误（Cooper et al., 1993; Shepherd, 1998），中央规划与地方规划可能性之间的错配（Burns & Sancho, 2003），规划实施的资金短缺（Inskeep, 1991），不断变化的环境中的不可控因素（Inskeep, 1991; Shepherd, 1998; WTO, 1994）。然而，他们对 GPI 的研究在某种程度上是间接、零散或缺乏实证依据。所以本研究的显著意义就是尝试去补充现有旅游规划文献对 GPI 研究的不足。

2　研究方法

该项研究主要以本项目调查者最近参与牯牛降国家自然保护区（以下简称GNNR）的旅游开发规划实践为基础。GNNR 建于 1988 年，位于中国安徽省西南部的祁门县与石台县的交界处（请参阅图 1）。该研究首先回顾了牯牛降观音堂 2001 年至 2020 年旅游开发总体规划（以下简称 GGTDMP, 参照Shenzhen Shenlanke Company Ltd., 2001）三年的实施情况，规划标明由一位私营投资者负责在保护区内开发一个国家公园。现在，规划区域（约 3089hm^2）已经成为邻近安徽省著名国家山区旅游胜地黄山的、新开发的一个旅游景区——牯牛降国家地理公园（以下简称 GNGP）。选择这个案例的主要原因是GGTDMP 反映了中国内陆省份之一安徽的旅游规划。与更加繁荣与发达的沿海地区相比，自 20 世纪 80 年代以来，中国内陆已经日益被边缘化，在社会、文化和经济发展方面已经落后于沿海地区，这是因为中国中央政府采取了优先发展沿海地区的政策。为了赶上更加发达的沿海地区，内陆省份正在努力开发其丰富的自然资源。旅游业被视为这种开发的重要领域。最近在安徽启动了不同的旅游项目，以促进当地经济发展。GGTDMP 只是其中之一。在内陆地区，由于相对欠发达的社会、文化和经济条件，发展规划的失败率更高。所以，这可能为此类型的研究提供了典型的研究范例。

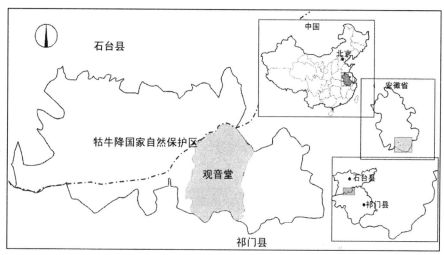

图 1　位于牯牛降国家自然保护区的观音堂区位图

（来源：Han and Li, 1990）

　　数据收集与分析的具体方法首先是 GPI 的概念化，其目的在于建立研究的理论框架。在最广泛的定义中，规划就是为未来作出安排，以实现某些目标（Inskeep, 1991），实施的字面含义就是执行计划，实现目标。因此，GPI 可以视为规划与实施的不一致与不连续。为了使 GPI 概念化，首先检查基本的旅游规划程序，其结果揭示出两个重要阶段——计划准备与计划实施。整个程序包含八个阶段，其中六个处在计划准备阶段。这些阶段是研究准备、目标确定、勘察、分析和综合、计划制订与推荐。其最终目的是形成计划推荐，以指导计划实施阶段的工作，实现规划目标。计划实施包含最后两个阶段。第一个阶段是执行"计划推荐"，由特定计划表标示的不同行动计划或项目构成（WTO, 1994）。第二阶段是通过监控与重组，定期评估实施效果，按照收集到的计划实施反馈意见，调整首期准备的"计划推荐"。以上对旅游规划基本程序的核查揭示：在旅游规划程序中，GPI 是"计划推荐"（第 6 阶段）和"计划实施"（第 7 阶段）之间连续性的中断。GPI 造成规划的原本意向与实际实施结果之间的不一致。此处存在两种类型的 GPI（不一致性）：未实施

（"计划推荐"的全部或部分未能执行）；实施偏差（计划实施未能遵照"计划推荐"）。GPI 的这种概念化引出两个主要的研究问题，这些问题便于研究现有的 GGTDMP 实施程序中产生 GPI 的原因：（1）从 2001 年到 2004 年，按照计划时间表来执行的计划工作中，GGTDMP 的"计划推荐"中的各个部分实施到什么程度呢？（2）牯牛降国家地理公园在项目实施过程中遇到什么障碍呢？我们运用如下方法来寻找问题的答案：项目文件研究，现场观察，深入访谈。笔者参考 Pearce（2000）的计划评估方法（请参阅图 3）设计了一套四步方法，借此进行研究。

第一步是整理 GGTDMP 的主要实施部分，在本研究中就是通过研究项目文件，找出按照计划推荐，在 2004 年以前已经付诸实施的代表性项目。该结果可以作为一本"手册"，以进一步指导调查研究。第二步是按照笔者在公园现场观察所收集到的数据和一些相关商务业绩记录，比较"手册"中所选择的部分项目与实际实施结果之间的实施效果。着重突出以下的情况：项目主要部分的实施带来偏差的结果（实施偏差）；这些项目部分根本未能实施（未实施）。第三步是通过深入访谈，探讨 2004 年之前实施项目计划时，公园工作人员遇到的问题。笔者从总共 49 名公园管理人员中，选出熟悉项目计划内容和直接参与项目实施的 19 名受访者，作为公园主要管理人员的代表。最后一步就是按照安徽省具体的社会文化背景，检查公园工作人员在实施项目计划所遇的难题，以帮助研究者分析造成 GPI 的原因。

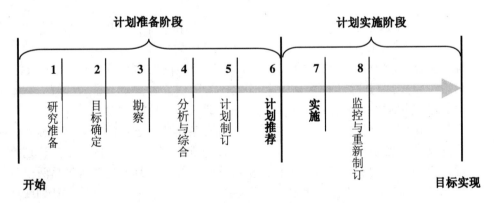

图 2　旅游规划基本程序

（来源：以 Cooper *et al.*, 1993 为基础，参照 Inskeep, 1991；

McIntosh *et al.*, 1995；WTO, 1994）

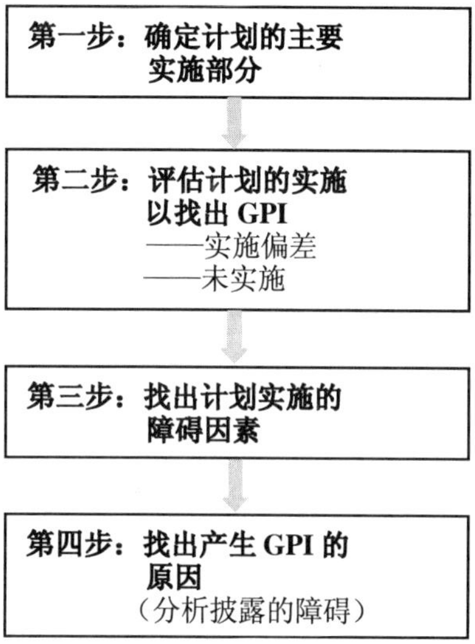

图 3　研究步骤

3　研究发现

3.1　第一步（确定计划的主要实施部分）

　　评估 GGTDMP 的计划推荐有助于确定 33 个部分，作为发现可能阻碍实施 GGTDP 的 GPI 的样品指示器（请参阅表 1）。评估程序参照一些已发布的方法来进行（Gunn, 2002; WTO, 1994），由 6 种类型构成：旅游景点（12），基础设施（4），服务设施（6），促销与营销（4），人力资源管理（2）和环境管理（5）。

表 1

在 GGTDMP 中确定的代表性的实施部分

类型	选择的部分	序号
旅游景点（TA）	牛雕像	TA01
	祁门红茶馆	TA02
	牯牛湖水上舞台	TA03
	牛文化广场	TA04
	当地传统戏曲剧院	TA05
	水疗疗养中心	TA06
	牯牛降森林新鲜空气俱乐部	TA07
	竹林休闲区域	TA08

类型	选择的部分	序号
	绿色旅游线路	TA09
	牯牛湖大坝	TA10
	佛教文化遗迹	TA11
	牯牛湖上的夏日凉亭	TA12
基础设施（I）	停车场	I01
	公园主干道绿化项目	I02
	悬崖边的木板路建设	I03
	方便游客交通与观光的	I04
	公园电瓶车服务	
服务设施（SF）	公园大门	SF01
	小船码头	SF02
	牯牛湖游客中心	SF03
	商店	SF04
	售票处	SF05
	旅游口译系统	SF06
促销与营销（PM）	预计的来访游客数	PM01
	旅游营销广告	PM02
	客户关系管理	PM03
	互联网主页（电子商务）	PM04
人力资源管理（HRM）	组织结构	HRM01
	预计的 HR 需求	HRM02
环境管理（EM）	设立生态阐释系统	EM01
	设立条例以保护生态系统	EM02
	拆除影响湖泊景观的汉碧宾馆	EM03
	改善山清寺遗迹周围的环境	EM04
	移除竹林中的洗手间和猪圈，这些由拆迁安置的农民所建，现在影响景观	EM05

3.2 第二步（评估计划的实施以找出 GPI）

检查 GGTDMP 的 3 年实施情况有助于发现 57.58%（33 个要素中的 19 个）的要素，由此 GPI 的存在妨碍了实施过程：

● 未实施：19 个要素中的 10 个（TA04、TA07、TA10、TA12、I04、SF02、SF04、PM02、PM03 和 EM02）；

● 实施偏差：19 个要素中的 9 个（TA02、TA03、TA05、TA08、PM01、PM04、HRM01、HRM02 和 EM03）。

GPI 的表现情况如表 2 所示。

表 2

GPI 的体现

序号	类型	GPI 偏差的规格
TA02	实施偏差	未设立部分的茶艺馆规划功能（茶艺表演）
TA03	实施偏差	平台规模太大，不合适，影响到湖泊景观
TA04	未实施	—
TA05	实施偏差	舞台已设立，但目莲戏（一种当地戏曲）仍未能表演给游客观看
TA07	未实施	—
TA08	实施偏差	在已规划设施中，只设立了两个千秋和一个攀爬柱
TA10	未实施	—
TA12	未实施	—
I04	未实施	—
SF02	未实施	—
SF04	未实施	—
PM01	实施偏差	来访游客数量未能达到规划中预计的数目
PM02	未实施	—
PM03	未实施	—
PM04	实施偏差	当前网站主页并未以电子商务的形式运行
HRM01	实施偏差	现行的公园运营管理结构完全与规划的不同
HRM02	实施偏差	在职员工数目比规划中的预计数量少很多
EM02	未实施	—
EM03	实施偏差	虽然酒店已用高昂的价格拆除，但是地基仍然存在。按照规划，地基应移除，以保护湖泊

3.3　第三步（找出计划实施的障碍因素）

根据第二步的评估结果，笔者对公园的总经理、部门经理和员工进行深入访谈，以收集有关他们在实施 GGTDMP 中遇到困难的原始数据（请参阅表 3）。

被采访者要求具体回答 3 个问题：

1. 你对延迟和/或继续计划的实施部分有何意见？

2. 执行实施部分时，你会遇到什么困难？

3. 你曾如何适应和/或将如何适应实施部分，以切实可行地将之付诸实践？

从以上访谈和在公园的现场观察，计划实施的障碍因素罗列在表 4 当中。可以看出，对于规划实施过程中的"做什么"、"什么时候做"和"如何做"，这些因素直接关系到计划实践者的行为。即，公园实践者在实施所推荐的某项目时，会按照实施某一推荐项目的困难水平有所选择。当遇到困难的时候，他们趋向于变更或放弃计划实施表中的项目。

表 3

实践者在实施 GGTDMP 中的困难报告表

序号	直接引用深入的访谈
TA02	引语#1：这个表演缺乏市场需求。
	引语#2：大多数游客来这里只是为了喝一杯茶。他们中大多数人是年轻人，总的来说不喜欢喝茶。中国人不大喜欢喝红茶，所以我们就没有布置这些设施。
	引语#3：业务（来访游客数量）不稳定。
TA03	引语#4：由于地形粗糙陡峭，这个公园中的可用地非常少。我们需要在湖旁边为游客建一个平台。
	引语#5：规划的地方太小。我们实际上用这个平台作为舞台，舞台本来应该在广场附近。游客喜欢这个平台，因为周围环境比公园其他地方更美。
TA04	引语#6：我们还没有建广场，因为山坡太陡峭，有发生泥石流的可能性。你看，我们已经种了竹子，以防止在雨季可能发生的泥石流。等到竹林长成了，我们才会考虑建广场。
TA05	引语#7：表演太差了。表演组织得不好，一点都不好看。他们（农民们）不穿戏服，甚至在表演中也不化妆。
	引语#8：我们尝试过几次，但最后还是放弃了。只有为数不多的老农民，才能表演这种戏曲。因为所用的方言，游客很难看懂表演。我们需要专家的帮助，以便让表演广受欢迎。
TA07	引语#9：我们已有良好的环境以及受过良好训练的合格员工。
TA08	引语#10：我们得砍掉竹子，以便为其挪出地方，但是公园需要竹林来装饰湖泊环境。所以，我想把这个功能区域移到另一地方。
TA10	引语#11：我们需要咨询专家，以便如何让大坝的建设与公园景观和谐。然而，在规划中并没有具体措施来实现这个目的。
TA12	引语#12：工程建设很难，因为湖水很深（大约 30 米）。我们想在湖上建一个浮亭，但立刻发现这是不可能的。在六月和七月，下雨超过一天时，湖水就会泛滥，并摧毁浮亭。
I04	引语#13：我们目前只有一辆货车运货。我们老板（总经理）计划买一辆大巴，运游客进出公园。但是我们的预算有限，我们发现目前所用的电瓶车不合适，因为道路太陡。
SF02	引语#14：湖太小了（平均宽度：7 米）。
SF04	引语#15：公园内没有足够的土地来建商店。其中一个解决办法是砍掉树林。但我们必须向林业部申请同意才能这样做，那是很费时的。
PM01	（无回答）
PM02	引语#16：我不满意（规划中）推荐的促销广告，所以我请来自北京的朋友，帮忙重新设计了广告。
	引语#17：广告的意思是完整的，但是文字太多，不能吸引潜在客户。
PM03	引语#18：当我们主要的目标市场开发完成时，我们接下来再建它。

序号	直接引用深入的访谈
PM04	引语#19：现在，我们在使用更加传统的促销渠道，例如在黄山市的旅行社。这些促销证明是有效的。在我们的网站主页上设置电子商务服务，这需要技术人员。这意味着需要更多投资。
HRM01	引语#20：由于一些经济因素，我们没有建立已规划的管理机构。在公园发展的早期阶段，我们不需要这么多部门。
HRM02	引语#21：对我来说，最严重的难题是缺乏合格的员工。我不知道如何让他们留下来。
	引语#22：许多有技术的员工已经离开了公司。我们大多数员工都是年轻人（平均年龄：20 岁）。他们无法忍受这里慢吞吞的生活节奏以及这种自然环境中的冷静与寂寞。低工资也是一些人离职的原因。现在，我们考虑给员工提供一些娱乐设施，例如：卡拉 OK、酒吧、运动场等，以让这里的生活更有趣一些。
EM02	引语#23：我们会在以后的时间考虑此事。
EM03	引语#24：挖地基是容易的，但目前我们得留着它，等附近的广场建好了再说。

表 4

实施 GGTDMP 的障碍

序号	障碍
TA02	缺乏市场需求；与当地传统茶文化不匹配；业务（需求）不稳定
TA03	在粗糙和陡峭地形上的用地不够；规划的面积太小；旅游者的需求
TA04	陡峭的山坡，易于发生泥石流
TA05	业绩不佳；缺乏专家的帮助
TA07	缺乏经过良好训练的员工
TA08	功能区域选址的进退两难
TA10	行动计划缺乏详细措施
TA12	湖水太深，影响建筑
I04	预算有限；斜坡太陡峭，不能用于观光电瓶车
SF02	湖泊太小，影响建筑
SF04	土地供应不足；时间耗费在获得林业局的审批程序中 PM01（无回答）
PM02	旅游促销广告太啰嗦，对消费者无吸引力
PM03	目标市场开发未完成
PM04	缺乏技术人员和资金
HRM01	经济问题；已规划一些部门，但是不实用，也不是必不可少
HRM02	缺乏合格的员工；流失有技术的员工
EM02	（无直接回答）
EM03	附近的广场仍未建成

3.4　第 4 步（探索 GPI 的原因）

该节主要阐述计划实施者报告的障碍因素。既然旅游业反映了旅游经营国的经济、政治和文化特征（Joppe, 1996），所报告的障碍因素应按照规划与实施实际操作时的具体情况进行核查。否则寻找 GPI 的原因就无从谈起。所以，笔者考虑到了所有这些因素，诸如：中国各地区之间的发展差异，私营投资者的操作，中国国家旅游局（CNTA）关于旅游规划的法规，以及规划者的背景和业绩。研究结果首先揭示了总体规划的一些严重漏洞和实施规划者的误解之处。在 TA10 条目中，"在规划中缺乏详细的行动措施"被报告为产生 GPI 的原因。这可能是由于规划者没有写出规划的相关细节。然而，当我们仔细研究国家旅游局的规划时发现情况并非如此（比较国家旅游局的"旅游规划通则"，2003 年版）。该法规规定总体规划的任务是在旅游地区制定政策与推荐计划，以实现建立主体形象和设立土地开发范围的目的。另外，设定区域和安排基础设施与各项设施是主要目的的一部分。所以，详细制定政策和开发建设的推荐计划决不是总体规划的最终任务。相反，这是规划本身的过程中不可或缺的步骤。GGTDMP 的主体规划包含了 TA10 的内容："提高牯牛湖的水位，美化湖泊大坝"（参阅 Shenzhen Shenlanke Company Ltd., 2001:48），这样的考虑是充分的。然而，让即将实施规划的公园实践者避免抱怨规划内容，这样写还是不充分的。

抱怨的原因可能有两种。一方面，主体规划有欲"一炮打响"的不可避免的缺陷，类似于 Burns（2004）和 Gunn（2002）所发现的那些规划。这些缺陷将导致规划过于宽泛与概念化，而不是一个可行的"行动计划"。另一方面，还有可能是公园实践者的错误，他们以为一个总体规划对于开发牯牛降国家自然保护区（GNNR）的旅游项目是绰绰有余了。于是他们忽略了公园还需要一个详细的规划。单个项目包括不同水平的规划，在其他地方（WTO, 1994），这是普遍的做法。然而，在中国，情况却非如此。中国的旅游规划者大多数是大学学者，他们能够从理论上制定总体规划，但是他们远远不能实际实施详细的（现场）规划。旅游规划需要多学科知识的智慧结晶。大学学者往往专长于一门或两门具体领域，他们需要组建多学科团队来完成旅游规划工作。然而在中国，大学学者之间的协作与合作是难以实质性地实现结晶的，因为他们中的大多数往往是竞争特定规划项目的竞争者。

第二，研究结果显示在规划早期阶段，规划者们没有进行足够的背景考察与分析，这是导致罗列在 GGTDMP 中的大多数计划要素未能实施的原因。数个计划要素包括 TA02 条目，显示项目缺乏提供茶水服务的需求，其实这是与当地传统茶文化不相匹配的。TA03、TA04、TA12、SF02 和 SF04 条目都显示公园中进行项目建设的不同限制。TA05、TA07 和 I04 条目分别显示把当地传统戏曲演出"目莲戏"搬上公园舞台的困难，建一个享受森林新鲜空气俱乐部的困难及为游客提供观光电瓶车的困难。以上所提及的所有计划要素的可操作性，并没有在列出以备实施之前进行很好的研究。所以推荐实施的措施远远不具有实用性。另外，总体规划的缺陷也应该加以批评，因其欲"一炮打响"的性质，并没有清晰地规定对具体背景应该如何进行考察与分析。

第三，研究结果显示规划者对规划部分的未来业绩预计很不准确。例如Gunn（2002）和 Pearce（2000）等专家都承认：对于已经规划了的计划项目的前途永远都不应该绝对化。实现计划目标会受到多种不可预测因素的限制，这对于中长期规划尤为如此。这些规划一般长达 10 年到 20 年，所有相关因素的性质与影响不能从一开始就完全准确地预测。一个规划最多只能预测可预见的未来。所以很明显，规划者对于规划部分的未来业绩的错误预期造成了 PM01条目——预测每年来访旅客数量，HRM01 条目——组织结构和 HRM02 条目——预测人力资源需求当中的 GPI。结果却是来访游客数量比预期的要少很多（请参阅表 5），一些管理部门因为缺乏合格的员工而未能建立——目前只有 49 个员工，比 GGTDMP 推荐的公园工作的总劳动力数量（90 人）要少很多。特别值得一提的是，由于 2003 年爆发的非典（SARS），来访游客数量急剧减少。规划在 2001 年制定并生效时，像这种情况绝对是难于预测的。

表 5

2002 年与 2004 年之间牯牛降国家地理公园（GNGP）实际与预计游客来访数量（以 Shenzhen Shenlanke Company Ltd., 2001 和考察结果为基础）

	2002	2003	2004
实际来访游客数	*a	*	15,060
预计来访游客数	20,000	25,200	31,600

*a 2002 年与 2003 年无正式记录。

第四，研究结果显示应该批评规划者缺乏实际经验。在 PM02 条目中，公园规划实施者完全放弃了规划者设计的公园促销广告。在访谈中，公园总经理表示他不满意规划者的推荐计划："我对广告设计不满意，所以我邀请我来自北京的朋友，帮忙重新设计了广告"（直接引用研究访谈）。按照销售经理的说法，这其中的原因是规划者设计的广告仅表达了意思，但似乎文字啰嗦，毫无吸引力。这种现象可能是规划者缺乏公园促销与营销的实际经验而造成的。在中国，大多数旅游开发项目由大学的学者们来规划，但他们不是专业规划师。所以，他们对受邀进行规划的项目不一定具有相关业务与实务知识。

第五，研究结果发现规划者与公园规划实施者之间的意见歧异是实施规划的大障碍。仔细核查 TA08 条目，规划"竹林中的休闲区域"，产生 GPI 的原因似乎是规划者与公园规划实施者之间的意见歧异,意见分歧在于应该如何实施这个项目。规划者建议在环绕牪牛湖的竹林中建一个休闲区域,这需要砍掉一部分竹林。但是公园总经理并不喜欢这个主意。他的观点是公园需要翠绿的竹子来提升湖泊景观,他想把休闲区域移到公园的另一个地方。有关此事并没有进行详细的规划,因此公园总经理在他的生意朋友与客户的帮助下,既作为一半的规划者又作为规划的阐释者来真正实施工作。读者可以在 TA03、PM02、PM03 和 EM03 图表条目中,找到如何实施已规划部分计划的相关类似意见歧异。

第六,研究结果发现私营投资的不足之处。通过考察提出的 EM02 条目,规划者建议建立条例来保护牪牛降国家地理公园(GNGP)的生态系统。然而,按公园规划实施者的观点看来,这不是需要紧急处理的事项,在多次访谈中他们明显地表示这种态度:“我们会在以后的时间考虑此事”(直接引用访谈)。公园私营投资人可能纵容这种保护生态系统的消极态度。近年以来,日益增加的私营企业家,特别是来自邻近的浙江省的私人投资者,投资安徽的旅游项目。一方面,这些投资满足了欠发达的安徽省对于开发资本匮乏的渴求,对发展当地经济,包括发展旅游业做出了贡献。另一方面,这些私营投资也有不足之处。大多数的情况是,私营投资者将会把发展当地经济与环境保护置于其自身利润之后。牪牛降国家地理公园(GNGP)的私营投资也是如此。在一次访谈中,公园总经理明确地表示,他只是一位商人,其主要工作就是赚钱。按他的观点看来,最重要的规划就是启动一个项目,迅速赚取利润。

最后,研究结果显示存在 GPI 是由于中国各地区发展不平衡。关于 HRM02 条目,存在 GPI 是由于牪牛降国家地理公园(GNGP)不能留下其合格的员工。公园总经理和人力资源部经理一直抱怨维持一支合格的劳动力队伍来运营公园的困难之处。造成 HRM02 条目 GPI 的直接原因就是公园劳动力队伍中合格员工的流失。公园人力资源部经理将这个原因归咎于大多数公园员工都太年轻,不能忍受在公园的平静而孤单的生活。然而,这只揭示了一幅大图画中的一小部分图景。调查结果显示中国当前的地区发展差异,实际在鼓励公园员工到更加发达与富裕的沿海地区工作。牪牛降国家地理公园(GNGP)位于社会、文化和经济发展滞后的、被边缘化的内陆省份安徽省。事实上,自从 20 世纪80 年代以来,中国中央政府采取优先发展沿海地区的政策以后,安徽已经长时期经历劳动力人口下降的状况。

4　结语

本论文目前已经就中国安徽的一个国家自然保护区的 3 年总体规划的实施做了研究。该研究揭示了规划者的意愿与实际实施结果之间存在差异。超过一半的样品要素未能有效地加以实施。公园规划实施者在项目实施过程中遇到不同的障碍，例如：自然建筑条件的限制，资金缺乏，市场需求不稳定，管理类员工和技术人员的缺乏与流失，项目实施指导不充足。通过分析这些障碍，可以找到出现 GPI 的主要原因：总体规划的缺陷，规划者对背景考察与分析不充分，规划者的预期不准确，规划者缺乏实际经验，实施者的误解，实施者与规划者之间的意见差异，私营投资的不足，以及中国不同地区发展不平衡等。以这些研究发现为基础，笔者特别给该公园提出以下建议，以减少 GPI 的消极影响。

首先，公园实施者们，特别是总经理，应该学习一些规划方面的知识，以防止对此的误解。有总体规划就够了的错误观念需要加以纠正。另外，还应理解总体规划与详细规划之间的区别。这可以从大方面有助于防止错误选择或选择不恰当的规划所造成的消极影响。另外，公园经理们应停止担当规划师的角色。该公园过去的操作表明公园经理们实际从事了部分详细规划的工作。他们的努力值得尊重，但是从长期来看，这可能有碍于保护区旅游开发的总体策略与持续发展，因为他们毕竟缺乏规划专长与经验。第二，公园实践者们需要现在马上行动，以补偿总体规划的缺陷造成的损失。他们应该全面地评估 GGTDMP 的首期实施计划，以找出需要变更、更新，甚至撤销的部分计划。现在重要的是，公园需要让专业人士进行现场规划，对下一期的规划实施提供更加详细的指导。第三，公园实践者们应该自己或通过相关专业人士的协助，写出一份有效的 "有效参考款项"（以下简称 TOR）。这样，他们就可以确保其真正的需要得以清晰地表达出来，并选择最有能力的规划师来满足这些需求。一份经过精心准备的"有效参考款项"一开始就可以防止不合格的规划者从事项目规划工作。第四，公园经理们需要与当前和未来的 GGTDMP 规划者建立互动关系。在 GGTDMP 的规划过程中，公园经理们和规划者们之间的沟通不够。经理们应该在规划阶段积极参与，以便在规划签署和合法化之前减少双方的任何争议，而不是在实施阶段对规划做出独断的解释。例如在本研究案例中，规划在 2001 年签署之后，实践者与规划者的联系就中断了。结果是，对于规划的可行性与有效性实施至关重要的规划监控与重新设计在过去三年未能实现（类似的失败也曾记录在 Gunn, 2002; Inskeep, 1991; WTO, 1994;

Yuksel, Bramwell & Yuksel, 1999 的研究当中)。公园实践者们不得不随后自己面对这些规划实施中的困难。这种困难的状况可以通过客户关系管理，建立富有活力的"实践者—规划者"关系来使之得到改善。采取这样的行动时，公园实践者有必要就实施问题组织培训计划，建立监控委员会，必要时从规划团队中任命专家来监督项目实施。最后，公园经理们应该在项目开发过程中，平衡短期与长期利益的关系。牯牛降国家地理公园位于国家自然保护区内，其生态系统十分脆弱，对于人类活动十分敏感。以牺牲环境的高昂代价获得短期经济收益，将一定会损害该公园本身的整体利益。

提出以上建议后，现在笔者要完成最后的任务——思考针对 GPI 的应对措施。笔者已意识到，如果笔者只是以这个单一的案例研究为基础，就踌躇满志地想为中国解决 GPI 问题，寻求普遍性的应对措施，这有可能会导致逻辑错误（分析单元）。但笔者相信，笔者的研究揭示出来的发生 GPI 的原因，可以提供具有深刻洞察力的政策指导意义。笔者通过本研究的考察而获得的第一个意义，就是目前在中国普遍使用的总体规划方法是过时的。虽然中国的中央集权经济模式仍然鼓励这种由上而下的规划方法（特别对于政府启动的规划项目），Inskeep（1991）经过超过十年时间已经证实，从长期而言，这样的方法只会制造出不可行的规划。国际旅游组织（WTO, 1994）推荐的可能性应对措施就是，对优先开发区域与项目按国家、地区和旅游目的地等级，将总体规划与详细现场规划结合起来。这将有助于保证在项目实施过程中，实践者可以遵循具体的"行动计划"。第二个意义是需要大力提高规划与管理的专业水准。笔者的案例研究显示许多项目要素的不恰当实施，至少部分是由于规划者的资格欠缺和经验不足造成的。一个可能性的应对措施就是设立全国性的规划资格控制系统，以保证规划质量。这个系统将要求规划师在提供规划服务之前必须取得资格认证。第三个意义就是建立方便于实践者与规划者双边联系的机制。规划项目完成后，旅游规划者应该仍然与客户保持密切联系，以保证顺利地跟进项目实施。这将会产生一个双赢的局面，也就是规划者可以从实践中学习，从而获得规划的宝贵经验，而客户则可以获得更多咨询，以便规划项目顺利地加以实施。最后但不是最不重要的观点就是，规划者应该采用多个场景规划法，以克服不可预见的、在不断变化的项目规划实施环境中可能出现的障碍。这个方法要求规划者对可能阻碍规划项目实施的社会、文化、经济和环境障碍因素进行深入研究，以便提供不同的开发场景给实践者，让其更加准确地预测在"可预见的未来"，消除这些障碍产生的时间和方式。

现在总结如下，笔者在本研究项目集中研究一个长期存在而为大多数人所忽略的规划难题：规划与实施之间的差距。笔者对中国一个具体旅游规划案例的批评，并不是想否认规划作为一种旅游开发方法的功绩。然而，我们的目的是通过寻求应对 GPI 的可行性措施，为提高旅游规划质量而提供富有洞察力和指导意义的应对措施，特别针对在中国的规划实践。通过本研究开发的理论框架对于规划评估与监控都是有用的，这些评估与监控的相关方法现在仍然缺乏，仍需进一步发掘。笔者相信，应该做出更多努力来进一步研究 GPI，而不是简单地报告和批评这些现象。特别在中国的背景中，急需进行规划项目实施的中长期检查。这种类型的检查将有助于从过去的规划实践中吸取教训，让规划成为一个强有力的工具，可以"有能力实现旅游业的优势，而减少其劣势"（McIntosh *et al*., 1995:337）。总而言之，GPI 应该加以防止，因为它显著地降低旅游业发展规划的效果。正如本研究所显示的，这不是一件容易的工作，因为在日益变化的环境中，"［规划］项目很少准确地遵循预先安排的计划"（Inskeep, 1991:439）。这就可能是实施大多不切实际的原因。然而，正是因为非常不可预见的未来，这才需要旅游发展规划。尽管公众批评规划的失败，规划作为发展旅游业的一种方法，将继续在形象化地指导形成未来规划原则中显示出重要作用，也将会有助于避免旅游业发展过程当中出现的漏洞。

致谢

　　本研究项目由许爱周信托基金资助，场地考察工作在牯牛降国家地理公园进行。三位作者对公园经理们和员工们的好客、所付出的时间和提供的意见表示感谢。

参考文献

Baidal, J. A. I. (2004). Tourism Planning in Spain: Evolution and Perspectives. *Annals of Tourism Research,* 31(2), 313-333.

Burns, P. M. (2004). Tourism Planning: A Third Way? *Annals of Tourism Research,* 31(1), 24-43.

Burns, P. M., & Sancho, M. M. (2003). Local Perceptions of Tourism Planning: The Case of Cuellar, Spain. *Tourism Management,* 24(2003), 331-339.

China National Tourism Administration. (2003). *Lvyou Guihua Tongze*［*General Rule of Tourism Planning*］, Unpublished government documents.

Cooper, C., Gilbert, D., Fletcher, J., & Wanhill, S. (1993). *Tourism: Principles and Practice.* London: Longman Group.

Gunn, C. A. (2002). *Tourism Planning: Basics, Concepts, Cases* (4th ed.).New York: Routledge.

Han, Y. L., & Li, Z. Z. (1990). Guniujiang Ziran Baohuqu Gaishu ［A Survey of Natural Conservation of Guniujiang］. In Y. L. Han, C. H. Wu, & S. W. Zhang (Eds.), *Guniujiang Kexue Kaochaji* ［*Scientific Survey Reports of Conservation in Guniujiang*］ (pp.1-11). Beijing: China Prospect Press.

Inskeep, E. (1991). *Tourism Planning: An Integrated and Sustainable Development Approach.* New York: Van Nostrand Reinhold.

Ioannides, D. (1995). A Flawed Implementation of Sustainable Tourism: The Experience of Akamas, Cyprus. *Tourism Management,* 16(8), 583-592.

Joppe, M. (1996). Sustainable Community Tourism Development Revisited. *Tourism Management,* 17(7), 475-479.

King, B., McVey, M., & Simmons, D. (2000). A Societal Marketing Approach to National Tourism Planning: Evidence from the South Pacific. *Tourism Management,* 21(4), 407-416.

McIntosh, R. W., Goeldner, C. R., & Ritchie, J. R. B. (1995). *Tourism Principles, Practices, Philosophies.* New York: Wiley.

Pearce, D. G. (2000). Tourism Plan Reviews: Methodological Considerations and Issues from Samoa. *Tourism Management,* 21(2), 191-203.

Shenzhen Shenlanke Company Ltd. (2001). *2001-2020 Guniujiang Guanyintang Fengjingqu Lvyou Kaifa Zongti Guihua* ［*2001-2020 Guniujiang Guanyintang Tourism Development Master Plan*］. Unpublished Local Tourism Planning Document.

Shepherd, R. (Ed.). (1998). *Tourism Principles and Practice.* Harlow, Essex: Longman.

Tosun, C., & Jenkins, C. L. (1996). Regional Planning Approaches to Tourism Development: The Case of Turkey. *Tourism Management,* 17(7), 519-531.

Veal, A. J. (2002). *Leisure and Tourism Policy and Planning* (2nd ed.). New York: CABI Pub.

Wei, X. A. (2004). *Qingjing Guihua Yu Tiyan Sheji* ［*Scenario Planning and Experience Design*］. http://218.30.125.23/qikan1/pages/guangdian.htm, accessed 11 December 2004.

WTO (The World Tourism Organization). (1994). *National and Regional Tourism Planning: Methodologies and Case Studies.* London: Routledge.

Yuksel, F., Bramwell, B., & Yuksel, A. (1999). Stakeholder Interviews and Tourism Planning at Pamukkale, Turkey. *Tourism Management,* 20(3), 351-360.

Zhang, G. R. (1995). China's Tourism since 1978: Policies, Experiences, and Lessons Learned. In A. A. Lew, & L. Yu (Eds.), *Tourism in China: Geographic, Political, and Economic Perspectives* (pp.3-17). Oxford: Westview Press.

Zhang, G. R., & Lew, A. A. (2003). Introduction: China's Tourism Boom. In A. A. Lew, et al. (Eds.), *Tourism in China* (pp.3-12). New York: Haworth Hospitality Press.

第Ⅲ篇　访问旅游地

导言

Chris Ryan　Huimin Gu

引言

不言而喻，一直以来被称为世界上最大的产业（指旅游业——译者注）是建立在人们对外出旅行、游览其他地区、体验与其日常居住环境不同的地方以及从日常工作和家庭琐事所带来的压力中解脱出来的需要上。自早期的理论研究人员如 Dann（1977，1981）和 Iso-Ahola（1982）提出"旅游动机"以来，习惯上一直把旅游动机分为两种，即"推"的动机——追求变化、放松、与众不同、新地方和新人，和"拉"的动机——指的是旅游地使得"推"的动机得以实现的属性。

"拉"的动机与那些可被视为"经典"、"必须一游"的地方联系密切：如悉尼歌剧院、埃菲尔铁塔、中国长城或拉斯维加斯等。目的地对游客的吸引力已经引起了大量的有关目的地形象建设方面的学术研究，包括游客对目的地的形象是如何形成的以及这些形象如何构成认知的方式使其本身可作为目的地评价的标准等。理论上已有的差异分析法（confirmation-disconfirmation gap analysis）——如 ServQual 法（Parasuraman, Zeithaml and Berry, 1994）就建立在这样一个前提上：对目的地或服务质量的期待与该目的地或服务质量实际评价结果间的比较，可作为对服务质量或可能的满意度的一种测量手段。考虑到业内的投资者希望的是吸引、挽留和满足游客，所以游客的动机和满意度是旅游学术研究中最热门的研究领域也就不足为奇了。

鉴于此，也就不可能对所有有关旅游动机、满意度以及与行为的关联度的理论观点做总结性的概括。本文在此将主要对两个领域进行探讨：一个是有关旅游地形象的构成；另一个则是对关于游客的动机、行为和满意度方面进行探讨的各种理论做一个回顾。

旅游地形象的构成

　　旅游地形象由于购买决策的特性而一直被认为具有特别的重要性。有人认为，游客在到达目的地之前往往拥有很少的亲身体验，而且是旅游本身所具有的需要"旅行"到目的地的特点，也使得他们不能在购买前先对目的地进行"尝试"。如同许多其他有关服务业研究的情形一样，旅游也以购买的是无形资产为特征。这里所购买的是体验，而那些有形的成分——比如住宿的酒店并没有被购买——实际上被购买的只是一段时间的使用权。此外，这些"租用"的项目往往也只是对休假或旅行起一种辅助或支撑作用，而体验本身（旅游的无形的核心）则来自游客和目的地之间的交流，来自在目的地遇见的人——那些生活在那里的人、在旅游行业工作的人以及其他的游客。

　　有关形象的构成和创造的研究有很多。关于前者被引用最多的是 Echtner 和 Ritchie（1991，1993）的研究。他们认为，目的地形象的构成应是包括下面几点的一个统一体：（a）该地的具体属性和整体印象；（b）功能性（有形的）和心理性（或更感性和无形的）和（c）该地独具的特征以及和其他目的地所共有的特征（具有共性的可变因素）。而关于后者则包括 Beerli 和 Martín（2004）的研究，他们认为，形象构成的决定因素包括信息源的使用率及其性质、游客是首次访问者还是再次访问者、旅行的动机、以往休闲旅行的体验以及社会人口变量因素——包括年龄、性别、收入水平和国籍等。他们发现（在西班牙背景环境下），旅游代理商作为一个信息源具有重要的意义，而且过去的旅行体验、动机以及目的地形象和动机之间的一致性也都具有重要意义。

　　有不少研究都在寻求有关形象的构成和作用的元叙事（meta-narratives）。Gallarza、Saura 和 García（2002）的研究是其中之一，他们对其认定的 25 个主要研究进行了调查。调查结果总结如图 1 所示（该图经过了改编，不是原文引用）。左边是旅游目的地形象的不同构成成分，包括态度的认知、表达和意动成分，共有形象和个人印象的获得，完全的或整体的形象的获得，或是单个的、分散的图片形象的总和。

　　另外，也有人认为形象是动态的，目的地是被不同的细分市场所感知的多样化的产品，而且游客的感知也随着时间的变化而变化，无论是第一次到访还是重复到访的游客都是如此。此外，距离也会对目的地的形象产生影响，居住地离目的地较远的游客由于观念的不同以及目的地与他们所熟悉的居住地之间具有更大的差异而更容易将一些"奇异"的特征加进目的地的形象中。在形象的构成过程中，目的地的形象的功能也起着一定的作用。这些作用列在图的

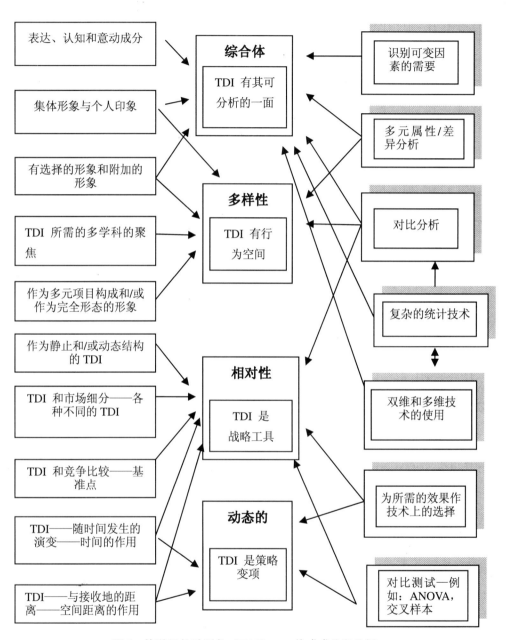

图1 旅游目的地形象（TDI）——构成成分和分析
（根据 Gallarza、Saura 和 Garcia，2002 改编而成）

中间部分，用箭头把形象的概念和形象的作用相连。形象可在营销活动中发挥作用并在建立与其他目的地竞争的品牌过程中成为战略和战术武器。形象成为创建目的地"差异"和"个性"的手段，它的作用在下文中还有更为详细的讨论。图的右边显示的是形象被运用尤其是被测量的一些手段。尽管情况不一定完全如此，例如比较基准分析就可以采取多种形式，不过在 Gallarza、Saura 和 García（2002）的结构中就可以看到，这些技术在本质上是完全可以统计的。

在另一项元研究中，Pike（2002）调查了 142 项研究并且得出了同样的结论，目的地形象研究在其本质上是完全可以统计的。部分出于对此结论的反应，Ryan 和 Cave（2005）专门使用了半结构化的开放式的访谈方式与咖啡馆里的受访者进行了交谈。他们用文字分析软件得出的结论在很大的程度上证实了其他研究人员所确认的对目的地的感知的维度，并为 Gallarza、Saura 和 Garcia（2002）的论文提供了支持，即不同的细分市场（在这里指的是国家）从其潜在维度上，说占领着不同的空间——在新西兰奥克兰的典型案例中，就有兴奋与放松、紧张/沮丧与友好等差异。近年来另一个有趣的方面是创造有熟悉感的目的地形象的作用，对此，Baloglu（2001）和 Prentice（2004）都提示说，游客寻求的并不总是差异，他们还会去体验通过对形象描述而产生熟悉感的目的地。Prebensen（2007）也发现，在对目的地的认知中所产生的熟悉感也可消除距离感所产生的影响——即空间上遥远的目的地在感觉上近了，从而消除了因为资金和时间上的额外费用而有可能带来的对造访目的地的抵触情绪。

了解访问者的体验——理论研究方法评述

人们为什么会想要去休假？这件事初看起来比较简单——他们要寻求放松、逃避，还要去看看不同的地方。但是如果我们接着再问他们为什么要这么做时，进一步思索后便发现它的答案变得很复杂——它深深地镶嵌在一个复杂的社会心理网络的模式中，反映出人类所创造的各种各样的人文条件和社会结构。这些问题也可以倒过来问——我们的社会怎么了以致我们产生放松和逃避的需求？如果这些基本的需求在我们的日常生活中都不能得到满足，这是否意味着人类所创造的这个社会是有缺陷的？是不是对许多人来说现代社会只不过是一种激烈竞争，其回报就是各种消费，从而使人难以得到满足而仍然内心空虚？为什么我们会认为看看不同的地方可作为一种解决这些个人和社会问题的途径？或者是不是人类本身就是会对我们平时看不到的事情感到好奇？但话又说回来，在这个越来越多的人正享受电视和互联网的时代，我们真的还缺少对外面这个世界的认识吗？

因此，在了解旅游体验的本质时，我们有几个概念要讨论一下。包括以下几点：

（1）如上文已经提到的，以 ServQual 服务质量测量方法为代表的差异分析法，即期望值与评价值之间的比较（可参见 Parasuraman, Zeithaml & Berry, 1994）。

（2）重要性评价方法——一种理性行为的、多属性的方法。这些方法主张：态度的力度是带有目的地属性的重要产品和该属性在目的地所起的作用的评价的总和。然而，这些理论在做定量分析时并不一定会导致高决定系数，这或许是由于对这些模型认知方面产生影响的干预性或调节性的变量的作用（例如：Oh, 2001）。这些理论因此也可进一步延伸，将行为有可能产生的预期结果也考虑进来。

（3）参与理论——指的是游客参与的程度以及这种参与所能达到的限度。休假因此而成为生活兴趣的延续而不是对生活的逃避。Ryan 在他的一本有关战场旅游的论著中就有一章举例论述了内战体验者（Civil War Re-enactors）（Ryan, 2007）。Havitz 和 Dimanche（1990）又进一步发展了参与理论，他们将当时的情景和过后的参与区分开来，后者就被归类为自我形象的概念。

（4）目的地形象——正如上文所指出的，问题是一个地方如何吸引、保持并且建立一套标准，能让游客作为依据对他们的体验进行评价？虽然某些概念来自市场营销理论，但"形象"的概念却与所有上述观点都有联系。目的地可被视为一个用来实现那些潜在愿望的机会"包"——它们因此并不只是物理上的空间，而且还是一个具有建构意义的地方（如：Beerli and Martin, 2004; Ryan and Gu, 2008）。

（5）极限理论——旅游业被认为是一个人从常态到非常态，然后再回到常态的变迁过程，其各个阶段的特点包括不同的形式、礼仪和角色（Turner, 1969, 1974, 1982）。这一理论构想已被用于解释与旅游业相关的某些想象，其中包括对性别旅游的分析（Ryan, 2001）。Erik Cohen 在他的许多著作中也使用了这个概念，比较突出的是他对泰国背包客的分析，在那里他设想的阈限（liminality）为滨海海岸线区域（Cohen, 1982a, 1982b）。

（6）角色扮演——指的是游客所采纳的角色以及在扮演的意义上这些角色能够被激发的程度——我们是不是 Urry（1990, 2000）所描述的顽皮的游客——扮演着一个"洞悉一切"的角色，因为我们清楚我们是旅行者而不是游客？还有如 Yiannakis 和 Gibson（1992）以及 Gibson 和 Yiannakis（2002）所做的研究，他们的研究表明，我们有一系列的角色可选，这反映了我们在几个方面的倾向性，比如熟悉与不熟悉的事物、紧凑型与松散型的组织结构以及对刺激的或宁静的环境的期望，等等。角色扮演理论对许多我们在研究文献中发现的定向细分市场的实践有支撑作用，虽然研究人员已对这些角色作了描述（如：Pearce, 1982），然而有关度假者角色转换的随意性却未见论述。今天，我是一个"享乐主义者"，明天是个"旅游探险者"，而后天，或者在假期后——又变成一个"太阳探求者"！这些角色的共性是什么？他们都是同一类的旅游者——他们是吗？

（7）凝视理论——我们希望在视觉上引人注目意味着旅游业在影响并引导着我们的目光。凝视的形成需要一定的因素，这些因素对于凝视者和其他人所扮演的"被凝视者"的角色形成有一定的意义——或者说是精心选出来的真实活动的表现方式在当地人看来或许却不一定是真实的。许多研究表明 John Urry（1990）的概念经常被引用——但正如 Hollinshead（1998a, 1998b, 1999）所认为的，我们的研究往往不够深入。从这个意义上讲，Mike Hall（1994）对旅游业中的权力关系的研究就值得更密切地关注——因为正如 Urry（1990, 2000）本人所提到的——凝视是很具体的，这就提出了一个问题——对谁、又是什么目的？

（8）对幕后和真实性的寻求——MacCannell（1999）认为，旅游者会寻求真实性，并且还希望能穿过旅游这层面纱。他提出这个观点来反驳像 Boorstin（1961）这样的评论家早些时候的观点，Boorstin 描写了旅行的消亡以及为享乐主义者所准备的仿真体验的出现。真实性的问题在我们的领域里已有很多人做过研究，这不短的研究历史包括 Dann(1977)、Cohen(1988)、Valene Smith（1989），当然还有 Boorstin（1961）本人的研究。这些观点也和下面要谈的理论有关。

（9）消费主义理论和旅游者为体验收集者的观点。不过，这些体验许多都是利益驱动机构为我们建构的。但是，如果我们在这一点上接受 Baudrillard（1975, 1981, 1983）的论点——原真性的本质是什么？Wang（1999, 2000）则表示，尽管旅游地可以建造，但原真性仍然是存在的——尽管旅游地的历史和文化的完整性会存在得很少，但我们仍然可以真正享受到社会交际、快乐并且加强包括家庭在内的社会联系，甚至或者就是情绪的一种宣泄。E. Diener（1992）、E. Diener 和 M. Diener（1995）以及 E. Diener 和 C. Diener（1996）对快乐进行的研究认为，并不一定要在具有原真文化的地方才能感受到原真快乐。或许我们在提问时就问错了问题——体验本身是原真的吗？确实，从本文第一作者自己的经验来说，在我和我儿子对佛罗里达的"人造"主题公园进行研究时就有一次快乐的真实体验，当时我们在对比哪个是最好的过山车。例如，我们最后就得出结论："斗龙"定价过高而"跃龙"又太便宜了点！Ryan 和 Aicken

（2005）就认为——特别是在涉及少数民族的文化旅游时——恰当的问题应该是：什么人授权批准的这项表演——又出于什么目的？

（10）心不在焉理论——Phil Pearce（1988）已提醒我们，人的许多日常行为具有很强的习惯性，而度假体验的各方面又因其平凡性而值得注意。我们换登机牌或入住酒店、游泳池旁的懒散、在酒店的房间里打开电视机——想一下所有我们做这些事的次数，有多少次被记住了？因此，在酒店管理研究文献中就有针对"关键性事件"（the critical incident）、酒店接待的意义和寻找"黄金时刻"等方面的研究（Bitner, Booms & Tetrault, 1990）。因此，那些研究文献中也描述了连锁酒店正在开展的、要更好地满足顾客需求的、创造难忘的体验的策略——无论是客房环境更具个性化的设计、更舒适的床铺、更好的遮光窗帘，还是职员的授权权限以及认真设计的客户忠诚度的项目安排，等等。类似的政策航空公司也在推行，每个公司都在努力让其提供的服务与众不同。

（11）"职业阶梯"理论几乎正是对心不在焉理论的反应，它以马斯洛的需求等级理论为基础。Phil Pearce 已经开始发展这些理论，先是出版了《旅游社会心理学》（1982）和《尤利西斯因子》（1988），接着，面对诸多评论修订了《游客行为》（2005）。

（12）在度假体验方面探讨得不够的是在假期里"我们如何体验时间"的作用。在编写第二版的《旅游体验》时，Ryan（2002）提到了 John Urry 对《旅游体验》第一版的书评，并专门用一整章的篇幅来讨论几个作者对这个问题的探讨，如 Featherstone 和 Lash（1999）、Lash 和 Urry（1994）以及 Rojek（1993）等。还有一些研究旨在表明，随着年龄的增长，我们对时间的体验也会改变——即随着年龄的增长，时间似乎也走得更快了。这是由文化因素决定的还是生理因素决定的？当然，以文化为导向的西方商业——力求明智地利用时间，Turner 把度假描述为在受约束的时间内出入"平凡生活"——这样就出现了假期有趣的一面。度假的不平常的一面却是时间变得更加有弹性了。正是这种假期时间上的弹性——这些不予计较的社会延迟，使得度假的体验变得不同寻常了。

（13）休假的另一个方面是重要的度假伴侣的作用及亲密关系理论。正如 Ryan 和 Trauer（2005）所指出的，虽然某个地点或目的地的空间和建筑特征可能保持不变，但"身临其境"的体验却可能因你和谁共享这个地方而有极大的不同。对旅游地的体验也会因为生命的不同阶段而变化。一个人年轻时期待过的地方也会在其为人父母后而变成一个新地方。确实，如果仅仅从这个方面来看，目的地是多元化的产品，随时可以以不同的方式去体验。

（14）循环和激励理论。后者可至少越过前者回溯到 1908 年 Yerkes 和

Dodson 的研究，他们发现，激励的水平起初可产生更好的表现水平，但过高的话又会造成情绪焦虑而影响更好的表现力。该理论的修改表明不同的反应从最初可能以愤怒为特征，紧接着如果参与者感到不能应对局面，便会变得心灰意冷。我们当中经历过由包价游公司引起的航班延误、由于航空公司新近破产而被搁置，或由于空中交通管制延误或罢工而引起不快的人，都会认为最好能避免休假体验的这些情况。M. Csikszentimihalyi（1975）、M. Csikszentimihalyi 和 I. S. Csikszentimihalyi（1988）的研究已被一些国家，如加拿大（Priest & Bunting, 1993）和新西兰（Ryan, 1997b）用来了解探险休假人员的满意度。

（15）与这些方法相联的是对风险的考虑（Ewart, 1989; Ryan, 2003）——休假游客对此的看法、它的表现程度以及它与度假者的能力和技能水平的关系。此外，就旅游业本身而言，它们也会有一些方法处理风险、履行照顾游客的职责。而对旅游业、恐怖主义和犯罪的关系的研究表明：旅游时，危险会不断出现；休假总体上是安全的，那些会对结果产生不利影响的因素有可能是潜在的致命因素。这也意味着旅行常常伴随着诸多不便，比如，航空旅客要在机场接受搜身检查，不能随身携带液体物品，涉及美国时还要服从严格的进入条款和行李规定。较低级别的风险可能还包括食用不熟悉的食物、从事冒险的性行为，或是遭受诈骗或盗窃行为。

研究启示

在运用这些研究方法时，我们应该提醒自己，研究有不同的范式，也有其基本本体论和认识论。此处不准备重复众所周知的后实证主义、社会建构理论、临界理论以及其他的变量因素，包括性别分析、混沌和复杂性理论、诠释学等（如，见 Guba, 1990），但我们也得提醒自己，提问并非是简单的问题——因为在问问题时研究就已经提上了日程。使用问卷调查研究遇到的一个问题是，我们常常不知道受访者在回答由研究人员的研究程序所设定的那些题目时心里想的是什么。例如，受访者可能会同意问卷中列出的某个项目，甚至可能会"强烈同意"——但在没有书面提示的情况下，他/她能够想到这些问题吗？

当然，在酒店研究文献中，有对"卫生"因素方面的关注，因为缺乏各种服务设施，如舒适的床，会产生对酒店的不满意，但仅有舒适的床也并不足够引起高的满意度（Gu & Ryan, 2008）。我们可以反复向客户强调，舒适的床是重要的——这一点可以通过不同方式来进行，比如提供有关床的设计的信息、提供枕头类型的选择以及很多读者都很熟悉的其他各种方式。因此，满意度被"研究者"们用来证明以实现所期望的结果。客户成为设定的受访人，即受访者已被告知什么是重要的。也许我们在使用问卷时常常无法区分哪个问题是突出的，哪个是重要的，哪个对统计程序来说又是决定性的。

上述研究模式的另一个问题是过长的调查问卷有可能带来的一个危险，即它会很快导致受访者的疲劳感。总之，有许多理由都说明应采取更为定性的方法来研究旅游体验的本质。这并不是什么新的呼吁。关于主位和客位研究作用的争议在我们的研究文献中已存在很长时间——也许显而易见的答案就是二者都有作用。这又导致了后续的辩论。我们是否要采用像 Creswell 和 Tashakkori（2007）所主张的务实的混合型方法，他们认为研究应该是问题驱动型的，而不是方法驱动型的，并且还应该采用三角测量的模式，这样研究者可使用一种以上的方法来对同一个问题进行研究。他们认为，这种混合型方法使研究的可信度和可靠度都得到了提高。当然，人们也普遍认为，研究目标本身就包括了对可信度和可靠度的建立，因为分开谈这两方面本身就可能削减预测、管理、比较、规划、概括甚至或许是理解的能力。这些论点看起来有一定的合理性，Kelly（1955）和 Allport（1937, 1955, 1961）的观点也认为，归纳所依据的原文数据或许来自相对较小的样本群，人类本身的条件限制使其需要通过语言才能达到某些共识——没有了这一点，每一个人都会处于真正寂寞的"海洋"里。不过也有提出反对混合型方法的论点，对于这些我们必须有所认识，即使它们会让我们感觉很不舒服。

第一，不同的研究方法的前提是不同的认识论和本体论。混合型方法保留了后实证主义研究模式的主导地位以及研究者主导研究日程所带来的危险。作为关键的分析人员，研究者是否能够可以不仅寻求和受访者共享意义的构建，而且甚至（因为是他引起的某些变化）还要帮助受访者共同应对变化带来的现状？这样的研究者是否一定要采取后实证主义者的观点，即研究者对双方认可的、社会认定的"事实"基本不产生影响？这是极端的例子，但争论的不同观点都坚持认为混合型方法支持的是各种范式的混合。还有第二种对混合型方法的反对意见，如果我们同意它的目标是为了获得既有可靠性也有可信性的研究结果的话。这些目标突出的是唯理性。Ryan（1991）在《休闲旅游》的第一版中提到了 18~35 岁的人的度假现象，"青年酒鬼"的醉酒行为，还有需要有特殊警察来管理酒吧和夜总会地段的安全（Ryan, 1991）。这是想要豪饮至无意识状态，借助酒后性行为摸索理性行为的表现方式吗？——或是对生活空虚感的情绪上的激烈反应？2009 年初在新西兰，两名游客由于无视所有有关安全的警示以及不可到冰面上去的常识而在一个冰川掉进了冰洞死亡，这是完全理性的行为吗？把休假作为可谅解的逃避责任的时间也是完全理性的吗？从这个观点出发，我们难免会对基于理性行为假设的研究方法是否能够"抓住"

旅游体验的丰富性提出疑问。

收录的文章

因此，看似简单的"推—拉"旅游理论有许多细微的差异。从这个意义上说，要想用四篇文章来概括以上所有的理论和观点是不可能的。不过，这四篇文章由于各种原因而被挑选了出来，在此作一简要概述。

第一篇是 Chhetri、Arrowsmith 和 Jackson（2004）的文章。享受自然景观是游客感到愉悦的一个主要因素。这样的景观不仅在美的享受方面是重要的，而且在中西传统文学中都曾有内心世界的交流（Wordsworth, 1814），或是李白（754）的温处士在黄山的浪漫故事。在中国人的思想里，尤其是道家思想，高山本身就是通往天堂的路。因此，Chhetri、Arrowsmith 和 Jackson（2004）一方面考虑了情感、认知和感知的景观之间的关系，另一方面考虑了旅游者的满意度。他们研究的地点是澳大利亚维多利亚州西部的格兰屏国家公园（Grampians National Park）。研究的样本是一群学生，虽然有些人会对这样的样本产生怀疑，但是它的价值可以通过它严谨的研究态度显示出来——它每隔15分钟就记录一次学生对所观察的景观所作出的反应。

因此，该研究以 Likert 量表为基础得出了重要数据集以及适合多元判别分析的数据。因此，该文章的价值不仅在于它的调查结果，还在于收集数据的方法。对不同类型景观的反应模式是可以收集的。体验可以分为"推动"、"称心"和"不安"型。该研究也探讨了社会交往与独处的需要之间的模糊性。该文章在许多方面显现出了这种研究方法的优点和缺点。尽管作者已经承认，该文章的优点是样本强大，但它是基于发展一个可被其他研究者复制的方法的基础之上的。这些研究者从而可以检验结果并更好地确立景观类型和情绪反应之间的关系。从这个意义上讲，该文章可以说是通过可复制性和可测量性显示了真正的科学。另一方面，读者会思考受访者所说的 "愉悦的"、"无聊的"、"孤立的"等词是什么意思。是什么引起了所检测的情绪反应，怎么做才能引起不同的反应呢？从这个角度来看，研究者为受访者所提供的术语的使用在更好地理解自然景观的吸引力方面起了限制作用。有些人会认为我们需要寻求诗歌的帮助来理解这样的事情。

Atila Yuksel 在另一章讲述了定量研究的另一个例子，适用于很普遍的旅游经历，即购物体验。Yuksel 认为国外购物提供了一些获得不同于国内经历的机会。产品的种类可能不同，品牌和商店的布局可能也不同，就拿他提到的关于土耳其的海滨城市库萨达斯的例子来说，从西方国家来的旅游购物者不习惯讨价还价的做法。因此该文提出,国内购物者和旅游购物者之间可能存在差异。更为复杂的是,Yuksel还指出,作为度假胜地,库萨达斯处于旅游目的地生命周期的僵化期,旅游机构承担着新的带头作用以使该地区重新恢复活力,其中对服务供给和游客感受的研究是初始阶段。因此,该研究检验了荷兰、前南斯拉夫和土耳其购物者之间的区别。在他们的研究中,就该地的土耳其度假者而言,度假胜地和店主更加倾向于和更加关注海外游客的需求。购买的产品种类在统计上存在显著差异,有人指出,土耳其购物者可能考虑得更多的是产品的功能,而海外购物者可能会从经验的角度出发来购买,该市场群体认为价格是合理的(土耳其购物者认为价格不大合理)。Yuksel(2004:759)还指出:"旅游者离开了他相对稳定的日常生活世界并暂时居住在目的地这个不同于日常生活范围的世界里。一旦游客到达某个目的地,有着日常生活文化的家就退居幕后位置。换而言之,游客摆脱了他/她的家庭环境文化,并接受了旅游文化。旅游者会变得不太挑剔,对错误更加宽容,甚至可能会觉得某些错误是有趣的。不过也可能会出现相反的情况。"

本书这部分接下来的两篇文章采用的是定性分析的方法。第一篇文章由Nancy Gladwell和Leandra Bedini(2004)所作,探讨了两个问题,即发达国家55岁以上人群的增长及其在以后的度假中对陪伴照料者的需求。数据采用滚雪球抽样收集,由于反复关注的受访者只有13位,所以样本很快便产生饱和状态。这些受访者谈论他们过去的旅游故事,他们的失落感,今天他们的旅行在很大程度上被照顾别人的需求所限制,谈论在跟他们行动不方便的同伴出行时所碰到的人的消极态度,以及他们的伤感,即以前的即兴旅行由现在需要提前计划的旅行所替代了,目的是保证他们所爱的行动不方便的人能够应付旅行中的身体因素。该文还指出,尽管至少在西方国家该市场份额会增长,但为它提供的服务还是相对较少,虽然万豪集团为照料者所作的短期项目获得了积极的关注。

最后一篇文章是由Ryan和Gu(2010)所作,该文也提出了一系列不同的状况和研究方法。该文的作者以自己作为旅游者和研究者的体验作为数据集对五台山佛教文化节的一系列事件进行了研究。该文的分析形式在其他社会学研究领域也很普遍,但在旅游业还是相对较少,至少没有这么详尽。除了研究者的观点之外,文章还采用了不同视角的不同人的观点作为依据,包括地方政府官员和佛教信仰者的观点。它通过对事件目的的理解以及大家所熟悉的科学社会学中的关于研究范式的争论提出了对节日的构建。

这些文章提出了不同的研究方法来分析游客体验的本质。游客体验是由许多方面形成的,包括动机、过去的经历、对景区的认识、同游的人、景区的变化模式、对景区和活动的印象以及个人的性格——这样看来，研究游客体验似乎很有必要研究个人故事。作为研究者，我们记录、评估并把这些故事流传下去——不是作为对事实的最终评定，而是作为评价他人体验的依据。因此可以说旅游不仅涉及组织、社会、环境和经济影响的研究，而且还涉及对人类行为的研究，如潜在性欲望期的行为研究。(例如 Shirley Valentine 综合征[Shirley Valentine 为美国一电影，中文译作《第二春》, Shirley Valentine 为片中女主角姓名。——译者注], 见 Wickens, 1994; Ryan, 2002), 从而也可能暗指人一生中其他的旅游形式。

参考文献

Allport, G. W. (1937). *Personality: A Psychological Interpretation*, New York: Holt.

Allport, G. W. (1955). *Becoming; Basic Considerations for a Psychology of Personality*, New Haven: Yale University Press.

Allport, G. W. (1961). *Pattern and Growth in Personality*, New York: Holt, Rinehart and Winston.

Ap. J. (1990). Resident Perception Research of the Social Impacts of Tourism. *Annals of Tourism Research*. 17 (4):610-616.

Ap, J. (1992). Residents' Perceptions on Tourism Impacts. *Annals of Tourism Research 19*.(4):665-690.

Bakhtin, M. M. (1984). *Rabelais and His World*. Translated y Hélène Iswolsky. Foreword by Krystyna Pomorska. Bloomington, Indiana: Indiana University Press.

Bakhtin, M. M. (1986). *Speech Genres and Other Late Essays*. C. Emerson and M.Holquist. (Eds.) Translated by V. W. McGee. Austin, Texas: University of Texas Press.

Baudrillard, J. (1975). *The Mirror of Production*, Trans. by Mark Poster, St. Louis: Telos Press.

Baudrillard, J. (1981). *For a Critique of the Political Economy of the Sign*. St. Louis. Mo.: Telos Press.

Baudrillard, J. (1983). *Simulations*, New York, Semiotext Inc.

Baloglu, D. (2001). Image Variation of Turkey by Familiarity Index: Informational and Experiential Dimensions. *Tourism Management*, 22:12-133.

Beerli, A., & Martin, J. D. (2004). Factors Influencing Destination Image. *Annals of Tourism Research*. 31(3), 657–681.

Bitner, M. J., Booms, B. H., and M. Tetreault. (1990). The Service Encounter: Diagnosing Favorable and Unfavorable Incidents, *Journal of Marketing*, (January), 71–84.

Boorstin, D. (1961). *The Image: A Guide to Pseudo-events in America*. Harimondsworth: Peguin.

Butler, R. W. (1980). The Concept of a Tourist Area Cycle of Evolution: Implications for Management of Resources. *The Canadian Geographer* 24(1):5–12.

Butler, R. W. (2006a). *The Tourism Area Life Cycle Vol.1: Applications and Modifications*. Clevedon: Channel View Press.

Butler, R. W. (2006b). *The Tourism Area Life Cycle Vol.2 Conceptual and Theoretical Issues*. Clevedon: Channel View Press.

Cater, C. (2005). Looking the Part: The Relationship between Adventure Tourism and the Outdoor Fashion Industry. pp.183–206 in (eds.) Ryan, C., Page, S. J. and Aicken, M. *Taking Tourism to the Limits*. Oxford: Pergamon.

Chhetri, P., Arrowsmith, C. and Jackson, M. (2004). Determining hikj Experiences in Nature-based Tourist Destination. *Tourism Management* 25:31–43.

Cohen, E. (1982a). Marginal Paradises: Bungalow Tourism on the Islands of Southern Thailand. *Annals of Tourism Research* 9(2):189–228.

Cohen, E. (1982b). Thai Girls and Farang Men: The Edge of Ambiguity, *Annals of Tourism Research* 9:403–428.

Cohen, E. (1988). Authenticity and Commoditization in Tourism. *Annals of Tourism Research*, 15 (3), 371–386.

Creswell, J.W., & Tashakkori, A. (2007). Editorial: Differing Perspectives on Mixed Methods Research. *Journal of Mixed Methods Research*, 1(4),303–308.

Csikszentimihalyi, M. (1975). *Beyond Boredom and Anxiety*, Jossey-Bass, San Francisco.

Csikszentimihalyi, M., and I.S. Csikszentimihalyi. (Eds.) (1988). *Optimal Experience: Psychological Studies of Flow in Consciousness*, Cambridge, NY:

University of Cambridgebddge Press.

Dann, G. (1977). Anomie, Ego-enhancement and Tourism. *Annals of Tourism Research*, 4 (4):184-194.

Dann, G. (1981). Tourist Motivation: An Appraisal. *Annals of Tourism Research*. 8 (2):187-219.

Diener, E. (1992). *Assessing Subjective Well Being: Progress and Opportunities*, Unpublished Paper. University of Illinois.

Diener, E., and C. Diener. (1996). Most People are Happy, *Psychological Science*, 7:181.185.

Diener, E., and M. Diener. (1995). Cross-cultural Correlates of Life Satisfaction and Self-esteem, *Journal of Personality and Social Psychology*, 68:653-663.

Echnter, C. M. and Ritchie, J. R. B. (1991). The Meaning and Measurement of Destination Image. *Journal of Tourism Studies*, 2,2-12.

Echnter, C. M. and Ritchie, J. R. B. (1993). The Measurement of Destination Image: An Empirical Assessment. *Journal of Travel Research*, 31,3-13.

Ewart, A. (1989). *Outdoor Adventure Pursuits: Foundations, Models and Theories*. Columbus Ohio: Publishing Horizons.

Featherstone, M., and Lash, S. (1999). *Spaces of Culture*, London: Sage Publications.

Gallarza, M.G., Saura, I. G., Garcia, H. C. (2002). Destination Image: Towards a Conceptuall Framework. *Annals of Tourism Research*, 29, 56-78.

Gladwell, N. J., & Bedini, L. A. (2004). In Search of Lost Leisure: The Impact of Caregiving on Leisure Travel. *Tourism Management*, 25:685-693.

Gibson, H. and Yiannakis, A. (2002). Tourist Roles, Needs and the Life Course. *Annals of Tourism Research*, 29:358-383.

Gross, M. J., &Brown, G. (2006). Tourism Experiences in A Lifestyle Destination Setting: the Role of Involvement and Place Attachment. *Journal of Business Research*, 59(6), 696-700.

Gross. M. J & Brown, G. (2008). An Empirical Structure Model of Tourists and Places: Progressing Involvement and Place Attachment into Tourism. *Tourism Management*, 29(6), 1141-1151.

Gu, H., and Ryan, C. (2008). Chinese Clientele at Chinese Hotels—Preferences and Satisfaction. *International Journal of Hospitality Management* 27(3):337—345.

Guba, E. (1990). *The Paradigm Dialog*. Newbury Park, CA: Sage

Hall, C. M. (1994). *Tourism and Politics: Power, Policy and Place*. Chichester: Wiley.

Havitz: M., and Dimanche, F. (1990), Propositions for Testing the Involvement Construct in Recreation Tourism Contexts. *Leisure Sciences*, 12:179—195.

Hollinshead, K. (1998a). Tourism, Hybridity, and Ambiguity: The Relevance of Bhabha's 'Third Space' Cultures. *Journal of Leisure Research*. 30:1.121—156.

Hollinshead, K. (1998b). Tourism and the Restless Peoples: A Dialectical Inspection of Bhabha's Halfway Populations. *Tourism, Culture and Communication*. 1(1):49—77.

Hollinshead, K. (1999). Surveillance of the Worlds of Tourism: Foucault and the Eve-of-power, *Tourism Management*, 20(1):7—24.

Hsu, C. H. C., Cai, L. A & K. K. F. Wong. (2007). A Model of Senior Tourism Motivations—Anecdotes from Beijing and Shanghai. *Tourism Management*. 28(5)1262—1273..

Kotler, P., Haider, D. and I. Rein. 1993. *Marketing Places: Attracting Investment, Industry and Tourism to Cities, States and Nations*, New York: Free Press.

Iso-Ahola, S. (1982). Toward a Social Psychological Theory of Tourism Motivation: A Rejoinder. *Annals of Tourism Research* 9(2):256—262.

Kelly, G. A. (1955). *The Psychology of Personal Constructs*, Norton: New York.

Lash, S., and J. Urry. (1994). *Economies of Signs and Space*, London: Sage Publications.

Leiper, N. (2008). Why the 'Tourism Industry' is Misleading as a Generic Expression: The Case for the Plural Variation, 'Tourism Industries'. *Tourism Management* 29(2):237—251.

Oh, H. (2001). Revisiting Importance-Performance Analysis. *Tourism Managemen,* 22(6):617-627.

MacCanell, D., (1999). The Tourist. *A New Theory of the Leisure Class.* Berkelev and Los Angeles: University of California Press.

Parasuraman, A., Zeithaml, V. A., and Berry, L. L, (1994). Alternative Scales for Measuring Service Quality: A Comparative Assessment Based on Psychometric and Diagnostic Criteria, *Journal of Retailing,* 70(3):201-230.

Pearce, P. L. (1982). *The Social Psychology of Tourist Behaviour: International Series in Experimental Psychology,* Vol 3. Oxford: Pergamon Press.

Perace, P. L. (1988). *The Ulysses Factor: Evaluating Visitors in Tourist Settings,* New York: Springer Verlag.

Pearce, P. L. (2005). *Tourist Behaviour: Themes and Conceptual Schemes.* Clevedon: Channel View Press.

Pike; S. (2002). Destination Image Analysis: A Review of 142 Papers from 1973-2000. *Tourism Management,* 23,54-549.

Prayag, G. & Ryan, C. (2009). From Motivations to Perceptions of Place: The Influence of Nationality and Ethnicity. Paper submitted to *Current Issues in Tourism.*

Prebensen, N. K. (2007). Exploring Tourists Images of a Distant Destination. *Tourism Management,* 28,747-756.

Prentice, R. (2004a). Tourist Familiarity and Imagery. *Annals of Tourism Research,* 31(4):923-945.

Priest, S., and C.Bunting. (1993). Changes in Perceived Risk and Competence During Whitewater Canoeing, *Journal of Applied Recreation Research,* 18(4)265- 280.

Rojek, C. (1993). *Way of Escape—Modern Transformations in Leisure and Travel,* Basingstoke, Macmillans.

Ryan. C. (1991). *Recreational Tourism—A Social Science Perspective,* London and NewYork: Routledge.

Ryan, C. (1995). Tourism and Leisure—the Application of Leisure Concepts to Tourist Behavior—A Proposed Model in *Tourism, The State of the*

Art, (ed.) A. Seaton, London, John Wiley and Sons. (pp.294–307)

Ryan, C. and Cave J. (2005). Structuring Destination Image: A Qualitative Approach. *Journal of Travel Research,* 44(2), 143–150

Ryan, C. & Gu, H. (2010). Constructionism and culture in research: Understandings of the 4th Buddhist Festival, Wutaishan, China. *Tourism Management,* 31(2):167–178.

Ryan, C. (1997a). Maori and Tourism — A Relationship of History, Constitutions and Rites. *Journal of Sustainable Tourism* 5(4)257–279.

Ryan, C. (1997b). Rafting in the Rangitikei, New Zealand—An Example of Adventure Holidays, in *The Business of Rural Tourism — International Perspectives,* (eds.), D. Get z and S. J. Page, Wiley. (pp.162–190)

Ryan, C., and Huyton, J., 2000, Who is Interested in Aboriginal Tourism in the Northern Territory, Australia? A Cluster Analysis. *Journal of Sustainable Tourism* 8(1):53–88.

Ryan, C. (2001) Holidays, Sex and Identity — A History of Social Development in Ryan, C., and Hall, C. M. (2001). *Sex Tourism: Marginal People and Liminalities,* London: Routledge.

Ryan, C. (2002). *The Tourist Experience.* London: Continuum. ISBN 0–8264– 5764–9

Ryan, C. (2003). Risk Acceptance in Adventure Tourism—Paradox and Context. pp.55–66 in Wilks, J., and Page, S. J. (eds.), *Managing Tourist Health and Safety in the New Millennium.* Oxford: Pergamon.

Ryan, C. (2007). Yorktown and Patriot's Point, Charleston, South Carolina: Interpretation and Personal Perspectives. pp.211–220 in Ryan, C. (ed.) (2007). *Battlefield Tourism: History, Place and Interpretation.* Oxford: Pergamon.

Ryan, C., and Aicken, M. (2005). *Indigenous Tourism: The Commoditization and Management of Culture.* Oxford: Pergamon.

Ryan, C., and Gu. H. (2008). Destination Branding and Marketing: The Role of Marketing Organizations. pp.383–411 in Oh. H. (ed.) *Handbook of Hospitality Marketing Management:* Oxford: Butterworth Heinemann.

Ryan, C. and Trauer, B. (2005). Aventure Tourism and Sport — an introduction. pp.143–148 in Ryan, C., and Page, S. J. andAicken, M.

TakingTourism to the Limits. Oxford: Pergamon.

Smith. (1989). *Hosts and Guests: The Anthropology of Tourism*, 2nd Edn. Philadelphia, PA: University of Pennsylvania Press.

Turner. (1969). *The Ritual Process—Structure and Anti-structure*, London: Routledge and Kegan Paul.

Turner, V. (1974). *Dramas, Fields and Metaphors: Symbolic Action in Human Society*, Ithica, NY and London: Cornell University Press.

Turner, V. (1982). *From Ritual to Theater: The Human Seriousness of Play*, New York: PAJ publications.

Trauer, B. and Ryan, C. (2005). Destination Image, Romance and Place Experience — An Application of Intimacy Theory in Tourism. *Tourism Management*, 26(4):481−492.

Urry, J.(1990). *The Tourist Gaze: Leisure and Travel in Contemporary Societies*, London: Sage.

Urry, J.(2001). *The Tourist Gaze*(2nd ed). London: Sage.

Wang, N. (1999). Rethinking Authenticity in Tourism Experience. *Annals of Tourism Research*, 26(2):349−370.

Wang, N. (2000). *Tourism and Modernity: A Sociological Analysis*, Oxford: Pergamon Press.

Wickens, E. (1994) Consumption of the Authentic: the Hedonistic Tourist: pp.818−825 in A.V. Semon et al. (Eds.), *Tourism, the State of the Art*, Chichester: John Wiley.

Wickens, E. (1994). Consumption of the Auntentic: The Hedonistic Tourism in Greece. In: A. V., Seaton, ed., (pp.818−825). *Tourism: the State of art*. Chichester: John Wiley.

Yerkes, R. N. and J. D. Dodson. (1908). The relation of strength of stimulus to Rapidity of Habit Formation, *Journal of Comparative Neurological Psychology*. 18:459−482.

Yiannakis, A., and H. Gibson. (1992). Roles Tourists Play, *Annals of Tourism Research*, 19(2):287−303.

Yuksel, A. (2004). Shopping Experience Evaluation: A Case of Domestic and International Visitors, *Tourism Management*. (25):421−428.

第九章 自然旅游目的地徒步体验研究

Prem Chhetri[a,*], Colin Arrowsmith[a], Mervyn Jackson[b]

[a]Department of Geospatial Science, RMIT University, Melbourne, Vic. 3001, Australia
[b]Department of Psychology and Intellectual Disability Studies, RMIT University, Melbourne, Vic. 3083, Australia

1 引言

近来，游客体验已成为了解游客满意度的主要焦点（Vitters *et al.*, 2000; Ryan, 2000）。一些研究（Cohe, 1979; Pearce, 1982; Yiannaki, 1991）认为旅游体验是满足各种个人需求的方式。这些需求范围广泛，包括从追求快乐的大众旅游到探索人类更深意义的旅游。

比如，Boorstin（1964）视大众旅游（Boorstin 称其为"伪事件"）为单纯的消费体验。MacCannell（1973）认为旅游是战胜日常生活困难的一种方式，而 Cohe（1979）认为旅游体验是个人精神"中枢"或内心世界与外界的一种象征着根本意义的连接。

多年以来，风景体验一直都是现象学和人文学研究的焦点（Tuan, 1974; Appleton, 1975; Daniel & Vining, 1983; Ryan, 2000; Li Yiping, 2000）。这些研究多采用定性研究方法，强调在自然环境下按个人意愿主观阐释人的体验。此外，这些研究方法还用于阐明人类不同的体验方式，诠释某一环境内有趣的事物和现象。最近，体验性景观概念得到了实证检验，并通过定量研究确定了它的有效性。

测量法和预测法已越来越广泛地被应用于环境行为和游客满意度的研究（DeLucio & Múgica, 1994; Hull & Stewart, 1995; Tribe & Snaith, 1998; Ryan & Glendon, 1998; Vitters *et al.*, 2000）。研究者们观察游客的活动，秘密监测游客的行为、偏好和选择（比如 Hull & Stewart, 1995; Chhetri & Arrowsmith, 2002），还试图了解自然环境背景下导致游客愉快或不愉快体验的经济、文化和社会决定性因素。采用多种技术收集从游客情绪/感受反应中获得的数据，包括简单的现场问卷调查，写日记记录研究对象的活动和感受（Fennel, 1996），以及Hull 和 Stewart（1995）采用的利用传呼系统的经验取样法等。

研究还使用了昂贵有效的设备以监测游客的活动和行为，诸如以录像机（Janowsky & Becker, 2002）、感应计数器（Arnberger & Brandenburg, 2002; Rauhala, Erkkonen & Iisalo, 2002）和最近使用的全球定位系统（GPSs）来跟踪游客的活动。Coch（2002）建议采用现场行为法取代问卷调查来观察游客的行为，通过双筒望远镜，运用三种不同的策略应对保护区不同的环境条件。最近，Janowsky & Becker（2002）综合使用不同技术，包括录像、个人访谈以及地理资讯系统（GIS），去监测具体的用户群并识别他们在城市林区的需求。通过录像监测获得了游客人数、人员构成以及日程安排表等资料。然后通过个人访谈确定他们的需求以及和不同用户群之间的冲突。地理资讯系统（GIS）用来定位不同用户群（比如步行者、慢跑者、徒步旅行者、传统骑车者、骑马者等）最有可能冲突的路段和公路几何特征。

一些研究认为满意度是导致某一情感状态的认知过程（Crompton & Love, 1995; William, 1989）。游客在地理空间产生的愉悦、放松和兴奋的体验极可能导致游客的满足。相反，厌倦、挫败的情绪导致徒步旅行者的满意度更低。为了确定游客的满意等级，游客满意度调查应该多检测个人体验。比如，参与者更容易回答诸如"你感到快乐吗？"、"心情放松吗？"等问题，而不是"你满意吗？"之类的问题。这些回答也将通过多个变量提供游客满意的多维解释，不是通过单一的变量来评定满意级别。Vitters *et al.*（2000）对此表示担忧，因为事实上对游客满意度的测量是不确定的。难道游客真正的满意度通过一份自填的调查问卷就能测量出来吗？我们有必要研究与娱乐活动和体验相关的特点和实际特征（Mannell & Iso-Ahola, 1987; Mannell1, 1980）指出体验的内部结构，其（情感的）强度、持续时间、记忆性和意义等在大部分游客的满意度调查中都没有检测到。

本文的目的旨在记录当前进行的研究，试图辨析影响旅游者行为的潜在因素，即体验。

研究采用了实证现场测量，以确定影响自然风景区游客体验的性质、规模和特点的因素。通过问卷调查在维多利亚西部的格兰屏国家公园徒步观光的大学生，测定他们的感受和体验。研究使用了两种常用的多变量方法——多维排列（MDS）和要素分析，以确定能预测自然环境下游客体验的特征和规模的线性模型。

2　我们在自然景观中体验感受什么?

人们去旅游目的地旅游是为了满足某些目标和需要。

许多研究(Swarbrook, 1995; Eagly & Chaiken, 1993)试图以旅游者的满意度衡量旅游目的地满足游客娱乐休闲需求的能力。旅游目的地被视为有一系列可计量属性的客观实体。然后相比这些属性和特定的标准,以确定整体游客满意度。如果产品属性满足游客需求,那么积极的体验将会产生。Tribe和Snaith (1998)采用HOLSAT方法,通过比较游客的期望值和参观旅游目的地的实际体验,以测量游客的满意度。HOLSAT可如此定义:"用来测量游客对度假地满意度的基础……作为一个工具它有很大的潜力,因为它不含所有旅游地共有的固定属性。"(Tribe & Snaith, 1998)

Hull和Stewart(1995)给"体验式景观"下了一个可操作性定义,认为体验式景观包含三个关键因素,即所处的景观、顺序和感觉。所处景观包含景色、实际所看到的人和/或物。顺序是指所看到的景色或物的次序。感觉和想法是体验这些景色时产生的主观特质。Hull和Stewart进一步得出结论,认为游客的情绪、满意度和景观评估在徒步旅行过程中会有变化。Hull和Harvey (1989)调查了公园的物理特征,如树的密度和大小、下层植被及小径的有无对情绪的影响。研究结论表明游客的快乐随着树木大小和密度以及下层植被的增加而增加。Kroh和Gimblett(1992)在实验室和现场对体验进行了比较研究。他们发现实验室模拟和现场情况在参数选择上差异显著。Hetherington、Daniel和Brown(1993)认为自然景观中的体验没有脱离真实环境,靠多种感觉感受。比如,声音和运动是游客体验的重要决定性因素,尤其是江河景观。

3　我们如何体验自然景观?

旅游体验是通过感知识别获得景区多种感觉信息而产生的。

利用生物物理属性,诸如在某一地理空间内发生的体验,可以从多个角度进行概念化和定量检测(Chhetri & Arrowsmith, 2001)。游客和景观相互作用而产生的体验可以从心理物理学角度分析,确立刺激和游客反应之间的量化关系。这种研究方法的理论基础是欣赏景观而产生的美感会造成不同层次的愉悦和舒适感。游客反应值高度依赖于观察者所观察到的景观外观和声音。这种感知能力完全不依赖景观本身的历史背景知识或文化意识,而取决于观赏者自身的文化和知识背景。

　　体验景观内的特征或事物是一个认知构想，感知事物和特征是愉悦或不愉悦的。体验不仅仅是看风景，还包括了解、信赖及认可。这些过程是认知的，并以个人的背景知识、学识和推理能力为基础。比如，对于景观内的同一类型景色或事物，不同的人可能会产生不同类型的情绪反应。相反，不同类型的景色或事物可能引起不同人相同的情感状态。因此，人们所表现出的情绪反应类型取决于他们对景观历史和文化背景的理解和认知，以及他们自身的知识和文化背景。换言之，它取决于人们构建的认知意象。Bell（1999）称之为"整合法"，指体验受文化、社会人口统计学和行为因素等的影响。

　　景观的感知不只是一个机械地检测信号的过程。它需要对所感知的信息进行组织、分类并识别转化为有意义的组织结构。这个过程将滤除景观中不需要的细节，保留重要的信息。人物—背景关系的格式塔解释就是一个例子，它显示了物体是如何被安排、分组并区分为有意义的认知组织的过程。图1表明在不同的背景下，人们对同一图像有不同的理解。它展示给观察者的是模棱两可的图像。

图1　人物和背景视觉模糊示意图

此图像是以黑色为背景的白色花瓶还是以白色为背景的黑色人头侧面像？

　　Iso-Ahola（1982）提出用二维理论解释激励性因素的作用，这为理解游客在旅游景点的体验提供了理论基础。此人类动机的二维指"逃避日常生活"和"寻求精神补偿"，这两个维度能极大地影响游客在旅游目的地产生的感受。Festinger（1972）认为这是一种认知不协调的过程，在这个过程中，游客倾向于试图取得信念和看法的一致。比如，一个为获得快乐体验而在旅游地付出大量精力的游客在最后很少会认为他们的旅游是不满意的。这种情况将会促使游客忽略扫兴的事情。Vitters *et al.*（2000）也同意此观点，他说人们很难认为他们的旅途是彻底失败的，尤其是如果他们此次旅游投入了大量时间和金钱。结果，通常情况下，很多人会忽略消极的感受，倾向于相信此次旅行是成功的。

　　Eckblad（1981a，1981b）提出用图式理论分析体验的性质。该理论指出对刺激（比如，遇到的景观、人物、事件甚或服务）所产生的情绪反应包括把客观现实同化为认知图式结构的过程。人们将有意义的信息收集起来并以某种结构形式（通常指图式）储存在记忆中。对于图式，一些作者从不同的方面进行了界定，但大家都认为图式是信息存储的有组织的结构。如果感知的现象与现存的图式完全吻合，人们将很可能得到惬意的体验。比如，对于一个封闭式的景观，有些游客可能感觉幽闭恐怖，而有些游客可能会感觉安全。换言之，有些人正视阻力，将景观的封闭属性同化为他们头脑中现存的精神模式（图式），而另一些人却没有。因此，知识和文化背景的不同导致同化程度的不同。相对于来自农村地区的游客，城市游客对拥挤感的理解不一样。来自人口密度较小的地区的游客可能更不会产生不愉悦的感受。(Vitters *et al.*, 2000) 采用连续体解释同化作用的阻力程度，在这种连续体中，最小阻力产生从厌烦到自在、放松和愉悦的感受。相反，阻力的增加会产生恼怒的感受，到最终的受挫感。总的来说，我们可以看到人类在旅游目的地的体验感受非常复杂，具有不确定性和多维性。尽管很多作者试图通过归纳和搜集资料制定具体模式，但却很难用单一的理论来界定游客体验的含义和程度。

4 研究领域

步行或徒步旅行是公认的格兰屏国家公园最重要的娱乐活动之一。本研究通过问卷调查在维多利亚西部格兰屏国家公园一个广受欢迎的循环小道上（图 2）徒步旅行的 25 位大学生，测量徒步旅行者在公园环境中的感受，包含心情、感觉和情绪。

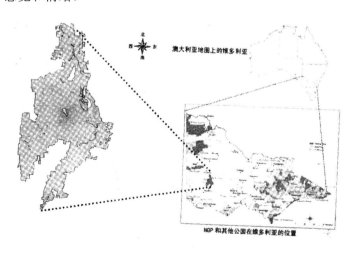

图 2 澳大利亚格兰屏国家公园的地理位置

5 研究方法

5.1 数据收集

　　徒步旅行者被分为两组，第一组第一天朝一个方向行走，第二组第二天朝相反方向走。通过要求调查对象在沿线不同点（如图 3 所示）完成问卷调查收集数据。涉及情绪与感觉的问题采用 5 分量表形式，范围从状态非常好到非常不好。导致这些感受的周围景色细节信息也通过讨论型问题形式给予记录。现场共从 15 个变量进行了 252 次观察。

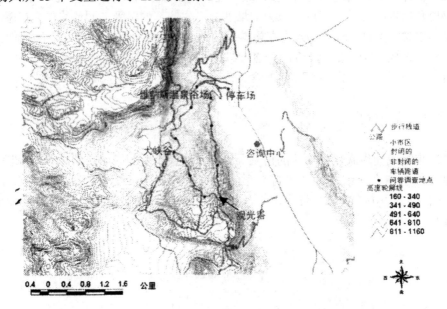

图 3　风景如画的徒步小径立体结构图

　　研究还收集了系列观察点的地理位置数据，旨在将其他物理环境参数，如海拔高度、险峻性、可见度、山的多样性、植被种类、徒步距离和道路宽度等纳入此模型，以通过田野观察确定它们对体验的影响。

5.2 测量工具

　　研究选用了 15 个情绪参数。由于要求各参与者每 15～20 分钟识别所看到的景观的生理物理状态，我们把参数数量限制为 15 个，以减少系列问题完成的复杂性和时间。此调查问卷旨在获取游客快乐、生气、伤心和恐惧等基本信息，这些基本的"原始"情绪被大多数学者们认为是最重要的信息（Aebischer & Wallbott, 1986; Summerfield & Green, 1986）。然而，这些在旅游地的"原始"情绪展现有别于其在日常生活中的表现。在市区环境中，人们通常会有意地避开难度大的斜坡、崎岖地带、突兀的物体以及复杂的路径。相反，他们喜欢走熟悉的道路，遵循普通的路标，选择不太嘈杂和清晰的风景。相比之下，徒步旅行者喜欢探索大自然环境中的荒野、险峻和奇异。在这里人们喜欢挑战各种难度的斜坡，惊叹大自然的神奇，欣赏自然美景，并着迷于自然界的复杂。

影响旅游体验性质中起支配作用的基本情感原型之一是"高兴"。但是，尽管这种基本的情感以多种形式出现，包括愉悦、放松、激动和享受，它们间又有细微的差别。比如，在迷人的崎岖地带行走可能会感觉愉悦，但不一定会感觉放松甚或享受。因此，我们列出不同的反应，试图引出它们的差异。愉悦—不愉悦等级有助于我们识别不同情绪状态的积极—消极情感特征（Mehrabia 1980, 1995）。

与高风景吸引力相关的感受是基于所观赏景观的感官属性的几种情绪的综合体。有些基本情感，比如愤怒，参与者很难在自填式调查问卷中表现出来。因此，可用其他词汇取代，如受挫取代生气，或孤立、封闭取代恐惧。Appleton（1975）发现封闭/孤立在决定人们在景观中的行为和体验非常重要。他认为封闭不仅是一种空间的隔离，而且是一种保护形式。比如，在自然景观中，树冠覆盖面或是突出部分在地面的投影给人视觉的保护，使人看到别处的同时自身不被看到。这些体验在影响徒步旅行行为中具有很重要的作用，因为它们代表了心理状态，比如，封闭或隔离反映了一种迷失的恐惧和带有明显生理物理特征的社交状态，是拥挤不堪抑或受其他游客的影响。问卷还加入了试图调查参与者对激励、刺激和挑战等反应的问题，旨在确定导致参与者突发情绪的刺激属性。

5.3　研究方法

实验组被分成两个小组，第一组从一个方向出发，第二组从相反的方向出发。要求参与者在相同的地点完成问卷调查。采用这种方法希望能够测量出由于不同时间、沿路不同进度点、或稍前看到的景观，游客对相同的地理位置的反应差异。

例如，第一组在小径的开始路段，对应第二组的结尾路段，两组反应统计上无显著差异（即，两组反应在统计上相互关联）。两组在其他地方的反应也没有明显差异。因此，这些现象（指在特定地点的反应）不依赖于当天在前面其他地点的反应。从两个小组观察得到的数据可用于进一步的分析。但是，在不同的地理场所的反应有统计上的差异，例如，在森林段和风景点。正是这些在现场获得的潜在体验维度需要通过多维量表法（MDS）和主成分分析法（PCA）这两种多元技术来确定。

5.3.1 多维量表法

多维量表法（Multidimensional Scaling MDS）最初用于创建现场观测变量异同点的矩阵。在 MDS 里每个变量代表普通的维度空间的一种情绪或情感。

MDS 程序通过简洁的可视化图画展示，使复杂和详细的统计关系非常易于理解（Goodrich, 1978）。一些研究已经用 MDS 法探讨过参观者的行为和旅行目的地的吸引力（Pearcc, 1982; Yiannakis, 1991; Yiannakis & Gibson, 1992; Hong-Bumm, 1998），但旅行者经验的本质属性探讨仍是空白。

通过 MDS 法，每一维度都产生一系列应力值，范围从 0～1 不等，0 表示最佳，1 为最差。五维、四维、三维、二维的最佳应力值分别是 0.07073、0.07142、0.07271 和 0.07627。二维方案易于解释，应力值 0.0762 为可接受计算值，因此已公认为适合用于分析，使用其他方案将增加复杂度，也没有提高数据和方案之间的吻合度。另外，r^2 相关系数（RSQ）为 0.97729，RSQ 指矩阵中差异的对应方差，矩阵可通过相应的距离来解释（Hair、Anderson、Tatham & Black, 1998）。RSQ 可说明原始数据适合 MDS 方案的程度。（Yiannakis & Gibson, 1992）认为应力值在 0.1 和 0.85 之间普遍视为满意。

图 4 采用二维空间法标出了所有 15 个变量。各变量间的几何距离和对应的相似度成比例。例如，"享受"和"愉悦"间的距离小，而它们和"厌烦"间的距离都很大。"立体图中刺激间的距离表明了诸如关联、相关等的相似度，各刺激相距距离越小，说明相似性大，距离越大，相似性越小"（Goodrich, 1978）。

如图 4 所示，横轴（一维）一边表示积极体验，另一边表示消极体验。例如，积极体验如愉悦、享受、放松和陶醉集中在一维的右边。相反，消极体验，如沮丧、厌烦、沉闷等主要集中在一维的左边。因此一维可视为一个两级体验谱，范围从消极到积极，可称为"消极—积极体验"维度。参与者经过的景观特征变化将导致不同情感的变化。参与者通过步行小径，经历不同的景观，低处有独特的植被，高处有壮观的美景和岩石。

为便于解释，该图被分为四块。第一块指与拥挤和沮丧相关的消极体验，左边第三块也指消极体验，与孤立和封闭相关。体验谱的另一端，即第二和第四块与积极体验相关。第二块指与陶醉、愉悦、兴奋和挑战性相关的体验，而第四块与第二块非常接近，侧重于刺激和享受的体验。

第二维被称为"内在—外在"维度。外在感受如拥挤、沮丧、陶醉、兴奋、愉悦和厌烦等集中在一端，而内在感受如封闭、孤立、刺激和激励位于体验谱的另一端。由于外部环境，外在感受受过程的直接影响，是由于地理位置改变

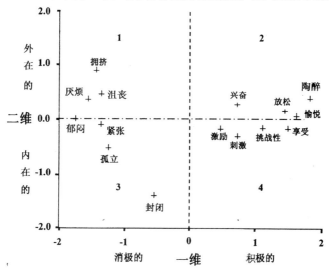

图4　徒步体验行为二维示意图

而直接导致的与游客体验相关的结果，被称为"地理因素"或 G 因素。内在感受指游客心理体验结果，与地理位置无关，被称为"心理因素"或 P 因素。P 因素体验受制于游客的个性和社会认知。当人们看到美丽的风景时，会感到兴奋、愉悦和陶醉。当人们遇到的景观的生理物理因素，如地势险峻，超过了他们的心理或身体的承受能力，难以同化景观产生的阻力时，他们感觉刺激。例如，景观的一成不变可导致厌烦，这可能是由于景观地形的重复出现，而步行时突然出现的险峻地貌可让人感觉沮丧。这些情感由外在刺激所致。另一方面，内在感受取决于内因。例如，为实现特定目标会诱发动机和刺激，这些受制于个人的个性和社会文化因素。然而，G 和 P 因素在决定徒步体验时并不是相互排斥，而倾向于同时进行。这种外在—内在维度解释理论上结合了消极和积极感受，但如图4的感知图所示，它同时也保持了空间距离。

　　MDS 法的应用促使研究者们详细调查游客满意度的级别。例如，感觉愉悦的游客不太可能感到沮丧或厌倦。如果事实如此，那么应该采用其他基于态度和个性的评估方法调查其他内在因素。当问及满意度级别时，这些因素可能会极大地影响游客的反应，二维中的 G 因素可用于研究景观的地理特征，然后可用于描绘地理空间布局中满意度级别的概率。P 因素要求我们进一步调查研究游客的心理和社会人口统计方面的信息，以阐述游客对旅游地情感反应的属性。

5.3.2　主成分分析法

PCA（Principal Components Analysis, PCA）和要素分析法是普遍使用的多元数据分析技术（Malczewsk, 1999; Hair *et al*, 1998）。PCA 通过从一组相关的变量中排除多余变量的方法，便于探索数据间隐藏的关系。PCA 也为研究中的变量提供相关系数矩阵，通过简化新变量，从高度关联的变量中获得主要成分。

使用 R 型因子分析，分别在纵向和横向列出输入变量和观测到的数据。发现超过 70% 的相关显示为重要，其有效性为 0.05（即 95% 的可信度），如表 1 所示。这意味着，PCA 方法适用于该研究。另外，Kaiser-Meyer-Olkin（KMO）计算为 0.8144，明显超出 0.5，说明适合进行 PCA 分析。KMO 是一个指数，用来度量取样是否适当，同时也用来指示主成分分析中观测数据是否充分。另外，PCA 具有探索属性，可以提取有助于解释输入变量间隐藏关系的主要成分。

表 1　所记录的体验的相关系数

	陶醉的	厌烦	有挑战性	拥挤	封闭	享受	兴奋
陶醉的	1.000						
厌烦	-0.267*	1.000					
有挑战性	0.168*	-0.189*	1.000				
拥挤	0.024	-0.006	0.128*	1.000			
封闭	-0.137*	0.009	0.183*	0.043*	1.000		
享受	0.271*	-0.416*	0.196*	-0.068	0.484*	1.000	
兴奋	0.360*	-0.418*	0.151*	-0.135	-0.068	0.484*	1.000
沮丧	-0.175*	0.406*	0.061	0.018	0.052	-0.270	-0.214*
孤立	-0.099*	-0.066	0.277*	-0.130*	0.209+	0.083	-0.001
激励	0.198*	-0.470*	0.122	-0.119	0.011	0.458*	0.459*
愉悦	0.369*	-0.388*	0.284*	-0.066	0.088	0.652*	0.802*
放松	0.380*	-0.261*	0.108	-0.138	0.021	0.419	0.508*
郁闷	-0.235*	0.229*	-0.121	-0.085	0.103	-0.213*	-0.083
刺激	0.233*	-0.386*	0.193*	-0.109	0.137*	0.419*	0.392*
紧张	-0.189*	0.285*	-0.008	-0.079	0.135*	-0.106	-0.189*
	沮丧	孤立	动机	愉悦	放松	郁闷	刺激	紧张
沮丧	1.000						
孤立	0.064	1.000					
激励	-0.337*	0.151*	1.000				
愉悦	-0.256*	0.105	0.474*	1.000			
放松	-0.301*	-0.034	0.329*	0.397*	1.000		
郁闷	0.215*	0.171	-0.115	-0.238	-0.108	1.000	
刺激	-0.337*	0.094	0.558*	0.397*	0.258*	-0.164*	1.000
紧张	0.282*	0.114	-0.193*	-0.158	-0.339*	0.242*	-0.147*	0.100

*相关显著性水平为 0.05（双尾）。

通过最大变异法，PCA 提取出了四个特征值超过 1 的主要成分，这些主要成分解释了观测数据中 57% 的可变性，主成分 1 高度集合（高度关联）了陶醉、享受、兴奋、愉快、放松等感受，被称为"满意的体验"。主成分 1 占观测数据中可变性的 29.4%，主成分 2 高度集合了与激励和刺激相关的积极内容与厌倦、沮丧和紧张等消极内容。这部分可称为"驱动性体验"，因为它与驱动力有关，迫使徒步旅行者继续前进，以便发现或获得更多徒步旅行体验。主成分 3 主要解释对未知的忧虑或恐惧，高度集合了与挑战、紧张和孤立变量，被称为"恐惧的体验"。主成分 4 解释了整体变量的 7.6%，与拥挤和挑战变量高度相关，因而被称为"社会相互影响的体验"。

因此，四个新的主成分解释了徒步旅行中观测数据中 57% 的变量。这些经验主成分有助于理解人们在自然背景下如何感受和相互影响。满意的体验可解释大部分变量。这可能是因为大部分到以自然风光为主的目的地旅行的参观者都带有来自于积极感受（假期/旅行的感受）的观念。驱动性体验在解释观测到的变量的变化方面也很重要。人们穿越小径，想要看到或了解到更多有关该景点的东西。但是这里有一些未知的东西，他们可能会经历恐惧感，即主成分 3 所提到的"恐惧的体验"。任何一次旅行经历都会与其他旅行者相互作用。人们的社会承载能力不同（O'Reilly, 1986; Gill & Williams, 1994; Glasson、Godfrey & Goodey, 1995），正如主成分 4 中所提出的"社会相互影响的体验"。

6 开发体验式自然景观的模式

除参与者沿着指定的道路徒步远行时记录的体验感受外，研究者们还记录了完成调查问卷地点的生物物理属性，包括林冠覆盖、树木的密度、取景的距离、视野内山脊的数量以及 GPS 纪录的位置，再以 1∶25000 的比例运用 GIS 数码地理资料核对这些数据，然后在各观测站获得生物物理参数。考虑到生物物理参数的任何组合，应尽可能确定预期的游客体验，从而生成整个游览区的体验图。数字数据的生物物理组成部分包括高度、坡度、方位、植被和水体。

图 5 描绘了游客体验反应的平均值。根据小径附近地区的植被和地形变量，小径被分为三种景观类型：景色、开阔领域和森林。图 6 展示了这些景观类型照片。

通过主成分分析产生了旋转因子矩阵（表 2），由此得出高度集合了最新形成的体验成分的四个变量，用于指代体验。Hair、Anderson、Tatham 和 Black（1998）认为，由于各变量间高度相关，这种一种成分选择一个变量的方法很

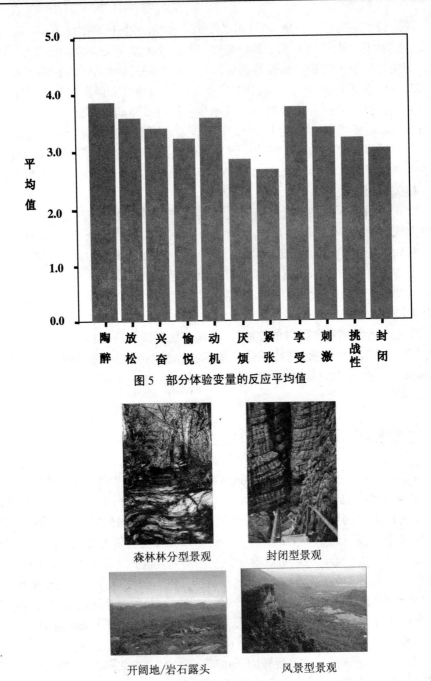

图5 部分体验变量的反应平均值

森林林分型景观   封闭型景观

开阔地/岩石露头   风景型景观

图6 景观图片

好。例如，如果加载 0.799，变量"愉悦"可取代主成分 1（满意的体验）。从调查的反应中计算出四个变量的平均值，表 3 为四个变量的平均值和差异。

表 2　旋转因子矩阵

	满意的	迫使性的	不安的	社会相互作用
愉悦	0.79931	0.28179	0.16244	0.05823
兴奋	0.75225	0.25752	-0.01212	-0.14003
放松	0.74937	0.18199	-0.14602	-0.11411
陶醉	0.63716	0.04212	-0.23998	0.27114
享受	0.61702	0.38784	0.20195	0.03809
沮丧	-0.05314	-0.74072	0.21076	-0.02888
厌烦	-0.28061	-0.68052	-0.5062	-0.16405
激励	0.36225	0.66390	0.17078	-0.15559
刺激	0.29120	0.64861	0.24793	-0.02803
紧张	-0.15928	-0.43099	0.41357	-0.06106
孤立	-0.00035	0.07836	0.69221	-0.20340
封闭	-0.04969	0.03207	0.64008	0.06467
有挑战性	0.32807	-0.01792	0.53468	0.45999
拥挤	-0.14943	-0.08814	0.04366	0.74841
郁闷	-0.13500	-0.33009	0.25993	-0.57062

表 3　体验选项和三种景观类型的方差分析统计

体验选项	景观	平均值	标准差	F 比值	显著性
愉悦	风景	4.07	0.676	5.057	0.007
	开放地	3.62	0.811		
	林段	3.71	0.816		
激励	风景	3.28	1.01	1.79	0.168
	开放地	2.96	0.919		
	林段	3.06	0.922		
拥挤	景色	2.33	1.00	0.377	0.686
	开放地	2.32	0.94		
	林段	2.22	0.99		
孤立	风景	2.523	1.10	3.18	0.027
	开放地	2.371	0.963		
	林段	3.228	0.978		

通过方差分析检测三种景观类型的 4 个变量，以得出由于景观变化而产生的不同反应。从表 3 可以看出，"愉悦"和"孤立"都显示出显著差异，置信度为 95%。然而，"刺激"和"拥挤"情况并非如此。回忆上文提到的 MDS 分析的第二维度（称之为"内在—外在"维度），与作用于游客的外部对内部力量的比值强度直接相关。"愉悦"和"拥挤"这两个外部力量，其中只有前者取决于地理位置。另一方面，由于远足旅行时遇到的拥挤程度较低，景观各类型间没有表现出拥挤上的显著差异。因此，通过 MDS，根据地理变量，可以描绘出以自然景观为主的旅游目的地的愉悦体验的强烈程度。

图 7 为游客陶醉情感的平均值示意图。通过 Bonferroni 检测，可以发现景观和开阔区之间，景观和森林区之间在陶醉情感反应方面有显著差异。但是，开阔区和森林区之间没有显著差异（表 4）。

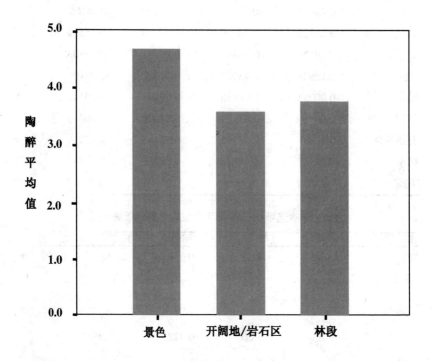

图 7　陶醉特性平均值

表4　三种景观类型吸引力的方差分析统计

方差分析 陶醉						
	方差总值	自由度	方差均值	F 比值	显著性	
各组之间	24.126	2	12.063	20.987	0.000	
组内	143.124	249	0.575			
总计	167.250	251				
多重比较						

从属变量：吸引力 Bonferroni 法分析

方差分析 陶醉						
（I）景观	（J）景观	平均差 (I-J)	标准误差	显著性	95%置信区间	
					下界	上界
风景	开阔地/岩石区	0.90*	0.14	0.000	0.56	1.23
	林段	0.68*	0.14	0.000	0.34	1.01
开放/岩石区	风景	-0.90*	0.14	0.000	-1.23	-0.56
	林段	-0.22	0.10	0.112	-0.47	3.32E-02
林段	风景	-0.68*	0.14	0.000	-1.01	-0.34
	开阔地/岩石区	0.22	0.10	0.112	-3.32E-02	0.47

*平均差显著性水平为 0.05。

7　结论和未来研究方向

本文探讨了采用探索性统计技术进行分析的研究，旨在认识和了解影响旅游者在自然风景旅游目的地旅行时的行为和体验的因素。该研究对维多利亚西部格兰屏国家公园远足者的感受和情绪进行了实地观察。远足路线穿越了多种多样的植被类型、海拔高度、地貌特征和景色，游客因此而产生了各种感受。

本研究采用了两种多元因素分析法，描述游客在自然风景区的远足体验。MDS 是一种强有力的可视定量分析方法，可以直观清晰地看出多维空间多种变量间的关系，即使对非专家读者也很容易阐释清楚。本研究采用了两个维度。维度 1 称为"消极—积极体验"的维度，用以确定积极至消极的两级感受，维度 2 称为"内在—外在"维度，用于确定影响参与者体验的地理刺激变量。利用 MDS 的二维法，可以描绘出游客在自然风景旅游目的地的体验。

　　PCA 从另一个不同的角度阐释数据，通过排除相关变量组中的多余信息，可进一步探讨变量之间"隐藏"的关系。四个主成分解释了所记录观测资料中超过57%的变化。主成分 1 解释了此变化的大部分，被视为"满意的体验"，是参观令人陶醉的国家公园所期望的体验。主成分 2 驱使观光者继续前进，了解更多周围的环境，被称为"驱动性体验"。与此相联的是很可能不安和害怕的感受，可用主成分 3 "恐惧的体验"来解释。主成分 4 被称为"社会互动的体验"，用于解释孤立和拥挤的感受。这些成分通过分析影响风景区远足者体验的潜在维度，为游客满意度评估提供了一个理论框架。问卷中所包括的测量维度可进一步扩大游客满意度研究的知识。

　　这项研究确实存在局限性。被调查对象数量少，为同类的大学生。为展现出游客体验的真实画面，理想的情况应该是调查一组更具代表性的对象，参与者应该具有不同的社会经济背景，或年龄体能各不相同。此外，调查还应该考虑到不同的短暂因素的影响，例如天气条件和季节性。最后，本研究方法将景观分解成多个独立的要素，然而景观体验是视其为一个不可分割的整体的过程。例如，在某个特定景观中产生的积极体验可能很大程度上是受景色中水的影响，但这种积极的体验也可能由于其他因素的出现而变得消极，如在以森林为背景的景色中。

　　未来的研究应弥补本研究的缺陷。这项研究通过 PCA 确定了四个主成分，MDS 确定了两个维度。研究结果可用于描述某地理区域预期的游客体验。这项研究还可以加以延伸，探讨一些具有潜在吸引力、适应性强、可进入性高的区域。具有这些特点的区域非常适宜在可持续发展框架内大力发展旅游业。这将为公园管理人员开辟新的步行小径时提供有用的信息。

　　研究中确定的游客体验维度可能为用于模拟公园休闲行为的基于代理人的自发模型提供行为规则。代理人指电脑生成模拟，能代表用户执行任务。用于休闲娱乐管理的基于代理人的范式可为单个代理人设立一套规则。全套规则支配了单个代理人的决策能力，限定了具体环境下情绪反应或行为的类型。本研究试图利用 GPS 跟踪，辅以在维多利亚西部坎贝尔港国家公园通过问卷获得的人口数据。希望这些数据与空间、时间和行为资料有机结合，建立基于知识的决策支持体系。

参考文献

Aebischer, V., & Wallbott, H. G. (1986). Measuring Emotional Experiences: Questionnaire Design and Procedure and the Nature of Sample. In Scherer, et al. (Eds.), *Experiencing Emotion—A Cross-cultural Study* (pp.28-49). Cambridge:

University Press.

Appleton, J. (1975). *The Experience of the Landscapes*. New York: John Wiley.

Arnberger, A., & Brandenburg, C. (2002). Visitor Structure of a Heavily Used Conservation Area: The Danube Floodplain National Park, Lower Austria. In Arnberger, *et al.* (Eds.), *Conference Proceedings of the Monitoring and Management of Visitor Flows in Recreational and Protected Areas* (pp.7-13). Vienna, Austria: Bodenkultur University.

Bell, S. (1999). *Landscape Perception—Pattern, Perception and Process*. London: E & FN Spon.

Boorstin, D. J. (1964). *The Image: A Guide to Pseudo-events in America*. New York: Harper & Row.

Chhetri, P., & Arrowsmith, C. (2002). Developing a Spatial Model of Hiking Experience in Natural Landscapes. *Cartography*, 31(2), 87-102.

Chhetri, P., & Arrowsmith, C. (2001). Assessing Biophysical Parameters of Landscape Attractiveness in Tourist Destinations. Proceedings of the Australian Academy of Science Fenner Conference "Nature Tourism and the Environment", *Canberra*, 3-6 September 2001, CRC for Sustainable Tourism.

Coch, T. (2002). Observing Visitors Behaviour as a Methodical Alternative to Questionnaires—A Proposal. In Arnberger, A., Brandenburg, C., & Muhar, A. (Eds.), *Monitoring and Management of Visitor Flows in Recreational and Protected Areas. Conference Proceedings* (pp.474-478).

Cohen, E. (1979). A Phenomenology of Tourist Experiences. *The Journal of the British Sociological Association*, 13(2), 179-201.

Crompton, J. L., & Love, L. L. (1995). The Predictive Validity of Alternative Approaches to Evaluating Quality of a Festival. *Journal of Travel Research*, 34(1), 11-24.

Daniel, T. C., & Vining, J. (1983). Methodological Issues in the Assessment of Landscape Quality. In I. Altman, & J. Wohwill (Eds.), *Human Behaviour and The Environment*. New York: Plenum Press.

DeLucio, J., & Múgica, M. (1994). Landscape Preferences and Behaviour of visitors to Spanish National Parks. *Landscape and Urban Planning*, 29, 145-160.

Eagly, A. H., & Chaiken, S. (1993). *The Psychology of Attitudes*. Forth Worth: Harcourt Brace Jovanovick College Publishers.

Eckblad, G. (1981a). Assimilation Resistance and Affective Response in Problem Solving. *Scandinavian Journal of Psychology*, 22, 1-16.

Eckblad, G. (1981b). *Scheme Theory a Conceptual Framework for Cognitive-Motivational Processes*. London: Academic Press.

Fennell, D. (1996). A Tourist Space-time Budget in the Shetland Islands. *Annals of Tourism Research*, 23(4), 811-829.

Festinger, J. (1972). An Introduction to the Theory of Dissonance. In E. P. Hollander, & R. G. Hunt (Eds.), *Classic to Social Psychology: Reading with Commentary* (pp.209-219). London: Oxford University Press.

Glasson, J., Godfrey, K., & Goodey, B. (1995). *Towards Visitor Impact Management*. Aldershot, UK: Ashgate Publishing Limited.

Goodrich, J. N. (1978). A New Approach to Image Analysis through Multidimensional Scaling. *Journal of Travel Research*, 16(3), 3-7.

Gill, A., & Williams, P. (1994). Managing Growth in Mountain Tourism Communities. *Tourism Management*, 15(3), 212-220.

Hair, J., Anderson, R., Tatham, R., & Black, W. (1998). *Multivariate data Analysis: With Readings*. Englewood Cliffs, NJ: Prentice-Hall.

Hetherington, J., Daniel, T. C., & Brown, T. C. (1993). Is Motion more Important than it Sounds? The Medium of Presentation in Environmental Research. *Journal of Environmental Psychology*, 13, 283-291.

Hong-Bumm, & Kim (1998). Perceived Attractiveness of Korean Destination. *Annals of Tourism Research*, 25(2), 340-361.

Hull, B. R., & Harvey, A. (1989). Explaining the Emotion People Experience in Suburban Parks. *Environment and Behaviour*, 21(3), 323-345.

Hull, R. B., & Stewart, W. P. (1995). The Landscape Encountered and Experienced while Hiking. *Environment and Behaviour*, 27, 404-426.

Iso-Ahola (1982). Toward a Social Psychological Theory of Tourism Motivation: A Rejoiner. *Annals of Tourism Research*, 9(2), 256-262.

Janowsky, D., & Becker, G. (2002). Recreation in Urban Forests: Monitoring Specific User Groups and Identifying their Needs with Video and GIS-support. In Arnberger, A., Brandenburg, C., & Muhar, A. (Eds.), *Monitoring and Management of Visitor Flows in Recreational and Protected Areas*. Conference Proceedings (pp.296-301).

Kroh, D. P., & Gimblett, R. H. (1992). Comparing Live Experience with Pictures in Articulating Landscape Preference. *Landscape Research*, 17, 58-69.

Li, Y. (2000). Geographical Consciousness and Tourism Experience. *Annals of Tourism Research*, 27(4), 863-883.

MacCannell, D. (1973). Staged authenticity: Arrangements of Social Space in Tourist Settings. *American Journal of Sociology*, 79(3), 589-603.

Malczewski, J. (1999). GIS and Multicriteria Decision Analysis. New York, USA: wley.

Mehrabian, A., & O′ Reilly, E. (1980). Analysis of Personality Measurees Interms of Basic Dimensions of Temperament. *Journal of Personality and Social Psychology*, 38:492-503.

Mehrabian, A., & Stefl, C. A. (1995). Basic Temperament Components of Loneliness, Shyness, and Conformity. *Social Behavior and Personality*, 23:253-264.

O′ Reilly, Charles A. & Chatman, Jennifer (1986) Organizational Commitment and Psychological Cottachment: The Effects of Compliance, Identifyication, and Internalizeation on Prosocial Behaveior. *Journal of Applied Psychology*, 71(3):492-499.

Pearce, P. L. (1982). *The Sociology of Tourist Behaviour*. Oxford: Pergamon Press.

Rauhala, J., Erkkonen, J., & Iisalo, H. (2002). Standardisation of visitor counting- experiences from Finland. In Arnberger, A., *et al.* (Eds.), *Monitoring and Management of Visitor Flows in Recreational and Protected Areas*. Conference proceedings (pp.258-263).

Ryan, C. (2000). Tourist Experiences, Phenomenographic Analysis, Post- positivism and Neural Network Software. *International Journal of Tourism Research*, 2, 119-131.

Ryan, C., & Glendon, I. (1998). Application of Leisure Motivation Scale to Tourism. *Annuals of Tourism Research*, 25(1), 169-184.

Summerfield, A. B., & Green, E. J. (1986). Categories of Emotion-eliciting Events: A qualitative Overview. In Scherer, *et al.* (Eds.), *Experiencing Emotion—A Cross-cultural Study* (pp.50-68). Cam bridge: University Press.

Swarbrooke, J. (1995). *Development and Management of Visitor Attractions*. Oxford: Butterworth-Heinemann.

Tribe, J., & Snaith, T. (1998). From SERVQUAL and HOLSAT: Holiday Satisfaction in Varadero, Cuba. *Tourism Management*, 19(1), 25-34.

Tuan, & Yi-Fu (1974). *Topophilia: A Study of Environmental Perceptions, Altitude and Values*. Englewood Cliffs, NJ: Prentice-Hall.

Vitterso, J., *et al.* (2000). Tourism Experiences and Attractions. *Annals of Tourism Research*, 27(2), 432-450.

William, D.R. (1989). Great Expectations and the Limits to Satisfaction: A Review of Recreation and Consumer Satisfaction Research. In Watson, A.E. (Ed.), *Outdoor Recreation Benchmark 1988*. Proceedings of the National Outdoor Recreation Forum, January, Tampa, FL (pp.422-438).

Yiannakis, A. (1991). *Some Predictors of Tourist Role Preference: A Logistic Regression Approach Paper Presented at Conference of Leisure Studies Association (Britain)*. Northern Ireland: University of Ulster.

Yiannakis, A., & Gibson, H. (1992). Roles Tourist Play. *Annals of Tourism Research*, 19, 287-303.

第十章 购物体验评价：国内和国际游客对比研究

Atila Yuksel

School of Tourism Administration and Hotel Management, Adnan Menderes University

1 引言

购物很少作为主要的旅游目的被提及。但它却是一项重要的休闲和旅游活动，对经济发展也有重大贡献（Cook, 1995; Di Matteo & Di Matteo, 1996; Jansen-Verbeke, 1991; Timothy & Butler, 1995）。对于许多游客来说，没有购物的旅游是不完整的旅游（Kent, Schock & Snow, 1983，引自 Turner & Reisinger, 2001; Heung & Qu, 1997）。以往的研究指出游客在购物上的花费往往多于吃、住或其他娱乐（Turner & Reisinger, 2001）。在有些地区，购物占据了旅游花费的第一位（Turner & Reisinger, 2001）。许多欠发达的国家，由于商品价格低廉，购物旅游成了一大吸引力（Jansen-Verbeke, 1991; Ryan, 1991; Timothy & Butler, 1995）。因此，购物不仅只是占据了游客总消费的最大部分，它确实对游客具有极大的诱惑力（Law & Au, 2000）。

虽然零售行业对旅游业做出了巨大贡献，使购物成为了主要的旅游活动，但国内、国际游客如何看待商场和其他零售店服务的相关信息却很少。考虑到国内旅游在世界范围内的年增长率（3%）、其在旅游总额中的比重（75%）以及对经济的影响，目前对它的研究确实极其有限（Turner & Reisinger, 2001）。本研究主要研究购物体验，试图评估国内国际游客对零售业服务的评价。Mann-Whitney 的 U 检验表明国内和国际游客对商店服务的看法有很大的差异，卡方检验法测试表明这两个群体购买的商品不同。与国际游客相比，国内游客对服务评价更消极。

2 文献回顾

游客把相当比例的时间和金钱都花在购物上，但是学界对作为旅游活动的购物的研究却远远不够。Turner 和 Reisinger（2001:16）列举了把购物归为旅游活动的原因："它创造了一个诱人的环境，刺激了旅游的发展；它开发了一个有吸引力的旅游产品，使人愉悦兴奋。"Jansen-Verbeke（1991）强调零售业的发展在提升旅游业方面起了重要作用。旅游购物行为可能会不同于一般的购物，在度假的时候可能会有很多的购物动机。

购物行为在令人激动的外出旅行环境中可能会发生改变（Turner & Reisinger, 2001）。旅游购物者可能会寻求独特的产品和纪念品，关心商品的品牌和标识、产品和包装大小、价格、产品属性和商店位置等（Gee, 1987，引自 Turner & Reisinger, 2001:17）。旅行者购买的商品种类很多，不仅包括纪念品和个人必需品，还有如服装、珠宝首饰、书籍、美术工艺品、免税商品和电子产品等（Turner & Reisinger, 2001）。文化和年龄的差异导致所购的商品也各不相同（Kim & Littrell, 2001）。除了买东西，很多游客可能还想以不同方式体验具体的场所（即购物街）（Bloch, Ridgway & Dawson, 1994，引自 Jones, 1999）。这反映了购物的娱乐功能，包括看会展、与其他消费者和售货员交流、与朋友交往、闲逛不买等（Jones, 1999）。应当指出的是，即使在单纯的购物旅游中游客的动机也是多种多样的，包括消遣娱乐、自我满足、了解当地的传统和新的流行趋势、感官刺激等（Tauber, 1972，引自 Jones, 1999）。

对购物的渴望和需要可以激发旅游者的旅行动机（Timothy & Butler, 1995）。这一论点基于以下因素：娱乐放松、逃避世俗、接受与购物有关的新挑战（Law & Au, 2000）。游客追求实用的或愉快舒适的购物体验，而后者以内心的满足、充分的自主和投入为特征。以购物为对象的研究大多表明消费者视购物体验为娱乐或消遣（Jones, 1999）。是否购买商品并不是快乐购物体验的重要因素。换句话说，游客即使没购买任何东西，其购物体验也可能非常有趣、愉快。将购物转变成一种快乐体验，已变成许多旅游目的地零售商常用的战略。研究表明，购物者在商场受到的接待服务在评价中的作用不可忽视，而商品价格则主要影响着购物者的评价（Peritz, 1993）。商店的外在属性也能明显地提高或降低顾客对商店的评价（Peritz, 1993）。服务人员是否能说顾客使用的语言很重要，因为这将表明主人对客人的欢迎和关爱态度（Reisinger & Waryszak, 1994）。不同国家的游客在旅游目的地的行为模式，如旅途安排、娱乐和购物活动、花费等表现各异。Wang 和 Ryan（1999, 引自 Turner & Reisinger, 2001）认为国际游客之间的文化差异显著，尤以购物讨价还价方式为甚。在酒店管理研究领域，Mok 和 Armstrong（1998）表明，来自不同国家和地区的游客，如英国、美国、澳大利亚、日本和中国台湾等，对酒店服务有不同的期望。Armstrong、Mok、Go 和 Chan（1997）得出了类似的结论，认为顾客对酒店的期望可能受文化的制约。McCleary、Choi 和 Weaver（1998）发现韩国和美国的商务游客在具体酒店特征问题上存在很多明显的差异。文化不同，评价服务体验的方面也可能不同。例如，绝大多数亚洲文化（也包括土耳其文化）喜欢高语境交际（非语言交际模式），而绝大多数西方文化偏向低语境交际（清晰、直接、明确）（Mattila, 1999）。

　　游客离开了一成不变的平淡世界，暂时置身于新奇的旅游目的地（Jafari, 1987）。换言之，游客摆脱了原来的文化环境，开始领略旅游文化。因此，他可能变得不那么挑剔，比以前更能容忍错误，甚至可能找到一些失败的乐趣。

　　但是，反过来也可能如此。由于以往的旅行经验、旅游的距离、空间的变化以及假期长度等因素，国内和国际游客对旅游文化的渗透程度不同。由于身处国外，国际游客或许能更快地接受旅游文化。国内游客由于仍在自己的国度，可能不能像国际游客那样迅速地摆脱本土文化。因此，国内和国际游客的行为差异可以从他们对旅游文化的不同接受程度来解释。这意味着，由于环境的相似性，国内游客的本土文化在旅行中可能仍占主导地位。因此，他们可能期望享受像在家乡一样的同一水平的服务和待遇。

　　Carr（2002）的最近研究表明，旅游距离对游客行为有一定的影响，国内和国际年轻游客的旅游行为存在差异。他的研究显示，国内游客更主动，较少享乐主义，而国际游客趋向被动/享乐主义行为。国内游客所处的环境与其原居住地类似，这些相似性可能会刺激游客的居住地文化，而使其难以接受旅游文化（tourist culture），也无法像国际游客那样以被动、享乐的方式行事（Carr, 2002）（感兴趣的读者请参见 Jafari［1987］的"居住地文化和旅游文化"）。Laing（1987）表明，相比外国游客，国内游客由于没有任何语言障碍，对旅游周围环境相对熟悉，他们更容易融入到当地人当中，并从中获得更多信息。

　　上述讨论得出以下观点：

　　观点 1：国内游客和国际游客对商店提供的服务和商品有着不同的评价。

　　观点 2：国内游客和国际游客有着不同的购物偏好。

　　研究文献指出，顾客所感知的可能不同于客观现实（Reisinger & Waryszak, 1994）。因此，衡量客户对服务的看法非常重要，因为客户对服务的评价和未来的行为（如重复购买）取决于他的看法，而不是现实本身（Reisinger & Waryszak, 1994）。与 Hearg 和 Qu（1998）一样，本研究中购物被界定为游客在库萨达斯购买消费品或出口商品支出的费用，不包括食物、饮料或杂货方面的支出。本研究的目的在于：（1）指出国内游客和国际游客对服务评价的异同；（2）指出国内和国际游客在购物喜好方面的异同。应当指出的是，本研究基于一个连续改建项目的数据库，即库萨达斯商业行动计划（KCAP）。目前此计划由库萨达斯当地政府、库萨达斯商会和巴伦西亚商会共同实施。下面一节将详细说明此计划的宏伟目标，然后介绍本研究使用的研究工具。

3 库萨达斯商业行动计划

伴随着土耳其 20 世纪 80 年代对国际旅游的日益重视，库萨达斯由原来的以国内游客为主要客源的休闲胜地转变成了一个国际性的旅游目的地，吸引了大量的国际游客。库萨达斯镇位于土耳其西南部，自然、历史和文化资源丰富，交通便利，地理位置优越，距离国际机场仅一个小时的路程，高速公路和其他主要城市相连，也可以经海路抵达。该镇紧邻以弗所——到土耳其旅游的必游之地，小镇不仅接待国内、国际度假游客，还接待乘船游和一日游游客。

尽管没有充分的量化资料确定库萨达斯镇处于生命周期的哪个阶段，由于缺乏有计划的开发，该镇的形象已严重恶化（Cavus, 2002）。最近，该镇的客源已经发生了改变（例如，越来越多的游客来自东欧国家），旅游收入连续明显下降。

库萨达斯目前的旅游发展呈现出停滞阶段的很多特点，例如，形象过时、资产周转率高、缺乏新投资、床位过剩等（Cavus, 2002）。当地政府意识到如果不开始采取预防措施，这种衰退趋势将加速。尽管不是那么简单，但如果采取防范措施，如重新定位旅游景点、提高环境质量或在总体市场内重新配置该旅游目的地等，衰退是可以阻止的（Agarwal, 2002）。针对目前的停滞，当地政府、库萨达斯商会、库萨达斯零售商协会、巴伦西亚商会以及其他民间志愿组织共同联手，推出库萨达斯商业行动计划。该项目第一阶段需要收集关于国际和国内游客以及他们对库萨达斯服务的看法的有效信息。

4 研究方法

4.1 研究工具

本项目调查问卷设计的基础是有关旅游目的地形象和购物的文献，以及向来自巴伦西亚商会、库萨达斯零售商协会和商会的专家们的一系列咨询。本研究设计了一份单页调查问卷，包括六个主要部分，问卷翻译成其他 4 种语言（英语、荷兰语、南斯拉夫语和罗马尼亚语）。问卷第一部分着重调查有关游客人口统计学和旅游的信息。包括游客的国籍、年龄、性别、收入、职业、停留时间、旅行团队的规模、旅行方式、以往的旅行、住宿类型、预期的和实际的购物费用、度假总费用等。问卷第二部分旨在了解国内和国际游客的旅行动机及其在库萨达斯停留期间参观的地点。问卷的第三部分调查游客的购物意图和所购的产品，第四部分考察了游客对 12 个关键面服务的看法，即商场售货员对顾客的尊敬，员工对顾客的重视，为顾客提供信息（产品信息）的能力，沟通的简易度，预售商品的种类、价格、商场整洁度、商场外观以及内外部设计、商场服务质量和安全性等。答案采用四分量表的形式，范围从非常好到非常差。分值 1 对应"非常好"，分值 4 对应"非常差"。第五部分问题旨在调查游客在旅游地停留期间使用的服务和设施类别。要求调查对象从以下 12 个主要的领域评估库萨达斯的情况：安全性、形象、整洁度、交通、路标、食物供应、商业、娱乐、休闲设施、海滩、建筑外形和历史古迹等。问卷的最后一个部分要求调查对象表明是否考虑延长在库萨达斯的停留时间，以及是否愿意将来再来。应当指出的是，本文仅分析游客的购物喜好及其对购物体验的看法。

4.2　步骤

我们选择在该镇的不同地方发放问卷，调查由经过训练的采访者负责发放给便于填写问卷的游客。调查进行了大约一个月，共发放问卷 3500 份。调查对象的选择采用便利抽样的方法，以进行调查时在库萨达斯的国内游客和国际游客的便利性为条件。游客抽样调查在 8 月底和 9 月初进行。虽然抽样调查以便利为原则，但却包括了各种不同社会人口背景的调查对象。在 3500 份问卷中，有效问卷为 729 份，回收率为 21%。其中国内游客问卷 139 份，国际游客问卷 590 份，适合用于分析。问卷返回率较低的原因可能是问卷较长，游客填写时间有限（Bowen, 2001; Orams & Page, 2000）。游客的主要旅游目的是娱乐和放松，所以很难让他们抽太多的时间填写这些较长的问卷（Bowen, 2001; Orams & Page, 2000）。

4.3　数据分析

大多数国际游客为男性（60%），40% 为女性。国际游客的平均年龄为 34 岁，从 11 岁到 77 岁不等。大多数国际游客来自荷兰（21%），其次是前南斯拉夫（18%）、英国（11%）、比利时（8.5%）、爱尔兰（6.6%）、保加利亚（5.1%）和德国（4.7%）。大部分的国际游客是第一次参观库萨达斯（79%），21% 为回头客。大多数的国际游客（82%）跟团旅游，18% 是散客。86% 的国际游客首选酒店住宿，多数游客停留时间超过 2 周（37%）。90% 的国际游客在库萨达斯停留期间忙于购物。85% 的国际游客表示，他们会考虑今后再来库萨达斯。大多数土耳其游客为男性（65%）。在所有土耳其游客中，70% 是回头客，在库萨达斯平均逗留时间为 7 天，多数人在酒店住宿（55%），其次为避暑别墅（24%）。70%的土耳其游客表示他们在库萨达斯逗留期间曾经购物，85%的人会考虑将库萨达斯作为未来度假地。为了评估国际游客和国内游客之间的任何差异性质，我们进行了一系列卡方检验。研究显示，国内游客和国际游客在性别（x^2=2.733, P=0.604）和年龄（x^2=124.801; P=0.103）上没有差异。但两者在参观库萨达斯的频率（x^2=124.846; P=0:000）和在库萨达斯的逗留时间（x^2=20.960; P=0.000）上有明显的差别。

考虑到来库萨达斯旅游的荷兰和前南斯拉夫游客越来越多,本研究分析了荷兰、前南斯拉夫和国内游客的看法。为了了解国内游客和荷兰游客之间、国内游客和前南斯拉夫游客之间对商场服务的看法是否存在差异，我们使用了Mann-Whitney U 检验法。此独立样本检验旨在确认游客对服务的看法是否有变化。此可能性双尾检测用于调查国内游客和国际游客间是否存在差异，这两组间的分值在统计上是否有显著性差异。为了评定国内游客和国际游客间在购物产品偏好上的差异，我们进行了一系列卡方检验，显著性水平为 0.05。如表 1 所示。

表 1　国内游客和前南斯拉夫游客评价平均值比较

	前南斯拉夫	土耳其	Mann-Whitney U	显著性（双尾）
员工对顾客的重视度	1.57	1.94	3454.500	0.000
服务质量	1.76	2.01	3773.000	0.011
产品质量	1.97	1.89	4395.000	0.416
员工知识	1.88	2.26	3156.500	0.000
商场外观	1.66	2.07	3084.000	0.000
商场整洁性	1.87	1.92	4159.000	0.448
展览/设计	1.81	2.02	3790.500	0.050
产品/服务种类	1.81	2.06	3656.000	0.023
价格	1.97	2.53	2902.000	0.000
员工对顾客的尊敬	1.62	2.13	2879.500	0.000
购物安全性	1.77	2.15	3208.500	0.000
沟通的简易度	1.95	2.23	3711.500	0.014

4.4　服务评价差异

前南斯拉夫游客认为商场售货员对顾客很重视（表 1）。对其他难以确定的服务因素，包括员工的知识、礼貌程度和安全性等的看法，统计的平均值表明前南斯拉夫游客对这些属性给予了肯定的评价。这些游客还认为产品质量和价格比较合理。与前南斯拉夫游客类似，荷兰游客也认为商场售货员对顾客的重视令人满意。然而，表 1 的数字表明，荷兰游客在员工对产品的了解程度、会展风格和商店内部结构、产品种类以及对顾客的尊敬程度等方面表示不满意。数据平均值进一步表明，荷兰游客在沟通便利性方面也给予了否定的评价。国内游客的评价显示，12 项中有 9 项评价消极。它们是服务质量、员工的知识、商场的外观、展览和设计、对顾客的尊敬度，购物安全性等。与荷兰游客类似，国内游客对售货员的沟通能力也不满意。

我们采用 Mann-Whitney U 检验法确定土耳其和前南斯拉夫游客之间，以及土耳其和荷兰的游客之间的差异。在 12 项服务领域的评估中，10 项显示土耳其和前南斯拉夫游客之间存在显著差异（表 2）。评估差异显著的领域为：对顾客的重视度、服务质量、员工的知识、商场外观、商场整洁性、展览与设计、产品种类、价格、对顾客的尊重、购物安全性和沟通的简易度等。通过比较两组数据的平均值发现，相比前南斯拉夫游客，土耳其游客对这些方面更不满意。这两个群体对产品质量和清洁度的评价几乎相同。

表 2　国内游客和荷兰游客评价平均值比较

	荷 兰	土耳其	Mann-Whitney *U*	显著性（双尾）
对顾客的重视度	1.55	1.94	3687.000	0.000
服务质量	1.63	2.01	3670.500	0.000
产品质量	1.93	1.89	4875.000	0.612
员工知识	2.00	2.26	3760.500	0.005
商场外观	1.80	2.07	3811.500	0.003
商场整洁性	1.94	1.92	4618.000	0.746
展览/设计	2.00	2.02	4776.000	0.996
产品/服务种类	2.09	2.06	4617.500	0.654
价格	1.93	2.53	2980.000	0.000
对顾客的尊重	2.11	2.13	4845.500	0.822
购物安全性	1.90	2.15	3906.000	0.012
沟通的简易性	2.11	2.23	4518.000	0.372

通过比较土耳其和荷兰游客的评价等级可以看出，两组游客对六个方面的评价有很大的差异（见表 2），即对顾客的重视、服务质量、员工知识、商场外观、产品种类和购物安全性等。在其余六个领域中两组游客的平均值没有显著差异。

国内游客和国际游客对产品价格的评价差异显著。国内游客对产品定价不满意不足为奇。可能有以下几个原因：首先，库萨达斯旅游地销售的大多数产品很可能在国内游客的家乡就能买到，旅游地要价更高很可能导致国内游客的消极评价。其次，较国际游客而言，土耳其游客对价格更敏感。也可能是国内游客的旅行预算低于国际游客，这也可能导致游客的消极评价。最后，在旅游地经常使用的双重定价法（即对游客高定价，对本地人低定价）也可能导致这种消极评价的产生。

国内游客与前南斯拉夫和荷兰游客看法不同的另一个方面是店员对产品的了解程度。请注意，荷兰和前南斯拉夫顾客在店员对产品知识的了解方面都给予了肯定的评价（表 1 和表 2）。售货员对产品情况的了解程度对顾客的服务质量评价非常重要，这一点无可争议。熟悉产品的售货员可以提供产品信息，有效地帮助顾客完成购物计划。土耳其游客给予了消极的评价，可能是由于售货员没有像国内游客所期望的那样，向他们提供高水平的产品信息。

荷兰游客对售货员的语言沟通能力方面表示不满意，这可能是由于当地缺少会说荷兰语或者英语的售货员或其数量有限。但是，有趣的是，国内游客也表示在与售货员的沟通方面不满意。考虑到售货员和国内游客讲同一种语言，这个现象值得进一步分析。购物中的服务接触通常包括交付顾客要求的服务/产品，以及购物者和售货员之间的某种人际沟通。沟通不应仅指售货员的口头能力，因为它不仅包括说，售货员的情感特征，如友善、热诚和热情等的显示，能积极地影响到顾客对购物体验和服务质量的整体评价（Jones, 1999）。购物过程中售货员的言语和非言语行为，如问候语和谦恭的言辞，都将影响顾客对员工友善的看法，并因此而提高了服务互动的质量。国内游客对沟通的消极评价表明售货员应该给予国内游客更多的（或同等的）关注，设法和他们经常进行适当的眼神交流，因为缺乏目光接触会增加游客的不信任感和不满感。像接待国际游客一样，视国内游客同等重要，这很可能提高土耳其游客对售货员的喜爱度和信任度的评价。

研究发现，国内游客在售货员对顾客重视度方面不是很满意（表 1 和表 2）。同样，荷兰游客在"尊重顾客"这方面也表示不满意。这可能是由于售货员明显的傲慢或视若无人的态度所致。尽管游客喜欢不受时间限制，可以自由地随意观看、浏览商品，但他们还是希望得到售货员的注意和关心。零售商应该向售货员强调他们不应该傲慢自大，也不能无视顾客的存在。和来自其他国家的游客一样，国内游客也想自由自在地挑选商品，但同时也希望在需要的时候售货员可以随时出现在他们身边。显然，随时准备服务顾客和无视顾客存在，这两种态度之间存在细微的差别（Jones, 1999）。因此售货员根据游客调整自己的行为的能力非常关键。购物安全性是国内游客给予消极评价的另一个方面。这可能是由于国内消费者对旅游城市零售业的信任度向来较低，他们视售货员为经济剥削者。

国内游客不仅对服务方面给予了消极的评价，对商店方面的属性也给予了消极评价，包括商店外观、展览和设计、商品种类等。荷兰游客对商品种类和陈放也给予了消极的评价。这就表明，零售商应该完善他们的购物环境，让顾客感觉更舒适。无论是国内游客还是国际游客，在一个环境枯燥单调，或产品摆放不规则，难以找到所要商品的商场购物，都不会是一次愉快而有趣的体验（Jones, 1999）。商店的布局应当足够宽敞，不能让顾客感觉拥挤。供应多种商品可能有助于国内游客浏览各种产品，增加购物乐趣。游客不仅从购买到物美价廉的好东西的过程中得到了内心的满足，通过随意浏览各类有趣的产品也同样可以得到内心的满足（Jones, 1999）。很可能顾客的动机对购物环境类型有很大的影响。

国内游客视购物体验为实用性，而国际游客视其为愉快的体验。因此商场设计应考虑到以下策略，即为追求实用性购物体验的游客提供快速高效的购物过程，同时也要为视购物为愉快体验的游客提供机会（Jones, 1999）。

国内和国际游客之间的差异可以通过土耳其游客对服务的高期望传统来解释。这可能是由于土耳其游客期望得到高度关注和尊重，期望商品能减少到他们所习惯的当地的价格。也可能售货员对国际游客更加热情，对国内游客的忽视导致了国内游客的消极评价。售货员可能改变他们的说话方式以及言语和非言语方式以适应国际游客。然而，对于国内游客，他们可能相对不太亲切，也几乎没有尝试改变言语和非言语方式以适应他们。他们对国际游客的这种行为方式可能与国内游客所期望的不相称。有轶事证据证明，曾有土耳其游客和一些国际游客前往参观同一度假胜地，土耳其游客不断地投诉，表示对服务人员所谓的歧视性态度不满。本次研究中从国内游客获得的评论似乎也证实了这一点。他们表示，与外国游客相比，服务人员使他们觉得自己低人一等。证据表明，土耳其人在本土度假相当苛刻、挑剔，难以达到满意。

4.5　所购商品差异

为了解游客在库萨达斯逗留期间所购的产品是否不同，我们进行了卡方检验，结果显示国际和国内游客差异显著（见表 3）。例如，相比前南斯拉夫和土耳其游客，荷兰游客购买了更多（看似名牌）的仿制品（见表 3）。相反，前南斯拉夫游客更喜欢购买成品服装和皮质产品。荷兰和前南斯拉夫游客购买的珠宝首饰多于国内游客（x^2=23.595, P=0.000）。有趣的是，相比国际游客，国内游客购买了更多的地毯（$x^2=5.035$, $P=0.081$）。

表3　国内、国际游客所购商品项（括号中为游客百分比）

	纪念品	衣服成品	仿制品	手提包	土耳其地毯	珠宝	鞋类	皮制品
荷兰	66(53)	28(22)	38(30)	12(9)	2(1)	46(37)	17(13)	16(12)
前南斯拉夫	65(61)	47(44)	9(8)	7(6)	4(3)	28(26)	21(20)	43(40)
土耳其	53(38)	52(37)	11(7)	10(7)	11(7)	16(11)	17(12)	11(7)
x^2	13.782	12.872	31.427	1.164	5.035	23.595	3.445	48.182
P	0.000	0.002	0.000	0.559	0.081	0.000	0.179	0.000

5　结论和启示

购物是公认的重要旅游活动，并且位于硬通货收入的前列。尽管意义重大，旅游研究领域却没有对游客购物体验进行广泛的研究。本文以库萨达斯商会的数据库为基础，探讨了国内和国际游客在购物喜好和对商场服务评价方面是否存在差异。

研究结果与先前的假设吻合，认为国内游客和国际游客在购物喜好和服务评价方面有着显著的差异。卡方检验显示国内游客和国际游客在购物喜好方面有重大差别。Man-whitney U 检验证明了国内游客和国际游客对商店服务评价方面存在显著差异。国内游客和国际游客之间的显著差异主要表现在以下几个方面：服务质量、价格、店员对商品的了解、对顾客的重视、沟通的简易性、售货员对顾客的尊敬以及商场外观等。

顾客和售货员之间的相互作用，称之为服务接触，是产品交付的关键部分（Reisinger & Waryszak, 1994）。其要素极大地影响了顾客对服务消费体验的评价。因此，售货员的友善、关怀、专注、专业知识、技能、对顾客的恭敬以及对产品的了解等是销售效率和服务质量的决定性因素（Reisinger & Waryszak, 1994）。购物体验中服务的模糊性增加了服务过程中人的因素的作用。因此应该认真研究受到不同游客良好反映的雇员的行为。售货员必须经过培训，以提高服务质量，而这主要取决于售货员和顾客的相互作用。

有趣的是，土耳其游客对12项中的9项给予了否定评价，而荷兰游客只对其中的5项给予了否定的评价。但是，前南斯拉夫游客对商店提供的产品/服务表示满意。游客文化背景不同或许可以解释为什么对于相同的服务体验，国内游客和国际游客满意程度不同。

顾客对服务表现的期望和评价与主要的社会规范、价值观念以及文化影响是分不开的。在外旅游时，这些因素支配着他们的社会交际（Becker, Murrmann,

Murrmann & Cheung, 1999; Mattila, 1999）。因此，了解来自不同文化的游客的需求，并适当作出反应是成功经营的前提。必须指出的是，游客的本土文化也不是固定不变的。游客在国内和国外旅游时可能会表现出不同的行为。Jafari（1987）指出，游客离开了自己相对平淡的环境，暂时置身于新奇的旅游地。一旦到达旅游地，平淡的家乡文化被扔在了脑后。换言之，游客摆脱了原来的文化环境，开始领略旅游文化。他可能变得不那么挑剔，比以前更能容忍错误，甚至可能发现有些错误还特别有趣。反之亦然。

6 研究的局限性和今后的研究

能够让游客在购物体验中感到满意是旅游目的地的一个竞争优势。但是，本研究的结果受到很大的限制。本研究没法控制顾客惠顾商场的频率和类型。这可能是一个重要的因素。我们没有设法了解调查对象的购物动机和所需信息的种类。同样，尽管我们对种种差异作出了解释，这些解释都来自推测，鲜有得到本研究所获取的证据支持。研究文献表明其他变量可能也很重要，例如，顾客惠顾的商场和所购产品的类型的一致性。本次研究没有考虑这些因素。因此，研究结果只是尝试性的，并不全面，但也指出了各国游客群体之间的显著差异，为进一步的研究提供了初步证据。

参考文献

Agarwal, S. (2002). Restructuring Seaside Tourism the Resort Lifecycle. *Annals of Tourism Research*, 29(1), 25-55.

Armstrong, W. R., Mok, C., Go, M. F., & Chan, A. (1997). The Importance of Cross-cultural Expectations in the Measurement of Service Quality Perceptions in the Hotel Industry. *International Journal of Hospitality Management*, 16(2), 181-190.

Becker, C., Murrmann, K. S., Murrmann, F. K., & Cheung, W. G. (1999). A Pancultural Study of Restaurant Service Expectations in the United States and Chinese Hong Kong. *Journal of Hospitality and Tourism Research*, 23(3), 235-255.

Bloch, P. H., Ridgway, N. M., & Dawson, S. A. (1994). The Shopping Mall as Consumer Habitat. *Journal of Retailing*, 70, 23-42.

Bowen, D. (2001). Research on Tourist Satisfaction and Dissatisfaction: Overcoming the Limitations of Positivist and Quantitative Approach. *Journal of Vacation Marketing*, 71, 30-31.

Carr, N. (2002). A Comparative Analysis of the Behaviour of Domestic and International Young Tourists. *Tourism Management*, 23,321-325.

Cavus, S. (2002). Turistik Merkezlerin Tasima Kapasiteleri Ile Yasam Evreleri Arasindaki Iliskiler ve Kusadasi Orneginde Degerlendirme. Unpublished Ph. D. Thesis, Dokuz Eylul University.

Cook, S. D. (1995). Outlook for Travel and Tourism Basics for Building Strategies. In S. D. Cook, & B. McClure (Eds.), *Proceedings of the Travel Industry Association of America's Twenty-first Annual Outlook forum* (pp.5-18). Washington, DC: Travel Industry Association of America.

Di Matteo, L., & Di Matteo, R. (1996). An Analysis of Canadian Cross-border Travel. *Annals of Tourism Research*, 23(1), 103-122.

Gee, C. Y. (1987). Travel Related Shopping and Financial Services. In: *The Travel Industry*, pp.422-456.

Heung, V. C. S., & Qu, H. (1998). Tourism Shopping and its Contributions to Hong Kong. *Tourism Management*, 19(4),383-386.

Jafari, J. (1987). Tourism Models: The Sociocultural Aspects. *Tourism Management*, 8(2), 151-159.

Jansen-Verbeke, M. (1991). Leisure Shopping: A Magic Concept for the Tourism Industry? *Tourism Management*, 12,-14.

Jones, A. M. (1999). Entertaining Shopping Experience: An Exploratory Investigation. *Journal of Retailing and Consumer Services*, 6,129-139.

Kent, W., Schock, P., & Snow, R. (1983). Shopping Tourism's Unsung Hero(ine). *Journal of Travel Research*, 21(4), 2-4.

Kim, S., & Littrell, A. M. (2001). Souvenir Buying Intentions for Self Versus Others. *Annals of Tourism Research*, 28(3), 638-657.

Laing, A. N. (1987). The Package Holiday: Participant, Choice and Behaviour. Unpublished Ph. D. thesis, Hull University.

Law, R., & Au, N. (2000). Relationship Modeling in Tourism Shopping: A Decision rules Induction Approach. *Tourism Management*, 21, 241-249.

Mattila, S. A. (1999). The Role Of culture and Purchase Motivation in Service Encounter Evaluations. *Journal of Services Marketing*, 13(4-5), 376-389.

McCleary, W. K., Choi, M. B., & Weaver, A. P. (1998). A Comparison of Hotel Selection Criteria between US and Korean Business Travellers. *Journal of Hospitality and Tourism Research*, 22(1),25-38.

Mok, C., & Armstrong, W. R. (1998). Expectations for Hotel Service Quality: Do They Differ from Culture to Culture? *Journal of Vacation Marketing*, 4(4), 381-391.

Orams, B. M., & Page, J. S. (2000). Designing Self-reply Questionnaires to Survey Tourists: Issues and Guidelines for Researchers. *Anatolia: An International Journal of Tourism and Hospitality Research*,11(3),125-139.

Peritz, J. (1993). Retailers Who Keep Score Know what Their Shoppers Value. *Marketing News*, 24, 9.

Reisinger, Y., & Waryszak, Z. R. (1994). Tourists' Perceptions of Service in Shops: Japanese Tourists in Australia. *International Journal of Retail and Distribution Management*, 22(5), 20-28.

Ryan, C. (1991). *Recreational Tourism: A Social Science Perspective*. London: Routledge.

Tauber, E. M. (1972): Why do People Shop? *Journal of Marketing*, 36,46-49.

Timothy, D. J., & Butler, R. W. (1995). Cross-border Shopping: A North American Perspective. *Annals of Tourism Research*, 22(1),16-34.

Turner, W. L., & Reisinger, Y. (2001). Shopping Satisfaction for Domestic Tourists. *Journal of Retailing and Consumer Services*, 8,15-27.

第十一章 寻找失去的休闲：家庭看护对休闲旅游的影响

Nancy J. Gladwell*, Leandra A. Bedini

Department of Recreation, Parks, and Tourism, The University of North Carolina at Greensboro,
420-J HHP Building, P.O. Box 26170, Greensboro, NC 27402-6170, USA

1 引言

据世界旅游组织（WTO, 2002）统计，旅游业是世界第一大产业。2001年9月11日以前，旅游业的增长几乎没有减缓的迹象。在那之前的16年里，国际旅游业平均收入每年增长约9％左右。仅仅在2000年一年，连同6.98亿国际游客的到来，国际旅游业就创造了4760亿美元的收入。在国内方面，美国旅游行业协会（TIA, 2000）的报告指出，2000年美国国内的旅游人次已接近10亿。而其中75%的旅游是为了休闲，这说明休闲旅游是个巨大的市场。

随着越来越多的婴儿潮一代进入退休年龄，休闲旅游显示出巨大的持续增长潜力。TIA（2001）报告指出，在2000年，婴儿潮一代的旅游量居美国之最，共有2.45亿人次旅游，比任何其他年龄段的人都要多。婴儿潮一代平均每人花费479美元（不含到目的地的交通费），这也比任何其他年龄段人的花费都要多。旅游时，大约60%的婴儿潮一代选择住在酒店里，25%的人选择飞机作为交通方式。

然而不幸的是，随着年龄的增长，一些婴儿潮一代发现他们的休闲旅游受到限制。此外，这种受限旅游又会因为缺乏社会关怀以及遭遇旅游业的无知或冷漠而加剧。随着新千年的到来，有超过5000万的"中老年人"发现他们处在退休的边缘，有自由的时间和经济条件去旅游；但是却由于担心所爱的人生病或者行动不便而有所顾忌。新增加的照顾家人的责任以及精力的变化将会限制这些照料者自由旅行的能力。此外，他们的自由时间和金钱可能会被重新定位到家庭，用于照顾生病的父母或配偶。

据美国国家家庭照料者协会（NFCA, 2000）估计，在美国有5400万人为他人提供某种照料。如果对现有的设施和现状稍加改变，突出工作人员的体贴，旅游业在满足这个尚未开发的巨大的市场方面有很大的潜力。本文将讨论"中老年游客"的增长问题，研究照料家人的责任对休闲旅游所产生的影响，并讨论给照料者及其家庭中生病的或者行动不便的成员提供安全和便捷的旅游机会的方法。

2　背景

2.1　中老年游客

根据 Cook、Yale 和 Marqua（2002），过去 20 年旅行和旅游业增长最快的一个细分市场是年龄在 55 岁及以上的消费者。这个市场被称为"中老年市场"、"城市中年雅皮士市场（高层次专业人士）"以及"成熟市场"（Allan, 1981; Lazer, 1985; Seelig, 1986）。

根据美国人口普查局的数据，在 2000 年，年龄在 55 岁及以上的美国人超过 5900 万（US Census Bureau，2000 年）。除了中老年市场的现有规模，现在的中老年人寿命也比以往更长。据美国联邦老年人管理署预测，到 2030 年，65 岁以上的中老年人将达到 7000 万；这个数量是 2000 年的两倍（Adinistration on Aging，2002）。由于其不断增长的人数、经济实力、足够的用于旅行的时间以及人群的多样性，该群体对美国旅游业来讲是个非常有吸引力的市场。

据美国西南航空公司统计，中老年游客占美国游客总数的 19%。他们外出旅游所花费的时间平均为 4.9 夜（不包括一日游），比任何其他年龄段游客的时间都要长。中老年游客在一日游中所占比例为 21%，也是最高的。同样，他们在户外休假中的平均支出为 1300 美元，也比美国其他任何年龄段游客花费的多。一半以上的中老年游客（52%）在旅游时住酒店或汽车旅馆，他们中 43% 的人与家人或朋友结伴出行。中老年游客占参观美国历史景点或博物馆的游客的 32%；占美国文化旅游游客的 33%（TIA，2000 年）。

除了其数量以外，中老年游客的可自由支配收入也是十分巨大的。中老年游客所花的费用比年轻游客要多 30%，占度假旅游市场的 80%。根据 Bandenelli、Davis 和 Gustin（1991），中老年游客控制了美国 75% 以上的可支配财富。他们把钱和时间花在哪儿了呢？研究显示，当人们退休的时候，他们说他们最想做的事就是旅游（Supernaw, 1985; 引自 Blazey, 1992:771-772）。

2.2　残疾人士旅游市场

然而，随着婴儿潮一代逐渐变老，由于各种慢性疾病，他们的活动会受到一些限制。2000 年，大约有 26.1% 的年龄在 65～74 岁之间的中老年人反映由于慢性疾病而活动受到限制，而 45.1% 的年龄在 75 岁以上的中老年人也遇到同样的问题（Administration on Aging, 2002）。

Burnett 和 Baker（2001）认为，这是一个尚未开发的旅游市场。他们指出："几乎没有什么消费群体比残疾人群体更具潜力，但也更被忽视。在美国有五千万这样的消费者，他们拥有多达 2 亿美元的可支配收入，这一最大的弱势群体被许多旅游企业看做是一个制造混乱的源头，因为需要为之花费额外的支出用于修建坡道和专用客房，停车位也将因此而减少。"（Burnett & Baker, 2001:4）

1990 年美国颁布的《残疾人法》旨在帮助公共设施（酒店、餐馆以及其他提供商品和服务的设施）和公共交通部门解决 Burnett 和 Baker 所讲的一些"混乱"问题。通过《残疾人法》的指导和支持，建立无障碍设施、服务和程序，只需要在一些地方做些小小的改动就可以为这些残疾人士提供服务。考虑到至 2030 年残疾人士的数量将翻番（Lach, 1999），如能对设施和服务稍作调整，该细分市场将成为旅游业的一支生力军。

2.3　家庭照料者旅游市场

许多老年人往往选择与家庭成员生活在一起以满足其健康和医疗需要。2000 年，约有 70% 没有住进社会福利院的老人与他们的伴侣或家庭成员生活在一起（Administration on Aging, 2002）。对于那些有慢性疾病的老人，他们在家里由非正规的家庭照料者长期照料。这些照料者对他们心爱的人提供无偿的照料。据估计，仅过去的一年，就有 2500 万（Arno, Levine and Memmott, 1999）到 5400 万人（NFCA, 2000）对生病或者行动不便的家人进行某种程度的照料。这些家庭照料者的平均年龄为 46 岁，然而，12% 的照料者自身的年龄已经超过 65 岁。此外，他们中 40% 的人同时也在照顾家里的子女（Administration on Aging, 1997）。70%～80% 的家庭照料者为妇女，她们当中有 47% 的人在上班。在这些上班的妇女当中，有 71% 的人除了照顾家人以外，每周工作超过 31 小时（NFCA, 1997 年）。因此，对于那些接近退休年龄的有工作的成年人来说，多出来的照料家人的责任就成为他们一个不小的负担。

许多家庭照料者为照料家庭生病的或残疾的成员付出了很多。由于照料家人的压力，许多照料者出现了各种身体和心理疾病（NFCA, 1998）。例如，Marks（1996）以及 Gallant 和 Connell（1998）发现，家庭照料对照料者本人的健康状况和行为产生了不利影响。同样，Meshefedjian、McCusker、Bellavance 和 Baumgarten（1998）发现照料老年痴呆症患者的家庭照料者所面临的主要问题之一是情绪低落。也许，显示照料家人的负担与早死率之间关系的数据更能说明问题。例如，Schulz 和 Beach（1999）的研究发现，那些因照料家人而承受压力的家庭照料者可能比那些非家庭照料者或那些没有承受压力的照料者死得更早。

2.4　休闲的丧失

除了身体和心理损害，照料者的社会生活方面也往往受到影响。照料者指出他们的常规锻炼、私人时间、探亲访友、教会和俱乐部活动、爱好、放松和休闲时光等大大缩水（例如：Bedini ＆ Guinan, 1996; Ory, Hoffman, Yee, Tennstedt ＆ Schulz, 1999; Silliman, 1993; Wilson, 1990）。此外，一项对全美家庭照料者进行的调查发现，休闲的丧失是家庭照料所带来三大最严重的消极后果之一（NFCA, 1998）。

报告显示最常丧失的休闲活动是休闲旅游。例如，Kleban、Brody、Schoonover 和 Hoffman（1989）发现照料者指出对家人的照料影响度假计划。同样，一项由 Chakrabarti、Kulhara 和 Verma（1993）开展的研究显示 30% 的家庭照料者实际上放弃了休假等休闲活动。此外，77% 的家庭说，"……被照料者的疾病正在慢慢耗掉照料者的休闲时间、休假或假日"。Ory 等（1999）指出，由于照料的责任，那些照顾痴呆症患者的照料者发现自己放弃了休闲时间，包括假期。

休闲旅游机会的丧失和破坏也给这些家庭照料者造成了其他后果。Lindgren（1996）发现，那些配偶患有帕金森氏症的照料者由于社会生活、爱好、未来计划受限以及旅行计划的无法实施而感到郁闷。同样，Bedini 和 Guinan（1996）也发现，女性照料者特别讨厌由于照料家人而丧失旅行和休假的机会。此外，照料者压力量表（Robinson, 1983）中有针对这部分人旅游机会丧失的具体问题，以此来测量他们的压力指数。

2.5　旅游的动机和障碍

游客是旅行和旅游业的核心。如果该行业希望按预期继续发展的话，为游客提供服务的旅游专业人员就必须了解游客的需要和行为。在过去几十年里，大量的研究致力于解释人们为什么旅行以及他们如何做出具体的旅行决定（例如：Guinn, 1980; Hagan ＆ Uysal, 1991; McIntosh, 1980; Pearce, 1991; Plog, 1974; Ritchie, 1975; Schewe ＆ Calantone, 1978; Zimmer, Brayley ＆ Searle,

1995）。这些研究发现了一些旅游的动机，如：社交需要、休息和放松、挑战、逃避日常压力、刺激、教育和学习以及探亲访友。

除了理解人们为什么选择旅行以外，重要的是要知道哪些因素可能是旅行的障碍和制约因素。旅行的一些主要障碍是：缺乏时间、身体欠佳、残疾、经济限制、安全担忧以及信息的缺乏（Blazey, 1992; McGuire, Dottavio & O'Leary, 1986）。如果有足够强烈的旅行动机，这些障碍是可以让步的，然而，这些力量及其背后的驱动体系仍然有可能影响旅行的方式以及目的地的选择（Goeldner, Ritchie & McIntosh, 2000）。

3 研究目的

考虑到预期增长的（非/残疾）中老年人旅游市场，以及尚未开发的家庭照料者市场，本研究的目的是探讨照料他人的责任对家庭照料者以及受照料的残疾者的休闲旅游行为的影响。具体而言，本研究的目的是：（a）探讨休闲旅行对非正规家庭照料者和受照料者的重要性/意义；（b）发现阻碍家庭照料者进行休闲旅游的障碍;（c）为家庭照料者和旅游业提供克服所发现障碍的建议。

4 概念框架与方法

本研究的基础是一个阐释性范式。研究者（如：Bedini & Guinan, 1996; Henderson, 1991; Hood, 2003; Hutchinson, Loy, Kleiber & Dattilo, 2003）证明了可利用阐释性范式来探索休闲的关系，从而描述较少受到关注的人群的生活价值。研究者采用深入定性访谈来发现家庭照料者休闲旅行的基本意义。研究者设计了一些指导性问题，旨在使家庭照料者谈论自己的生活，并给研究人员提供机会理解照料家人的意义及其对休闲旅游的影响。通过对数据进行分析性归纳，研究者得出了相关结论和扎根的理论（grounded theory）。

4.1 研究对象

研究者通过理论抽样找到了 13 名被试者（Glaser & Strauss, 1967）。在定性方法当中，理论抽样是一种收集可代表目前正在研究的概念的样本的方法（Denzin, 1978）。该方法可使研究人员"决定下一步收集什么数据以及在哪里收集这些数据，以便使理论可以显现"（Henderson, 1991:133）。最初的受访者来自教堂、养老院和北卡罗来纳州皮埃蒙特地区的成人日托中心。这些被试者再向我们推荐其他符合既定标准的人（在家中免费照顾成年家庭成员的成人）。通过这种"雪球抽样"或"网络"技术，由已找到的受访者向研究人员推荐潜在的受访者。数据收集一达到饱和便终止，根据理论抽样程序，不再从样本采集新信息，这样研究者就从广义上了解了休闲旅游对家庭照料者的意义。阐释性研究的重点不是假定代表性或建立因果关系（Mason, 2002），而是对所研究的现象提供解释和理解。因此，以 13 名研究对象为饱和数是可以接受的。

4.2 工具

数据收集工具是研究者设计的有 11 道题的半结构化的访谈指南。研究者根据以往的研究以及有关旅游和家庭照料者休闲的专业文献确定了问题的内容。该问卷包括如下方面的问题：家庭照料者过去和现在的休闲旅行经历（在照料开始之前和之后）、他们对休闲旅行的看法以及他们关于促进家庭照料者休闲旅游的建议。为方便访谈对象回答问题，研究人员还为每个问题准备了提示词。

4.3 步骤

本研究采用了定性的数据收集和分析方法。由受过专门训练的面试者对被试者进行深入、半结构化的面对面访谈，以收集和分析有关上述具体问题的信息。研究者对每次访谈（时间为 30～40 分钟）都进行了录音，然后逐字转写成书面材料。数据收集一直持续到饱和，或没有新的信息或见解为止。

4.4 数据分析

研究者对数据进行了持续比较分析（Glaser & Strauss, 1967）和分析归纳（Bruyn, 1966）。持续比较法涉及阅读数据并对之进行编码，以反映与受访者休闲旅游行为相关的内容。研究者记录下有关家庭照料者休闲旅游的重大主题，以便反映具体的分主题。访谈者与另外两名研究者反复查阅手稿和注释，以确认各类别和数据相互吻合。最后，研究者应用分析归纳法和专业文献来进一步解释数据中新出现的主题。

研究者（Lincoln & Guba, 1985）通过如下几种方法确保研究的可靠性（信度/效度）。首先，一名受过专门训练的面试者与本研究的两名主要研究者阅读并分析访谈内容，以确保对数据所做解释的客观性和准确性。此外，多人独立阅读的方法保证了分析的信度和可靠性。其次，所有研究人员在采访中以及在数据收集/分析期间每周召开的例会上坚持作笔记。最后，研究者通过"提高意识，努力控制分析中的偏见，并同时对资料中的采访内容保持敏感"

（Strauss & Corbin, 1998:43）的方式努力实现研究的客观性和敏感性。

5 结果

总共对 13 位家庭照料者进行了访谈。他们当中 85% 为女性，83% 为欧裔美洲人。教育程度从高中到硕士不等。1/3 的人（5 人）有工作，4 人退休，4 人从来没有受雇过。大部分（62%）人照顾的对象是配偶，其他人日间照顾的是本人父母或配偶父母。照料家人的时间长度为 3～18 年，平均为 5 年。超过一半的人未能获取外界的支持（支持团体、居家护理或成人日间照料服务）以缓解照料的压力。受照料者的疾病包括心脏病、老年性痴呆症、帕金森氏病、关节炎以及行动不便等。

访谈的重点是调查老年照料者追求或维持休闲旅游的重要性和障碍。以下两个主题用于解释重要性：休闲旅游的模式以及应得的权利、愤恨和愤怒等问题，被用于解释重要性。

5.1 休闲旅游形式和种类的变化

大多数受访者指出，在成为家庭照料者之前，休闲旅游是他们个人休闲的主要部分。实际上，大多数照料者称，在承担照料责任之前，他们保持着一种活跃的旅行生活方式，"总是到处走走"。许多照料者指出，在过去，他们一年到头不断旅游，形式包括乘船旅游、国际旅游、巴士游以及一日游等。一位受访者讲到，他们（成为家庭照料者的丈夫和妻子）过去"每年（到欧洲旅游，乘船去）……实在是太棒了"。另一位受访者讲到他们"过去旅游相当频繁，相当有冒险性，有时一时冲动就去了"。

受访者们指出：自从成为家庭照料者以来，他们的休闲活动主要在家里或在离家近的地方进行，比如阅读、散步、教会活动、游泳、园艺以及与家人和朋友相聚。几乎没有受访者提到旅游是他们当前参与的重要的休闲活动。一位照料患有阿尔茨海默氏病的母亲的受访者讲道："我们喜欢旅游……但现在不可能。"当被问到成为照料者之后，其休闲旅游是否发生变化时，另一个妇女说："噢，的确如此，我没有机会旅游。"

在成为照料者之前，旅游的动机为个人休闲和教育。一位与丈夫共同照料其母亲的受访者描述了成为照料者之前他们的休闲旅游。她讲道："无论我们去哪里度假都是非常美好的，我们游遍了欧洲，我们乘船旅游，我们去了我们想去的地方。我们想去哪里就去哪里。"然而，自从开始照料母亲之后，他们的旅游都限于短期旅游，而且主要的目的就是探亲。另外一位照料其患有失忆症以及行动不便的丈夫的受访者指出：自从成为照料者，"我们再也没去过我儿子位于罗阿诺克的家之外的任何地方，并且……我们四年里只有两次在外过夜。大多数时间，我们的出行都在一天内完成"。

受访者提到的另外一个重要话题是受照料者的旅游。大多数受访者指出受照料者在生病或残疾之前都很喜欢旅游。一位照料者讲到，在她丈夫残疾之前，他们"……经常和其他退休的朋友一起进行短期旅游……我们乘船旅游并拜访亲戚……我们参加老人巴士旅游并且……总是马不停蹄"。

照料者与受照料者之间的关系似乎同他们对休闲旅游变化的看法相关。对于配偶照料者来说，这个变化就显得尤为重要。无论对于照料者还是受照料者，一起旅游曾经是他们生活的一个重要部分。大多数配偶照料者将其配偶看成是他们选择的旅游"伙伴"。一位照料者说："很多次我希望我可以把行李塞进车里，然后出发前往一个之前没有去过的地方……如果你妻子在身边，是大不相同的，因为当你单独旅游的时候，你无法……像有个人在你身边那样，尽情享受。"

另一方面，大多数子女照料者（即看护父母的子女们）把另外一些人（配偶、朋友）看做是他们首选的旅游伙伴。一位女儿说："是的，我有时会带她（母亲）旅游，但是后来我就不想去了，因为旅游时，我没有自由做我想做的事……我有一些喜欢旅游的朋友……我女儿也愿意去世界任何地方旅游。"

5.2 旧话重提：权利、怨恨以及愤怒

权利是一个人感觉她或他应该在多大程度上拥有生命中的某样东西。与之前的研究发现（例如：Bedini & Guinan, 1996）相似，受访者提出了对休闲的不同程度的权利。有些受访者指出休闲旅游的丧失对他们来说不是问题。一位照顾患有阿尔茨海默氏病的丈夫的女士说："（休闲旅游的丧失）并不让我很烦恼，我，嗯……当我旅游时我就享受它，但是我现在没有这个欲望了。"另外一些人指出，他们很失望但是可以从容应付。例如，一位照料丈夫的女士讲道："我想念它（旅游），但是，呃，我可以从容应对。"

然而，大多数受访者对于由于照料责任带来的休闲旅游的变化及丧失感到愤恨和愤怒。例如，一位照料其行动不便的母亲的女士讲道："……事实上，突然之间，我被一个人、地方或事情拴住，我不能来去自由。我认为，我现在足够空闲、足够年轻、足够健康，我应该有自由。因此，我不得不承认，有时候我对此感到非常气愤。"

5.3 旅游的障碍

分析显示，非正规家庭照料者休闲旅游的障碍可分成三类（身体的、社会的以及情感的），各类还可以进一步细分。

5.4 身体障碍

休闲旅游的主要身体障碍包括设施以及服务的可及性、准备的时间、行动能力以及精力。尽管 1990 年的《残疾人法》要求进行全国性的整改，但是，对于许多照料者来说，服务可及性问题仍然是休闲旅游的障碍。然而，几位受访者指出航空公司、酒店以及邮轮在服务可及性方面都是好坏兼有。尽管一位照料者说，"酒店的房间很宽敞"，但是，大多数照料者提到他们的住宿经历中的不便之处。一位母亲患有阿尔茨海默氏病的照料者谈到她与她丈夫一起进行的一次愉快的旅游，但是她也指出："我们看到这样的情况，残疾人停车场在酒店的正前方……残疾人通道在酒店边上较远的地方，并且你可以看见有一个直接通向旋转门的斜坡。"

然而，建筑障碍不仅仅是楼梯和坡道。同一位受访者谈到她母亲使用飞机上的卫生间时遇到的困难。她说："……如果我们上飞机并且不得不带她去盥洗室……我都不知道如何来处理这种情况。飞机内部空间很小，我们两个都要进入那个小盥洗室并且还要帮她。这是不可能的。"

准备旅游或外出所需的时间对于许多照料者以及受照料者来说是一个大问题。受访者指出，有些旅游团不体谅需要更多准备时间的游客。一位女士讲道，她与患有失忆症且行动不便的丈夫过去常常与其他老年人一起进行巴士旅游："他（受照料者）早晨需要花很长时间起床、穿衣……我们参加的大多数旅游……如早晨 8 点你得做好一切准备，吃早餐或上车。这样，我们大约凌晨3、4点就得起床。"她继续说："这是阻止我参加任何旅游活动的另一个原因。"

受照料者的行动不便也经常被提及。例如，几位受访者谈论了走路缓慢的问题，"他就是走不快……你看，他不能耽误整车人吧"，或行走带来的压力问题，"上楼，任何给心脏造成压力的事……对她来说都很困难。因此，这就限制了她的能力，让她不能旅游并享受一些我们可以享受的设施"。另外一个受到关注的与行动不便相关的问题是服务问题。例如，一位照顾其患帕金森氏症的丈夫的受访者提到给残疾人尤其是行动不便的人分配酒店高层房间的问题。她指出："酒店让他们住在 16 楼或 17 楼，从来就没有停下来想一下，万一出现紧急情况，电梯不能用的时候，他们无法下来。"

受访者提出的最后一个身体限制是旅游时受照料者耐力和精力的丧失。一位照顾其患有阿尔茨海默病和循环系统疾病的母亲的女士说："我们刚一出发，她就感到疲倦，想要回家。她没有精力出门做任何事。"另一位照看患有多种残疾的父母的女士建议旅游经营商，"不要给一次旅游设计太多活动，因为我认为他们很容易疲劳，没有多少精力。"

5.5 社会障碍

受访者谈论的社会障碍包括经济、家庭以及人员服务支持的重要性。本研究样本的经济状况都比较好，几乎不关心经济需要。然而，受访者的确讨论了经济支持的重要性。例如，几位受访者指出他们的经济实力给他们提供了一些机会。例如，一位照料者指出钱让他能够"当你需要外出一个周末甚至一周的时候，雇用有责任心、有信誉的人来帮助照料家人"，这一经济能力带来了很大的不同。

缺少人力支持是一个很大的社会障碍。对于一些人来说，缺少家庭成员的支持是他们休闲旅游的障碍。例如，一位照顾母亲的受访者抱怨说她的兄弟姐妹"声明都有各自的困难"，因此都不会承担照顾他们患有阿尔茨海默病的母亲的责任。该受访者说："我有兄弟姐妹。如果他们能来像我们一样照顾母亲，并让我们去旅游，那会很好。"

然而，该地区出现的最显著的话题与服务提供者的支持有关。与可及性相关的一个重要的制约因素是旅游从业人员在为各类残疾人员提供服务时的态度和技能水平。有关残疾人社会制约因素的研究发现，他人的否定态度是残疾人最不愿面对的障碍（例如：Devine & Dattilo, 2001; Oliver, 1989）。一位照看患有帕金森氏症的丈夫的女士指出社会似乎公开瞧不起残疾人。她说："你总感到你是二等公民。"另一位女士说："我认为一点点的人文关怀我都会感激不尽。"一位照料者特别担心，因为她的受照料者常常公开发表不恰当的言论。她说，当她的受照料者在公开场合表现不当时，"……不是他们［受照料者］的错，而是他们［服务提供者］不理解"。她建议服务提供者应"同情他们［受照料者］。我认为从事这个工作的人应是接受过培训的人，应能理解……"她说，如果她能挥动魔法棒的话，她希望她能在与丈夫一起旅游的时候，不用害怕被人批评以及遭遇其他歧视。

与服务提供者的否定态度紧密相关的是其他参与旅游以及公共场所的人的态度。一位照看其患有阿尔茨海默病的岳母的男士评论说，他多么希望其他人能给他的岳母"同样的同情，就如同她断了腿一样。有人讨厌这一点"。由于其岳母的病痛，他和他妻子不能单独旅游，只能带着她做短途旅游。他发现这对他来说太困难了，因为这样大大限制了他和他妻子的休闲旅游。

5.6 情感障碍

受访者提出的情感障碍包括：对未知事物的恐惧、自由的丧失以及自发性的丧失。对未知事物的恐惧也有一些小的分类。几位受访者说他们要么避免参与团体旅游，要么惴惴不安地参与，因为他们永远不知道他们的受照料者会做什么（或不做什么），也不知道如何应对。例如，一位丈夫患中风的受访者说："他是一个很好很善良的人，但是在这种情况和年纪，你不会走到小孩子身边和他们说话……也不会发表一些你解释不清楚的言论。"另一位受访者指出她带着患癌症、心脏病而且行动不便的丈夫去旅行，"旅途中我一直都在提心吊胆……"

对于照料者来说，与受照料者一起旅游时，心里是存在恐惧的。然而，不带受照料者，自己独自去旅游时，恐惧仍经常出现。一些受访者指出，即使他们有钱雇人照顾受照料者，担心和莫名的恐惧也会阻止他们出游。当谈到没带患阿尔茨海默氏病的岳母一起旅游时，一位照料者讲道："精神一直很紧张……不像没有任何牵挂的外出或度假，有很多担忧啊。"他的妻子也讲道："……即使我们把母亲安置在有人照料的居住场所……也总是不断打电话，担心他们能否照顾好她，以及到底她对我的外出有何感想。我让她理解我们只是短暂的外出。这样，我们设法过得愉快些；但那次旅游仍不是很开心。"

另外一位父母患关节炎、心脏病并有情感问题的受访者讲道："我想如果你有上了年纪的父母，当你休闲旅游的时候，无论你去哪里，无论你身在何处，你总会有牵挂的……"

对于很多照料者来说，休闲旅游似乎代表着自由和自发，是"一时冲动的旅行"。然而，由于负有照料依靠自己的所爱之人的责任，一些受访者对于休闲追求自发性的丧失感到失望。例如，一位照料其患有阿尔茨海默氏病的母亲的女士讲道："……当我要做我想做的事情却不能做时，我感到很沮丧……直到我开始照顾她之前，无论我想做什么，我都可以做。可现在，我所做的每件事都得考虑到对她的照顾。"这样，当承担照料家人的责任的时候，许多受访者感到他们休闲旅游的受限象征着自由和自发性的丧失。正如一位照料其行动不便的母亲的受访者所说："……当你像我这样成为一个照料者时……就好像是我哪儿都不想去，因为我不想帮她准备好一切，带她到我要去的地方……是的，有时我也带她去旅游，但有时我就是不想去，因为旅途中我没有做我想做的事情的自由。我只能做她也可以做的事情……"

6 结论

从上述研究结果可以得出如下几点结论。首先，休闲旅游对于这些受访者来说不仅重要，并且他们也表达了对自照料家人之后休闲旅游的丧失的看法。虽然一些人仍然去旅游，但是他们的动机从休闲变成了更实用的目的。同样，许多配偶照料者失去了配偶或"旅游伙伴"，这样没有老伴的陪伴，对旅游就缺少了热情。最后，受访者指出了他们休闲旅游三个方面的障碍（身体的、社会的以及情感的）。

他们对这三方面障碍的关注有些是新的，有些是久已存在的。身体的障碍不仅是建筑设施方面的，也包括旅游和旅途节奏的问题。除了家庭问题之外，社会障碍也包括旅游业提供的服务。情感上，许多人产生过莫名的担忧，这不仅发生在与受照料者一起旅游的时候，更多地则是发生在不带受照料者旅游的时候。

然而，更重要的是，这三方面的障碍似乎存在着潜在的等级关系。许多受访者指出，除了经济问题之外，如果他们能够克服休闲旅游的身体障碍，他们接下来可能会受到社会障碍的阻挡。同样，如果他们能够克服身体障碍和社会障碍，情感障碍又可能挡住他们休闲旅游的去路。举个例子来说，即使不受任何身体或社会障碍的阻拦，照料者仍可能会因离开受他/她照料的人去旅游而感到心神不宁。正因为如此，即使照料者离开受照料者去旅游，他们旅游中情感上的忧虑以及对旅游回来可能出现的后果的担忧会大大削弱了休闲旅游中的"休闲"成分。

7 建议

本研究有几点建议。我们建议旅游从业者关注以下三个方面。第一，应该重新检查设施的可及性，不仅要符合法律法规的要求，更要从实际功能上予以考虑。Darcy 和 Daruwalla（1999）指出可及性制约可分为缺少（a）物质性基础设施，（b）便利的食宿，（c）目的地景点的便捷交通，（d）有关可及性的精确信息。本研究中的照料者指出他们因很多上述制约因素而感到沮丧。业界正在努力克服这些不足；然而，很多情况下，这些努力都未能有效解决问题。例如，许多机场重修了走道以方便使用轮椅的乘客，然而验票处的柜台却没有得到改造，对于这些使用轮椅的人来说仍然是高不可及。

第二，需要进行敏感性培训，以解决旅游与饭店业许多部门服务人员的态度问题。受访者指出，尽管他们与一些体贴而且知识水平高的服务人员打交道时有着美好的经历，但是他们也经常遇到一些对在行动、感知或社交方面有缺陷的老年人缺乏理解和同情的服务人员。教服务提供者如何预测并满足残疾人的需要的培训项目能帮助服务人员提供更令人满意的旅游服务。由美国航空公司为其所有机场接触乘客的员工开发的残疾人礼仪培训项目是这种培训的一个实例。

第三，旅游与饭店专业人员需要想办法减少照料者的担忧并提高他们旅游的质量。本研究的结果表明，情感障碍（尤其是对未知事件的担忧）使照料者产生了巨大的压力，甚至在一些情况下影响他们的旅游计划或对旅游的渴望。旅游业在此方面提供帮助的一个例子是马里奥特旅馆为照料者提供的短期看护机会。如果照料者去度假，他/她所照料的人可以在马里奥特的一家具有特殊需求设施的饭店得到短期的照料。饭店向照料者保证他们的受照料者将得到一位训练有素的员工的日常生活照料以及医疗监督和帮助。同时也给受照料者提供与该饭店的其他客人和居住者进行交流的机会。

对于研究者，今后的研究应包括更大、更具多样性的样本，尤其要区分经济能力、受照料者残疾的种类以及文化背景。此外，研究者应该探讨忧虑对照料者的旅游决定所产生的影响。进一步的研究也应区分照料配偶者与照料父母者之间的差异，以及照料责任对两类照料者的旅游行为所产生的不同影响。最后，还需要研究旅游和饭店业如何能更好地满足照料者与受照料者的休闲旅游需求。

参考文献

Administration on Aging. (1997). *Compassion in Action: A look at Caregiving in America: 1997(on-line).* Available at http://www.aoa.gov/may97compassion.html.

Administration on Aging. (2002). *A Profile of Older Americans: 2002 (on-line).* Available at http://www.aoa.gov/aoa/stats/profile/default.html.

Allan, C. (1981). Measuring Mature Markets. *American Demographics,* 3, 13-17.

Arno, P., Levine, C., & Memmott, M. (1999). The Economic Value of Informal Caregiving. *Health Affairs,* 18(2), 182-188.

Bandenelli, K., Davis, N., & Gustin, L. (1991). Senior Traveler Study: America's Mature Market not Content to while away Their Days. *Hotel and Motel Management,* 206(31), 33-34.

Bedini, L. A., & Guinan, D. M. (1996). If I Could Just be Selfishy ...: Caregivers' Perceptions of Their Entitlement to Leisure. *Leisure Sciences, 18,* 227-240.

Blazey, M. A. (1992). Travel and Retirement Status. *Annals of Tourism Research, 19,* 771-783.

Bruyn, S. (1966). *The Human Perspective in Sociology.* Englewood Cliffs, NJ: Prentice-Hall.

Burnett, J. J., & Baker, H. B. (2001). Assessing the Travel-related Behaviors of the Mobility-disabled Consumer. *Journal of Travel Research, 40,* 4-11.

Chakrabarti, S., Kulhara, P., & Verma, S. K. (1993). The Pattern of Burden in Families of Neurotic Patients. *Social Psychiatry and Psychiatric Epidemiology, 28,* 172-177.

Cook, R. A., Yale, L. J., & Marqua, J. J. (2002). *Tourism: The Business of Travel* (2nd ed). Upper Saddle River, NJ: Prentice Hall.

Darcy, S., & Daruwalla, P. S. (1999). The Trouble with Travel: People with Disabilities and Tourism. *Social Alternatives, 18*(1), 41-47.

Denzin, N. K. (1978). *The Research Act.* New York: McGraw-Hill.

Devine, M. A., & Dattilo, J. (2001). Social Acceptance and Leisure Lifestyles of People with Disabilities. *Therapeutic Recreation Journal, 34*(4), 306-322.

Gallant, M. P., & Connell, C. M. (1998). The Stress Process among Dementia Spouse Caregivers: Are Caregivers at Risk for Negative Health Behavior Change? *Research on Aging, 20,* 267-297.

Glaser, B. G., & Strauss, A. L. (1967). *The Discovery of Grounded Theory: Strategies for Qualitative Research.* Chicago, IL: Aldine Publishing Co.

Goeldner, C. R., Ritchie, J. R. B., & McIntosh, R. W. (2000). *Tourism: Principles, Practices, Philosophies* (8th ed). New York: Wiley.

Guinn, R. (1980). Elderly Recreational Vehicle use: Motivation for Leisure. *Journal of Travel Research, 9,* 9-12.

Hagan, L. A., & Uysal, M. (1991). An Examination of Motivations and Activities of Pre-retirement (50-64) and Post Retirement (65-98) Age Groups for a Touring Group. *Proceedings of the 22nd Annual Conference of the Travel and Tourism Research Association,* Long Beach, CA, USA: Travel and Tourism Research Association.

Henderson, K. A. (1991). *Dimensions of Choice: A Qualitative Approach to*

Recreation, Parks, and Leisure Research. State College, PA: Venture.

Hood, C. D. (2003). Women in Recovery from Alcoholism: The Place of Leisure. *Leisure Sciences,* 25, 51-80.

Hutchinson, S. L., Loy, D. P., Kleiber, D. A., & Dattilo, J. (2003). Leisure as a Coping Resource: Variations in Coping with Traumatic Injury and Illness. *Leisure Sciences,* 25, 143-162.

Kleban, M. H., Brody, E. M., Schoonover, C. B., & Hoffman, C. (1989). Family Help to the Elderly: Perceptions of Sons-in-Law Regarding Parent Care. *Journal of Marriage and Family,* 51(2), 303-312.

Lach, J. (1999). Disability aliability. *American Demographics,* 2, 21-22.

Lazer, W. (1985). Inside the Mature Market. *American Demographics,* 3, 24-25, 49-50.

Lincoln, Y., & Guba, E. (1985). *Naturalistic Inquiry.* Beverly Hills, CA: Sage.

Lindgren, C. L. (1996). Chronic Sorrow in Persons with Parkinson's and Their Spouses. *Scholarly Inquiry for Nursing Practice,* 10(4), 351-370.

Marks, N. F. (1996). Caregiving across the Lifespan: National Prevalence and Predictors. *Family Relations,* 45(1), 27-36.

Mason, J. (2002). *Qualitative Researching.* London: Sage Publications.

McGuire, F. A., Dottavio D., & O'Leary, J. T. (1986). Constraints to Participation in Outdoor Recreation Across the Life Span: A Nationwide Study of Limitors and prohibitors. *The Gerontologist,* 26, 538-544.

McIntosh, R. W. (1980). *Tourism: Principles, Practices, Philosophies*(2nd ed). Columbus, OH: Grid, Inc.

Meshefedjian, G., McCusker, J., Bellavance, F., & Baumgarten, M. (1998). Factors associated with Symptoms of Depression among Formal Caregivers of Demented Elders in the Community. *The Gerontologist,* 38(2), 247-253.

National Family Caregivers Association (NFCA). (2000). *Caregiver Survey—2000.* Kensington, MD: Author.

National Family Caregivers Association (NFCA)/Fortis. (1998). *Family Caregiving Demands Recognition: Caregiving across the Lifecycle.* Milwaukee, WI: Author.

National Family Caregivers Association (NFCA). (1997). *National Family Caregivers Association,* available at: http://ravens-nest.com/ntca/index-f.html ［1997, April 16］.

Oliver, M. (1989). Disability and Dependency. A Creation of Industrial Societies? In L. Barton (Ed.), *Disability and Dependency* (pp.6-21). London: Fullmer.

Ory, M. G., Hoffman, R. R., Yee, J. L., Tennstedt, S., & Schulz, R. (1999). Prevalence and Impact of Caregiving: A Detailed Comparison between Dementia and Nondementia Caregivers. *The Gerontologist*, 39(2), 177-185.

Pearce, P. L. (1991). *Dreamworld. A Report on Public Reactions to Dreamworld and Proposed Developments at Dreamworld.* Town- ville: Department of Tourism, James Cook Univ.

Plog, S. G. (1974). Why Destination Areas Rise and Fall in Popularity. *Cornell Hotel and Restaurant Administration Quarterly*, 14(3),13-16.

Ritchie, J. R. B. (1975). Some Critical Aspects of Measurement Theory and Practice in Travel Research. *Journal of Travel Research*, 14(1), 1-10.

Robinson, B. (1983). Validation of a caregiver strain index. *Journal of Gerontology*, 38, 344-348.

Schewe, C. D., & Calantone, R. J. (1978). Psychographic Segmentation of Tourists. *Journal of Travel Research*, 16, 14-20.

Schulz, R., & Beach, S. R. (1999). Caregiving as a risk factor for mortality. *Journal of American Medical Association*, 282(23),2215-2219.

Seelig, P. (1986). Muppie Market. *Incentive Marketing*, 160(3), 34-36.

Silliman, R. A. (1993). Predictors of Family Caregivers' Physical and Psychological Health Following Hospitalization of Their Elders. *Journal of the American Geriatrics Society*, 41, 1039-1046.

Strauss, A., & Corbin, J. (1998). *Basics of Qualitative Research: Techniques and Procedures for Developing Grounded Theory* (2nd ed). Thousand Oaks, CA: Sage.

Supernaw, S. (1985). Battle of the Gray Market; *Proceedings of the 16thAnnual Conference of the Travel and Tourism Research Association* (pp.287-290). Salt Lake City, UT: TTRA.

Travel Industry Association of America (TIA). (2000). *The Mature Traveler*, 2000 edition (on-line). Available at http://www.tia.org/Pubs.asp? PublicationID=13.

Travel Industry Association of America (TIA). (2001). *Domestic Travel Market Report*, 2001 edition (on-line). Available at http:// www.tia.org/Pubs.asp? PublicationID=8.

US Census Bureau. (2000). *Census 2000 Summary* (on-line). Available at http://factfinder.census.gov.

Wilson, V. (1990). The Consequences of Elderly Wives Caring for Their Disabled Husbands: Implications for Practice. *Social Work*, 35,417-421.

World Tourism Organization(WTO). (2002). *About WTO* (on-line). Available at http://www.world-tourism.org/aboutwto/aboutwto.html.

Zimmer, Z., Brayley, R. E., & Searle, S. E. (1995). Whether to Go and Where to Go: Identification of Important Influences on Seniors' Decisions to Travel. *Journal of Travel Research*, 34, 3-10.

第十二章 旅游研究中的建构主义与文化：认识中国五台山第四届佛教文化节

Huimin Gu[a] Chris Ryan[b]

[a]Beijing International Studies University, No.1 Dingfuzhuang Nanli, Chaoyang District, Beijing 100024, China

[b]The University of Waikato Management School, Hamilton, New Zealand

引言

在一系列的旅游学术论著中，有一个声音在不断重申主位（emic）以及研究者作为"行为者"参与研究过程的重要性。Phillmore 和 Goodson（2004:20）指出，不同研究方法的综合越来越常见，现实的多样性逐渐被接受，研究者的角色有时也会遭到质疑。这些方法是对过去状况的反省，如 Meethan（2001:161）所说，在过去，大多数旅游管理和研究活动都是按惯例进行的，"不具批评性"，意思是研究者忽略了旅游表现和活动体验中的复杂的象征价值。Hollininshead（2004: 73）则进一步指出，我们不能仅对这些复杂的象征价值进行思考，而是应将它们置于方法论的框架下。方法论的性质的问题主要是"聚合关系"问题。当主位与客位之间的区别没有明确时，情况尤其如此，如在研究旅游活动的体验时就可能出现这种情况。定性研究者是体验相关活动的人群的一分子。研究者自己的体验可能代表了人群中其他人的体验，但是研究者的客位身份要求他具有客观性或者远离个人观点。然而，研究者的观察受过去的知识以及移情能力的过滤，客位研究的透明性（Ryan, 2005）要求研究者在非后实证主义范式的语境中找到自己的定位。而且研究者自己的解释和体验也成为数据的一部分。不过，这些活动、体验以及旅游景点本身就是一个复杂的社会结构。

Hollinshead（1999, p.15）指出，从"广义的福柯/尼采观点"那里，旅游研究者可借鉴学习五点。其中，与本文关系尤为密切的是他的这样一个论点："当观察者或分析者相信，通过解说我们了解一些知识外，文中实际上还隐藏着另外一些有待发现和解释的东西，这时，解说反而没有意义了。"（Hollinshead, 1999:18）Ryan（2005）在其所提出的研究洋葱这一隐喻中指出，真理的不同层面是在具体环境下得到揭示的，但是真理是一些层面被看见、一些层面没被看见的整个洋葱。本文认为，这种方法不仅从西方的视角，而且从佛教本身对本文观察研究的对象的理解来看，都具有效度，这促成了本研究的开展。

本文旨在以 2007 年在中国山西五台山举办的第四届佛教文化节为例来描述和分析五台山佛教文化节，并对作为解释者的研究人员的角色进行评论。本文包括如下几个部分：在交代了作者的研究情况之后，文章接着介绍了佛教文化在中国山西地区的重要性，第三部分描述了 2007 年佛教文化节的主要活动，第四部分则对参与性观察的结果、官方公告和二手资料进行了分析。使用了图片资料以支持文章的观点。其他部分对政府的官方立场进行了评述并对当解释被作为一种社会批评形式时的本质做了简要分析。还需注意的是，文中当作者陈述个人观点时，人称将会从第三人称变为第一人称，然后再返回第三人称。

本文的结构如图 1 所示。左右两边是两位作者，但是把他们分开放对于他们开始时作为游客的身份具有反思性。如图所示两人来自不同的背景。两人有各自的视角，但是如下方的箭头所示，两人通过观点交流进行互动。相互交叠的圆圈表现出了主题——该活动是一个旅游活动，是由一个社会主义国家的地方政府作为地区经济战略的一部分而举办的，但是该活动也受到佛教文化的影响。该图也试图描绘相互交叠、复杂的关系。

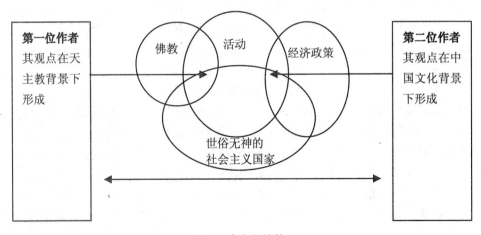

图1　本文的结构

可以明确地说，30 年前让政府支持举办这样的活动是几乎不可能的。该活动的出现证明了自 1978 年邓小平提出改革开放以来中国政治和社会思想的新的开放。然而，该文化节与国际旅游月同时举行，2007 年举行的是第十八届国际旅游月。事实上，这两项活动拥有同一个开幕式，因此出现了混合景观，这就催生了本研究的开展。事实上，五台山佛教文化节的一项重大活动就是启动旅游月的开幕式——但是在五台山，文化旅游不可能不融入佛教传统，这一点后文将做解释。事实上，14 年来一直否认佛教在文化旅游月中发挥了主导作用，这本身就是旧思维的体现。然而，正如毛泽东所说："[我们的目的是]使文艺很好地成为整个革命机器的一个组成部分，作为团结人民、教育人民、打击敌人、消灭敌人的有力的武器，帮助人民同心同德地和敌人做斗争。"从这一观点出发，经典的毛泽东思想的解释是佛教文化和娱乐习俗的融合催生了另一种思维方式，并为了人民的幸福把"文化和艺术"与市场产品的生产相结合。在这里我们可以发现与 Bakhtin（1982, 1984）所描述的狂欢和狂欢色彩相似的地方：这里权力组织允许秩序的颠倒，从而通过提供一个其他替代方式来证实现状——虽然对 Bakhtin 来说，狂欢是建立在非宗教的基础上的。在这种情况下，我们可以说神圣事物的世俗化通过壮观的场面呈现出来，从而集中反映有关中国秩序的不同观点。然而，这种解释能持续吗？佛教艺术节的主题"神圣五台山·和谐旅游"与中国政府的政策完全吻合（Ryan, Gu & Zhang, 2008），同时也符合中国建设和谐社会的理念。"和谐"可以被看做是增进个人与他人、自然之间关系的理念。广而言之，则可被看做一系列相互支持的关系。这样就出现了多种不同的解释。因此，关于死亡，孔子的观点是保持美德，这样不道德的行为就无法使生命延续；道家的观点则认为生与死是人人都要经历的自然过程；而佛教则相信死是再生过程的一部分（Zheng Xiaojiang, 1994）。在生命中有阴阳之分——正/负、干/湿、冷/热、亮/暗、男/女以及加/减等构成的矛盾统一体——它们之间不是相互对立，而是相互支撑，从而构成生命的本质（Davis, 1983）。现场观众的特性、上述观点以及政府官员的基本经济理念一同构成了该文化节的文化情境。

研究方法

对西方人而言，这一对和谐的信仰产生了有趣的解释问题。就像任何解释活动一样，观察者的参照系对于所得到的文本来说是至关重要的。因此本文呈现了两位作者对他们所观察的一个他们并不完全理解的活动所进行的反思。本文的写作受到第一位作者的西方教育和观点以及第二位作者的（总体上与文化节的佛教传统无关的）中国文化视角和教育这两种截然不同的透镜的过滤。两位作者都试图给佛教活动提建议。他们通过参加 2007 佛教文化节获得了数据，不仅参与了下文描述的重大活动，而且参观了五台山各处的寺庙。他们得到甘肃省一座寺院里的一位信奉藏传佛教的喇嘛的帮助。同时也多次得到一位修女和她的女儿的帮助。这给了两位作者很大的启发，如果没有上述人员的帮助，这一点是不可能做到的。在参观了寺院之后，两位作者又进行了二手研究。除了这些信息来源之外，他们多年旅游研究的经验、接受的观察训练加上过去人种学研究的经验以及对所观察现象进行反思的愿望，也给他们的观察提供了信息。在各自书面陈述一系列观点的同时，两位作者一直保持交流互动。双方的观点渐渐走向融合，正如观察活动本身体现了世俗和宗教的融合一样。

在本研究中，第一作者知道他的存在是如何成为其他观察者对该活动的体验的一部分的。在对文化节进行观察的这段时间里，只发现另外一名欧洲人。事实上，他看起来是以私人身份与一名中国女士一同出现，这本身就是不寻常的——他因笨拙不小心把塑料凳子坐坏的行为（为了保护一架照相机）成为坐在周围的人娱乐的一个来源。更有趣的是，本文两位作者与一位佛教喇嘛和一位尼姑熟悉，也让其他人感到好奇。如上文所述，该关系使本文两位作者通过接近景点与他人的解释，对当地有了更深的了解。作者通过笔记和照片记录下了情景背景，然后在文章的写作中回忆所记录内容，本文就是这样产生的。然而，传统上，对某一事件的准确理解就意味着在情感上要与作为一名观众的参与性保持距离。事件发生时的缺乏理解，与后来在写作中通过一个"理解过程"而获得的理解之间存在着对立关系。同样，写作是作者和研究者从"私人自我"到"公共自我"的转变过程，但是前者是后者的前提条件。Angrosino 和 de Pérez（2000）也提出启发产生于对他人有意义的背景中时才具有效力。该观点可扩展为：解释的效力要在于被读者认可，这样就产生了另一个辩证关系——作者从"私人自我"变为"公共自我"以应对读者通过大众媒介而获得的私人的理解。然而从"私人自我"到"公共自我"的变化并不仅仅由前面提到的观察所决定，而且也由参与多处佛教寺庙的涉及个人思考的仪式决定。在这些行动和环境之间出现了新解释（Mead, 1934）。

因此，很明显，写作本身也是研究方法的一部分。写作帮助回忆，把400多张照片转化成与读者分享的文字，再现作者的定位和重新定位并按时间顺序组织文章。任何顺序意味着一系列的优先次序。一开始就需要对过程进行解释，这本身就体现了作者的一个重要决定：采用与以往很多研究所采用的占主导地位的定量方法相反的方法。就这一点而言，本文分得并不是很清楚，这更加重了研究的混合本质，无论是在一般意义上，还是与任何有着不同文化和背景的作者的合作。因此有必要说明，本文回避了"形式—基础—结构式"的社会科学理论，而采用 CAP 人种论方法——即创新分析实践——该方法为 Richardson（2000）所采用：一场表演开始了拥有未知宏观启示意义的微观活动，其背景是中国共产党支持下的在五台山进行以旅游为目的的佛教活动。

因此，本文中的话语不是来自经验主义研究传统，而是来自在 Adler 和 Adler（1994:389）看来是"最有效的验证形式"的观察研究的主观传统。这是一个验证说服性叙述的方法，讲述故事的方式本身与所讲内容一样都能对自身进行验证。在后现代主义批判中，观察者的视角和独立于科学研究者的客观研究工具一样有力——事实上，在空间、事件和意义的社会建构中，观察者和被观察者之间的对话是一个结果不确定的动态过程。

就与旅游业相关的学术文献而言，Urry（2002）普及了福柯的"凝视"这一概念，但是他也指出与非"旅游凝视"相比，"旅游凝视"具有差异性和多样性。他指出，凝视"预示着不通过某些内在特征，而是通过与非旅游社会实践的对比来对具体旅游实践进行定位的一套社会活动和符号体系"（Urry, 2002:1-2）。他随后列举了不同形式的凝视，如浪漫的、环境的和仲裁的。根据Mead（1934）的观点，我们可以说这种凝视不是单向的，受凝视者将对凝视做出反应，凝视者与受凝视者互动，从而产生新的概念，每一个都是控制的主题和手段。正是这一控制过程产生了对地点、事件和文化的新看法。

从符号互动的角度来看，对细节的观察是一种更好的理解手段（如 Denzin, 2001）。这是对"生活里面"的经验和日常互动细节的考察，或者在本文所研究的这一个案中，"观看活动"这一行为本身就创建了对这种现象的理解。正如 Anderson 和 Snow（2001:396）评论说："符号互动论者通过对微观、日常社会生活中的各种不平等的表现形式和背景进行解释，大大促进了对不平等的理解。"分析针对的是情境行动——本文中是开幕式中进行的活动。在对该活动以及相关文献的研究中，有着不同来源的不同主题交织在一起，同时也出现了不同思维模式的并行。在佛教世界里，"主我"（I）是苦（dukkha）的积极的、占有欲强的来源，而使人因为有了占有幻想中事物和经验的欲望，而不能受到启迪（Mills, 1999）。"宾我"可以说是反思的开始，因为沉思是一种可以找到第三崇高真理（苦的脱离）的手段。Mead（1934）的社会行动理论提出了类似的区分。Chang（2004:409）评论说，米德把"主我"（个人或集体自我的行动方面）置于其理论的核心，不过"主我"受到"宾我"（即反思的自我）的约束。交往中的"主我"的立场以其控制和操纵环境的努力为出发点。根据上文所述的 Hollinshead 的观点（Hollinshead, 1999:15），"主我"（主动的解释者、观察者）与远距离研究者的关系需要反思的"宾我"的参与——正是这种关系才产生了对事件的理解。Mead（1934）所理解的"出现"适合于担任这一角色的旅游研究者。米德认为演员的性格、个性、扮演角色的能力、过去的经验和地位等状况都会对其表演产生影响。"出现"产生于与有预先存在状况的环境的互动中。这些状况包括：结构、文化和权力关系——但出现的事物与演员和环境都会发生互动关系。演员是创造性的，而环境是反应性的。虽然"主我"受到环境的限制，但是仍然存在创新的空间，所出现的事物是新的妥协以及通过新的解释所产生的社会实体（Mead, 1934）。正是这一方法，激发了作者对所研究事件的反应。

背景

五台山位于山西省忻州市五台县东北。顾名思义，它是一个多山的地区，因其五座山峰而闻名，又因峰顶平坦如台，故名五台。因此五台山可译为"五大平台之山"。其北峰海拔 3,058 米（10,032 英尺），是中国北方最高的山峰。由于这些地形特征及其秀美的风景，其于 2000 年被中国国务院评为"国家级风景名胜区"。随后在 2003 年被列为中国十大名山之一，在 2005 年被评为国家地质公园。该地质公园的高度也在很大程度上保护它不受空气污染的影响，以煤和化工为基础的高度工业化的山西省低海拔地区的一个特征就是空气污染。

然而，该地区同样也因其 2000 多年的佛教文化遗产而闻名于世。据当地人估计，该地区约有 3000 座寺庙。北峰的标志是佛教寺院灵鹫寺，该寺在 2007 年时正在进行翻修。大多数游客聚集在台怀寺庙群参观，那里共有 26 座寺庙，每一座又都有各自的一组庙宇。其中一些寺庙本身就很有名。例如，（黛螺顶）的一座寺庙需攀登 1080 级台阶才能到达（亦可坐缆车）。而另一座，善财洞寺，游客需小心翼翼地走过一个狭窄的象征着再生的洞穴入口。

文化节的举办地在台怀镇，该镇位于山西太原东北约 150 英里远，海拔 9000 英尺，由海拔 11,000 英尺的五大台顶环抱。

五台山佛教文化的推广只有在中国政府的支持下才可能达到目前的规模——有这种支持是因为政府制定了要通过旅游促进农村发展的政策。旅游不仅仅是发展农村经济的一种手段，而且也是遏制农村向城市转移人口的一种办法（Ryan & Gu, 2008）。山西省 19 世纪时曾是中国工业起步的中心。实际上，中国第一家银行就是于 1823 年在平遥开办的（Knapp, 2000）。然而，像其他国家一样，到了 20 世纪末，从前的工业中心已经在经济上，从而也在政治上被边缘化。如今该省被认为是中国大陆的贫困地区之一（Olivia *et al.*, 2008）。此外，该省的一个主要收入来源正在对自然环境产生严重的影响，该省低海拔地区煤尘弥漫的空气和烟雾就是明证。山西是一个采煤、采石业中心，道路经常为往发电厂运煤的卡车所堵塞。并非所有煤炭都是高品质的，满是煤尘的道路处处可见。煤炭也是取暖的主要来源，在全省烧煤极为普遍。《中国指南》

把该省的特征描述为"在大同和太原周边露天采矿已毁掉农村的大部分地区"，这是不无道理的（Leffman *et al.*, 2005:228）。

文化节——官方态度

鉴于这种情况，对第四届佛教文化节的描述以正式的开幕式和省政府官方代表的发言开始。他们的出席本身就是重要的。他们支持该文化节的理由将在下文提到。作者认为，他们的支持使文化节成为官方认可的、合法化的结合性活动，即第四届佛教文化节和第十八届旅游文化节的结合。下文将对这种结合进行再次讨论。

基于收益和增加就业机会的需要，并且因为旅游业至少具有潜在的环境友好性，2006 年山西省政府将旅游业添加到"十一五"规划的产业发展规划中（NDRC［中国国家发展和改革委员会］，2006）。主要政治人物在 2007 年的文化节上清楚地表明了政府的立场。山西省副省长宋北杉（Beishan, S. 2007）认为旅游业是"繁荣的、可持续的、有发展潜力的，在整个经济结构中发挥着主导作用"。他指出旅游业被列为山西省"十一五"规划重点支持的四个产业之一。他认为文化节的特点与五台山的性质是一致的，因为它"不仅是一个旅游庆典，更为重要的是，也是一个文化庆典"（Beishan, S. 2007）。

根通长老 2007 年时为中国佛教协会副会长、山西省佛教协会会长。因其所担任的职务涉及世俗和宗教两个方面，根通长老在开幕致辞中，特别提到了五台山两千年来的文殊菩萨文化传统。在讲话中，他还要求建立信仰和经济福利的互补关系。他说："这一庆典不仅是旅游界的一件大事，也是佛教界的一件大事。毫无疑问，它将提升五台山的名气并促进其旅游业的发展，而且也将推广佛教文化。它将通过传播佛教精神而有助于建立一个更加和谐的社会，从而造福全人类。"提到"和谐社会"这一点很重要，不仅是因为这样的社会是佛教、道教和儒家思想的一致愿景，而且其也是现政府重点强调的目标。神学上，和谐是通过存在的结构意识创建的——该观点符合中国政府的有序发展的愿望（例如：郭象的道教哲学，约公元 300 年，以及 Luo, 2004）。因此北京奥运会的口号也是关于创建和谐友谊（Official Website of the Beijing Olympics［北京奥运会官方网站］，2007）。中国人对"和谐"的理解是"用正确的方式促进"人与自然的相互关系。例如，关于自然环境，和谐的自然环境是人类生产建设所促进的自然，所以和谐社会是一个为有关人与人之间关系的本质的"正确"认识所促进的社会，其中人类与自然互为补充，而不是对自然弃之不顾（如：见 Sofield ＆ Li, 2007; Ma, Ryan ＆ Bao, 2009 等人的相关讨论）。

在讲话中，忻州市市长耿怀英把经济发展、和谐发展和宗教一同作为文化交流这一主题的背景。他的讲话因同时谈到了地区自豪感和竞争、提倡传统、当前的规划以及在旅游与地区宣传中品牌形象的建立等话题而很有意思。他指出山西有多姿多彩的自然风光，但是"忻州拥有更美丽的风光。"然而，他补充说，五台山是五个独立的旅游区之首——每个旅游区都有各自的特点，但彼此互为补充。他用中国传统文化中的"五行"来形容五个旅游区——五台山象征金（金属），代表智慧和富足——而其他旅游区则象征木、水、火和土。他总结说：忻州因此是"一个拥有五种幸福和财富的地方"。他接下来提到忻州市委、市政府正在进行的规划和产业结构调整。他指出要扩大煤炭、电力、铝工业和化工业的规模，但作为补偿，要在林业、牧业和农业方面同时做出相应的举措——这意味着后者不仅对前者的生产具有重要意义，而且还是减轻前者对环境所造成的损害的一种手段。他指出，通过这些举措，市政府创造了"五台圣境·五福忻州"这一品牌形象。在其指引下，政府开始着手工作，以努力达到"中国优秀旅游城市"的入选标准。因此，佛教文化节是为达到入选标准，进而得到中央政府支持所进行的一项战略举措。他进一步指出，市政府希望申报"世界文化遗产"，从而获得联合国教科文组织的承认。但是，他补充说，如果这些想法被认为是太实用主义的话，"通过举办这些庆典活动，我们希望展现博大精深的佛教文化、促进经济和文化交流、创造"五福"旅游品牌，并通过建立这样一个开放的平台来推动忻州的发展"。

文化节节目

最初看起来有点奇怪的是，2007 年佛教文化节的开幕式持续时间很短，只有两小时。在一开始约 30 分钟的正式介绍之后，文化节以短暂但壮观的烟花表演拉开了序幕。随着工作人员将彩纸洒向天空，并放飞和平鸽，开幕式现场顿时弥漫白色、灰色、黄色、红色和绿色的烟雾。色彩本身是具有象征意义的，代表佛教生活不同部分的颜色，当然也代表广义中国文化中的不同愿望。例如，中国汉族僧侣身着浅灰色长袍，藏族僧侣穿红色长袍，而黄色则与泰国僧侣相关。广义上，红色表示庆祝、好运与幸福；绿色表示营养和保健；蓝色表示永生，而传统上黄色与帝王和权力相关。

开幕式讲话之后，五台山普寿寺僧众表演了佛教歌舞《五台山歌》和《吉祥满人间》，之后是一位独唱歌手演唱的向佛表达感激的歌曲。五台山妙音文化艺术团表演了舞蹈《人间天堂幸福》，藏传佛教僧众表演了乐器演奏，江苏省音乐艺术团演唱了佛教经文歌曲。后面还有各种表演，每个节目的主题都与佛教思想有关。

　　图 2 和图 3 显示了开幕式的性质、观众的规模、颜色和壮观的场面，观众本身就是该场面的一部分。开始之前，主办方给观众发放了有纪念意义的红色或黄色的类似棒球帽风格的帽子。据估计，观众人数约 5000，由当地居民、山西省以及省外游客组成。只有极少数国际游客——如前文所述，本文第一作者本人也被照了很多照片，被很多人注意，被很多电视台报道；反过来他也拍了很多台上的活动和台下观众的照片。图 4 到图 7 提供了有关观众特点的材料，显示出观众的强烈的佛教信仰，这与出现在舞台上的演员形成鲜明对比。

图 2　文化节正式开幕

图 3　现场观众全景

图 4，5，6，7　现场观众近景

文化节表演的本质（第一作者的见解）

应当指出的是，本节中两位作者恢复使用第一人称单数。下列文字是在我拿到实际节目的翻译之前的即时理解，当时我已经有了开幕式讲话的英文稿。讲话结束后，讲话者全部离开舞台，大约 200 名佛教僧众上台并开始表演佛教歌曲《五台山歌》和《吉祥满人间》。表演完之后，他们仍然待在舞台上，作为第一个系列文化舞蹈表演节目的背景。该舞蹈由年轻女孩子表演，因此，呈现在观众眼前的是身着灰色长袍的佛教僧众所形成的背景与身着绿色和黄色演出服饰的女性的优雅舞姿的鲜明对比。见图 8。

图 8　佛教合唱队与传统舞蹈交相辉映

图 9　场景示例——舞蹈表演

图 10 和图 11 展示了另外两个场景：第一个是西藏喇嘛在演奏传统乐器，因此可以这样认为，他们把原本属于宗教领域的音乐用于世俗层面的其他传统

音乐当中。同样，在图 11 中，独唱歌手的流行音乐也与宗教主题显得格格不入。

图 10　藏族传统音乐表演

图 11　流行音乐表演

最后一个节目是传统百老汇音乐剧形式的大型歌舞表演（如图 12 和图 13 所示）。舞台充满运动、色彩和动作，而僧众的合唱则为体育舞蹈提供背景音乐。

图 12 大型歌舞表演

图 13 大型歌舞表演

因此，在我看来，表演可以说包括如下成分：

壮观的场面——表演是丰富多彩的、旋律优美的，本质上是流行乐；

●融合——熔不同传统于一炉——具有娱乐性的世俗和宗教的大杂烩；

●同等化——通过服从于娱乐价值观，表演使流行、宗教和传统的平等地位合法化；

●商品化——尽管参加表演不需付费，但是不同的传统却以表演的形式融进了两个小时的开幕式——一个符合"做秀时间"的时段，这既与长途汽车行程时间表相契合（吸引许多游客来台怀镇），也服务于让游客过夜停留而获得经济回报的目的。

然而，对表演可作出不同的解释。在宗教权威人士看来，该表演可以被说成：

●把一个以前被边缘化，不受重视的信仰系统（从中国共产党的角度来看）

　　搬上主流舞台——其出现唤起了一个可能会质疑现状的过去的传统；
● 为许多信仰佛教的人前往台怀旅游，并在周围的寺庙中相互交流、坚定
　他们的信仰提供了一个理由；
● 作为公开展示信仰的大型活动。
此外，作为一项旅游活动，该文化节：
● 给台怀带来经济效益；
　为山西省和五台山增添了旅游产品，增加了游客访问时间，也因此而
　适合
● 活动日程表；
● 表明省、市政府采取积极主动措施，为老百姓带来经济和文化利益；
● 提供了一个延续传统的理由，尽管（如上文所述）采用了商业化和流行
　的形式，然而，这保持了民间艺术传统的活力，提供了未来重新发现"原
　始的和真实的"的可能，并证明了参与表演者的身份。

　　对文化节活动的不同理解表明了一般节庆活动的多面性。它们（即节庆活
动）通过目标相同的人聚集到一起来促进社区发展（许多演员都来自学校）、
产生经济效益并重申个人和群体身份。但它们也是权力互动的场所，即占主导
地位的群体寻求合法化，处于从属地位的群体则寻求自己的身份和愿望得到承
认。演出场所是一个可以得到宽容的挑战地点，权力试图通过娱乐媒体来淡化
其他生活方式。而其他生活方式反过来通过娱乐表演试图保留其真实风格，并
以此来引导观众对不同视角进行更认真的思考。认为节庆活动是狂欢节的衍生
物并非空穴来风，Bakhtin（1982）把狂欢节描述成对支配性权力结构的挑战，
这种肯定生命（见 Caillois, 1979）并得到许可的挑战因其娱乐性和非暴力性而
变得安全（Bakhtin, 1984）。

　　接下来，我开始认识到这些解释明显受到了西方观点和文献的影响。首先，
僧、尼的出现与包括展现壮观场面的舞蹈演员的文化团体之间存在着对立。歌
曲和舞蹈的名称都是对佛教传统的敬辞。例如文殊菩萨艺术团表演的节目的名
称是《神赞》，而最后一个节目（由五台山妙音艺术团表演）似乎与深圳主题
公园的一个舞蹈类似，其名称为《和谐家庭》。因此，再次返回到"和谐"这
一理念——舞台周边的大型气柱上出现的"和谐旅游"这一标语强化了这一概
念。但是，令解释更加复杂的是，共产主义思想并非肇始于中国，而是最早出
现于 19 世纪中期欧洲的工业化过程中。马克思主义的基础是阶级冲突，毛泽
东思想也接受这一观点。1940 年，毛泽东指出，"共产主义是一个无产阶级意
识形态和新社会制度的完整体系……封建主义意识形态和社会制度只适合被
放入历史博物馆中"（毛泽东，1940:360-361）。

文化节表演的本质（第二作者的见解）

首先，看到本文另一位作者的理解感到很有趣，并在我心中激起了很多想法。现在至台怀的交通仍然存在不同程度的不便，除非开私家车去。至少在那次旅行中，由于修路以及常常被运煤和拉货的大卡车堵塞，从首都和省会到台怀的路，不是很顺畅。当你爬上山的时候，有一种离开工业化的现实世界，来到一个空气更清新的世界的感觉；当你看到寺院的时候，更有一种时光倒流的感觉。如果像我们那样乘公交去的话，巴士里坐满了当地人、香客、和尚和尼姑，而且巴士经常会停下来让当地的小贩上车卖饮料、水果、面包和蛋糕。在文化节期间，当你来到台怀，尤其是在开幕式当天早晨当人群不断向举办场地汇聚的时候，期待的氛围变得越来越浓。在路两边，仍然可以看到当地的小贩。空气中弥漫着节日的气氛。如上文所述，和尚和尼姑有几百人，群众有几千人，大家都在等待着开幕式的到来。

文化节开幕式是中国节庆活动举办者将现代与传统相结合的方式的典型代表。在西方文献中，"真实"与"非真实"之间存在对立关系，而传统的东西往往被认为更加"真实"。这一观点遭到很多人质疑并提出各种各样的修改意见，如有关真实是一种感情上达到的程度，Wang（2000）提出了体验真实性这一概念；Taylor（2001）则提出诚挚性的原真性概念。Ryan（2002）建议"授权"可能是一个更好的探索方向。从中国的视角（以及建立和谐旅游的目的）来看，传统与现代品位的结合与公平对待过去的遗产、且同时满足现在的需要的"和谐"理念相符合。而"和谐"理念需要这样的一个场面壮观的"表演"。从一个角度看，该表演的混合本质是本次文化节这样的活动所希望的。从理论上来看，这作为对当代中国的评论是很有意思的。过去的建筑是过去大师们的荣誉——如果理想实现的话，那么现在人的作用便是保留并支持过去的传统，仿效过去的建筑，而不是创造新的见解。现在在台怀，人们就希望寺庙与过去一样，而且由于旅游业的原因，正在重建和翻修的寺庙（如灵应寺）都保留过去的建筑风格。

因此，开幕式的第一个"问题"是"表演"与应该出现的持续的节日气氛之间的明显的脱钩。开幕式搭建了供政府官员出席的舞台，他们的出席很重要，因为这可以提升文化节的重要性。这种事在中国已司空见惯，很多活动都是以领导讲话开场的。北京奥运会和很多文化演出都突出地表现出中国人喜欢壮观的场面这一特点。色彩、音乐、歌曲代表热情、生活和自豪，没有这些元素可能就会丢面子，并进而可能损害关系（与某一群体的关系）。Hung（2007）分析了毛泽东传统的壮观场面，指出在 1920 年以前，政府很少组织大规模游行。该传统一定程度上是受苏联的影响（Hung, 2007）。不过仪式很早就作为中国人的特点出现在文献中。Zito（1997）分析了乾隆皇帝如何通过一年一度的祭祖来显示其权力。更大众化的经典文学名著曹雪芹的小说《红楼梦》就展现了壮观的场面、表演和仪式作为维持社会秩序的手段的力量。

因此，演出既是娱乐，也是对社会关系的巩固。关系、互惠和面子是中国社会重要的行为准则（Fahr *et al.*, 1998; Hwang, 1987），如今如果不能提供壮观的场面将会带来社交损失。对于我来说，我的问题与实用性相关。文化节是否实现了其预定的、为当地人民带来经济机会的目标？文化节开幕当天台怀人流熙熙，但两天后，该镇已恢复了宁静。该文化节原定持续一个月，但是很难发现与文化节相关的细微工作和广告宣传。鉴于文化节的目的是创造经济机会，我的问题就包括：

（a）文化节的后续行动在哪里？

（b）文化节的地方参与性体现在哪里？

（c）如何使当地社区同外部世界联系？

（d）如何在文化原真性与商品化之间找到平衡？

回到北京后很难找到有关该文化节的信息，所有这些问题就被相互联系起来，这样就出现了一个问题。这是一场表演吗？Wang（2000）曾写到消费的吸引力，由此带来文化的商品化，并从属于市场分割、品牌以及消费。壮观的场面、音乐和色彩被现场的几千人消费，但是作为文化商品化的产物，由于其明显短暂的"深度"延续时间，以及未能对后面的部分起到推动作用，该文化节应该说并不很成功。Wang 继续讨论了符号价值（即象征性产品）的吸引力。他引用 Baudrillard（1988: 21, 22）的观点，"因此对于 Baudrillard 来说，'消费'既不是一个物质活动，也不是关于'富裕'的现象学……（而是）……一个系统的符号运用行为。因此，消费是一个具有社会意义和文化象征的符号活动"（Wang, 2000: 201）。并如上文所述，在中国社会语境中有重要意义。该文化节所表现的可能是地位以及地位的给予。有很多因素在发挥作用。讲话是正式的，同时也有媒体进行报道。在中国，官方电视台进行报道本身就是证明活动及其参与者的重要性的重要手段。然而，我的困惑是：场面壮观的，融合了词语、文本、动作和色彩的表演的混合性质本身是否与佛教的和平安详的理念背道而驰呢？这是否为一个以经济发展为名，为外来观众生产产品的文化庸俗化的例子？该活动是对不知如何利用传统文化为急需的经济发展服务的各种现代化力量进行协调的产物。现代化在本质上是去传统化的——然而令人好奇的是，去传统化行为却把人们的注意力引向仍有吸引力的传统文化。这些问题对于中国乡村旅游政策的制定具有重要意义，因为：（a）中国政府认为在农村，尤其是在少数民族地区，发展旅游是提高当地人民生活水平的重要措施；（b）旅游市场的规模会逐渐扩大，而且会有越来越多的海外游客的到来，他们带有与中国人不同的期待和想法，如本文的另一作者所示。如何举办这样的文化节，不仅仅是一个哲学问题，也是一个现实问题。

佛教视角

这类研究的一个重要意义在于即时的体验和疑问又反过来产生了一系列研究问题，因此作者感到需要对佛教徒的体验进行更多的了解。在第一作者看来，针对合作伙伴的问题没有得到对研究有帮助的答案，但后面的研究表明所问的问题对于被问者来说常常是毫无意义的。因此，问"佛教徒信什么？"这样的问题暗示着教条的存在，但是佛教是一种旅程意识——该旅程不仅仅指今生——它还提供帮助个人完成旅程的一系列做法。佛教与基督教拥有各不相同的一套信仰体系。上文中提到了"苦"这一概念。开幕式的壮观场面是 Chőga（2004）所说的"我执"（ego-clinging）的一个例子。从佛教宇宙论视角来看，该文化节是关于苦及其原因的。对 Chőga（2004）的理解是：通过错觉、我执、蒙昧、习惯模式、业（karma）的力量，觉悟的品质并不显现，而是保持隐藏状态。随着佛教教义的实践者德行的增进，积累了双运，净化了二障，我执才会瓦解，觉悟的品质才能逐渐显现。

回到曹雪芹的小说《红楼梦》，Levy（1999:64）指出曹雪芹的意图是"帮助那些还不清醒的人"并让读者认识小说的佛教基础。小说开篇的承诺是：即使那些缺少宝玉的因缘的人也能通过读他的故事而得到启迪。从因缘视角来看，只有通过对情感依恋的体验和理解，才能实现对觉悟来说所必需的超脱，正如宝玉宣布放弃财产并皈依佛门那样。

佛教徒生活中的一个重要活动就是我们所说的冥想。我的几位信佛的同事看到上文中的图片时没看出有什么不和谐的地方，虽然也表达了不同的想法。一位同事说僧侣、尼姑可以通过冥想（有些人也可通过所唱的佛经和歌曲）来免受该活动的影响。另一位同事说佛教徒并没有关闭其感官系统，但接受了现状，这只不过是事物短暂性的另一个例子。然而，深入的研究表明，在西方思想中经常使用的"沉思"一词并不足以表达佛教的意思。巴利语和梵语中原先的词可能更应该被翻译成"心理发展、镇定或全神贯注"（Mills, 1999）。这并不是思想的休息，而是有目的、热切的思考，这是由被称作沉思四十经典主题的训练发展而来的。事实上，对于一个佛教僧人来说，面对跳舞的女子，会不由想起释迦牟尼佛坐在菩提伽耶其觉悟成佛的菩提树下，不受魔王所变的形象影响的情景。这是佛教艺术的一个常见的主题，无论是抽象层面的还是表现层面的。[见 Huntington（1990）对小乘佛教、大乘佛教以及佛教早期表现形式的讨论。]

另一个话题是该文化节为全亚洲的佛教徒来五台山旅游提供了一个理由。不仅有来自泰国和中国的小乘佛教和大乘佛教的僧侣、尼姑，而且也有金刚乘——那兰陀的藏传佛教徒。因此该文化节是交流、教学的一个重要机会。事实上，Shi（2008）在其对该地区的研究中提到官方文化节活动之外的佛教信徒的几次大型集会。尽管如此，这也是整个活动的一部分，虽然本文的作者并未参与其中。

结论与讨论

弱势群体及其文化对旅游业的参与长期以来都被认为是一个涉及如下诸方面的多维现象：（a）组织；（b）经济影响；（c）文化的商业化、表现和理解；（d）对弱势群体的社会、政治愿望的承认；（e）节庆时发出声音和保持沉默的选择——即，没有说的和说出来的（看得见的）同等重要；（f）容忍、承认以及压制不同观点的政治过程；（g）包括参与者、赞助者和旁观者在内的不同利益相关者的不同理解；（h）为节庆、利益相关者和所表现的文化而产生的表现形式的混合和新的思维、行动方式；（i）随着一个活动或节庆依照其生命周期充分发展（或衰落），表现形式的演变以及潜在的外部参与者。简而言之，参加某一年举办的文化节本身就使理解具有局限性。此外，如文章开头所述，在理解的过程中，解释被过滤，但是问题是这些不足会不会使解释过程变得无效。对于此问题可以有多种答案。首先，作者是观众中的一分子——我们并不声明要为观众代言，但我们有发表观点的同等权利。很多人，我们怀疑实际上大多数的参与时间甚至比本文作者更短。其次，在试图更好地理解现象的本质的过程中，本文的写作也提出了好几个有关旅游研究的本质的问题。O'Dell（2005）引起了旅游研究者对 "体验景观"（experience scapes）——体验的景观——的注意。体验景观是作为想象世界而形成并发展成社会实践的新形式。O'Dell 指出体验是高度个人的、主观的、稍纵即逝的、持续进行的。它们在本质上是短暂的，扎根于空间——这些空间受到商业、政治和社会力量的影响。本文作者试图对这样一个体验景观进行评价。

某种意义上来说，该活动是 MacCannell（1976）所说的"舞台"的一个典型例子。文化节是前台，是一个通过壮观场面吸引并留住游客的活动。如

Shi（2008）所指出的，大多数游客不是佛教徒，该活动与 Yeh、Ryan 和 Liu（2009）所描述的妈祖旅游相似。该活动中也只有很少一部分人信奉佛法。这样就有可能用前台与后台这两个概念来解释该活动。后台指宗教游客进行礼拜，领悟文殊菩萨佛法的时间——这些活动常常需要安静，并可能持续几个小时。这种时候教规戒律不愿成为"游客观赏的对象"，同样的，非宗教游客很快就会感到无聊。宗教游客则可以把演出作为演出来欣赏，然后在演出结束后继续他们的修行。

　　因此，五台山文化节活动激发了作者（作为旅游研究者）更加深入理解旅游活动本质的愿望。然而，作者并没有研究日程表，而是带着更加开放的态度。与很多研究不同的是，研究过程完全是归纳性的，但是本研究并没形成最终理论。解释一下上文引用的 Hollinshead（1999）的话。Hollinshead 受后现代传统的影响，因此引用 Bauman（2005:1095）的评论是很合适的："社会将变得真正自主的，一旦它'知道'，也必须知道，不存在'确定'的意义，它处在混沌现象的表面，它本身就是一个寻求形式的混沌现象，而形式却又是变动不拘的。"难道这不是对佛教徒的超脱的一个回应吗？在这种情形下我们继续 Bauman 的论述——研究更应该是一个过程而非计划。"创新（以及发现）总是意味着打破规则；循规蹈矩只是对相同事物的重复——并不是创新行为。对于流亡者，打破规则不是一件自由选择的事而是不可避免的结果"(Bauman, 2005: 1092)。Ryan（2005）认为反思型研究者是创新型研究者，反之亦然。研究者是一个"流亡者"吗？通过反思，研究者可以脱颖而出——作为修补匠。这一立场并不缺乏严谨性（Kincheloe, 2001）。

　　当然该活动得到的凝视越多，凝视的对象就变得越难懂、越复杂。这一发现与很多定性研究者的研究发现一致。因此 Ryan 和 Stewart（即将出版）提出的归纳研究（结果）的确定性常常是不存在的。然而，Hollinshead（2002:172）提出了对"后现代话语的专制"的警告。在这种话语之下意义是否被破坏？晦涩难懂的形而上学是否获得了胜利？是否对史诗进行区分性选择？它是否通过否定而拒绝接受解放？早在 1987 年，Bogard 在给 Denzin 的答复中就指出：后现代主义（以及 Denzin 的符号互动论）是多元的、反理论的，因包含解构社会学理论的方法而只有放弃社会学项目（Bogard, 1987:208）。Huber 和 Mirowsky（1997:1423）则写道：Denzin "认为寓言优于事实，因为合理的解释可以让我们充分利用我们所选择的事实"。他们相信这些评论："引发了学术界的反理性主义思潮，威胁并牵涉到很多学科"（Huber & Mirowsky, 1997: 1423）。这些语句具有挑战性，切中要害。有独立于研究者的事实吗？或者，事实是否与建构出来的可改变的真理相一致？Kincheloe（2001:680）认为大多数科学研究"在一定程度上都是草率的"。事实上，我们质疑是否只有单一的凝视。本文第一作者一直作为好奇的对象而成为凝视的主体。该凝视反映了MacCannell（2001）所说的第二凝视——即游客能意识到演出的形式，他们并非没有批评性，他们有动因感。第三凝视则是作者的思考（Law *et al.*，2007）。然而，还有第四凝视。Willeman（1995:114）指出："任何牵涉观看者的观点和活动的形象和表情的表达……也会对其观点产生影响…… [因此] 观看者就有成为观看对象的风险。"本文的情况是此时即有读者的凝视。

文化节的舞台方式也很有趣。李泽厚（1987，转引自 Kang, 1992:127）是提出"中国传统与西方影响强烈冲突的戏剧性事件"这一观点的人之一。因此舞台方式受到好莱坞的影响，采用了流行歌手、女舞蹈演员、棒球帽以及壮观的场面和烟火。这可能是一个西体中用的例子。

这里不是继续争论的地方，但是本文有如下一些评论。首先，有人可能会质疑在强调管理的《旅游管理》上发表这样一篇文章是否合适。当然，本文有对文化节管理的启示，但那不是本文直接关切的。该期刊的编辑在不同的论坛上曾经说过，应从旅游体验的管理这一视角来理解期刊名称，这至少与他本人所写的文章的立场是相符的。但是该立场也引起一些疑问——谁的体验？体验相同吗？它们是怎样被建构、形成以及实际管理的？反过来，如 Hall（2004）所述，这些思考引起了与资本主义的本质以及大学的学术有关的其他问题。本研究的背景是中国的某个地方。对于本文作者而言，研究这种环境中的不同现象的本质似乎是合理的。在有关旅游的文献中对上文所概括的本质存在着质疑。因此，再次解释 Hollinshead（1999）如下：（学界的）主导视角是北大西洋学术传统。该传统能否很容易地转移到代表地球上很多人口的中国某一省份的某个地方？什么地方可能会声明北大西洋学术传统是非主流传统？本文作者相信，新的表达方式可能会在不同文化传统的需求中产生，即使以往他们自己的大多数研究沿袭的是后实证主义定量传统。随着中国和其他亚洲地区的崛起，Mead（1934）所说的新融合也完全可能跟着出现，这样就有产生了对"原先的状态"理解。

最后一点是一个隐喻或一个寓言。就在写结论之前，本文的两位作者在大学的湖边散步，同时也在仔细推敲这篇文章。那是一个令人愉快的冬日夜晚，我们看到一对夫妇在遛狗。狗主人扔一根小棍子让狗去叼。有一次棍子被扔高了，卡在树上。狗站在树下，站姿中充满困惑。人们认为困惑是研究的很好的开端。而从佛教的观点来看，未知是创造的开始。

致谢

本文作者感谢 Jia Hua Jia Cuo、Alison McIntosh、Keith Hollinshead、Cora Wong、Cui Xiaoming、Margaret Chen、Chin Ee On、Ed Vos 以及匿名评审专家提出的深刻而有帮助的意见。感谢怀卡托大学管理学院以及北京外国语大学提供的研究经费。

参考文献

Adler, P. A., & Adler, P. (1994). Observational Techniques, pp. 377-392 in (eds) N. K., and Lincoln, Y. S. *Handbook of Qualitative Research* (1st edition). Thousand Oaks: Sage.

Anderson, L., & Snow, D. A. (2001). Inequality and the Self: Exploring Connections from an Interactionist Perspective. *Symbolic Interaction*. 24(4):395-406.

Angrosino, M. V., & de Pérez, K. A. M. (2000). Rethinking Observation: From Method to Context. pp.673-702 in (eds.) Denzin, N. K., and Lincoln, Y. S. *Handbook of Qualitative Research* (2nd edition). Thousand Oaks: Sage.

Bakhtin, M. M. (1982). *The Dialogic Imagination*, University of Texas Press.

Bakhtin, M. M. (1984). *Rabelais and His World*. Translated by Hélène Iswolsky. Bloomington, Indiana: Indiana University Press.

Baudrillard, J. (1988). *America*. London: Verso.

Bauman, Z. (2005). Afterthought: On Writing Sociology. In (eds) Denzin, N. K., and Lincoln, Y. S., *Handbook of Qualitative Research*. 3rd edition. Thousand Oaks, Calif.: Sage.

Beishan, S. (2007). Opening Speech, 4th Wutaishan Buddhist Festival. Taihuai, Shanxii Province, China.

Bogard, W. (1987). Reply to Denzin: Postmodern Social Theory. *Sociological Theory* 5(2):206-209.

Caillois, R. (1979). *Man, Play and Games*. Translated by M. Barashi. New York: Schoken Books.

Chang, J. H. Y., (2004). Mead's Theory of Emergence as a Framework for Multilevel Sociological Inquiry. *Symbolic Interaction*. 27(3):405-427.

Choga, D. K. (2004). *Introduction to 'Drops of Nectar Khenpo Kunpal's Commentary on Shantideva's Entering the Conduct of the Bodhisattvas Volume One Version*: July 2004.

Chon, K. (2005). Panel Discussion. Asia Pacific Tourism Association Conference, Seoul.

Davis, W. W. (1983). China, the Confucian Ideal, and the European Age of Enlightenment. *Journal of the History of Ideas* 44(4):523-548.

Denzin, N. K. (2001). *Interpretive Interactionism* 2nd edition. Newbury Park, Calif.: Sage

Fahr, J.-L, Tsui, A. S., Xin, K. & Cheng, B.-S. (1998). The Influence of Relational Demography and Gaunxi: The Chinese Case. *Organization Science* 9(4): 471-488.

Hall, C. M. (2004). Reflexivity and Tourism Research: Situating Myself and/with Others. In (eds) Phillimore, J., and Goodson, L., *Qualitative Research in Tourism Methodologies, Epistemologies and Methodologies*. London: Routledge. pp. 137-155.

Haocai, Luo. (2004). *Construction of a Harmonious Society of Law*. (in Mandarin). Beijing: China Law Society and Song Foundation.

Hollinshead, K. (1999). Surveillance of the worlds of tourism: Foucault and the eye-ofpower. *Tourism Management* 20:7-23.

Hollinshead, K., (2002). Playing with the Past: Heritage Tourism under the Tyrannies of Postmodern Discourse. In (ed) Ryan, C. *The Tourist Experience*. *London: Continuum*. pp.172-200.

Hollinshead, K. (2004). A primer in Ontological Crafts: the Creative Capture of People and Places through Qualitative Research. In (eds) Phillimore, J., and Goodson, L., *Qualitative Research in Tourism Methodologies, Epistemologies and Methodologies*. London: Routledge. pp. 83-101.

Huber, J., & Mirowsky, J. (1997). Of Facts and Fables: Reply to Denzin. *The American Journal of Sociology* 102(5):1423-1429.

Hung, C. T. (2007). Mao's Parades: State Spectacles in China in the 1950s. *The China Quarterly* 190:411-431.

Huntington, S. L., (1990). Early Buddhist Art and the Theory of Aniconism. *Art Journal* 49(4):401-408.

Hwang, K.-K. (1987). Face and Favor: The Chinese Power Game. *The American Journal of Sociology*. 92(4):944-974.

Kang, L. (1992). Subjectivity, Marxism and Culture Theory in China. *Social Text* 31/32: 114-140.

Kincheloe, J. L. (2001). Describing the Bricolage: Conceptualizing a New Rigor in Qualitative Research. *Qualitative Inquiry*. 9(6):679-692.

Knapp, R. G. (2000). *China's Walled Cities*. Hong Kong: Oxford University Press.

Law, L., Bunnell, T. G., & Ong, C.-E. (2007). The Beach, the Gaze and Film Tourism. *Tourist Studies* 7(2):141-164.

Levy, D. J. (1999). *Ideal and Actual in The Story of the Stone*. New York: Columbia University Press.

Ma, X.-L., Ryan, C., & Bao, J.-G. (2009). Chinese National Parks: Differences, Resource Use and Tourism Product Portfolios, *Tourism Management* 30(1):21-30.

MacCannell, D. (1976). *The Tourist: A New Theory of the leisure Class*, Schocken Books Inc., New York.

MacCannell, D. (2001). Tourist Agency. *Tourist Studies*. 1(1): 23-37.

Mead, G. H. (1934). *Mind, Self, and Society*. Chicago: University of Chicago Press.

Meethan, K. (2001). *Tourism in Global Society: Place, Culture, Consumption*. Basingstoke: Palgrave.

Mills, L.-K. (1999). *Buddhism Explained*. Chiang Mai: Silkworm Books.

National Development and Reform Commission (NDRC), People's Republic of China (2006). The Eleventh Plan Five Year Plan for the National Economic and Social Development of the People's Republic of China. Beijing: NDRC.

O' Dell, T. (2005). Experiencescapes: Blurring Borders and Testing Connections. In (eds) O' Dell, T., & Billing, P. *Experiencescapes: Tourism, Culture, and Economy*. Copenhagen: Copenhagen Business School Press.

Official Website of the Beijing Olympics (2007). *Making the Olympics More Harmonious*, http://en.beijing2008.cn/culture/songs/n214119187.shtml. Accessed 29th November 2007.

Olivia, S., Gibson, J., Rozelle, S., Huang, J., and Deng, X. (2008). Mapping Poverty in Rural China: How Much Does Environment Matter.

Phillimore, J., & Goodson, L., (2004). Progress in Qualitative Research in Tourism: Epistemology, Ontology and Methodology. In (eds) Phillimore, J., & Goodson, L., *Qualitative Research in Tourism Methodologies, Epistemologies and Methodologies*. London: Routledge. pp.3-29.

Richardson, L. (2000). Writing: A Method of Enquiry. pp.923-948 in (eds)

Denzin, N. K., and Lincoln, Y. S. *Handbook of Qualitative Research* (2nd edition). Thousand Oaks: Sage.

Taylor, J. P. (2001). Authenticity and Sincerity in Tourism. *Annals of Tourism Research* 28(1):7-26.

Ryan, C. (2002). *The Tourist Experience*. London: Continuum.

Ryan, C. (2005). Ethics in Tourism Research: Objectivities and Personal Perspectives. pp.9-20 in (eds) Ritchie, B. W., Burns, P., & Palmer, C. *Tourism Research Methods: Integrating Theory with Practice*. Wallingford: CABI Publishing.

Ryan, C., Gu, H. & Zhang, W. (2008). The Context of Chinese Tourism—An Overview and Implications for Research. In (eds) Ryan, C. & Gu, H. *Tourism in China: Destinations, Culture and Communities*. New York: Routledge (Taylor and Francis). pp.399-409.

Ryan, C., Zhang, Y., Sun, H., & Gu, H. (2008). Tourism, Books, Films and Grand View Gardens, Beijing. *Nature Based Tourism*. Proceedings of the 5th China Tourism Forum. United Nations World Tourism Organization, Hong Kong Polytechnic University and Hiang Shan University, Huangshan, Anhui Province, China.

Ryan, C., & Stewart, M. (forthcoming). Eco-tourism and Luxury—The Case of Al Maha, Dubai. *Journal of Sustainable Tourism*.

Shi, F. (2008). Evaluation of Visitor Experience at Chinese Buddhist Sites: the Case of Wutai Mountain. In (eds) Ryan, C. & Gu, H. *Tourism in China: Destinations, Culture and Communities*. New York: Routledge (Taylor and Francis). pp.276-295.

Shuo, Y. S., Ryan, C. & Lin, G. (2009). Taoism, Temples and Tourists: The Case of Mazu Pilgrimage Tourism. *Tourism Management*, 30(4):581-588.

Sofield, T., & Li F. M. S. (2007). China: Ecotourism and Cultural Tourism, Harmony or Dissonance. In (ed) Higham, J. *Critical Issues in Ecotourism: Understanding a Complex Tourism Phenomenon*. Oxford: Butterworth Heinemann. pp.368-385.

Taylor, J. P. (2001). Authenticity and Sincerity in Tourism, *Annals of Tourism Research*. 28(1): 7-26.

Tse-Tung, M. (1942). Talks at the Yenan Forum on Literature and Art. *Selected Works*, Voume III. In *Quotations from Chairman Mao Tse-Tung*.

Tse-Tung, M. (1940). *On New Democracy, Chinese Culture.*

Urry, J. (2002). *The Tourist Gaze.* London: Sage.

Wang, N. (2000). *Tourism and Modernity: A Sociological Analysis.* Oxford: Pergamon.

Willemen, P. (1995). *Looks and Frictions: Essays in Cultural Studies and Film Theory.* Bloomngton, In: Indiana University Press.

Zheng, Xiaojiang, (1994). *Philosophy of Death in the Chinese.* Taipei: Dong Da.

Zito, A. (1997). *Of Body and Brush: Grand Sacrifice as Text/Performance in Eighteenth Century China.* Chicago: University of Chicago Press.

第Ⅳ篇　旅游地居民

导言

Chris Ryan

引言

关于旅游对旅游目的地居民的种种影响的研究形成了旅游学术文献中相对历史较长的研究群之一。Doxey（1975）的刺激指数是该领域内最常被引用的早期研究之一。Doxey 提出了居民对当地旅游发展的反应的阶段模式。最初，居民对游客持欢迎态度，而后，居民对旅游的态度就逐渐转变为礼节性的回应，进而，居民对旅游逐渐漠不关心，再到慢慢反感，到最后就变成了公开的敌意。这一模式同第一篇的导言中所描述的目的地生命周期模型类似。同时，我们很容易将居民所表现出的不断增长的反感和旅游目的地由巩固状态发展到停滞再到衰退联系起来。实际上，旅游的进一步发展缺乏居民支持这一点通常被当做旅游发展到衰退阶段的原因之一（例如：Murphy，1985）。然而，由一些研究者，如 Shaldon 和 Var（1984），Liu、Sheldon 和 Var（1987）以及 Long、Perdue 和 Allen（1990）的早期研究，开始确定以调查问卷为基础来测量居民态度的方法中所使用的多个变量。因此，从那时起，很多在测量居民对旅游发展的态度方面的研究中就包括了同因旅游而引起的拥挤、垃圾、就业以及收入机会等相关的术语，同时，也包括了同宠物饲养、比率小但日益严重的犯罪率的可能增长和娱乐设施如餐馆和俱乐部增长的相关术语。另外一个经常被问到的问题是旅游的增长能否为当地的艺术和手工业创造机会，以及在多大程度上能够使当地的文化商品化或刺激当地文化的复兴。这些问题在考虑旅游对当地人民生活的影响时显得格外重要。

同样地，早期研究也开始确定居民反应模式中可能的决定性因素。这些因素包括居民在该地居住的时间长短、居民的年龄和性别等。尽管有些研究者称通常是那些新来的人对由旅游引起的改变表示最强烈的反对，因为这些改变对他们选择该地作为居住地构成了威胁，但也有人认为在该旅游目的地居住时间最久的人可能对改变的反对最强烈。正如第二篇的导言所提到的，从对居民的消费心态细分很明显看出，居民并非一律遵循刺激指数标出的轨迹。例如，一些居民因旅游提供了经济机会，故一直对旅游持欢迎态度；另一些居民仍旧保持冷漠；同时，还有一些居民已开始表达出了他们的恼怒。因此，在众多研究者中，Murphy（1985）将注意力投向了居民同游客互动的本质及地点。此外，另一个因素则是游客在多大程度上是一个季节性现象还是一种全年现象。例如，如果游客和当地居民仅是在沙滩上相遇而且互动甚少，或者这些互动仅是一些愉快的社交，那么居民对旅游的态度最差也仅是冷漠，而最好的话则会持支持态度。而另一方面，如果居民在日常生活中要面对交通堵塞、拥挤以及在商店中长时间的等待，那么怨恨可能就产生了。因此，我们就能看到，从最初Doxey（1975）和 Sheldon 和 Var（1984）的研究开始至今的数十年中，研究者们明显地开始能更好地理解旅游业及其对当地人影响之间的关系。

由于以更多的个案研究为基础的文献越来越多，而这些个案研究往往是以 Rick Perdue 和 Patrick Long 以及他们很多合作者设计的问卷为基础，因此不同的作者试图提供一些用来解释已被发现的关系的概念性理解。在这些常被引用的作品中，John Ap 的作品以及他的交换理论的应用便是其一。在一系列的文章中，John Ap 和他的合作者 John Crompton 一致，认为居民和游客也在寻找双方共同的利益，但当其中一方或另一方感觉到利益受损或被利用的时候，问题就出现了（例，见 Ap, 1990, 1992）。简言之，只要居民认为他们从旅游中所能获取的利益大于其成本的话，他们就会容忍旅游的发展。就他们而言，Ryan、Scotland 和 Montgomery（1998）认为从居民对旅游业的反应研究中所得的结果或许可用不同的价值体系中的紧张状态来解释。因此，只要旅游能够为社区的其他人创造利益，即使最初居民自身未受到影响，他们对旅游还是持支持态度的。但当他们的生活越来越多地受到由旅游所引起的侵扰时，他们就需要更加仔细地考虑一些个人价值和核心价值，因此他们最初对旅游表现出的明显的支持就将遭到动摇。

另一个新兴的概念化方式是使用"地方依附"的观点。这一关系已经通过多种方式和采用多个相关术语被概念化了。例如，"地方感"（Relph, 1976; Stedman, 2003）、"地方依附"（Kaltenborn, 1998; Williams & Vaske, 2003）、"地方所属"（Proshansky, Fabian & Kaminoff, 1983）和"地方绑定"（Hammitt, Backlund & Bixler, 2006）。但是，"地方依附"似乎是最常用的术语——来描述人们对地方的情感依附。当然，"地方依附"的概念不仅出现在旅游文献中，也出现在其他各种领域中。例如，Kaplan（1987）称景区评价是复杂的，也包括情感因素，而Golledge和Stimson（1987）发现对地方的评价是持久的。从这个观点到认为对一个地方的持久的感情评价反映了个人价值以及自我认同感，这仅仅是很短的一步。Appleton（1996）则将对一个地方的情感和个人经历关联起来，后者被定义为景色和自我之间的关系。在环境心理学领域，不仅有"地方依附"这一概念，而且最近的研究也包括了Brown和Raymond（2007）对这一概念的阐释。Brown和Raymond（2007）尝试着以参照澳大利亚奥特威地区，以"地方价值"、"你的特别地方"以及"发展或未发展"等潜在维度为基础来勾画"地方依附"。

对于这一点，Gu和Ryan（2008，又见第十六章）认为，地方依附理论在旅游研究中评价旅游对当地居民的福利的影响时尚未被充分利用。他们提出了一个似是而非的观点，即当这一概念被使用时，其最初出现在营销理论背景中，也出现在从一个游客的角度出发（而非当地居民），游客同某一特定旅游目的地之间参与模式的发展中，而这一参与模式反过来则变成了是否重游该旅游目的地的一个决定性因素。这一方法已经成为了一些研究者如Hwang、Lee和Chen（2005）等的作品的基础。对他们而言，"地方依附"潜在地解释了一地多游的现象。同样地，Alegre和Juaneda（2006:686）也称当游客到某一地方时，他们在感情上就同该地联系在了一起，而这一点在理解他们的行为上就尤为重要。如果上述有关游客这一点真实无误的话，那么由此可以推断出当地居民也能够形成同样的情感链接，因为对他们而言，旅游地的建筑和空间范围有助于决定他们同邻居和朋友们的互动交流。事实上，Hogg和Abrams（1988:325）认为社会认同感是指由作为某一个社会群体（如国籍、性别、种族、职业、球队……）的一员而产生的对自身身份的自我描述。而从自然和社会角度，还可以加入另一个变量，即邻里情谊。最近，Gross和Brown（2008）则认为在地方认同感和自我表达及吸引之间存在着紧密的关系，如要区分地方认同和地方依赖，后者仅能通过自我表达来预测。然而，他们也将这一点和游客而不是居民联系起来。但是，地方的社会和自然特质能够被内在地归入以便形成一种存在和自我认同感。因此，凭借文献的存在，自我感知在一定程度上就建立在对一个地方的感知。一个被认为有正面价值的地方，不管是建筑、历史还是美学价值，将会有助于自身正面形象的发展，因为一个居民会对自己所居住的地方引以自豪。

Stewart（2007）认为，人与自然关系的研究始于20世纪60年代，目前涵盖了与地域性、个人空间、拥挤且负担沉重的环境、居家环境、场所依赖、环境评估等相关的价值观、信仰、态度及反思。对此他分为三类，即调节范式、机会结构范式和社会文化范式。基于此前提，Gu 和 Ryan（2008）认为可以从三个方面来看待旅游业：第一，日趋拥挤的环境限制了以前自由行动的空间，这要求居住者适应此现象；第二，旅游业创造了收入和就业机会，但并非所有的居住者都愿意获得这种潜在的资源；第三，居住者所在的社会文化框架越来越要适应旅游业的需求，除非空间和时间允许保留个人空间。

由于旅游业的入侵越来越明显，场所依赖的本质及根源性的程度将遭受潜在的改变，参照土地使用的格局，交通车辆的流量以及拥挤状况，地方也会随之发生改变。现实表明，这些变化影响着个人的自我认证，以致地方的物理属性有助于形成了这种自我感知。

自我感知的改变方向并不能立刻显现出来。一些居民对本地区由于变化带来的活力及其历史和遗产所带来的不断增长的重要性深感自豪；另一些则对此变化深感悲痛，认为本地区的安全、和平及社区感正在遗失，并希望逃离此地。旅游地居民对本地区旅游业所带来的影响有很多不同的反应，可以从以下几个方面说明：

（a）认为居住在一个展示进步、显示时尚化或被认为是有吸引力的地方，居民对本地区及本地区自我形象的自豪感增强；

（b）认为居住在一个逐渐变差、变拥挤、变枯燥的地方，居民对本地区及本地区自我形象的自豪感降低，这一现象让他们想逃离此地；

（c）对本地区及本地区现状的热爱促使居民抵制那些不好的改变，并寻求限制此种负面变化的有效措施。

旅游研究者非常熟知这些情感，自从 Sir George Young 于 1973 年发表了《旅游：福兮？祸兮？》后，旅游影响的研究就发展成了一个成熟的研究领域。

如上所示，一些研究已经评估了居民对收入与就业机会、拥挤、零售业的改变、土地使用格局、目的地生态系统的发展等这些方面的反应，居民居住时间、年龄、性别、社会地位对感知的影响，这些研究也已经提出了很多的新概念，如交流理论（具体见 Ap, 1990, 1992; Butler, 1980, 2006a, 2006b; Doxey, 1975,以及以中国为研究背景的 Fan, Wall & Mitchell, 2008; Ryan & Gu, 2007; Gu & Ryan, 2008; Zhang, An & Liu, 2008）。

然而，目前还鲜有文献详细介绍环境心理学与场所依赖。仅有 Young、Corsun 和 Baloglu（2007）的一篇论文，文章认为居民可分为四种，即"健谈者"、"使者"、"中立者"以及"吸引者",这种分类源于与 VFR 游客数量和居民游客介绍景点活动的参与得分有关的条目。

然而本文并未分析环境心理学,作者总结到"个体的个性、社区的参与、社会认证以及场所依赖对东道主行为起着重要作用(Young、Corsun 和 & Baloglu,2007:513)",这决定了对游客的反应。

另一个令旅游学者感兴趣的是 Robin、Matheau-Police 和 Couty(2007)的文章,从旅游研究之外的角度探讨了他们关注的问题。该文作者们列出了城里人讨厌的事物等级,令旅游学者感兴趣的是其中许多条目非常熟悉。例如,与交通堵塞、人群拥挤、不安全感相关方面共分为七类,即不安全感、不便利、对环境的关注、车辆使用所带来的问题、公共场合的不礼貌行为、由于人口密集所造成的低效率、不安全亦不断降低的生活环境。一些术语被应用于相关问卷中,如与空气质量、噪声、气味相关的术语。

仔细研究 Gu 和 Ryan(2008)所列的潜在反应集,可以设想出对旅游业的各种反应,第一种反应是赞成旅游发展的积极态度,第二种是居住者越来越面临离开居住地的选择或继续极力反对旅游业的发展,第三种反应是抵制变化,但抵制消极变化的起因时,可能会导致变革者(指旅游发展)的变化以更好地利用改变带来的积极结果,促进地方发展。此种结果不再是单纯的抵制旅游业,而是希望更好地控制旅游业的发展,找到更好的规划旅游业的途径。与像过去 Long、Perdue 和 Allen(1990)等研究者通过传统的相聚类分析法相比,利用场地依赖这一概念能更准确地理解居民的想法。

同时应该指出的是,在进一步理解场地依赖时,除了独特性,自我形象要求参与者认为他们能发表自己的意见,外界能听取他们的意见,他们本身是有效的推动力量(例如,见 Breakwell, 1986, 1992; Feldman, 1990; Hummon, 1986; Twigger-Ross & Uzzell, 1996)。

在第十六章,Gu 和 Ryan(2008)在场地依赖的模型中把这些特征应用到北京胡同:独特性、自尊、连续性和自我效能。探讨旅游影响和居民观点时,尤其在中国这样一个"自上而下"的旅游总规划的方针下,得出的一个启示是任何未来的研究项目都需与检测受访者是否认为该规划过程有效,以及他们认为可能会影响参与确立并执行规划者的程度的条目力求一致。

另一个值得注意的是,对场地的感知并不足以产生依赖,主要是通过人与人之间、人与场地之间形成情感纽带(Pretty、Chipuer & Bramston, 2003)。因而与场地依赖概念有关的是亲自参与。此概念有很多不同的定义和作用

（Havitz & Dimanche, 1997）。

　　大部分的研究从个人相关性出发概念化参与，这意味着，相关性反映了一个人对某一活动或相关产品的依赖度（Zaichkowsky, 1985），同时也反映了自我和场地有意识的认知连接的力量或程度。这是通过视场地与游客自我概念、需求和价值观之间的关联性为参与的决定因素来体现的（Kyle & Chick, 2002）。

　　由于其复杂性，旅游文献中只是有限地讨论了个人参与这一观念（Gursoy & Gavcar, 2003; Josiam, Kinley & Kim, 2005）。在探讨旅游目的地人口属性及对旅游发展的态度时，一直被忽略的因素是旅游地的居住者们不一定是同质群体，可能包括被当地旅游业所带来的就业机会吸引而来的人。这些流动的工作人员可能只是寻求季节性的工作，而不是当地居民所寻求的年度性的工作，但是随着当地旅游业的发展，旅游业的季节性不再明显，这些流动工作人员就变成此地的长期居住者了。

　　此种情况下，随着旅游业的发展，依赖于旅游业所带来收入和就业的居住者数量将不断增长。和最初 Doxey（1975）的刺激指数相反，对旅游业的态度会随着时间而变得越来越积极。简而言之，旅游业的经济重要性会影响旅游者的态度。对每个认为改变是减少场地价值的个人来说，改变也可能被认为是一种进步的、动态的本地环境而受到重视。总而言之，对旅游业影响的研究可以列出一系列概括性的能决定居住者态度的决定性因素，但这些决定性因素因时因地而不同。

　　接下来的四章描述了游客与居民相互影响的具体方面，反映了该领域的不同主题。第十三章由 Nyaupane、Morais 和 Dowler（2006）撰写。他们对于到尼泊尔和中国云南的游客与当地旅游的社区参与之间的关系进行了审视。该文提及了上述讨论中忽略的一个概念，即"社会承载力"的概念。Nyaupane、Morais 和 Dowler（2006）提出主张旅游社区参与旅游业的人需要回答这样一个问题：社区是否拥有处理与旅游发展有关的潜在影响的技能、知识储备、资金、理解力和创业能力。他们还提到政治因素，提出在一些国家里，旅游区当地居民很可能认为政府（当地或可能是国家一级的）应该决定旅游发展的速度，以使企业和当地社区受益。从市场的角度，对居民如何注意到游客增长和潜在旅游业发展方面，他们也不知道游客的数量和类型对此是如何参与决定的。鉴于这两个样本地区有很多共同的特点：如经济相对贫困但文化资源丰富。Nyaupane、Morais 和 Dowler（2006）发现旅游对当地居民的生活方式产生了许多有益的影响。这些影响包括妇女权益的获得、生活质量的提高、本土文化的复兴和儿童教育状况的改善。而潜在弊处,一是在社区内部造成收入和社会地位的两级分化,二是出于满足游客需要而造成的色情业的泛滥。从这三位作者的主要结论中可以很明显地看出:他们摒弃了被动的地方社区不能在旅游对居民生活影响方面起任何作用的观点。

第十四章主要围绕旅游与居民相互影响模式内部的一个主题进行,即旅游业和社会功能障碍的出现及犯罪率增加的相关程度。Park 和 Stokowski(2009)使用社会断层理论来分析旅游业的影响。他们指出,社会断层理论认为"经历了快速发展的社区进入到一个全面危机的时期,传统习惯和旧有观念被丢弃",而这些危机可能是个人层面的也可能是社区层面的(Park & Stokowski, 2009)。在指出关于犯罪和旅游关系的研究已经有许多的同时,作者们注意到跨社区(处于旅游发展不同阶段和拥有不同发展速度的社区)的对比研究却很少。他们在研究中挑选了美国科罗拉多州的 15 个社区,这些社区根据不同的旅游特色被分成四类:博彩、滑雪、自然资源和文化遗产。

这些社区的发展根据以下几个变量来测量:人均收入、人口、零售总额和当地政府收入。研究表明,社区发展和犯罪率的统计学显著 p 值小于 0.05,即差异不显著。接下来,Park 和 Stokowski(2009)还根据逮捕记录对犯罪类型进行了详细讨论。很明显,旅游地常住居民人口和暂住游客数量之间的关系是因素之一,但是其他变量也各有其重要性。然而,这些变量间的关系错综复杂,因为"旅游发展并不一定带来经济增长,也不一定带来高犯罪率"(Park & Stokowski, 2009)。这一章的优点在于引入了有用的社会断层理论和样本的比较属性。

第十五章和第十六章选择了社区认同、地区认同和旅游业对认同感的影响这三方面作为主题。第十五章由 Ballesteros 和 Ramirez(2007)撰写。与 Park 和 Stokowski(2009)的研究类似,这两位作者的研究也是比较性质的,研究内容是对于西班牙四个采矿社区的社会认同和遗产旅游的关系进行考察。问题涉及研究社区自身形象和外在表现是如何影响旅游业和游客的。同时也有人质疑这些形象是如何被授权的(Ryan, 2003),以及社区本身对其表现形式如何反应。Ballesteros 和 Ramirez(2007)认为采矿社区为调查上述内容提供了较好的个案研究。因为,从历史上说,他们有强烈的社区意识。这一意识源于煤区的艰苦环境留下的永久的烙印,带有史诗般的悲壮和沉重;这一意识也源于那些拥有纪念煤矿开采历史的纪念碑的重要地点。他们庆祝节日来纪念矿工的守护圣人——圣巴巴拉,且对煤矿周围的景物怀有深厚的感情。参考矿区的工作和生活为我们提供了一种象征性的沟通渠道，矿工们借此鉴别、辨明、确认并区分自己，以创造自己的社区。

然而，当矿区关闭，采矿纪念馆作为一项旅游产品面向公众开放来纪念这项遗产。那么这种社区意识将会怎样？这种意识对创造成功的旅游产品有多大的重要性？

这一部分的最后一章（即第十六章）考察的是生活在北京什刹海胡同里的人们的场所依赖。该研究地区位于北京紫禁城的北部和西部，被市政府认为具有很高的历史和文化价值。因为该地区不仅有代表性北京民居，也有过去皇室成员和文武百官居住的四合院。自 2000 年以来，由于种种原因，这一地区发生了巨大的变化。首先，在奥运会前后，这里修建了许多庭院酒店、餐馆和背包客旅馆。今天的游客会发现不仅仅中国的饭店，韩国、法国、印度的饭店都在极力吸引国际客源。其次，越来越多的北京富有阶层在该地区购置房产，因为这里的家园更有特色，且离北京的中央商务区较近。最后，北京政府对该地区进行了升级改造，包括：为当地居民提供和改善公共卫生间；对公共场所建筑物的外墙加强维护和修缮；铺设水泥路或柏油路，改变以前泥泞不平的路况。这些变化无不表明过去胡同的公共生活由于旅游业的进入而受到影响。作者 Gu 和 Ryan 试图找到那些最影响胡同日常生活的因素，以及在何种程度上，场所依赖在人们对于外来影响产生反应的过程中所起的作用。

由此，接下来的四章呈现的研究试图识别旅游给当地居民的生活方式带来的影响。早期的研究者如 Sheldon 和 Var（1984），用里克特量表对居民进行问卷调查来收集原始数据，而本书的研究方式不限于此。这并不是说问卷的方法没有价值，这显然是错误的看法，以下论文都参照了这些数据。然而，自从 Doxey（1975）在几十年前提出"刺激指数"理论，我们对该领域有了更好的理解，认为社区内部各个居民对旅游业的反应是不尽相同的；旅游互动地点、特定的地理、历史文化因素及地方认同对于那些旅游地的永久居民的生活质量也是重要的决定因素。

参考文献

Alegre, J., & Juaneda, C. (2006). Destination Loyalty: Consumers' Economic Behavior. *Annals of Tourism Research*, 33(3): 684–706.

Ap, J. (1990). Resident Perception Research of the Social Impacts of Tourism. *Annals of Tourism Research*. 17(7): 481–494.

Ap, J. (1992). Residents' Perceptions of Tourism Impacts. *Annals of Tourism Research*. 19(3): 665–690.

Appleton, J., (1996). *The Experience of Landscape, Revised Edition*. Wiley, Chichester.

Ballesteros, E.R. & Ramirez, M.H. (2007). Identity and Community—Reflections on the Development of Mining Heritage Tourism in Southern Spain, *Tourism Management*.

Breakwell, G. M. (1986). *Coping with Threatened Identity*. London: Methuen.

Breakwell, G. M. (1992). *Social Psychology of Identity and the Self Concept*. Guildford: Surrey University Press.

Brown, G. and Raymond, C. (2007) The Relationship between Place Attachment and Landscape Values: Toward Mapping Place Attachment, *Applied Geography*, 27(1): 89–111.

Butler, R. W. (1980) The concept of a Tourist Area Cycle of Evolution: Implications for Management of Resources, *Canadian Geographer*, 24: 5–12.

Butler, R. W. (2006a) *The Tourism Area Life Cycle, Vol.1: Application and Modifications*, Clevedon: Channel View Publications.

Butler, R. W. (2006b) *The Tourism Area Life Cycle, Vol.2: Conceptual and Theoretical Issues*, Clevedon: Channel View Publications.

C. L. Twigger-Ross, D. L. Uzzell, (1996). Place and Identity Processes. *Journal of Environmental Psychology* 16,205–220.

Doxey, G.V. (1975). A Causation Theory of Visitor-resident Irritants, Methodology and Research Inferences. The Impact of Tourism. *Sixth Annual Conference Proceedings of the Travel and Tourism Research Association* (pp.195–198). San Diego.

Fan, C. (Nancy), Wall, G., and Mitchell, C. (2008). Heritage Retail Centres, Creative Destruction and the Water Town of Luzhi, Kunshan, China. In H. Gu, & C. Ryan (Eds.), *Tourism in China: Destinations, Culture and Communities*. Oxford: Elsevier. pp.99–123.

Feldman, R. M. (1990). Settlement Identity: Psychological Bonds with Home Places in a Mobile Society, *Environment and Behavior*, 22: 183–229.

Golledge, R. G., & Stimson, R. (1987). *Analytical Behavioural Geography*. London: Croom Helm.

Gross, M. J., & Brown, G. (2008). An empirical Structure Model of Tourists and Places: Progressing Involvement and Place Attachment into Tourism. *Tourism Management*, 29(6), 1141-1151.

Gu, H., & Ryan, C. (2008). Place Attachment, Identity and Community Impacts of Tourism—the Case of a Beijing Hutong. *Tourism Management*, 29(4), 637-647.

Gursoy, D., & Gavcar, E. (2003). International Leisure Tourists' Involvement Profile. *Annals of Tourism Research*, 30(4), 906-926.

Hammitt, W. E., Backlund, E. A., & Bixler, R. D. (2006). Place Bonding for Recreation Places: Conceptual and Empirical Development. *Leisure Studies*, 25(1), 17-41.

Havitz, M. E., & Dimanche, F. (1997). Leisure Involvement Revisited: Conceptual Conundrums and Measurement Advances. *Journal of Leisure Research*, 29(3), 245-278.

Hogg, M. A., & Abrams, D. (1988). Social Identifications: *A social Psychology of Intergroup Relations and Group Processes*. London: Routledge.

Hummon, D. (1986). City Mouse, Country Mouse: The Persistence of Community Identity. *Qualitative Sociology*, 9(1), 3-25.

Hwang, S.-N., Lee, C., & Chen, H.-J. (2005). The Relationship Among Tourists' Involvement, Place Attachment and Interpretation Satisfaction in Taiwan's Parks. *Tourism Management*, 26(2), 143-156.

Josiam, B. M., Kinley, T. R., & Kim, Y. K. (2005). Involvement and the Tourist Shopper: Using the Involvement Construct to Segment the American Tourist Shopper at the Mall. *Journal of Vacation Marketing*, 11(2), 135-154.

Kaltenborn, B. P. (1998). Effects of Sense of Place on Responses to Environmental Impacts. *Applied Geography*, 18(2), 169-189.

Kaplan, S. (1987). Aesthetics, Affect, and cognition: *Environmental preference from an Evolutionary Perspective*. Environment and Behavior, 9(1),3-32.

Kyle, G., & Chick, G. (2002). The Social Nature of Leisure Involvement.

Journal of Leisure Research, 34(4), 426–448.

Liu, J., Sheldon, P. J., & Var, T. (1987). Residents' Perceptions of the Environmental Impacts of Tourism. *Annals of Tourism Research* 14(1):17–37.

Long, P., Perdue, R., & Allen, L. (1990). Rural Resident Perceptions and Attitudes by Community Level of Tourism. *Journal of Tourism Research,* 28(3): 3–9.

Murphy, P. E. (1985). *Tourism: A Community Approach.* Harlow: Longmans

Nyaupane, G. P., Morais, D. B., & Dowler. (2006). The Role of Community Involvement and Number/type of Visitors on Tourism Impacts: A Controlled Comparison of Annapurna, Nepal and Northwest Yunna, China. *Tourism Management* 27(6),1373–1385.

Park, M., & Stokowski, P. (2009). Social Disruption Theory and Crime in Rural Communities: Comparisons Across Three Levels of Tourism Growth. *Tourism Management.* 30(6),905–915

Pretty, G. H., Chipuer, H. M., & Bramston, P. (2003). Sense of Place Amongst Adolescents and Adults in two Rural Australian Towns: The Discriminating Features of Place Attachment, Sense of Community and Place Dependence in Relation to Place Identity. *Journal of Environmental Psychology,* 23(3), 273–287.

Proshansky, H. M., Fabian, A. K., & Kaminoff, R. (1983). Place Identity: Physical World Socialization of the Self. *Journal of Environmental Psychology,* 3, 57–83.

Relph, E. C. (1976). *Place and Placelessness.* London: Pion.

Ryan, C. (2003). Recreational *Tourism–impacts and Demand,* Clevedon: Channel View Press.

Ryan, C., A. Scotland and Montgomery, D. (1998). Resident Attitudes to Tourism Development–a Comparative Study between the Rangitikei, New Zealand and Bakewell, United Kingdom, *Progress in Tourism and Hospitality Research,* 4(2):115–130.

Ryan, C., and Gu, H., (2007). The Social Impacts of Tourism in a Beijing Hutong–A Case of Environmental Change. *China Tourism Research.* 3(2):235–271.

Sheldon, P. J., & Var, T. (1984). Resident Attitudes to Tourism in North Wales. *Tourism Management* 5(1):40-47.

Stedman, R. C. (2003). Is it Really just a Social Construction? the Contribution of the Physical Environment to Sense of Place. *Society and Natural Resources*, 16(8), 671-685.

Stewart, D., (2007) Editorial: The ICF and Occupational Therapy. Canadian *Journal of Occupational Therapy*, 74, Special Issue, 218-220.

Twigger-Ross, C. L., & Uzzell, D. L. (1996). Place and Identity Processes. *Journal of Environmental Psychology*, 16, 205-220.

Williams, D. R., & Vaske, J. J. (2003). The Measurement of Place Attachment: Validity and Generalisability of a Psychometric Approach. Forest Science, 49(6), 830-840.

Young, C.A., Corsun, D. L., & Baloglu, S. (2007). A taxonomy of hosts of visiting friends and relatives. *Annals of Tourism Research*, 34(2),497-516.

Zaichkowsky, J. L. (1985). Measuring the Involvement Construct. *Journal of Consumer Research*, 12(3), 341-352.

Zhang, W., An, Y., & Liu, J. (2008). Community Involvement in Rural Tourism development—evidence from Pinggu, Yanqing, and Miyun Districts, Beijing Province. In H. Gu, & C. Ryan (Eds.), *Tourism in China: Destinations, Culture and Communities*. Oxford: Elsevier. pp.268-283.

第十三章 社区参与和游客数量/类型对旅游业的影响：对尼泊尔安纳布尔纳和中国滇西北的对比研究

Gyan P. Nyaupane[a,*], Duarte B. Morais[b], Lorraine Dowler[c]

[a]Tourism Development and Management, School of Community Resources and Development, Arizona State University,P.O. Box 874703, Tempe, AZ 85287, USA

[b]Recreation, Park, and Tourism Management, The Pennsylvania State University, 228 Mateer, University Park, PA 16802-1307, USA

[c]Department of Geography, The Pennsylvania State University, 302 Walker, University Park, PA 16802-1307, USA

1 引言

对于被认为是落后于国家主流文化和经济的内陆多山的少数民族聚居区，发展中国家的政府为促进其经济增长已奋斗多年（Wood, 1997）。许多这样的地区都交通不便，远离重要贸易中心，这样便限制了这些山区在经济作物或产品贸易方面与城市竞争的能力（Gee & Fayos-Sola, 1997）。因此，为了提高当地居民微观层次的社会经济福利，许多亚洲国家都已在这些经济落后的山区发展旅游业（Briedenhann & Wickens, 2004; Oakes, 1998; Wood, 1997）。

有关旅游业对发展中地区的影响的文献表明，不能简单地说旅游业对所在社区是好还是坏（Wood, 1997）。相反，大多数研究者认为，农村山区对发展旅游业的接受程度取决于一些重要的政治、经济和环境因素（Briassoulis & Van der Straaten, 1992; Chee-Beng, 2001; Wood, 1997）。如 Richter（1989）、Sofield 和 Li（1998）的报告所指出的，这类旅游业的发展高度依赖于一个国家的政治体制。Graburn（1983）和 Walsh（2001）研究了接待社区的类别等级制度对旅游业接受的影响。Briassoulis 和 Van der Straaten（1992）指出，这些影响取决于所在社区减轻和恢复影响的能力，也就是我们所说的承载能力。越来越多的研究表明，除了所在社区的特征外，如下两个因素对所在社区能否从旅游业中持续获益发挥着重要作用：(1)所在社区的参与和管理水平（Gunn, 1988; Murphy, 1985;

Simmons, 1994）；（2）游览该地区的游客的数量/类型（Archer & Cooper, 1994;
Briassoulis & Van der Straaten, 1992; Nyaupane & Thapa, 2004）。

1.1　旅游管理中的社区参与

　　在探讨旅游规划与管理中的社区参与和政府控制级别时，发展中地区的大
多数目的地被划分成内源型（社区基础型）或外源型（政府控制型）（Gartner,
1996; Snowdon、Slee & Farr, 2000）。许多研究者曾强调社区参与旅游规划和管
理的好处（Gunn, 1988; Murphy, 1985; Simmon, 1994）。有些研究者认为，所在
社区的成员应参与到旅游规划中，因为他们：（a）对该地区如何适应变化有历
史性的认识；（b）是受旅游业影响最直接的人；（c）有可能成为旅游产品不可
或缺的部分（Scheyvens, 1999; Simmons, 1994）。文献还涉及美洲（Foucat, 2002;
Marcovaldi & Marcovaldi, 1999）、亚洲（Lama, 2000; Timothy, 1999）、欧洲
（Caffyn & Lutz, 1999）以及非洲（Briedenhann & Wickens, 2004）的许多成功
的以社区为基础的旅游项目。

　　尽管如此，以社区为基础的模式仍存在一些局限性。首先，当地社区可能
没有资金、技术知识或必要的基础设施来启动旅游业的发展（Campbell, 1999;
Gartner, 1996; Tosun, 2000）。其次，当地社区在参与旅游规划和管理时可能会
有文化方面的限制（Tosun, 2000）。再次，对于生活在偏远农村地区的人来说，
旅游业（除朝圣以外）可能是一个难以理解的概念（Kang, 1999; Timothy, 1999）。
最后，在政治结构高度集中的社会，所在社区的成员可能会认为，地区经济发
展的规划是政府的责任，而不应该由他们实施（Timothy, 1999）。

　　因此，在进行旅游开发和管理时，政府往往扮演着重要角色。例如，中国
政府管理区域旅游组织，指定官方旅游区域，管理为国内和国际游客提供服务
的重要零售机构（Gartner, 1996; Oakes, 1997）。在其他情况下，政府还会由于
意识形态的原因而对旅游业体系进行控制（Gartner, 1996; Wood, 1997）。通常
情况下，政府会做出有利于社区多数人的决定而区别对待少数群体（Garrod,
2003）。这一问题在一些发展中地区更严重，因为当地旅游规划者可能没有专
业的知识、时间和资金，无法采用一种合理的方式来开展参与性的规划活动
（Garrod, 2003; Timothy, 1999）。但文献显示，社区参与水平与其他一些影响
旅游业的因素密切相关。最值得注意的是，游客的数量和类型似乎决定着旅游
业如何给当地人带来机遇和挑战（Butler, 1991）。

1.2　游客的数量和类型

　　一些研究者认为，小规模旅游业的发展往往更有利于发展中地区的接待社

区，特别是当旅游目的地以缓慢的速度发展时，这一点更为明显（Campbell, 1999; Davis & Morais, 2004; Kang, 1999）。虽然小规模经营只能带来有限的游客和收入，但是它们能为当地人提供更多开展旅游贸易的机会。由于所在社区可能没有足够的资金来投资建设能接待大量游客的必要的基础设施，或可能无法或不愿意大量生产它们文化中最"适合销售"的东西（Morais，Zhu，Dong & Yang, in press），因此，发展中地区的大众旅游目的地往往是由可以为游客提供住宿、餐饮和娱乐的外地旅游团体控制的。所以最终的结果是：如果游客人数增加，当地社区往往就会与旅游业相分离（McKhann, 2001; Morais *et al.*, in press）。

　　游客规模同时也影响着游客类型。Cohen（1972）的游客类型学明确表明，大众旅游的目的地通常只能吸引那些最不愿冒险的游客，这些游客通常喜欢选择娱乐设施与在家里体验的类似的旅游目的地。相反，那些只有少数游客前往的目的地常常会吸引一些探险者或漂泊者（Cohen, 1972）。这些人试图远离旅游业发达的地区，希望能融入目的社区的现实生活中。与大众游客不同，这些游客喜欢使用当地人（而不是外地人和跨国公司）拥有和管理的设施和服务（West & Carrier, 2004）。由于更欣赏当地文化，这些游客往往能通过长期密切、平等的交流与当地人建立联系（Cohen, 1972）。相反，大众游客往往把当地文化看成是一种娱乐，通常在人为和不对等的环境下与当地人交流。因此，人们常常认为，探险者和漂泊者更适合发展中地区的社区，因为他们的需要与当地的接待能力和动机更相符。尽管如此，有些研究者还是认为，探险者和流浪者对当地社区造成潜在的消极影响，因为他们会深入当地社区最敏感的地方，如住宅、寺庙和节日等（Butler, 1989）。因此，根据这一观点，人数众多的大众游客可能更好一些，因为他们的活动可以被限定在既定的旅游活动领域，从而远离当地的私人空间。

　　另外，游客的数量和类型也影响着旅游业对地方经济的影响方式（Stoeckl, Greiner & Mayocchi, 2006）。由于当地农村基础设施发展资金不足，发展中国家的大规模旅游业就需要从国外或外地引进资金来接待游客。因此，大众旅游使目的地更加依赖政府或外国投资（Khan, 1997）。另外，在发展中国家，大众旅游目的地的住宿和其他旅游企业倾向于使用进口商品和人力资源，这样就会加剧资金外流。相反，有人认为，在偏远目的地探险的旅游者的实际支出其实是极少的，因为当地极有限的设施限制了他们的消费（Wall, 1997）。在一定程度上，他们倾向于从目的地之外购买所需用品，从而使纯经济影响最小化（Nyaupane & Thapa, 2004）。

　　尽管有关旅游业对发展中地区的影响的文献相当丰富，但是，关于当地人的参与和游客的数量/类型如何影响旅游业发展对当地社区的影响这一点，仍然存在着不同观点。现有文献中所举的例子往往不考虑其他政治和社会经济因素。到目前为止，还没有人对比研究影响两类目的地旅游业的影响因素。因此，本研究旨在比较旅游业对亚洲两个大众山区旅游目的地——尼泊尔安纳布尔纳和中国云南西北部——的社会经济影响（见图 1）。虽然这两个地区都是边远山区的少数民族聚居区，但是，它们还是在社区参与水平和游客数量/类型这两个基本因素方面显示出不同，而这两个因素似乎对旅游业的作用有影响。

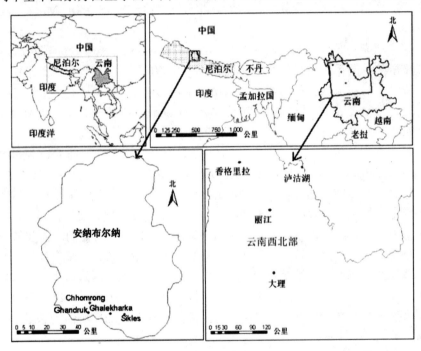

图 1   研究开展地点

1.3   尼泊尔旅游业

尼泊尔位于喜马拉雅山脚，面积为 147.181 平方公里，北与中国相接，其余三面与印度相邻（图 1）。自 1951 年外国人第一次获准访问该国后，尼泊尔经历了一个游客数量逐步增长的过程——从 1962 年的 6,000 人增至 2000 年的近 500,000 人（Ministry of Culture, Tourism, and Civil Aviation, 2001）（见图 2）。由于占 GDP 的 4%，旅游业一直被视为尼泊尔经济中最重要的出口行业和外汇来源，创造了超过 250,000 个直接和间接的就业机会（Nepal Tourism Board, 2001）。尼泊尔每年接待来自 45 个国家的游客，其中亚洲是最重要的旅游客源市场（占 51.9%），其中印度游客占 28.9%。除了亚洲游客外，尼泊尔还接待大量来自欧洲（占 32.6%）和北美（占 9.3%）的游客（Nepal Tourism Board, 2001）。然而，由于一场反对一党制的人民运动，以及后来的毛派运动，尼泊尔旅游业的稳定增长在 1989 年中断。

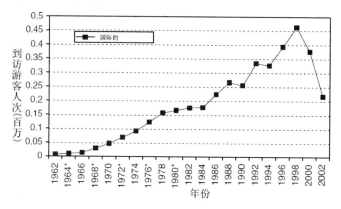

注："*"表示估算数据。

图 2　1962～2002 年尼泊尔到访游客

（来源：Ministry of Cultune, Tourism, and Civil Aviation, 2001）

　　由于尼泊尔的生态和文化多样性，山区旅游成为了尼泊尔占主导地位的旅游形式（Zurick, 1992）。最近的一份研究报告表明，43.0%的游客都是为游览尼泊尔山区来的（Nepal Tourism Board, 2001）。在尼泊尔所有的山区旅游目的地中，安纳布尔纳地区排名第一，62.0%的山区游客都游览此地（Nepal Tourism Board, 2001）。安纳布尔纳保护区位于尼泊尔中北部（图 1）。由于拥有陡峭的地形，该地区出现了大量的生物物种：1226 种植物，475 种动物，其中包括 39 种爬行动物、22 种两栖动物和 101 种哺乳动物（KMTNC, 1995）。该地区还拥有世界第十高峰——安纳布尔纳峰（海拔 8091 米），以及横穿道拉吉利峰和安纳布尔纳山脉的世界最深河谷——Kali Gandaki（Gurung & De Coursey, 1994）。安纳布尔纳保护区还拥有丰富多彩的文化。这里有 9 个少数民族聚居区，每个聚居区都有自己的方言、独特的宗教习俗和不同的社会文化传统（KMTNC, 1995）。居民主要是农民、工人、牧民或商人，这些人都以当地的自然资源为生（Thakali, 1995）。

　　上述这些因素使安纳布尔纳成为尼泊尔最热门的山区旅游目的地。自 1957 年第一批西方游客来到安纳布尔纳，每年的游客人数都呈现大幅增长（KMTNC, 1996）。2001 年，安纳布尔纳接待了 76,000 名徒步旅行者（Annapurna Conservation Area Project, 2001）。因此，旅游业为当地人民提供就业机会并增加经济活动,在促进地区经济发展方面发挥了重要作用(KMTNC,1995)。超过 1000 家地方旅馆/茶叶店遍布该地区,这样就为当地人民提供了许多就业机会。此外,一些当地人还被雇为导游、搬运工和厨师。

1.4 云南旅游业

云南省位于中国西南边陲,总面积 39.41 万平方公里。云南东与贵州和广西壮族自治区毗邻,北与四川隔江相望,西北与西藏自治区相连,西与缅甸唇齿相依,南部和东南部分别与老挝、越南接壤(UNPP, 2001)(见图 1)。在过去几十年里,云南的游客数量飞速增长,现已成为中国游客接待量最多的省份之一,排名第六(Bailey, 2000)。虽然 1979 年云南接待的国际游客比尼泊尔少了 10 倍,但是到2001 年,其国际游客接待量已是尼泊尔的两倍。然而,能更好说明云南旅游业的却是其国内市场。2000 年,除了 100 万国际游客外,还有3800 万国内游客到云南旅游(National Tourism Bureau of China, 2001)(见图 3)。

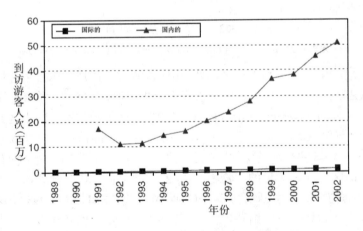

图 3　1989~2001 年云南到访国内、国际游客

(来源:National Tourism Bureau of Chian, 2001)

与尼泊尔安纳布尔纳的情形相似,云南是中国最穷的六个省份之一(Woo & Bao, 2003)。尽管经济不尽如人意,云南却以其生态和文化多样性而闻名。根据 1990 年人口普查,云南的少数民族总人口名列中国第 2 位——该省 40%的人口分属 25 个少数民族(People's Republic of China, 2001)。由于其地理特征的多样性,云南大约有 18,000 种植物和 1,700 种动物(Mayhew、Miller and English, 2002)。滇西北地区尤其具有生态和文化多样性。这一地区包含主要河流体系（长江、湄公河）和山脉（东喜马拉雅、横断山、哀牢山）。其最高峰为卡瓦格博峰（海拔 6740 米），最深的峡谷是虎跳峡，江面与峰顶落差为 3900 米（Mayhew *et al.*, 2002）。除了其生态多样性外，滇西北地区还受益于其令人兴奋的、充满活力的少数民族文化。这个与世隔绝的山区在历史上很少受到帝王统治，是第一个违抗中央政府法令的地方（Oakes, 1998）。今天，许多村庄仍然未受发展带来的文化变迁的影响。

2 研究方法

许多研究小型目的地旅游业可持续发展的文献，将重点集中于对具有独特的社会政治、环境和经济特点的个案的研究。虽然案例地区的旅游业所面临的机遇和挑战各不相同，但是，人们逐渐形成如下共识：有一些旅游管理方面的关键因素（如社区参与和游客数量/类型）导致了那些影响。因此，有必要对这些因素对不同目的地造成的影响进行研究。

在本研究中，我们采用控制比较法（Eggan, 1954），以了解亚洲南部两个山区目的地的社区参与和游客数量/类型对旅游业产生的影响。控制比较法需要两个或更多相似的个案研究地区，这些地区因相关的特定控制变量而不同（Kemper, 1979; Yin, 1994）。虽然控制比较法在旅游研究中不常使用，但该方法在分析理论原则对具体案例的适用性上有很大的潜力（Pearce, 1993）。这种方法需要对每个具体案例进行深入描述，这样就能够理解理论原则应用中可能出现的差异（Baum, 1999; Yin, 1994）。尼泊尔安纳布尔纳和中国云南西北部是用于比较的两个案例（Hooks, 1990）。我们选择这两个目的地，是因为它们在很多方面相似：（a）两地都位于喜马拉雅山系的山区；（b）两地居民的社会经济水平低于全国平均水平；（c）居民主要居住在农村；（d）许多居民属于少数民族；（e）两个地区均具有较高的同质性。这些相似点和同质特征有助于更加准确地比较两者之间的重要差异（Eggan, 1954）。另一方面，这两个目的地的旅游业存在显著差异。在安纳布尔纳，游客主要是那些为了满足徒步旅行需要的独立的西方旅行者，而在云南，游客大多是来自中国东部各省城市地区的中产阶级汉族人，他们喜欢领略本国其他省份的多元文化。游览两个地区的游客人数也存在很大差距。每年有 30 万游客游览尼泊尔，而有 100 万国际游客和 5000 万国内游客游览云南。

为了研究安纳布尔纳和滇西北地区旅游业所造成的影响，我们通过各种方式和渠道来收集资料。本文的一位作者在安纳布尔纳开展了为期两个月的实地考察，对研究对象进行参与性观察和深入访谈。另外两位作者则在滇西北开展了一个月的实地考察。在这两个案例中，研究人员通过日志和摄影的方式记录了他们的观察结果和感受（Dewalt, Dewalt & Wayland, 1998）。通过参与性观察所搜集到的资料不直接用于比较两个案例；相反，它们被用来填补访谈资料（主要资料来源）所留下的空白（Dewalt et al., 1998）。在安纳布尔纳，我们进行了深度半结构化个别访谈，而在滇西北，我们则开展了半结构化集体访谈。下面我们详细介绍我们是如何进行访谈以及如何征募参与者的。

2.1 在安纳布尔纳进行的访谈

为研究安纳布尔纳地区旅游业所造成的影响，我们在安纳布尔纳保护区对当地 26 位居民（男性 18 人，女性 8 人）和保护区管理人员（8 人）共 34 人进行了深入个别访谈。访谈选择在当地四个村庄（Ghandruk,Chhomrong,Sikles & Ghalekharka）的居民中进行。在当地的非政府组织——安纳布尔纳保护区项目合作者的帮助下，我们首先确定了关键参与人的名单。该名单包括为各种委员会工作的人，例如保护区管理委员会、旅馆管理委员会、妇女团体、煤油厂委员会、乡村发展委员会。由于这些委员会并不总能代表较低阶层的少数民族、妇女、低收入群体和其他弱势群体的意见，更多的参与者是通过他人介绍而参与研究的——这也被称为滚雪球抽样（Babbie, 2004）。这种方法在难以找到参与者时比较适用。在此方法中，当一些参与者被确定后，他们就会被要求去帮助寻找和招募其他参与者（Babbie, 2004）。我们采取最大限度地涵盖各职业、种族背景、性别和年龄的人群的方式选择受访者。当我们确认收集到的信息已经够用时，就会停止招募参与者。

安纳布尔纳的大部分居民都是古隆族人，但他们除了讲当地的方言外，一般情况下都讲尼泊尔语。因此，我们聘请了一名翻译，以便在必要时进行尼泊尔语与古隆方言的翻译。访谈用尼泊尔语进行，我们进行了录音，并将录音转写成英文。我们邀请一位精通这两种语言的人来核对翻译的准确性。对当地居民的访谈在他们的家中进行，而对管理人员的访谈则在其办公室或田间散步时进行。对管理人员来说，重要的工作人员是从工作场地办事处（5 人）、地区办事处（2 人）和中央办公处（1 人）中选拔的。对当地居民和管理人员访谈的问题包括各自地区旅游业的成本和效益，以及他们参与当地旅游规划和管理的情况。

2.2 在云南进行的访谈

我们在云南共进行了 11 次半结构化集体访谈，以研究旅游业如何影响该地区的问题。我们认为集体访谈是最恰当的方法，因为这有助于消除泄露敏感信息的担忧。这样一来，受访者才更有可能发表他们的真实观点。我们在滇西北地区对社区领导人进行了 5 次访谈，对 3 个村庄（那门、落雪和下给）的女性村民进行了 6 次访谈。我们选择这些村庄的原因是它们的地理位置靠近重要的旅游景点，而且它们都参与到旅游业中。在每个村庄，我们首先与村长或书记进行沟通，请求他们允许开展这项研究。获得批准后，我们请求他们帮助邀请一组地方领导人和两组妇女参加访谈。在每个村庄，我们要求一组由年轻妇女组成，另一组由中老年妇女组成，以便发现不同年龄组妇女观点的差异。

由于两位合作开展进行实地调查的研究者不会讲普通话，所以我们邀请一位本族语使用者帮助进行访谈，同时请另一位本族语使用者将访谈内容同声翻译成英文。多数集体访谈的参与者几乎不说普通话，他们更喜欢用他们自己的民族（那门的白族人、落雪的摩梭人和下给的藏族人）语言进行交流。因此在几次访谈中，村庄的领导人或能讲流利普通话的人就帮助采访者和参与者进行交流。采访者用普通话将访谈内容记录在剪贴板和个人笔记中。然后，两位兼通普通话和英语的人分别将这些资料翻译出来，以确保翻译的准确性。

2.3　数据分析的基础理论法

为了分析访谈资料，我们通读了转写材料（英文），试图找出一些主题。我们对旅游业影响安纳布尔纳和滇西北地区村民生活的方式特别感兴趣。接下来，我们再次分析了访谈转写材料，根据先前确定的主题将所有文字用颜色标注。最后，我们具体分析属于每个主题的文字，再将两个案例的内容进行比较。在整个过程中，我们经常参照实地考察所做的笔记来检验访谈资料的译文。这一基础理论技术使我们能对两套丰富的数据资料进行比较并将它们提炼成一些相互关联的概念，并分析这些概念是否适用于这两个旅游目的地（Bernard & Ryan, 1998）。

3　安纳布尔纳与滇西北的相同点

数据资料分析显示，安纳布尔纳和滇西北地区的居民认为旅游业带来许多相似的影响。以下我们通过实例来进行分析。

3.1　妇女权利的提高

两个地区的一个共同主题是：旅游业提高了妇女的权利。一些访谈参与者指出妇女社会地位提高的首要原因是旅游业为妇女提供了赚钱的机会，这样，她们在经济上对男人的依赖就越来越少。云南那门社区的一些领导指出，旅游业"带来了更适合妇女的工作"，如出售工艺品和礼品或提供食宿。他们解释说，这些商业形式既不需要大量的投资，也不会与传统的社会规范相冲突。一些访谈参与者还指出：除了经济上自给自足外，通过与"现代"人的接触，旅游业使妇女认识到她们有权享受平等待遇。在云南下给，访谈参与者还指出，旅游业让妇女有"更多与外界交流的机会"。在安纳布尔纳，妇女们表示，与西方受过教育的妇女的交流鼓舞了她们争取平等权利的信心。正如 Ghandruk 村的一个妇女所说的："她们（女游客）鼓励我们在各方面都与男人平等，她们像男人一样自己去旅行，这就让我深信妇女与男人是平等的。"

除了通过为游客提供各种服务而获得收入外，安纳布尔纳和滇西北地区的妇女还能从旅游业为当地妇女团体带来的资金中受益。两地的村庄都有某种形式的组织机构来改善妇女的生活。在安纳布尔纳，这些妇女团体被称为"Ama Samuha"，而在云南，它们则被称为妇女联合会分会。在旅游业开发前，这些团体资金有限，只能依靠地方财政收入维持运转。现在，旅游业提供了从各种服务项目中获得更多收入的机会。Parche（安纳布尔纳 Sikles 县的一个小村庄）的一位妇女说："我们现在能够通过给游客跳我们的 Kancho Katar 舞［传统民间舞蹈］来赚大钱。我们用这些钱来发展我们的社团。"

两地妇女团体的大部分资金都来自旅游业，并用于各种促进社区发展的项目，例如：在 Ghandruk 建立了一个社区托儿中心；在 Sikles 和下给建设或资助学校；在下给建设一个社区中心；改善 Sikles 的饮水供应设施；资助清理那门地区的垃圾等。妇女基层组织为社区发展做出的直接贡献也提高了妇女的地位，如让妇女有机会参与规划和各种社区发展工作，甚至有机会参政。

3.2 生活质量的改善

在安纳布尔纳和滇西北地区，研究参与者指出，由于有了更好的教育、医疗卫生条件和较高的收入水平，村民的生活质量已大为改善。两个地区的另一个共同主题是：旅游业能为居民带来教育方面的好处。云南那门的研究参与者表示，旅游业帮助孩子们了解外面的世界，并激发他们上学以及了解其他地方的热情。同样，一位安纳布尔纳 Chhomrong 当地的居民表示："发展地方旅游业使我们有机会睁开眼睛看世界。"此外，安纳布尔纳和滇西北地区的参与者还认为他们从游客那里学到了许多。例如，安纳布尔纳 Ghandruk 的一位参与者说道："我们可以从游客身上学习如何着装，如何吃饭，如何清洁，还有许多其他事情。"实地观察资料证明，与没有发展旅游业的地区相比，健康和环保意识这一理念似乎在发展旅游业的村庄显得更为重要。

在这两个地区受访的所有团体或个人都强调，旅游业还有助于人们讲新的语言，特别是能促使人们在安纳布尔纳讲英语，在滇西北地区讲普通话。由于两个地区的大多数居民都属于同一个民族，主要讲它们各自的民族语言，但同时又不可避免地依赖于各自的国家政府，语言就成为一个特别重要的因素。在滇西北地区，各民族群体都非常希望学习汉语，因为普通话是参与国民经济活动所需的"通用语"。同样，在安纳布尔纳讲英语也是非常受推崇的，因为它是进入旅游业的敲门砖，同时也是社会声誉的象征。

由于旅游业的发展，滇西北和安纳布尔纳的卫生条件也得到改善。云南下给的几个村民说，为满足游客的要求，他们的村庄最近已经开始进行两周一次的垃圾清理。安纳布尔纳 Ghandruk 的一些研究参与者指出，依靠旅游业所提供的资金以及村民卫生意识的增强，他们的村庄修建了新的厕所，卫生设施也得到改善。例如，一名 Ghandruk 村民说："几年前，人们把自家的废水泼在街上，村里也没有几个厕所。现在，情况已好了很多。这是旅游业和安纳布尔纳保护区项目所唤起的卫生意识的结果。"此外，一些村庄已用水电替代木柴，这也有助于改善健康状况，因为炉火引起的烟雾会造成眼部刺激和哮喘。

落雪的社区领导表示，由于有了更多的收入，他们的生活水平得到了提高，从而有了更好的食品、更好的生活和更多用于旅游的可支配收入。落雪的另几位村民还表示，他们再也不必早早起床去田里干活了。有了旅游业的收入，当地的家庭已经开始出租自己的耕地并从邻村购买食品。

3.3 民族文化的振兴

两地的参与者都强调旅游业促使他们保护民族文化，因为政府认识到，正是他们的多元文化吸引着游客来该地区旅游。在云南那门，社区领导明确指出，旅游业促使省政府投入大量资金在大理重建了一些历史建筑（即三塔和南、北大门）。在安纳布尔纳不同地区的村民和领导也表示，旅游业收入鼓励年轻人跳民族舞蹈，帮助博物馆筹集资金，促进传统手工艺品的持续生产。保护区管理委员会的一名高级官员指出："游客要求我们表演民族舞蹈。这给我们带来两点好处。首先，它有助于我们的民歌和舞蹈的传承，同时，我们还可以从中获得一些收入。"这表明，旅游业能从两个方面帮助保护当地文化：第一，当看到游客对他们的文化感兴趣时，当地人就会为自己的身份感到自豪并更多地从事传统文化活动；第二，这些活动带来的资金让政府有理由去保护以前被忽视的少数民族　文化。

4 安纳布尔纳与滇西北的不同点

参与者一致认为，旅游业给安纳布尔纳和滇西北地区带来了许多好处。相比之下，有关旅游业造成的消极影响，两地参与者的看法却大相径庭。总的来说，安纳布尔纳的参与者对旅游业产生的消极影响的批评并不像滇西北地区的参与者那么强烈。滇西北的参与者更多地批评旅游业对卖淫活动的促进、年轻一代价值观的退化以及外地人对旅游业的控制。安纳布尔纳的参与者则更多批评传统亲缘和社区关系的破坏。

4.1 对儿童教育的影响

在云南昆明受访的几位社区领导和旅游专家表示，"旅游业对子女教育产生的负面影响"是一个备受关注的课题。滇西北的多数社区领导在访谈中指出，父母经常鼓励他们的子女参与旅游买卖活动，因为这样可以使他们无需投入大量的资金或学习专门的技能也能增加家庭收入。事实上，在我们的实地调查中，我们经常发现儿童在街道上出售纪念品和小吃，穿着传统民族服装招徕拍照或充当导游。与社区领导的担心相比，我们采访的妇女并不那么关心自己孩子的正规教育。相反，她们表示，旅游业给了孩子"增加家庭收入的能力"，能让他们学习外语并开阔他们的眼界。因此，我们的资料表明，由于旅游业可以带来收入并且提供跨文化交流的机会，滇西北的孩子和家长不再信守正规学校教育。有趣的是，采访资料和实地观察表明，村民们已经意识到政府和大多数外地人都不赞成儿童脱离正规的学校教育。好几位妇女解释说她们的子女只在假期才参与旅游活动（尽管我们的观察资料与这一说法相矛盾）。此外，在与落雪一名靠卖咸鱼干来为自己挣学费的儿童的交流中，我们发现一些儿童也认识到旅游者对童工现象持否定态度。

相比之下，安纳布尔纳的参与者并不认为旅游业对儿童造成了负面影响。但早先的调查报告（Mehta, 1995）显示，该地区十年前就已出现了这一问题，并采取了应对措施。Mehta（1995）报道了当地学校学生乞讨和缺课的问题。针对上述调查结果，安纳布尔纳地区启动了用来教育游客和当地社区的各种保护性教育和延伸项目。例如，其中有一个项目教育游客给儿童糖果、铅笔或其他礼品会鼓励他们行乞。另一个项目给游客提供向当地学校捐赠文具（如铅笔和笔记本）的机会，学校会把这些物品分发给学生。

此外，有关当地旅游和保护的独立课程也被纳入当地学校六年级到八年级的课程体系中（Parker, 1997）。具体地说，该课程着重教育学生旅游业的重要性以及旅游业给环境和社会造成的不利影响。同样, 包括移动意识学习营地、游学、视听活动以及戏剧表演等扩展活动的非正规教育也被用于提高对旅游业的认识。

4.2 卖淫

两个地区的受访者对另一主题——卖淫持有不同的看法。滇西北所有研究地点的领导和旅游专家都认为旅游业的发展对卖淫活动的急剧增加负有责任。同样, 云南那门的妇女也对卖淫在该地区的日渐增长感到失望。但是她们指出, 当地青年并没有从事卖淫活动。据她们所说, 该地区的大多数妓女都是来自附近贫困农村的年轻妇女。此外, 落雪的村民还指出, 该地区的妓女并不是他们族(摩梭族)人。与此相反, 安纳布尔纳的受访者并不认为卖淫是旅游业带来的一个消极后果。例如, 安纳布尔纳 Ghandruk 的一个旅馆老板表示: "我们村还没有发现[卖淫]这种情况。"

4.3 对当地旅游业的控制

两地所在社区对当地旅游业受控制的程度存在显著差异。滇西北地区的受访者认为全国性的旅游公司和外地旅游商控制着当地旅游业的大多数部门; 而在安纳布尔纳, 当地旅游企业家则保持着很高的控制权和所有权。在安纳布尔纳, 旅游企业主要从事食宿服务。这一地区总共有 1,000 家旅馆和茶馆接待游客, 其中大部分都为当地的家庭拥有和经营。其中, 三分之二以上的员工都是家庭成员, 只有大约四分之一的员工是外地人(Nepal、Kohler & Banzhaf, 2002)。外地雇员主要从事低收入的非技术工作, 如清洁、拾柴和其他服务。当地人也参与旅游规划和决策。每个村庄都成立了一个有影响力的旅馆管理委员会来决定所需食物、住宿的数量以及质量标准, 并给予新旅馆经营许可。安纳布尔纳的一个旅馆老板(他同时也是 Chhomrong 旅馆管理委员会的主任)说: "所有旅馆都要在委员会[旅馆管理委员会]注册, 由我们确定每个旅馆的客房价格和菜单。"资料表明, 在安纳布尔纳观察到的当地人所有权模式, 不仅有利于当地人民创收, 而且还有利于对旅游业实施控制。

但在滇西北地区, 许多受访者抱怨说在参与旅游发展时受到许多限制。例如, 下给的一位社区领导指出: "一些公司垄断市场, [因此]当地的社区和人民便不能得到利益。"在该地区, 大多数游客的旅游活动都是由控制旅行社、运输服务和住宿设施的国家级旅游公司来安排的。因此, 当地人与游客做生意的机会就非常有限。此外, 资料还表明, 许多村民都不了解游客, 他们缺乏必要的知识和资源, 无法成立旅游企业, 出售纪念品或娱乐。下给的一位领导指出："当地人的知识非常有限，因此他们没有发展旅游的自信心。"准备不足加之较少参与旅游贸易，使得当地社区沦为纯粹的观赏对象，他们无法控制游客体验他们的文化的方式。一位摩梭族妇女解释说："外地人来到泸沽湖并控制当地旅游业，摩梭文化遭到误用。"正如受访者所表示，外地人对旅游业的控制不仅影响了当地人的经济利益，而且为了商业化曲解了当地文化的真正意义。

4.4 传统亲缘关系和社区关系的破坏

由于旅游业带来了新的资金，金钱的价值便导致了许多当地社区传统的亲缘关系和社区关系的破坏。在安纳布尔纳，一位 Ghandruk 的村民表示"现在人们只想着赚钱，而不考虑他们的亲属和集体。他们不会做与钱无关的事。"因此，许多当地社区依据不同的经济和社会地位而分化为两个阶层：旅游企业家和农民。这一不断加剧的分化造成旅馆业主和农民的冲突与不和谐。在安纳布尔纳，传统的富裕家庭拥有为游客开设旅馆所需的资源，现在他们则对旅游业和资源有了更多的控制权。来自贫困家庭和较低阶层的人只能从旅游业获得有限的利益。例如，在 Ghandruk，占人口 20%的较低阶层的人往往只能从事像搬运工或拾柴这样的低收入工作（Nepal *et al.*, 2002）。但在两个被称作"生态步行区"的受调查地区，最近已开办了社区经营的旅游住宿设施，如露营地和旅馆。由于业务规模小，收入也是有限的。但是，所得收入都被合理地用于学校、饮水、电力和道路等发展项目上。

与安纳布尔纳的生态区类似，在我们调查的滇西北的三个村庄中，旅游业也似乎促进了所在社区成员之间更密切的合作。根据我们在下给和落雪的实地观察，所在社区通过用能最大限度提供旅游服务的乡村合作社来取代个别家庭经营，以满足大众旅游的需求。例如，在下给，为保持社区稳定，每个家庭都要贡献出一匹马，以便带团体游客到碧塔海参观。在落雪，每个家庭允许开办一个向游客开放的旅馆，并且必须贡献出一个独木舟、一匹马和三名工人，以支持村庄所开展的各种旅游活动。在下给和落雪，旅游业的收入都统一交给村庄领导保管，然后再平均分配给各参与家庭。

5 影响旅游业所带来的影响的关键因素

上述分析表明，两地的旅游业都有助于改善当地居民的生活条件。也就是说，两地的旅游业所得收入都被用来改善学校、卫生设施和替代能源等基础设施。一些受访者还表示，旅游业所得收入使他们能够买得起更好的食品，甚至能享受休闲旅游。资料还显示，除了所在社区生活质量的整体提高外，妇女的社会地位也得到了提高。这一重要社会变化的原因可能是：旅游业为妇女和妇女互助团体带来了经济机遇。正如文献中所指出的，旅游业还特别有利于促进发展中地区妇女的经济活动，因为她们的传统角色早已包括了照顾家庭和客人（Lama, 2000）。除了创收，旅游业也给妇女提供了与外界进行交流的机会——这在过去是男性在前往当地市场进行买卖时才享有的特权。妇女们说，通过与获得平等权利的女游客进行交流，她们有了争取平等社会地位的勇气。此外，与外界的交流，让她们有了学习新语言（安纳布尔纳的英语，滇西北的普通话）的动力和能力。再者，妇女团体组织让妇女有了参与规划与政策制定和其他政治活动的权利。这些都是重要的研究发现，因为几位研究者曾指出，妇女是贫困、与世隔绝的发展中山区的主要受害者（Godde, Price & Zimmermann, 2000; Lama, 2000）。

两地的受访者认为，旅游业的另一个重要影响就是民族文化的振兴。两地的受访者表示，旅游收入引起了他们对传统文化新的兴趣，并给予他们提高演出和手工艺品质量的能力。此外，滇西北的受访者还表示，旅游业为他们从事宗教活动和复兴文化传统带来了更大的自由。因此，这些研究结果并不支持如下观点：旅游业通过用现代物质和商品诱惑当地人来"破坏他们的生活"（van den Berghe & Keyes, 1984:346）。相反，调查结果表明，"当地人"对他们文化的哪些方面应该被振兴或重新阐释这一点有着一定的真正意义上或可以察觉到的支配权，以有助于民族文化在面对现代化挑战时保持活力（Wood, 1997）。尽管当地居民的社会经济地位得到提高，但是这些地区也面临着一些消极的后果，如儿童旷课、卖淫、当地人对旅游业控制权的流失以及传统的亲缘关系和社区关系的破坏。但是，旅游业给这些地区带来的积极影响和消极影响的程度，取决于社区参与的程度以及游客的数量和类型。

5.1 社区参与和控制的影响

通过比较安纳布尔纳和滇西北的旅游业，我们可以看出，在安纳布尔纳地区，当地人对旅游业有着较多的社区参与和控制，而在滇西北地区，旅游业则是政府和外地人控制。如以往关于中国民族旅游的研究所表明，滇西北地区的旅游业似乎只为满足中央政府确定的目标：促进经济发展和西部发展中地区的现代化；使少数民族融入主流经济和文化；建立融合汉族和少数民族文化的统一的民族特性（Oakes, 1997, 1998; Sofield & Li, 1998）。相比之下，一些当地人的利益似乎并没有受到尊重。正如分析结果显示，当地人曾抱怨说，旅游业的大部分收入被全国性旅游公司和来自其他省份的外地人赚走。此外，一些当地人还认为，他们的土地和文化已沦为政府向游客出售的商品，而他们对如何宣传文化或如何将文化呈现给游客几乎没有发言权。意识到社区参与的重要性后，滇西北生态旅游协会（NYEA）这一非政府组织正在滇西北的一些地区发挥作用。滇西北生态旅游协会受到自然保护协会和当地社区组织的支持，目标是通过发展丽江地区的旅游业来促进社区发展和自然保护。这个组织是社区、政府及私营零售业之间的纽带。滇西北生态旅游协会宣传政府的政策，还开设教育课程，向村民传授为游客提供住宿和导游服务的必要技能。此外，它还直接（或间接通过旅游零售商）对该地区进行市场宣传。

相比之下，尼泊尔山区的旅游业最初是在无中央政府监管的环境下发展的。因此，20 世纪 80 年代安纳布尔纳徒步旅游业的爆炸式发展破坏了该地区环境和文化之间脆弱的平衡关系（Gurung & De Coursey, 1994）。当地人在不清楚旅游业可能带来的潜在影响的情况下，听任需求来主导旅游业发展。因此，旅游业的这种无计划、无约束的发展导致了下列严重的环境和文化后果：因需要做饭的木柴和盖旅馆的木材而采伐森林（Ives & Messerli, 1989），从而导致森林资源的锐减；乱扔垃圾、废物造成的污染（Gurung & De Coursey, 1994）；夏尔巴青少年因加入徒步旅游团体而对寺院和学校生活失去兴趣（Pandey, 1994）；儿童因向游客乞讨，而对上学不感兴趣（Mehta, 1995）。因此，1998年设立了安纳布尔纳保护区项目（ACAP），目的是促进参与性管理办法以处理保护和旅游项目的实施。ACAP 是一个由马亨德拉国王自然保护基金会（KMTNC）资助的非政府组织，其宗旨是教育并帮助当地人，使他们能够可持续地管理自己的土地（Parker, 1997）。ACAP 还能为政府提供政策咨询，并协调该地区私营公司的利益（Nyaupane, 1999）。然而，ACAP 的旅游管理内生模型的不足体现在社区内多数支配少数。例如，在 Ghandruk，ACAP 所开展的包括旅游业在内的活动中，占 20% 的较低阶层的人的利益就没有被照顾到。他们常常只能从事像搬运工或拾柴这样的低收入的工作（Nepal et al., 2002）。当地居民对旅游业的态度受短期经济利益驱使，最终将以社会和环境作为代价（Nyaupane, 1999）。因此，当地人对可持续和公平的方式管理旅游业的知识相当有限，ACAP 授予当地社区更多自主权，这是其内生模型的局限之一。虽然ACAP 的初始模式未能解决社会不公问题，但最近 Ghalekhara-Sikles 地区采用的以社区为基础的旅游业模式似乎改善了这些问题。滇西北和尼泊尔安纳布尔纳的这些比较成功的例子表明，山区旅游业的可持续发展必须以当地社区的参与和政府的支持为基础。此外，它也应通过非政府组织对旅游业的了解及其调解当地社区、政府和零售商利益的能力来加以协调。

5.2 游客的数量和类型的影响

另一个对旅游业影响当地社区的方式产生重大影响的因素就是游客的数量和类型（Butler, 1991; Campbell, 1999; Davis & Morais, 2004; Kang, 1999）。从滇西北的资料我们可以看出，大众旅游常常喜欢远离当地社区，因为发展中地区的大多数家庭没有足够的资金投资于大型旅行团的旅游服务（例如为旅行团提供食宿服务）。在滇西北地区，大型旅行团的大部分游客都要求专门的食宿及娱乐设施。因此，大部分游客都在饭店吃饭、住宿，然后在没有与当地人进行多少商业活动的情况下从一个景点被拉到另一个景点。然而在安纳布尔纳，由于旅游业规模小且增长缓慢，这就使得当地家庭最初能在自己家中接待游客，然后逐步投资于较大旅馆的建设和改造。

由于滇西北当地的社区无法跟上旅游业的大规模运行和迅速增长，这就导致了如下两种相反的情况：一些地区的社区没有能力应对数量迅速增长的游客。因此，有着更丰富旅游从业经验的外地人就乘虚而入，在该地区兴建住宿设施，控制整个旅游经济。然而，另外一些地区的社区能够通过旅游合作社来整合社区资源，从而保持对本地旅游业的控制。

与游客人数密切相关的是游客类型。前往滇西北的大型旅行团主要是来自中国东部经济发达的城市的大众游客。这些游客对作为一种文化娱乐形式的当地民族传统感兴趣，但是只愿待在舒适环境中，吃熟悉的食物，住现代化的住处，由讲他们的语言的导游跟随并由空调巴士运送。相比之下，安纳布尔纳的大多数游客主要是来自西欧的探险者。其中大部分游客都是单独或几个人结伴旅行，他们对体验当地文化很感兴趣，并喜欢传统的食宿（Chee-Beng, 2001）。这两类游客之间的差别有助于我们观察到旅游业对安纳布尔纳和滇西北地区所产生的不同影响。也就是说，在一些以大众游客为主的地方，当地社区在参与旅游业时会有更多的困难，因为他们并不了解游客的喜好。因此，他们往往沦为被动的"被观光者"（Cohen, 2001）——仅仅是游客观光的对象。与此相反，以探险游客为主的地区的社区能较容易地参与到旅游业中，因为他们传统的烹饪和待人接物方式正是游客所追求的那种体验。

6 结论

现有文献侧重于山区旅游业的发展，大部分是对独特的山区目的地的个案研究。对文献进行的分析表明，旅游业为这些目的地带来的挑战和机遇大不相同，但显而易见的是，一些关键因素，如社区参与和游客的数量/类型，影响着旅游业所带来的影响。因此，有必要专门研究这些因素对不同目的地所产生的影响。在本研究中，我们试图通过对有着不同的社区参与水平和游客数量/类型的亚洲南部两个相似的山区目的地进行控制比较（Kemper, 1979; Yin, 1994）来实现这一目的。调查结果显示了安纳布尔纳和滇西北地区的旅游业对当地社区所产生的几个相似的影响。研究发现：在这两个地区，旅游业有助于提高妇女的地位，改善当地生活质量，同时还有助于振兴传统文化。这些研究发现也支持了旅游业并非强加给被动社区的外在力量这一日益被接受的看法（Wood, 1997）。相反，对许多孤立的发展中社区来说，旅游业成为其进入主流社会和经济的途径，并为该地区适应不断变化的社会政治环境创造新的机会。

有关社区参与和游客数量/类型在旅游业对所在社区的影响中所起的复杂作用，在安纳布尔纳与滇西北发现的这些差异给了我们很多启示。也就是说，滇西北当地社区与旅游规划和管理的脱离，使得全国性旅游公司和外地旅游商控制了旅游业的大部分创收部门，并控制了地方文化呈现给游客的方式。另一方面，由于安纳布尔纳的政府对旅游业缺乏监管，这就加剧了当地社区以前就存在的社会经济不平等。此外，由于游览安纳布尔纳的探险游客的数量不大，当地社区有足够能力满足他们的需求。相反，大批大众游客涌入滇西北地区，他们对设施和服务的需求超出了当地企业的能力，这就为外地人控制旅游业提供了机会。然而，我们观察到的有趣现象是：一些社区已经开始成立合作社，这些合作社能让参与者公平地分担困难和分享利益。因此，本研究表明，社区参与水平和游客数量/类型影响着旅游业对所在社区的影响方式，但是在当地人、当地政府和非政府机构的合作下，通过慎重的行动，旅游目的地能够适应形势并获得可持续发展。

正如任何有关影响旅游业发展的复杂的社会经济和政治进程的实证研究一样，我们在这项研究中几乎没有得到明确的答案，但它确实为进一步的研究提供了丰富的启示。与现有文献提醒发展当地社区的社会资本和"后院积极性"的重要性（Lama, 2000; Potts & Harrill, 1998）相一致，本研究发现，安纳布尔纳和滇西北的一些当地社区已达成合作协议，来应对旅游业的挑战并利用旅游业带来的机会。因此，探讨如何在山区目的地和其他发展中地区促进这些合作项目开展的研究将具有重要意义。此外，本研究的数据资料都是在尼泊尔和中国发生重要的宏观层面的社会政治变化之前收集的。在尼泊尔，由于毛派运动和政治不稳定，政府已加强了对旅游业的控制。而中国在加入世界贸易组织之后已委派有影响力的代表团去协助地方企业。因此，对这些地区旅游业产生的影响，旅游管理中的地方参与以及游客的数量/类型进行长期研究，可能会为政府的政治意识形态对旅游业发展的重要性方面提供宝贵的启示。

致谢

　　本文作者感谢新西兰林肯大学为尼泊尔安纳布尔纳实地调查工作提供的资金，感谢宾夕法尼亚州立大学的儿童、青年和家庭协会为云南实地调查工作提供的资金。

参考文献

Annapurna Conservation Area Project. (2001). Progress Report of the Annapurna Conservation Area Project 2000-2001. Pokhara, Nepal: ACAP.

Archer, B., & Cooper, C. (1994). The Positive and Negative Impacts of Tourism. In W. F. Theobald (Ed.), *Global Tourism: The Next Decade* (pp.73-91). London: St. Ives.

Babbie, H. (2004). *The Practice of Social Research* (10th ed.). New York: Wadsworth Publishing Company.

Bailey, M. (2000). Country Reports China. *Travel and Tourism Intelligence*, 3, 25-47.

Baum, T. (1999). Themes and Issues in Comparative Destination Research: The Use of Lesson-drawing in Comparative Tourism Research in the North Atlantic. *Tourism Management*, 20(5), 627-633.

Bernard, H. R., & Ryan, G. W. (1998). Text Analysis: Qualitative and Quantitative Methods. In H. R. Bernard (Ed.), *Handbook of Methods in Cultural Anthropology* (pp.595-646). Walnut Creek, CA: Altamira Press.

Briassoulis, H., & Van Der Straaten, J. (Eds.). (1992). *Tourism and the Environment: Regional, Economic and Policy Issues*. Dordretch, The Netherlands: Kluwer Academic Publishers.

Briedenhann, J., & Wickens, E. (2004). Tourism Routes as a Tool for the Economic Development of Rural Areas—Vibrant Hope or Impossible Dream? *Tourism Management*, 25(1), 71-79.

Butler, R. W. (1989). Alternative Tourism: Pious Hope or Trojan Horse? *World Leisure and Recreation*, 31(4), 9-17.

Butler, R. W. (1991). Tourism, Environment, and Sustainable Development. *Environmental Conservation*, 18(3), 201-209.

Caffyn, A., & Lutz, J. (1999). Developing the Heritage Tourism Product in

Multi-ethnic Cities. *Tourism Management*, 20(2), 213-221.

Campbell, L. M. (1999). Ecotourism in Rural Developing Communities. *Annals of Tourism Research*, 26(3), 534-553.

Chee-Beng, T. (2001). Tourism and the Anthropology in China. In T. Chee-Beng, S. C. H. Cheung, & Y. Hui (Eds.), *Tourism, Anthropology and China* (pp.1-26). Thailand, Bangkok: White Lotus Press.

Cochrane, J. (2000). The Role of the Community in Relation to the Tourism Industry: A Case study from Mount Bromo, East Java, Indonesia. In P. M. Godde, M. F. Price, & F. M. Zimmermann (Eds.), *Tourism and Development in Mountain Regions* (pp.199-220). New York: CABI Publishing.

Cohen, E. (1972). Towards a Sociology of International Tourism. *Social Research*, 39, 164-182.

Cohen, E. (2001). Ethnic Tourism in Southeast Asia. In T. Beng-Chee, S. C. H. Cheung, & Y. Hui (Eds.), *Tourism, Anthropology and China* (pp.27-54). Thailand, Bangkok: White Lotus Press.

Davis, J. S., & Morais, D. B. (2004). Factions and Enclaves: Small Towns and Socially Unsustainable Tourism Development. *Journal of Travel Research*, 43(1), 3-10.

Dewalt, K. M., Dewalt, B. R., & Wayland, C. B. (1998). Participant Observation. In H. R. Bernard (Ed.), *Handbook of methods in Cultural Anthropology* (pp. 259-300). Walnut Creek, CA: Altamira Press. Grü newald.

Eggan, F. (1954). Social Anthropology and the Method of Controlled Comparison. *American Anthropologist*, 56(5), 743-763.

Foucat, V. S. (2002). Community-based Ecotourism Management Moving Towards Sustainability, in Ventailla, Oxaca, Mexico. *Ocean & Coastal Management*, 45(8), 511-529.

Garrod, B. (2003). Local Participation in the Planning and Management of Ecotourism: A Revised Model Approach. *Journal of Ecotourism*, 2(1), 33-53.

Gartner, W. C. (1996). *Tourism Development: Principles, Processes, and Policies*. New York: Van Nostrand Reinhold.

Gee, C. Y., & Fayos-Sola, E. (1997). *International Tourism: A Global Perspective*. Madrid: World Tourism Organization.

Godde, P. M., Price, M. F., & Zimmermann, F. M. (2000). Tourism and Development in Mountain Regions: Moving forward into the New Millennium. In

P. M. Godde, M. F. Price, & F. M. Zimmermann (Eds.), *Tourism and Development in Mountain Regions* (pp.1-25). New York: CABI Publishing.

Graburn, N. H. H. (1983). Tourism and Prostitution. *Annals of Tourism Research*, 10(3), 437-442.

Gunn, C. A. (1988). *Tourism Planning* (2nd ed.). New York: Taylor & Francis.

Gurung, C. P., & De Coursey, M. D. (1994). The Annapurna Conservation Area Project: A pioneering Example of Sustainable Tourism? In E. Cater, & G. Lowman (Eds.), *Ecotourism: A sustainable Option?* (pp.177-194). New York: Wiley.

Hooks, G. (1990). The Rise of the Pentagon and US State Building: The defense Program as Industrial Policy. *American Journal of Sociology*, 96, 358-404.

Ives, B., & Messerli, B. (1989). *The Himalayan Dilemma: Reconciling development and Conservation*. New York: Routledge/The United Nations University.

Kang, Y. (1999). *Lu gu hu Sheng tai lü You Yan Jiu* ［*Study on Lugu Lake's Ecotourism*］. Kunming, China: Yunnan Technology Press.

Kemper, R. V. (1979). Tourism in Taos and Patzucuaro: A Comparison of Two Approaches to Regional Development. *Annals of Tourism Research*, 6(1), 91-110.

Khan, M. M. (1997). Tourism Development and Dependency theory: Mass Tourism vs. Ecotourism. *Annals of Tourism Research*, 24(4), 988-991.

King Mahendra Trust for Nature Conservation (KMTNC). (1995). *Annual Report* 1994/1995. Kathmandu, Nepal: KMTNC.

King Mahendra Trust for Nature Conservation (KMTNC). (1996). *Annual Report* 1995/1996. Kathmandu, Nepal: KMTNC.

Lama, W. B. (2000). Community-based Tourism for Conservation and Women's Development. In P. M. Godde, M. F. Price, & F. M. Zimmermann (Eds.), *Tourism and Development in Mountain Regions* (pp.221-238). New York: CABI Publishing.

Marcovaldi, M. A., & Marcovaldi, G. G. (1999). Marine Turtles of Brazil: The History and Structure of Project TAMAR-IBAMA. *Biological Conservation*, 91(1), 35-41.

Mayhew, B., Miller, K., & English, A. (2002). *South-West China*. Melbourne, Australia: Lonely Planet Publications.

McKhann, C. F. (2001). The Good, The Bad, and The Ugly: Observations and Reflections on Tourism Development in Lijiang, China. In T. Chee-Beng, S. C. H.

Cheung, & Y. Hui (Eds.), *Tourism, Anthropology and China* (pp.147-166). Thailand, Bangkok: White Lotus Press.

Mehta, J. N. (1995). Problems and Prospects of Eco-tourism in Nepal. In S. K. Shrestha, S. N. Adhikari, & S. R. Baral (Eds.), *Proceedings of the Eco-tourism Management Workshop* (pp.58-76). Pokhara, Nepal: Institute of Forestry Pokhara, June 1995.

Ministry of Culture, Tourism, and Civil Aviation. (2001). *Annual Statistical Report* 2000. Kathmandu, Nepal: Ministry of Culture, Tourism and Civil Aviation.

Morais, D. B., Zhu, C., Dong, E., Yang, G. (in press). Promoting Sustainability Through Increased Community Involvement: The ShangriLa Ecotourism Demonstration Project. *Tourism Review International*.

Murphy, P. E. (1985). *Tourism: A Community Approach*. New York: Routledge.

National Tourism Bureau of China. (2001). *Yearbook of China Tourism*. Beijing, China: Tourism Publishing of China.

Nepal, S. K., Kohler, T., & Banzhaf, B. R. (2002). Great Himalayas: Tourism and the Dynamics of Change in Nepal. Zurich, Switzerland: Swiss Foundation for Alpine Research.

Nepal Tourism Board. (2001). *National Ecotourism Strategy and Marketing Programme in Nepal*. Kathmandu: Nepal Tourism Board.

Nyaupane, G. P. (1999). A Comparative Evaluation of Ecotourism: A Case Study of the Annapurna Conservation Area, Nepal. Master's thesis, Lincoln University, Canterbury, New Zealand.

Nyaupane, G. P., & Thapa, B. (2004). Evaluation of Ecotourism: A Comparative assessment in the Annapurna Conservation Area Project, Nepal. *Journal of Ecotourism*, 3(1), 20-45.

Oakes, T. (1997). Ethnic Tourism in Rural Guizhou: Sense of Place and the Commerce of Authenticity. In M. Picard, & R. E. Wood (Eds.), *Tourism, Ethnicity and the State in Asian and Pacific Societies* (pp.35-70). Honolulu: University of Hawaii Press.

Oakes, T. (1998). *Tourism and Modernity in China*. London: Routledge.

Pandey, M. B. (1994). International Visitor Attitudes to Sagarmatha National Park, Nepal. Unpublished Master's Thesis, Lincoln University, Canterbury, New Zealand.

Parker, S. (1997). Annapurna Conservation Area Project: In Pursuit of

Sustainable Development. In R. M. Auty, & K. Brown (Eds.), *Approaches to Sustainable Development* (pp.144-169). London: PINTER.

Pearce, D. G. (1993). Comparative Studies in Tourism Research. In D. G. Pearce, & R. W. Butler (Eds.), *Tourism Research, Critiques and Challenges* (pp.20-35). London: Routledge.

People's Republic of China (2001). China in Brief. Retrieved on November 20, 2001 from the World Wide Web: http://www.china.org.cn/e-china.

Potts, T., & Harrill, R. (1998). Enhancing Communities for Sustainability: A Travel Ecology Approach. *Tourism Analysis*, 3(3/4), 133-142.

Richter, L. K. (1989). *The Politics of Tourism in Asia*. Honolulu: University of Hawaii Press.

Scheyvens, R. (1999). Ecotourism and the Empowerment of Local Communities. *Tourism Management*, 20(2), 245-249.

Simmons, D. G. (1994). Community Participation in Tourism Planning. *Tourism Management*, 15(2), 98-108.

Snowdon, P., Slee, B., & Farr, H. (2000). The Economic Impacts of Different Types of Tourism in Upland and Mountain Areas of Europe. In P. M. Godde, M. F. Price, & F. M. Zimmermann (Eds.), *Tourism and Development in Mountain Regions* (pp.137-155). New York: CABI Publishing.

Sofield, T., & Li, F. M. (1998). Tourism Development and Cultural Policies in China. *Annals of Tourism Research*, 25(2), 362-392.

Stoeckl, N., Greiner, R., & Mayocchi, C. (2006). The Community Impacts of Different Types of Visitors: An Empirical Investigation of Tourism in North-west Queensland. *Tourism Management*, 27(1), 97-112.

Thakali, S. (1995). Mountain Tourism Perspectives from NGOs and the Private Sector: Nepal. In P. Sharma（Ed.), *Proceedings of the Hindu Kush-Himalayan Regional Workshop on Mountain Tourism for Local Community Development* (pp.49-53). Kathmandu, Nepal: ICIMOD Kathmandu, June 1995.

Timothy, D. J. (1999). Participatory Planning: A View of Tourism in Indonesia. *Annals of Tourism Research*, 26(2), 371-391.

Tosun, C. (2000). Limits to Community Participation in the Tourism Development Process in Developing Countries. *Tourism Management*, 21(6), 613-633.

UNPP. (2001). Yunnan Basic Data. United Nations Population Program.

van den Berghe, P. L., & Keyes, C. (1984). Introduction: Tourism and Recreated Ethnicity. *Annals of Tourism Research*, 11(3), 343-352.

Wall, G. (1997). Is Ecotourism Sustainable? *Environmental Management*, 21(4), 484-491.

Walsh, E. R. (2001). Living with the Myth of Matriarchy: The Mosuo and Tourism. In T. Chee-Beng, S. C. H. Cheung, & Y. Hui (Eds.), *Tourism, Anthropology and China* (pp.93-124). Thailand, Bangkok: White Lotus Press.

West, P., & Carrier, J. G. (2004). Ecotourism and Authenticity. *Current Anthropology*, 45(4), 483-493.

Woo, W. T., & Bao, S. (2003). Human Development Report Office: Occasional Paper. China: Case Study on Human Development Progress towards the Developmental Goals at the Sub-national Level. United National Development Program.

Wood, R. E. (1997). Tourism and the State: Ethnic Options and Construction of Otherness. In M. Picard, & R. E. Wood (Eds.), *Tourism, Ethnicity and the State in Asian and Pacific societies* (pp.1-34). Honolulu: University of Hawaii Press.

Yin, R. K. (1994). *Case Study Research: Design and Methods* (2nd ed.). Thousand Oaks, CA: Sage Publications.

Zurick, D. N. (1992). Adventure Travel and Sustainable Tourism in the peripheral Economy of Nepal. *Annals of the Association of American Geographers*, 82(4), 608-628.

第十四章 社会分裂理论与农村犯罪：三种旅游增长水平的比较

Minkyung Park [a,*], Patricia A. Stokowski [b,1]

[a]School of Recreation, Health, and Tourism, George Mason University, 10900 University Boulevard 4E5, Manassas, VA 20110, USA
[b]Rubenstein School of Environment and Natural Resources, 305 Aiken Center, University of Vermont, Burlington, VT 05405, USA

1 引言

旅游对经济增长的促进作用得到了广泛的认可，现在美国的许多州和城市把发展旅游作为刺激经济增长的一种手段（Rephann, Dalton, Stair & Isserman, 1997）。但现实并不像预期的那样，部分原因是社区居民和领导人在早期的规划阶段不能充分了解旅游发展所带来的好处（Long, 1996; Stokowski, 1996a）。此外，经济、社会和文化的作用有时被淡化，甚至被忽略。但历史表明：不要期待每个社区都能从旅游业的发展中获益，或者以相同的方式获益（Canan & Hennessy, 1989; Madrigal, 1993; Stokowski, 1996a）。即使在旅游业带来经济收益的领域，随之而来的消极后果也是不可避免的，例如，预期的经济增长可能并不总是有利于当地居民和当地企业。新的就业机会可能是为流动人口，而不是为当地的常住居民创造的。同时，其他地区的企业的大规模投资会对当地的企业造成冲击（Freitag, 1994; Rodenburg, 1980; Stokowski, 1996a）。

除了消极经济后果以外，旅游发展所带来的严重社会分裂会强加到当地居民及传统生活方式上。如交通变得堵塞、犯罪率有可能增加、居民地区意识和责任感的丧失、地区形象和环境遭到破坏以及居民地区意识责任感的丧失，甚至还有居民社会病现象的增加。在社区社会学研究领域，这种分裂现象已经引起了相当普遍的关注（Wirth, 1938; Kasarda & Janowitz, 1974; Sampson, 1991）。纵观所有用来解释这些负面后果产生原因的理论，社会分裂理论似乎是调查和研究由旅游所造成的社会分裂的一个非常有效的方法。

从社会学角度出发，社会分裂理论指出：正在经历快速增长的地区会步入一个全面危机时期，并丧失传统的生活方式和态度。这种危机会影响个人的心理健康、世界观、行为方式和社会关系（England & Albrecht, 1984）。社会分裂理论也指出：由人口增长所引起的快速的地区变化会导致一系列的社会无序现象出现。一些旅游地区似乎为验证社会分裂理论的一些假设提供了很好的环境，因为一些地区在短期内经历了相对高速的增长，并伴随着激烈的发展和快速的社会变革。

虽然高增长带来的社会分裂现象最初是城市社会学研究的课题（主要是由于城市人口增长过快），但是农村社会学者也开始关注这个问题。有关能源密集开发的农村地区（所谓的新兴城镇）的社会分裂的研究为与农村旅游社区进行比较提供了很有价值的研究背景。新兴城镇研究表明：能源或其他资源开发的快速增长导致显著的社会变革，并给当地居民和社会机构带来压力（Freudenburg, 1982; Gilmore, 1976; Greider & Krannich, 1985; Summers & Branch, 1984）。在新兴城镇带来的所有消极后果中，犯罪已被看成社区快速发展造成的社会分裂的一个重要指标（Freudenburg & Jones, 1991; Sampson & Groves, 1989）。旅游景点的犯罪也已成为公众、政策制定者和学术界所关注的问题。犯罪率（以及公众对犯罪和犯罪行为的认识）已经影响到了游客的实际（和感受到的）安全以及居民的生活质量，同时也影响着一个地区作为成功旅游目的地的声誉。

鉴于犯罪分析对旅游政策和地区生活的重要性，很多旅游研究者研究了犯罪与旅游发展之间的关系。大多数旅游犯罪研究分析了居民对旅游发展造成的实际的或感觉的犯罪变化的认识。感觉的犯罪影响通常与其他社会和/或文化指示器一起被衡量，是为了达到如下两个目标之一：（a）了解居民对现有旅游业的发展和游客的认识（Belisle & Hoy, 1980; Caneday & Zeiger, 1991; Haralambopoulos & Pizam, 1996; King, Pizam & Milman, 1993; Lankford, 1996; Liu and Var, 1986; Long, Perdue & Allen, 1990; Milman & Pizam, 1988; Pizam, 1978）；（b）预测居民对未来旅游发展的态度（Pizam & Pokela, 1985; Perdue, Long and Allen, 1990）。

与有关（不涉及任何实际或客观的犯罪衡量的）感觉的犯罪影响的研究不同的是，一些研究已经开始运用已发表的犯罪统计数据来分析犯罪和旅游之间的关系（Chesney-Lind & Lind, 1986; Fujii & Mak, 1979; Jud, 1975; McPheters & Stronge, 1974; Pizam, 1982; Prideaux, 1996; Schiebler、Crotts & Hollinger, 1996; Walmsley, Boskovic & Pigram, 1983）。尽管这些研究为进一步的研究提供了启示并指明了方向，但是它们的方法却无法解决一些关键问题。首先，尽管这些研究分析了旅游增长和犯罪的关系，但是由于作者分析旅游增长变量的方式过于简单，这就导致他们忽视其中的一些复杂的关系。如这些研究往往只采用某一种旅游增长的计算方式，如餐饮场所的就业率（McPheters & Stronge, 1974）、酒店和汽车旅馆客房数量（Jud, 1975）、酒店就业比例（Fujii & Mak, 1979）或旅游消费（Pizam, 1982）。这些计算方式可能会反映一些特定区域旅游增长的某个部门的情况，但可能不适合作为旅游增长整体情况的指示器。

其次，所有的研究都是独立的，没有人尝试用比较的方法分析旅游地区的犯罪。虽然所有学者和旅游从业人员普遍认为旅游促进发展，但不是所有形式的旅游发展都会产生相同水平或速度的增长。尽管不同类型的旅游发展是否带来不同的经济增长水平这一课题，应在旅游增长与犯罪增长的关系这一问题之前研究，但是它并未受到充分重视。

因此，尽管这些研究强调了旅游增长和犯罪之间的关系，但是它们并没有详细说明犯罪是如何与不同地区的不同旅游发展水平相联系的。因此，以往的研究几乎不能给有着不同增长水平的不同旅游地区是否会有不同的犯罪率这一问题提供任何答案。一个仍未得到回答的问题是：是否旅游增长导致犯罪增长，或是否犯罪是旅游固有的伴生物？开发更加精密的经济增长衡量指标，并对不同发展水平的旅游地区进行比较，将增进对旅游增长和犯罪之间的关系的理解。

本研究试图解决上述的一些不足。我们把社会分裂理论用于分析农村旅游，比较在不同旅游增长水平状态下的不同犯罪模式。我们初始的问题主要关注三种不同层次的旅游增长水平（快、中、慢）对犯罪率的影响。因为犯罪率在不同旅游增长类型下会有所不同，旅游发展速度快的地区的犯罪率可能要高于旅游发展慢的地区。如果事实不是这样，知道其原因并理解其对公共政策的启示就很有意义。

2　文献综述

2.1　增长和旅游发展

"发展"这个词被广泛使用，对该词的理解也是林林总总（Pearce, 1989）。各种定义的一个共识是经济增长就是发展。自 20 世纪 60 年代以来，"旅游发展会促进经济增长"这一观念已广为人们接受。早期的旅游研究者认识到，旅游可能比一般认为的成本更大，而收益更小（De Kadt, 1979; Krippendorf, 1987; Young, 1973），但是，无论发展中国家还是发达国家仍然强调旅游作为经济刺激物的特殊功能。

人们认为旅游发展不仅会带动本地区的经济增长，也会带动跨地区的经济增长——虽然通常无论是理论上还是实践上都很难区分哪些是由旅游带来的增长，哪些是其他经济活动带来的增长。尽管缺少清晰的概念，旅游社区往往具有除经济增长能力之外的相似点。过去 30 年有关非城市人口趋势的研究表明：休闲地区是重要的经济增长中心（Beale, 1977; Fuguitt, 1985; Fuguitt, Brown & Beale, 1989; Heaton, Clifford & Fuguitt, 1981; Johnson, 1989, 1993; Johnson & Beale, 1994）。休闲地区人口的持续增长必然要求更多的社区服务和设施。有关美国非城市地区的研究表明：以休闲业为主导产业的县仍在大发展，当地政府的收入和支出模式也与其他地区有所不同（Beale & Johnson, 1998）。（按：本文作者认为，"休闲"县和"旅游"县基本上是一回事。）

很多旅游学术文献讨论了旅游发展对经济的影响。大多数旅游影响研究关注的是游客消费所带来的经济利益。这些利益表现为当地居民的额外收入。但旅游的增长对社区的社会结构或居民个人生活方式带来的后果，需要全面的分析。对能描述更广泛的增长模式，以及测量旅游地区发展程度的更广泛、更合适的指示器的需要仍然很明显。

2.2 社会分裂理论与农村发展

虽然人们强烈感受到旅游与发展息息相关，但是旅游背景下的增长，尤其是有关它的权力及其对社区的影响，却没有得到很好的理解。社会分裂理论从社区视角应对增长问题，并解释快速增长如何渗透到整个社区，从而对个人和社会团体产生不利影响。将社会分裂理论应用于旅游环境中可能会有助于理解旅游地区的增长与消极社会影响（如犯罪）的紧密关系。

许多学者曾试图解释社会分裂的因果关系。其中，有两种针对社会分裂/社会混乱的方法在分析旅游地区的发展和社会分裂之间的关系方面非常有用。第一种方法来自城市社会学。在 20 世纪初期，社会学家关注由于城市人口过度膨胀而造成的城乡危机。人口的迅速增长往往被认为是向更加城市化的社会和生活方式转变的标志（Wirth, 1938）。自从 Wirth 将城市化看成一种"新的生活方式"以来，很多社区研究者开始采用 Wirth 的观点，特别是芝加哥学派的成员们（Kasarda & Janowitz, 1974; Sampson, 1991）。这种观点认为，社区人口数量和密度的增长是影响人类社会行为模式的主要外在因素（Kasarda & Janowitz, 1974）。也就是说，增长的人口、居住密度以及居民的异质性决定了城市社会的主要特征。其结果是，一些社会混乱现象，如亲属关系的削弱以及当地社区社会重要性的降低，就会出现。

虽然社区研究者一开始关注的是城镇社会，但是农村社会学家也研究了农村社区的社会分裂现象，并特别关注经济发展的两个背景（Summers & Branch, 1984）。一个是农村工业化，另一个是新兴都市（通过资源开发获得快速增长）的发展。农村的产业转移被认为是解决农村贫困和城镇困难的一个重要手段，以自然资源开采为基础的社区发展是农村地区经济发展的另一个例子。木材、矿产以及能源开发是典型的例子（Drielsma, 1984; Freudenburg, 1981; Krannich & Greider, 1984; Machlis, Force & Balice, 1990; Smith, Hogg & Reagan, 1971）。

　　有关新兴都市的研究对本研究非常重要，因为新兴都市发展背后的逻辑与旅游地区的快速发展有着紧密关系。通过资源发展形成的新兴都市的某些特征使它们值得关注。第一，以资源为基础的地区发生的变化是由快速而大规模的经济行为所引起的。第二，快速增长带来的变化往往与当地社区和居民的社会文化背景格格不入（Summers & Branch, 1984）。所以，新兴都市研究关注的是快速增长和社会分裂之间的关系。

2.3　新兴都市研究中的社会分裂理论

　　新兴都市研究表明：与能源和其他资源开发相关的人口快速增长带来了社会分裂、文化冲突以及病态行为等形式的社会巨大变革（Freudenburg, 1982; Gilmore, 1976; Greider & Krannich, 1985）。快速增长给社会生活各方面带来压力。农村社会学家已经通过运用各种社会指标调查了新兴都城镇的变化，包括常住居民和外来迁入者的心理健康状况（Bacigalupi & Freudenburg, 1983; Freudenburg, Bacigalupi & Young, 1982）、对当地组织和社会服务的影响（Cortese, 1982）、居民的社会和个人福利（Albrecht, 1982; Freudenburg, 1982, 1984; Greide *et al.* 1991; Krannich & Greider, 1984）、对儿童的虐待和忽视（Camasso & Wilkinson, 1990）以及社区人际交往（Freudenburg, 1981; Greider & Krannich, 1985）。这些研究表明，增长是有代价的，有时成本大于收益，而且成本和收益并不总是成正比（Hill & Durand, 1988; Lyon, Felice & Perryman, 1981; McGranahan, 1984; Molotch, 1976; Smith, Hogg & Reagan, 1971; Zekeri, 1992）。效益没有随资源的快速开发而自动获得，而且并非所有的社区有相同的收益或付出相同的成本。

　　旅游地区是否可以被认定为新兴城镇，仍未有定论，但是一些旅游地区确实呈现出相似的模式。围绕莫洛凯岛旅游度假胜地建设的土地开发的冲突表明了作为资源的土地使用的政治和经济重要性（Canan & Hennessy, 1989），科罗拉多州老采矿城市博彩业的发展显示了快速资源开发中的相似的发展过程和社区冲突（Stokowski, 1996a）。旅游地区可能在持续发展能力方面与其他新兴城镇不同（众所周知，一些能源型新兴城镇在经历一段时间的密集建设和/或开采后就衰落了）。但是，旅游地区，尤其是那些以自然景观为发展基础的旅游地区，通常比较偏僻，拥有有限的其他经济形式，可能在社区社会资源方面也同样有压力。因此，如新兴城镇相关文献所表明的，旅游业的发展，尤其是快速发展，可能会导致社会分裂。

2.4 研究假设

本文着重研究经济增长和犯罪之间的关系，具体比较了不同经济增长水平的旅游地区的犯罪影响。本文研究了四种不同类型的旅游发展地区：依靠滑雪发展的地区、依靠博彩业发展的地区、以自然风光为基础的地区和以文化资源为基础的地区。为了弥补之前发现的以往研究的不足，本文有如下具体目标：

（1）开发旅游发展的评价指标；

（2）更好地理解旅游地区和经济发展的关系；

（3）比较不同发展水平的旅游地区的犯罪率。

基于社会分裂理论，本研究假定不同发展水平的旅游地区的犯罪率不同。具体来说，本文提出如下两点假设：

假设 1 不同发展水平地区的犯罪指数（财产犯罪和暴力犯罪）不同。三个发展水平（低、中、高）中，高增长旅游地区的指数犯罪率（这是一个术语——译者注）将显著高于低增长旅游地区的指数犯罪率。

假设 2 不同增长水平地区的逮捕率也有所不同。三个发展水平（低、中、高）中，高增长旅游地区的逮捕率将显著高于低增长旅游地区的逮捕率。

3 研究方法

3.1 抽样方法

本研究的样本为美国科罗拉多州的农村地区。所有地区选自同一个州的假设是同一个州的区域差异，比如社会和法律体系、历史背景、自然和文化环境要比不同州的小。科罗拉多州的优势是拥有很多不同类型的旅游地区，比较符合本研究的目的。

本研究采用分层立意抽样法来选取符合特定标准的不同类型的旅游县。在科罗拉多州选择旅游县，采用了两个主要步骤：首先，根据 Beale 和 Johnson（1998）制作的美国 258 个非都市地区的休闲城镇名单，我们对科罗拉多州 24 个被列入名单中的县进行了考察。基于四种不同类型的旅游形态：滑雪、博彩、自然风光和文化旅游（表 1），我们最终选择了 16 个城镇。由于在 Beale

和 Johnson 的研究中旅游和休闲活动的实证衡量标准没有概念上的不同，Beale 和 Johnson 所确定的休闲县被视为等同于旅游县，本研究一律使用"旅游县"一词。

表 1　所研究的县的规模和人口

科罗拉多州的旅游县	县面积（平方英里）	人口（2000 年）
博彩县		
吉尔平县	150	4757
拉普拉塔县	1666	43,941
蒙特苏马县	2036	23,830
特勒县	557	20,555
滑雪县		
伊格尔县	1694	41,659
甘尼森县	3257	13,956
皮特金县	970	14,400
萨米特县	599	23,548
自然风光县		
查菲县	1015	16,242
大峡谷	1869	12,442
蒙特罗斯县	2240	33,432
圣胡安	389	558
文化名县		
阿丘利塔县	1355	9898
克利尔克里克县	395	9322
加菲尔德县	2957	43,791
乌雷县	832	3742

来源：科罗拉多州政府网站（http:www.state.co.us）；U.S. Census Bureau.

　　为了开展研究，我们提出了四种旅游地区的可操作定义。博彩县指那些经营赌场、没有其他吸引大量游客的重要旅游资源的县。自然资源县是那些有着重要的自然资源，但是滑雪和博彩业欠发达的地区。文化旅游县是拥有以文化资源为基础的旅游景点，如历史和文化遗产资源或其他旅游景点（活动、艺术节），而不是主要依赖于自己的自然资源的县。滑雪县是那些有一个或多个滑雪胜地的县。

3.2 研究变量

研究者使用来自联邦政府的二手数据（美国人口普查数据）以及科罗拉多州发布的官方文件中的数据分析了犯罪和旅游地区增长水平之间的关系。本研究中犯罪是因变量，以 1,000 人为标准。犯罪数据汇总后分为两大类：总指数犯罪数和总逮捕数。总指数犯罪由全国统一犯罪记录（Uniform Crime Records）所规定的 7 个罪行构成。总指数犯罪（侵犯）又分为两类：总暴力犯罪（谋杀和非过失杀人、强奸、抢劫和严重攻击）、总财产犯罪（入室盗窃、盗窃/偷窃和盗窃机动车辆）。逮捕情况上报到科罗拉多调查局。本文对犯罪和逮捕的总数量进行了分析。

为确定研究社区的增长水平，研究者收集了人口变化、人均收入、当地政府总收入以及零售业总销售额等方面的数据。这些变量的选择程序将在下文讨论。虽然本研究侧重经济增长对乡村旅游县犯罪率的影响，但是其他因素也可能影响这些县的犯罪率。例如，更多游客去滑雪县而不是文化历史县，这可能会导致更高的犯罪率；犯罪率可能会随时间而改变；博彩县警察数量较多可能会导致这些县有更多的逮捕行动（Prideaux, 1996; Stokowski, 1996b）。这些自变量需要放进方差模型分析中，以便对犯罪率的主要影响因素（增长水平）进行准确测量。因此，每日平均交通量、时间、旅游类型以及警察人数等被用作控制变量，来分析作为增长水平的一个功能的犯罪率的差异。

本研究中的所有变量的可比较年份选用了 1970 年、1980 年、1990 年和1997 年。（数据中不包括近期的数据，原因是科罗拉多州政府在 1998 年改变了犯罪数据报告系统。因此，1997 年以后就没有了可比的数据。）由于有时数据的可用性出现变化，某些年份的数据就由最相近年份的数据所代替。本研究中，1970 年的数据由 1976 年的数据所代替。1976 年是科罗拉多州统一犯罪报告计划实施的第一年。该计划开始于 1976 年 1 月（Colorado Bureau of Investigation Crime Information Center, 1976 年）。

3.3 增长变量的选择

定义社会增长水平的程序是本研究的关键。本研究使用 Yeung 和Mathieson（1998）的研究方法来定义社会增长变量。上述两位作者采用了三个步骤，使该指标的选择过程尽可能客观和严谨。他们的第一步是确定一个可能变量的"希望清单"，假设完美的数据可用性，并找出所有信誉良好的数据来源。第一步之后，本研究的希望清单包含了研究经济增长测量的相关文献中的最重要、最常用的变量。

第二步是通过现有数据与希望清单相对照确定变量的"工作清单"。本研究采用三个标准（来自 Yeung 和 Mathieson［1998］并稍作修改）来选择变量：（a）可靠性和准确性：数据必须来自信誉好的来源并且具有准确性；（b）覆盖范围：每个变量的数据应涉及多个县，而不是仅涉及某些县；（c）一致性：数据必须有足够的时间跨度，以覆盖本研究旨在分析的时间段。第二步完成之后，Yeung 和 Mathieson 就进行第三步：请专家审查初步选出的变量，并对变量的增删提出建议，然后改进并完成指标清单。

通过上述步骤，本研究得出四个经济增长指标：人口、人均收入、当地政府总收入和零售业总销售额。这些变量代表了大多数旅游社区出现的增长的不同维度。它们被称作"地区增长指标"是因为它们并不代表旅游增长的精确测量指标，虽然这些旅游地区的经济增长在很大程度上依赖旅游。

3.4　地区增长指标

为实现本研究的一个重要目标：分析经济增长水平对犯罪率的影响，研究者采用多步过程，并结合对四个衡量增长的实证指标的分析，确定了社区发展水平。出于比较的目的，本研究将增长分为三个层次：低、中、高。为了确定每种增长水平的标准，研究者采用了正态分布曲线理论。在正态分布中，增长值将对称分布于均值左右两边，并拥有光滑的钟形曲线，每个县的增长值理论上都应出现在正态曲线以内（Ott, 1993）。由于没有现成的划分增长水平的理论指导或绝对标准，本研究通过取正态曲线的三分之一的方法来划分三个层次（每种增长水平占有正态曲线内三分之一的区域）。因此，在该复合测量中，如果一个县的每个增长指标都高出均值三分之一个标准误差或更多（0.33σ 及更多），那么该县就被认为是高增长县。相应，如果一个县每个增长指标都低于均值三分之一个标准误差以上（小于−0.33σ），那么该县就被认为是低增长县。介于两者之间（−0.33σ～0.33σ）的县就被认为是中等增长县。

研究者运用这一理论指针获得了所选的 16 个旅游县的各个增长变量的平均变化比例。例如人口这一变量的变化比例为从 108%～−12% 不等。为了确定高于或低于均值的分界点，研究者计算了每一个增长指标的均值和标准误差（如：人口的均值=38%，标准误差=29%）。研究者运用正态分布曲线将社区增长划分为六个层次，并在理论上假定每个县的平均变化比率分布在均值周围。图 1 显示了该过程。每一个增长变量的均值和标准误差的每个分界点（从 −0.66σ 到 0.66σ）都被计算出来，以确定每一水平的间隔。例如，如图 1 所示，0.33σ（如，对于人口而言是 48%）代表了一个决定从均值到均值右边的某一变化百分比值的间隔的标准。也就是说，就人口而言，增长水平 4 由从

38%到48%的百分比变化间隔所决定。

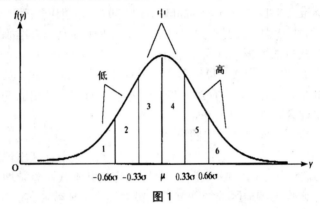

图 1

第二步，将各个指标的分数相加，从而把 16 个旅游县划分为高、中、低三个增长水平。相加后的分数介于 4 分（最低）和 24 分（最高）之间。然后将相加后的分数划分为三个增长水平。Babbie（1992）建议各个指标应该被赋予平等的权重，除非有区分权重的令人信服的理由。根据上述建议每个增长指标被赋予了平等的权重。这反映了一个传统观念"要区分权重就要证明其理由，平等的权重应该是标准"（Babbie, 1992:175）。

4 数据分析和结果

为验证本研究的假设，研究者进行了统计显著性检验。本研究假定不同增长水平的旅游县的犯罪率不同，在三个增长水平中，高增长水平县拥有显著高于其他增长水平的县的犯罪率。在对警察的人数、旅游类型、时间和平均交通量等进行控制的基础上，对县经济增长水平对犯罪率的影响（总指数犯罪数和总逮捕数）进行了协方差分析。同时，也分析了县经济增长水平对总暴力犯罪数和总财产犯罪数（总指数犯罪数的两个组成部分）的影响，以分析县经济增长水平对总指数犯罪的综合影响。

此外，当主要影响在数据上具有显著性的时候，研究者用 Bonferroni 事后多重比较检验来发现哪一个增长水平均值与其他增长水平均值具有显著不同。SPSS 有几种事后多重比较检验的方法，之所以选择 Bonferroni 多重比较检验，是因为该检验能够有效控制称名 alpha 水平（Bray & Maxwell, 1985; SPSS, 1997）。图 2 显示了与四种犯罪率相关的三个增长水平的均值的比较（没有对总指数犯罪数和总财产犯罪数进行对数变换）。

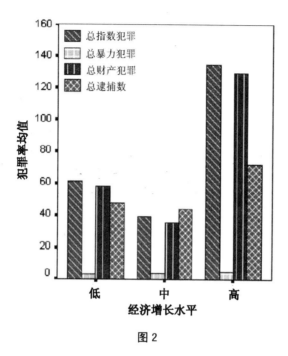

图 2

4.1 所研究的县的社区发展水平描述

表 2 显示了所有旅游县的四个增长指标的平均增长值。自然资源县四个指标的平均增长率最低；文化旅游县四个指标的平均增长率排倒数第二；而滑雪县的四个指标的平均增长率最高。至于博彩县，增长最多的是零售业收入而不是当地政府的税收。纵观四个经济增长变量，所有旅游县的零售业平均增长速度最快。人均收入的平均增长率第二（除滑雪县），尽管人均收入和地方财政收入有着非常相似的平均增长值。所有旅游县增长值最低的是人口的变化，这可能意味着，本研究中的旅游县的经济增长与人口规模的变化不成比例。

表 2 不同类型旅游县的平均增长值（单位：%）

旅游县类型	人口	人均收入	当地政府财政收入	零售总额
博彩	46.36	110.90	109.65	123.83
滑雪	56.05	118.75	123.78	181.93
自然风光	15.55	98.47	79.85	103.65
文化旅游	34.22	103.42	100.83	110.63

研究者按照研究方法一节（第 3.4 节）所介绍的计分程序，计算出每个变

量的增长值。然后，把所有四个变量的增长值相加，以确定每个县的增长水平。复合增长率和增长水平计算的结果将所有旅游县划分为五个高增长县、三个中等增长县和八个低增长县。博彩县分布在三个增长层次上，滑雪县主要集中在高增长水平这一端。文化旅游县平均分布在中、低增长水平中。所有自然资源县都是低增长水平。自然资源县或文化旅游县中没有高增长县。总体上，各个县的增长率分值表明，博彩县和滑雪县呈现出高增长率，而自然资源县和文化旅游县的增长率较低。

4.2 对总指数犯罪的影响

协方差分析表明，经济增长水平对犯罪率有显著影响（表3）。也就是说，三种不同增长水平的地区在总指数犯罪率方面存在着显著差异，即使将警察人数、时间、旅游类型和交通总量等因素排除在外 [$F(6, 60)=5.42$, $p<0.001$]，情况也是如此。

表 3 犯罪总指数与经济增长水平的 ANCOVA 分析

	SS	df	MS	F	Sig.
模型	2.90	6	.484	5.423	.000**
误差	4.82	54	.089		
总数	7.72	60			
协变量					
警察	.12	1	.119	1.333	.253
时间	.64	1	.636	7.131	.010
类型	.03	1	.025	.283	.597
工具	.03	1	.034	.389	.536
主要效果					
增长	.77	2	.387	4.34	.018*

$R^2=.376$（校正值 $R^2=.307$）

*$p< .05$, **$p< .001$.

为了了解三种不同增长水平的地区的总指数犯罪率有何种差异，研究者进行了 Bonferroni 事后多重比较，见表 4。表 4 中总指数犯罪的均值是对数变换后的均值，该均值通过对模型的共变向量的评价进行了调整。中等增长县的总指数犯罪的均值最低（$\bar{x}=1.52$），而高增长县的均值最高（$x=1.92$）。结果表明，高增长县的总指数犯罪率显著高于中等增长县。低增长县和中等增长县之间没有显著性差异，低增长县和高增长县之间也没有显著性差异。

表4 犯罪总指数与经济增长水平的 Bonferroni 事后比较分析

县的经济增长水平[a]	N	$\bar{x}^{b}$	平均差[c]	
			中等	低
中等	11	1.52		
低	31	1.72	.20	
高	20	1.92	.40*	.20

*$p< .05$。

a 按最低到最高的平均值排列。

b 从该模型的协变量中测量出的校正平均值（对数转换值）。

c 县的经济增长栏。

4.2.1 对总暴力犯罪和总财产犯罪的影响

如前文所述，总指数犯罪由总暴力犯罪和总财产犯罪组成。为了阐明经济增长对总指数犯罪的影响，研究者测试了经济增长对总暴力犯罪和总财产犯罪的影响。表 5 和表 6 显示了对总暴力犯罪和总财产犯罪进行的协方差分析（ANCOVA）测试的结果。结果表明：三类增长水平的县的暴力犯罪没有显著差异（$p<0.072$），而财产犯罪却存在着显著差异（$p<0.015$）。

表5 暴力犯罪总数与经济增长水平的 ANCOVA 分析

	SS	df	MS	F	Sig.
模型	122.53	6	20.42	4.45	.001**
误差	248.03	54	4.59		
总数	370.56	60			
协变量					
警察	1.33	1	1.33	.29	.593
时间	44.34	1	44.34	9.65	.003
类型	.27	1	.27	.06	.809
工具	.34	1	.34	.07	.786
主要效果					
增长	25.37	2	12.68	2.76	.072

R^2=.331（校正值 R^2=.256）

*$p< .05$, **$p< .001$。

表6 财产犯罪总数与经济增长水平的 ANCOVA 分析

	SS	df	MS	*F*	Sig.
模型	2.98	6	.50	5.41	.000**
误差	4.96	54	.09		
总数	7.94	60			
协变量					
警察	12	1	.12	1.34	.252
时间	.61	1	.61	6.60	.013
类型	.02	1	.02	.27	.609
工具	.04	1	.04	.41	.526
主要效果					
增长	.84	2	.42	4.54	.015*

R^2=.372（校正值 R^2=.306）

*p< .05, **p< .001.

由于协方差分析显示三类增长水平的县的总暴力犯罪没有显著差异，所以没有呈现均值的比较结果。然而，与总暴力犯罪情况不同的是，总财产犯罪随着县增长水平的增加而增加：低增长县（$\overline{x}$=3.00），中等增长县（$\overline{x}$=3.43），高增长县（$\overline{x}$=4.82）。

表7 显示了总财产犯罪的 Bonferroni 事后比较试验的结果。对每类增长水平调整后的均值的分析表明：高增长县的总财产犯罪显著高于中等增长县。如表7 所示，高增长县有着最大的财产犯罪均值（$\overline{x}$=1.90）。总财产犯罪与总指数犯罪有着非常相似的模式。这可能是因为总财产犯罪在总指数犯罪中比总暴力犯罪占有更大的比例。

表7 财产犯罪总数与经济增长水平的 Bonferroni 事后比较分析

县的经济增长水平 [a]	N	$\overline{x}$ [b]	平均差 [c]	
			中等	低
中等	11	1.48		
低	31	1.70	.22	
高	20	1.90	.42*	.20

*p< .05。

a 按最低到最高的平均值排列。

b 从该模型的协变量中测量出的校正平均值(对数转换值)。

c 县的经济增长栏。

4.3　对总逮捕数的影响

协方差分析也测试了增长水平对总逮捕数的影响。结果表明不同增长水平的旅游县的总逮捕数没有显著差异（表 8）。尽管三类水平的旅游县的总逮捕数没有显著差异，但是高增长县的平均总逮捕数（$\bar{x}$ =71.57）高于中等增长县（$\bar{x}$ =43.58）和低增长县（$\bar{x}$ =46.53）。

表 8　拘捕总数与经济增长水平的 ANCOVA 分析

	SS	df	MS	F	Sig.
模型	18385.43	6	3064.24	3.31	.008**
误差	48211.62	52	927.15		
总数	66597.05	58			
协变量					
警察	302.27	1	302.27	.33	.570
时间	2560.32	1	2560.32	2.76	.103
类型	3563.66	1	3563.66	3.84	.055
工具	714.48	1	714.48	.77	.384
主要效果					
增长	1542.67	2	771.33	.83	.441

R^2=.276（校正值 R^2=.193）

*$p < .05$, **$p < .001$.

虽然总逮捕率（合计逮捕率）在不同增长水平的旅游县之间无显著性差异，但是研究者采用独立样本 t 检验来发现不同增长水平的旅游县可能的个别逮捕模式。根据科罗拉多州年度犯罪报告，总逮捕这一大类下共有 27 个子类。其中，以前的研究表明与与旅游业有着密切关系的 10 个类别被用于分析中（表 9）。单样本 t 检验有利于测试一个变量的均值与假设值之间的差异。

表 9　经济增长低和高的县的 10 种拘捕类别的抽样 t 检验

拘捕类别[a]	县的经济增长水平	检验值	t	df	Sig.（双尾）	平均差[b]
一般伤害罪	低	2.215	1.03	27	.311	1.7129
	高		2.88	19	.010	1.4000
伪造罪	低	.168	.78	27	.442	.0425
	高		1.31	19	.205	.4560
诈骗罪	低	.610	-.20	27	.843	-.0189
	高		2.61	19	.017	.9720
蓄意破坏罪	低	1.373	-1.06	27	.300	-.1590
	高		2.59	19	.018	.6027

续表

拘捕类别 [a]	县的经济增长水平	检验值	t	df	Sig.（双尾）	平均差 [b]
违反武器	低	.435	-1.27	27	.216	-.0685
管理条例	高		1.55	19	.137	.2245
违反毒品	低	2.220	-.97	27	.341	-.2725
管理法	高		2.51	19	.021*	2.3290
妨害 F&C	低	.168	1.33	27	.194	.1546
	高		1.93	19	.069	.2925
酒后驾车	低	8.240	-.64	27	.529	-.6250
	高		2.23	19	.038	8.4925
违反酒水	低	1.250	2.81	27	.009*	2.0693
管理条例	高		.61	19	.550	.2415
扰乱治安罪	低	3.295	1.04	27	.310	.5693
	高		-0.7	19	.942	-.0400

p< .025（用 Bonferroni 法校正了 α 水平=05/2 用于多重检验）。

a 按每 1000 人标准化。

b 指每种类别拘捕数的平均值—检验值（中数）。

虽然分析的重点是高于或低于平均数的逮捕模式，但是本研究把中位数，而不是均值，作为测试值，因为中位数不容易受到一些极端值的影响（Hamilton，1992 年）。该测试适合分析与县增长水平相关的个别逮捕。例如，它使研究者能够分析高增长旅游县的某种类型的逮捕是否显著高于或低于平均水平（或低增长的旅游县是否如此）。

比较低增长县和高增长县的均值的测试，不会有助于发现与增长类型相关的逮捕模式，因为它只能显示个别逮捕类别的相对逮捕率。例如，与低增长县相比，高增长县的简单攻击罪的相对较大的逮捕率并不意味着高增长县的简单攻击罪的逮捕率大大超出平均水平。因此，在测试高/低增长县的每个单一逮捕均值之后，根据增长水平讨论了显著高于或低于平均水平的逮捕率。

表 9 显示了高/低增长县的 10 类逮捕的单样本 t 检验的结果，发现：高增长县的 4 类逮捕（简单攻击、欺诈、故意破坏公共财物和药物侵犯）超过预期的均值。另一方面，低增长县只有非法饮酒的逮捕率超过均值。

5 讨论

本研究试图从社会分裂理论的视角来分析农村旅游县的增长水平与犯罪率之间的关系。社会分裂理论认为快速增长可能带来犯罪率相对于人口增长的不成比例的增长。本研究假定不同增长水平的县的平均犯罪率不同，在三类增长水平中，高增长县的平均犯罪率增长最快。有关科罗拉多州农村旅游地区的研究发现部分地支持了这一假设（假设 1），并证明了之前的新兴城镇研究的关于快速增长与犯罪之间关系的研究发现。如之前的预期一样，高增长县的财产犯罪数量显著高于中等增长县和低增长县。而且，旅游地区似乎更多地与财产犯罪而不是暴力犯罪相联系。如新兴城镇犯罪研究（Freudenburg & Jones, 1991; Camasso & Wilkinson, 1990）的发现一样，旅游地区似乎也受到快速发展带来的犯罪的影响，这些犯罪的影响表明了伴随旅游快速增长而来的社会分裂。

总体上，犯罪研究表明更多的人口是更高的犯罪率的前提。旅游，尤其是快速发展地区的旅游，会吸引新来者来寻找工作机会。然而，更重要的是，与其他新兴城镇不同的是，旅游县每天吸引大量的游客前来。当然，高增长旅游县的较高的犯罪率不一定与人口或游客的数量成正比。高增长旅游县的其他特征也可能会引起高犯罪率，因为高增长旅游县的社会生活的很多方面都可能发生变化。因此，高增长地区的居住模式可能是很不稳定的。居住的不稳定将会影响朋友和熟人之间的关系，因为居民不知道他们的朋友会不会搬走，新来者会不会长住。经常与游客相遇以及居住的不稳定所造成的社区纽带的削弱可能会导致更多的孤独或孤独感，并减少对居民的家庭财产以及社区的一般活动（如少年犯罪）的监督和监护。因此，增长可能给高增长旅游县带来更有利于增加犯罪的环境。

事实上，居住的不稳定被认为是破坏一个地区社会关系网络的关键因素之一（Karsarda & Janowitz, 1974; Sampson, 1988, 1991; Sampson & Groves, 1989）。之前的研究（Freudenburg, 1986; Granovetter, 1973）也认识到熟人关系和社会纽带对社区社会凝聚力的重要性。如之前的一些研究（Greider *et al.*，1991; Sampson, 1991; Sampson & Groves, 1989）所提出并验证的，一个认为社区结构的某些特征（即家庭结构的分裂或居住不稳定性）可能直接影响犯罪率的理论可能会指导未来关于犯罪、旅游和增长的关系的研究。

本研究也发现了一些与增长水平密切相关的逮捕模式。所选的 10 类逮捕中的 4 类（简单攻击、欺诈、故意破坏公共财物和药物侵犯）更可能出现在高增长县，而只有 1 类逮捕（非法饮酒）更可能出现在低增长县。虽然没有先前的研究支持与增长水平相关的逮捕模式，但是旅游县的植根于增长水平的旅游类型有可能解释为什么研究者发现一些逮捕模式与增长水平有关。

上文提到，有关博彩业地区的研究表明某种类型的旅游发展可能会带来某种类型的逮捕。一些研究发现博彩业的发展会导致目无法纪的行为和酒后驾车数量的增加（Evart, 1994; Giacopassi & Stitt, 1993）。Stokowski（1996b）也指出了博彩业发展所带来的逮捕的"部门影响"。虽然本研究限于样本的数量，没有调查增长水平和旅游类型的相互关系，但是，一些个别逮捕模式可能是与增长水平交织的旅游类型所产生的影响的结果。对增长水平与旅游类型的相互影响的理解是今后应该研究的一个课题。

本研究分析增长水平与不同类型的旅游地区的潜在关系。自然风光县和文化旅游县往往没有滑雪县和博彩县增长速度快，这表明了基于旅游发展类型特点的独特的增长模式。例如，滑雪县似乎比自然风光县需要更多的人为建设来为活动和游客提供设施。滑雪县建造酒店、餐馆、酒吧以及出售滑雪装备和其他纪念品的商店。总体而言，增长指标的得分表明博彩县和滑雪县增长速度快，而自然风光旅游县和文化旅游县增长速度慢。未来的研究应探讨自然风光旅游县是否比以农业、森林、军事、牧场为主导的旅游县的增长速度快。

此外，本研究只涉及了四种旅游发展类型。将其他类型的旅游和非旅游县纳入研究中来将会带来对不同增长模式的理解。再者，本研究中的两个博彩县——蒙提祖玛和拉普拉塔——并没有显示出高增长率，这并不令人感到意外。然而，这两个县是美国土著居民赌场的所在地，虽然一些印第安人居留地的赌场非常成功（如康涅狄格州马山图克特自治区的快活大赌场），拥有居留地赌场的科罗拉多州的这两个县却远离人口中心。如博彩县在增长水平方面呈现出差异性一样，滑雪县和文化旅游县的增长水平也同样具有差异性。本研究并没有对同类旅游发展地区的增长水平如何以及为什么呈现出差异这一课题进行研究。

6 结论

本研究有几点不足，这些问题应在今后的研究中予以解决。首先是旅游增长的衡量标准问题。目前尚不清楚地区增长的哪些部分可归因于旅游的增长，因为本研究所采用的增长指标没有通过严格的程序而得到官方的证实。长期以来，旅游业是本研究中的科罗拉多州各地区的一个主要经济引擎（尽管 Gilpin 和 Teller 两县的博彩业开始于 1991 年），研究者有意把社区增长变量作为旅游增长的代用指标。虽然假定这些社区的大多数增长是旅游所产生的，但是旅游增长的代用指标可能无法完全反映旅游所带来的增长的真正含义和多元维度。因此，除了研究方法，旅游增长的概念要素也应进一步改进。构建旅游增长变量以及确定旅游增长水平将会是未来研究者在更好地理解增长、旅游发展和犯罪之间的关系的过程中所面临的巨大挑战。然而，旅游增长指标的成功开发依赖于数据的可用性。与旅游业相关的可靠数据有时很难获得，因此旅游数据库的建立将有助于未来有关旅游发展、增长及其影响的研究。

其次，本研究涉及的犯罪统计数据在社区一级。因此，本研究并没有阐明谁更可能成为受害人——居民还是游客。很重要的一点是社区领导人能够准确评价犯罪的风险，而不高估或低估当地居民将受害而游客感到安全的可能性。这些对于研究人员都是复杂的问题。在评估人均犯罪率时将旅游参观人数考虑进去，这样可能由于减少了整体百分比（或夸大居民或游客成为犯罪受害者的可能性）而算错旅游场所的犯罪受害率。因此，今后的研究应改进旅游地区的犯罪研究数据，将犯罪率分为针对游客的犯罪率（针对游客的犯罪数除以游客人数）和针对居民的犯罪率（针对居民的犯罪数除以居民人数）。

本研究的结果还表明，县增长水平和县旅游类型的相互作用有可能会影响犯罪率。鉴于样本的大小，本研究无法检验增长水平和旅游类型的相互作用。采用较大的样本，未来的研究者就可以检验（例如）高增长滑雪社区与中等或低增长滑雪社区是否有不同的犯罪率。同样的推理也可以推广到其他旅游环境，包括那些博彩县、自然资源县和文化旅游县。对增长水平和旅游类型的相互作用进行研究将使研究者能够确定旅游发展环境中的各种因素对于犯罪影响的相对重要性。

由于本研究的主要目的是比较不同旅游发展水平的县的犯罪率的差异，所以本研究采用了增长水平和旅游类型的分类变量，这可能不适合用于分析增长和旅游的线性关系。对变量进行分类可能无法有效利用数据来分析这两个变量的线性关系。如果一个变量本质上是持续的，将该持续变量分类就更难发现线性影响，即使该影响确实存在（Hamilton, 1992）。更好的研究方法可以帮助理解增长和旅游发展之间的关系。

本研究强烈建议将对增长和旅游发展的影响的研究扩展到旅游社区所面临的其他问题。如社会分裂理论所假设，以往有关近期的增长和能源发展的研究分析了新兴城镇的其他问题，如虐待儿童、青少年犯罪、精神疾病、高自杀率和高离婚率。充分理解其他与增长和旅游发展相关的社会分裂现象将为决策者提供了更好的解释，让他们理解犯罪是否为旅游发展和增长的唯一后果，或者犯罪是否只是快速增长旅游地区出现的很多分裂现象中的一种。

本研究的结果为有关增长与犯罪影响之间的关系的进一步研究指明了方向。由于本研究只涉及旅游县，因此目前还不清楚犯罪率是否与一般意义上的增长相关（不分行业类型），或是否犯罪率只与特定的行业相关。Fujii 和 Mak（1979）发现旅游业比农业引发了更多的犯罪。在对夏威夷用旅游度假区取代农业所带来结果的研究中，他们发现，经济活动成分的变化明显导致了更多的财产犯罪，如入室盗窃、偷盗和欺诈行为。Fujii 和 Mak 建议，如果旅游业对犯罪率的增加负有更大责任的话，那么就应当制定深思熟虑的旅游规划和以降低犯罪率为宗旨的发展战略，或制定将旅游发展作为经济刺激的农村地区的替代战略。否则，一个地区无论引进何种新产业，都可能带来增长，但犯罪率也可能会增加。那么，犯罪可能是快速增长地区应为它们的增长付出的代价。那些希望通过经济发展获得高速增长的地区应在旅游发展的规划阶段将这些成本考虑进去。

最后，社会分裂理论不可能通过"非此即彼的方法"（要么全都好要么全都坏：Freudenburg and Jones, 1991）来实现。像社会福利一样，社会分裂是一个模糊的多维度概念。因此，我们不应期望看到该概念所有可能测量维度的分裂证据。我们也不应期望所有快速增长社区中的群体显示或报告有相似的破坏性的体验或看法。Krannich 和 Greider（1984）建议：对快速增长及其社会影响的分析应放宽眼界，既着眼破坏性的影响，也关注积极的影响。

本研究的结果表明：社会分裂理论可能是农村旅游地区理解犯罪与旅游发展之间的关系的一个理论指导。研究结果证实了社会分裂理论所指出的基本趋势——高增长旅游县的财产犯罪率明显高于低增长县或中等增长县。然而，研究结果对将社会分裂理论简单化的做法提出了挑战。能源新兴城市与旅游新兴城市之间存在一些差异。旅游城镇的繁荣往往会持续或增长到旅游业衰退，而能源新兴城镇经过一段时间的密集建设和/或开采后可能会衰退。也就是说，如旅游生命周期发展理论所认为的，随着旅游的发展，旅游城镇可能会经历几个阶段的蓬勃发展（例如，滑雪镇），而且在旅游环境中，增长和犯罪之间的关系有可能改变。

此外，本研究表明，在旅游环境中犯罪可能并非仅仅与增长本身有关，因为增长与旅游发展类型有着密切的关系。如果某些类型的旅游比其他类型的旅游发展速度快得多，那么这一点在分析旅游发展和犯罪之间的关系时也应予以考虑。总之，上述结论表明有必要发展和建构专门适用于旅游地区的旅游理论。正如新兴城镇为一些经典的社会科学理论的运用提供了方便的缩影一样（Freudenburg & Jones, 1991），旅游地区可能也有其独特的增长和衰退模式。社会分裂理论与旅游生命周期发展理论或增长机器进程理论相联姻是两种可能性。通常情况下，一个社区的增长和发展涉及增长带来的利益和成本的分配不公，并导致社区成员之间的严重冲突。对资源型城镇阶级成分的跨社区比较，可以让我们理解不同类型的发展对社区内（外）的不同群体所产生的不同影响。

除了理论启示以外，本研究的发现对旅游规划、发展和政策也具有重要的实际意义。本研究的主要目的是分析旅游地区犯罪影响与增长水平之间的关系。研究发现能帮助社区预测和控制当地不同旅游发展阶段的犯罪影响。本研究表明，高增长和高犯罪率之间的关系不是直接的。高增长可能取决于旅游发展的类型。并非每种旅游发展都有高增长率，同时，也不是每种旅游发展都导致高犯罪率。

　　然而，可能有一些其他的破坏因素，使高增长旅游社区成为对居民而言压力更大、更危险、更混乱的生活场所。这些代价在规划阶段就应搞清楚，尤其是旅游发展预计将高速增长的地区更应如此。

　　各地区一直都有改善经济条件的愿望，这些愿望驱动各地区发展旅游业。然而，衡量旅游发展是否成功的标准应该是社区成员需要的满足程度，以及社区成员对旅游发展之前进行的规划过程的参与程度——而不仅仅是获得的以及积累的财富的数额（可能没有被公平地分配）（Wilkinson, 1990）。同时，社区不仅应该考虑旅游业的可持续发展，也应该考虑社区的整体可持续发展。最后，一个看来明智的建议是：社区应在决策过程初期设立规划和评估标准，并在整个发展过程中坚持这些标准。

参考文献

Albrecht, S. L. (1982). Unique Impacts of Rapid Growth on Minority Groups: the Native American Experience. In B. A. Weber, & R. E. Howell (Eds.), *Coping with Rapid Growth in Rural Communities* (pp.171-190). Boulder, CO: Westview Press.

Babbie, E. R. (1992). *The Practice of Social Research* (6th ed.). Belmont, CA: Wadsworth Publishing Company.

Bacigalupi, L. M., & Freudenburg, W. R. (1983). Increased Mental Health Caseloads in an Energy Boomtown. *Administration of Mental Health*, 10(4), 306-322.

Beale, C. L. (1977). The Recent Shift of United States Population to Nonmetropolitan Areas, 1970-1975. *International Regional Science Review*, 2(2), 113-122.

Beale, C. L., & Johnson, K. M. (1998). The Identification of Recreational Counties in Nonmetropolitan Areas of the United States. *Population Research and Policy Review*, 17(1), 37-53.

Belisle, F. J., & Hoy, D. R. (1980). The Perceived Impact of Tourism by Residents: A Case study in Santa Marta, Colombia. *Annals of Tourism Research*, 12(1), 83-101.

Bray, J. H., & Maxwell, S. E. (1985). *Multivariate Analysis of Variance.*

Newbury Park, CA: Sage Publications, Inc.

Camasso, M. J., & Wilkinson, K. P. (1990). Severe Child Maltreatment in Ecological Perspective: the Case of The Western Energy Boom. *Journal of Social Service Research*, 13(3), 1-18.

Canan, P., & Hennessy, M. (1989). The Growth Machine, Tourism, and the Selling of Culture. *Sociological Perspectives*, 32(2), 227-243.

Caneday, L., & Zeiger, J. (1991). The Social, Economic, and Environmental Costs of Tourism to a Gaming Community as Perceived by Its Residents. *Journal of Travel Research*, 30(2), 45-49.

Chesney-Lind, M., & Lind, I. Y. (1986). Visitors as Victims: Crimes Against Tourists in Hawaii. *Annals of Tourism Research*, 13, 167-191.

Cortese, C. F. (1982). The Impacts of Rapid Growth on Local Organizations and Community Services. In B. A. Weber, & R. E. Howell (Eds.), *Coping with Rapid Growth in Rural Communities* (pp.115-135). Boulder, CO: Westview Press.

De Kadt, E. (1979). *Tourism: Passport to Development*? New York: Oxford University Press.

Drielsma, J. H. (1984). The Influences of Forest-based Industries on Rural Communities. Unpublished Ph.D. dissertation. New Haven, CT: Yale University.

England, J. L., & Albrecht, S. L. (1984). Boomtowns and Social Disruption. *Rural Sociology*, 49(2), 230-246.

Evart, C. (1994). Troublesome Environmental Concerns: Some Suggested Solutions. In The Advocacy, Witness and Justice Ministries Unit of the National Episcopal Church and the Diocese of Nevada (Ed.), *The Social, Economic, and Environmental Consequences of Casino Gambling* (pp.41-46). New York: The Episcopal Church Center.

Freitag, T. G. (1994). Enclave Tourism Development: for Whom the Benefits Roll? *Annals of tourism research*, 21(3), 538-554.

Freudenburg, W. R. (1981). Women and Men in an Energy Boomtown: Adjustment, Alienation, and Adaptation. *Rural Sociology*, 46(2), 220-244.

Freudenburg, W. R. (1982). The Impacts of Rapid Growth on the Social and Personal Well being of Local Community Residents. In B. A.Weber, & R. E. Howell (Eds.), *Coping with Rapid Growth in Rural Communities* (pp.137-170). Boulder, CO: Westview Press.

Freudenburg, W. R. (1984). Boomtown's Youth: the Differential Impacts of

Rapid Community Growth on Adolescents and Adults. *American Sociological Review*, 49(5), 697-705.

Freudenburg, W. R. (1986). The Density of Acquaintanceship: An Overlooked Variable in Community Research? *American Journal of Sociology*, 92, 27-63.

Freudenburg, W. R., Bacigalupi, L. M., & Young, C. L. (1982). Mental Health Consequences of Rapid Community Growth: A Report from the Longitudinal Study of Boomtown Mental Health Impacts. *Journal of Health and Human Resources Administration*, 4(3), 334-351.

Freudenburg, W. R., & Jones, R. E. (1991). Criminal Behavior and Rapid Community Growth: Examining the Evidence. *Rural Sociology*, 56(4), 619-645.

Fuguitt, G. V. (1985). The Nonmetropolitan Population Turnaround. *Annual Review of Sociology*, 11, 259-280.

Fuguitt, G. V., Brown, D. L., & Beale, C. L. (1989). *Rural and Small Town America*. New York: Russel Sage Foundation.

Fujii, E. T., & Mak, J. (1979). The Impact of Alternative Regional Development Strategies on Crime Rates: Tourism vs. Agriculture in Hawaii. *The Annals of Regional Science*, 13(3), 42-56.

Giacopassi, D., & Stitt, B. G. (1993). Assessing the Impact of Casino Gambling on Grime in Mississippi. *American Journal of Criminal Justice*, 18(1), 117-131.

Gilmore, J. S. (1976). Boom Towns May Hinder Energy Resource Development. *Science*, 191(February 13), 535-540.

Granovetter, M. S. (1973). The Strength of Weak Ties. *American Journal of Sociology*, 78(6), 1360-1380.

Greider, T., & Krannich, R. S. (1985). Neighboring Patterns, Social Support, and Rapid Growth: a Comparison Analysis from Three Western Communities. *Sociological Perspectives*, 28(1), 51-70.

Greider, T., Krannich, R. S., & Berry, E. H. (1991). Local Identity, Solidarity, and Trust in Changing Rural Communities. *Sociological Focus*, 24(4), 263-282.

Hamilton, L. C. (1992). Regression with Graphics: A Second Course in Applied Statistics. Belmont, CA: Duxbury Press.

Haralambopoulos, N., & Pizam, A. (1996). Perceived Impacts of Tourism: the Case of Samos. *Annals of Tourism Research*, 23(3), 503-526.

Heaton, T. B., Clifford, W. B., & Fuguitt, G. V. (1981). Temporal Shifts in the

Determinants of Young and Elderly Migration in Nonmetropolitan Areas. *Social Forces*, 60(1), 41-60.

Hill, K. Q., & Durand, R. (1988). The City as a Growth Machine Revisited: Public and Private Sector Elites' Assessments of Growth and Growth Policies. *Social Science Quarterly*, 69, 737-745.

Johnson, K. M. (1989). Recent Population Redistribution Trends in Nonmetropolitan America. *Rural Sociology*, 54(3), 301-326.

Johnson, K. M., & Beale, C. L. (1994). The Recent Revival of Widespread Population Growth in Nonmetropolitan Areas of the United States. *Rural Sociology*, 59(4), 655-667.

Jud, G. D. (1975). Tourism and Crime in Mexico. *Social Science Quarterly*, 56(2), 324-330.

Kasarda, J. D., & Janowitz, M. (1974). Community Attachment in Mass society. *American Sociological Review*, 39, 328-339.

King, B., Pizam, A., & Milman, A. (1993). Social Impacts of Tourism: Host Perceptions. *Annals of Tourism Research*, 20, 650-665.

Krannich, R. S., & Greider, T. (1984). Personal Well-being in Rapid Growth and Stable Communities: Multiple Indicators and Contrasting Results. *Rural Sociology*, 49(4), 541-552.

Krippendorf, J. (1987). *The Holiday Makers: Understanding the Impact of Leisure and Travel*. Oxford: Heinemann.

Lankford, S. V. (1996). Crime and Tourism: A Study of Perceptions in the Pacific Northwest. In A. Pizam, & Y. Mansfeld (Eds.), *Tourism, Crime and International Security Issues* (pp.51-58). New York: Wiley.

Liu, J. C., & Var, T. (1986). Resident Attitudes Toward Tourism Impacts in Hawaii. *Annals of Tourism Research*, 13, 193-214.

Long, P. T. (1996). Early Impacts of Limited Stakes Casino Gambling on Rural Community Life. *Tourism Management*, 17(5), 341-353.

Long, P. T., Perdue, R. R., & Allen, L. (1990). Rural Resident Tourism Perceptions and Attitudes by Community Level of Tourism. *Journal of Travel Research*, 28(3), 3-9.

Lyon, L., Felice, L. G., & Perryman, M. R. (1981). Community Power and Population Increase: An Empirical Test of the Growth Machine Model. *American Journal of Sociology*, 86(6), 1387-1400.

Machlis, G. E., Force, J. E., & Balice, R. G. (1990). Timber, Minerals, and Social Change: An Exploratory Test of Two Resource-dependent Communities. *Rural Sociology*, 55(3), 411-424.

Madrigal, R. (1993). A Tale of Tourism in Two Cities. *Annals of Tourism Research*, 20, 336-353.

McGranahan, D. A. (1984). Local Growth and the Outside Contacts of Influential: An Alternative Test of the Growth Machine Hypothesis. *Rural Sociology*, 49(4), 530-540.

McPheters, L. R., & Stronge, W. B. (1974). Crime as An Environmental Externality of Tourism: Miami, *Florida. Land Economics*, 50(3), 288-292.

Milman, A., & Pizam, A. (1988). Social Impacts of Tourism on Central Florida. *Annals of Tourism Research*, 15, 191-204.

Molotch, H. (1976). The City as A Growth Machine: Toward A Political Economy of Place. *American Journal of Sociology*, 82, 309-332.

Ott, R. L. (1993). *An Introduction to Statistical Methods and Data Analysis*. Belmont, CA: Wadsworth, Inc.

Pearce, D. (1989). *Tourist Development* (2nd ed.). New York: John Wiley & Sons, Inc.

Perdue, R. R., Long, P. T., & Allen, L. (1990). Resident Support for Tourism Development. *Annals of Tourism Research*, 17, 586-599.

Pizam, A. (1978). Tourism's impacts: the Social Costs to the Destination Community as Perceived by Its Residents. *Journal of Travel Research*, 16(4), 8-12.

Pizam, A. (1982). Tourism and Crime: Is There a Relationship? *Journal of Travel Research*, 20(3), 7-10.

Pizam, A., & Pokela, J. (1985). The Perceived Impacts of Casino Gambling on A Community. *Annals of Tourism Research*, 12, 147-165.

Prideaux, B. (1996). The Tourism Crime Cycle: a Beach Destination Case Study. In A. Pizam, & Y. Mansfeld (Eds.), *Tourism, Crime and International Security Issues* (pp.59-75). New York: Wiley.

Rephann, T. J., Dalton, M., Stair, A., & Isserman, A. (1997). Casino Gambling as An Economic Development Strategy. *Tourism Economics*, 3(2), 161-183.

Rodenburg, E. E. (1980). The Effects of Scale in Economic Development: Tourism in Bali. *Annals of Tourism Research*, 7, 177-196.

Sampson, R. J. (1988). Local Friendship Ties and Community Attachment in

Mass Society: A Multilevel Systematic Model. *American Sociological Review*, 53, 766-779, (October).

Sampson, R. J. (1991). Linking the Micro- and Macro Level Dimensions of Community Social Organization. *Social Forces*, 70(1), 43-64.

Sampson, R. J., & Groves, W. B. (1989). Community Structure and Crime: Testing Social-disorganization Theory. *American Journal of Sociology*, 94(4), 774-802.

Schiebler, S. A., Crotts, J. C., & Hollinger, R. C. (1996). Florida Tourists' Vulnerability to Crime. In A. Pizam, & Y. Mansfeld (Eds.), *Tourism, Crime and International Security Issues* (pp.37-50). New York: Wiley.

Smith, C. L., Hogg, T. C., & Reagan, M. J. (1971). Economic Development: Panacea or Perplexity for Rural Areas? *Rural Sociology*, 6(2), 173-186.

SPSS Inc. (1997). *SPSS base 7.5 Application Guide*. Chicago, IL: SPSS Inc.

Stokowski, P. A. (1996a). *Riches and Regrets: Betting on Gambling in Two Colorado Mountain Towns*. Niwot, CO: University Press of Colorado.

Stokowski, P. A. (1996b). Crime Patterns and Gaming Development in Rural Colorado. *Journal of Travel Research*, 34(3), 63-69.

Summers, G. F., & Branch, K. (1984). Economic Development and Community Social Change. *Annual Review of Sociology*, 10, 141-166.

Walmsley, D. J., Boskovic, R. M., & Pigram, J. J. (1983). Tourism and Crime: An Australian Perspective. *Journal of Leisure Research*, 15(2), 136-155.

Wilkinson, K. P. (1990). Crime and Community. In A. E. Luloff, & L. E. Swanson (Eds.), *American Rural Communities* (pp.151-168). Boulder, CO: Westview Press.

Wirth, L. (1938). Urbanism as a Way of Life. *American Journal of Sociology*, 44(1), 1-24.

Yeung, O. M., & Mathieson, J. A. (1998). *Global Benchmarks: Comprehensive Measures of Development*. Washington, DC: California Brookings Institution Press.

Young, G. (1973). *Tourism: Blessing or Blight?* Baltimore, MD: Penguin Books, Inc.

Zekeri, A. A. (1992). Theorizing in Studies Testing the Growth Machine Hypothesis: A Critical Evaluation. *The Rural Sociologist*, 12(3), 25-41.

所用数据来源

Colorado Counties Inc. (2000). Colorado Counties Inc. 〔www page〕 URL http://www.ccionline.org/counties/archuleta.html (October 26, 2000).

Colorado Counties Inc. (2000). Colorado Counties Inc. 〔www page〕 URL http://www.ccionline.org/counties/garfield.html (October 26, 2000).

Colorado Department of Highways. (1976/1980/1990/1997). Traffic Volume Map Colorado State Highway System. Denver, CO: Division of Transportation Development Geographic Information System.

Colorado Department of Local Affairs. (1975/1980/1990/1997). Local Government Financial Compendium. Denver, CO: Division of Local Government.

Crime in Colorado, Colorado Department of Public Safety. (1976/1980/1990/1997).

Crime in Colorado: Annual Report. Denver, CO: Colorado Bureau of Investigation, Crime Information Center.

Colorado Department of Revenue. (1973/1980/1990/1997). Annual Report. Denver, CO: Colorado Department of Revenue.

Colorado Travel and Tourism Authority. (1999). Colorado State Vacation Guide. Denver, CO: Colorado Travel and Tourism Authority.

Eagle County, Colorado. (2000). Resources. [www page] URL http://www.eaglecounty.com/frames/ resources.htm (October 26, 2000).

Gilpin County, Colorado. (2000). Gilpin County Colorado. [www page] URL http://www.gilpincounty.com/newprimer.htm (October 26, 2000).

Grand County, Colorado. (2000). Grand County Colorado. [www page] URL http://www.co.grand.co.us (October 26, 2000).

Gunnison County, Colorado. (2000). Gunnison County Colorado. [www page] URL http://www.co.gunnison.co.us (October 26, 2000).

Montezuma County, Colorado. (2000). Mesa Verde Country. [www page] URL http://www.swcolo.org (October 26, 2000).

Montrose County, Colorado. (2000). Montrose County Colorado. [www page] URL http://www.montrosecounty.org （October 26, 2000).

State of Colorado Homepage. (1997). Population Estimates for Colorado Counties: Colorado Demography Section. http://www.dlg.oem2.state.co.us/demog.estimate.htm (May 25, 1999).

Summit County, Colorado. (2000). Summit County Government. [www page]

URL http://www.co.summit.co.us (October 26, 2000).

Teller County, Colorado. (2000). Teller County Government Homepage. [www page] URL http://www.co.teller.co.us (October 26, 2000).

U.S. Department of Commerce, Bureau of the Census. (1970/1980/1990/2000). Census of population: Colorado. Washington, DC: U.S. Government Printing Office.

U.S. Department of Commerce, Bureau of the Census. (1970/1980/1990). Census of Population: Social and Economic Characteristics, Colorado. Washington, DC: U.S. Government Printing Office.

U.S. Department of Commerce, Bureau of the Census. (1977/1982/1992/1997). Census of governments: Compendium of Public Employment. Washington, DC: U.S. Government Printing Office.

U.S. Department of Commerce, Bureau of Economic Analysis. (1997). Survey of Current Business, May 1999. Washington, DC: U.S. Government Printing Office. M. Park, P.A. Stokowski / Tourism Management xxx (2009）1-11 11 ARTICLE IN PRESS

第十五章　身份和社区——对西班牙南部矿业遗产旅游开发的思考

Esteban Ruiz Ballesteros* , Macarena Hernández Ramírez

Departamento de Ciencias Sociales, Universidad Pablo de Olavide, Ctra. Utrera Kmt. 1,
Sevilla 41013, Spain

1　遗产、身份和社会

在对旅游的各种解释中，有一种观点认为旅游是一个交流环境，是一个与他人联系、接近或远离的场所，因此它与身份具有内在的相关性（Abram, Waldren and Macleod, 1997; Urry, 1990, 1994）。当旅游关注的是遗产和文化的时候，旅游和身份的联系就更加紧密了（Stebbins, 1997）。在遗产旅游中，接待社区、旅游活动和游客的联系主要以当地的遗产为载体。当地遗产起到如下作用：它是旅游活动的中心，同时也是建构社区认同感的一个基本要素。因此，在对遗产旅游的研究中，身份和社区无疑是两个参照点。

话语特征以及再现现实的功能使社会身份具有突出的象征性本质。它们始终保持开放，允许协商和冲突，处在权力关系之中（Bauman, 2004; Laclau, 1994, 1996a, 1996b）。此外，由于话语、身份具有明显的行事维度（Austin, 1996; Lisón, 1997; Pearce, 1986; Touraine, 1992），它们不仅描述社会主体，也创造并帮助它们形成，从而使它们有可能行动、联系与沟通。身份本质上是话语的。不存在中立、独白或个人的思想、言论或行为；一切都有目的和变形（Bajtin, 1982）。身份是象征性的、开放的、政治的和动态的。它们不仅描述和再现社会，同时也作为社会行为的催化剂，引导并刺激社会。

总之，社区是一个象征性的现实，因此是一个实体（Cohen, 1985）。社区也许与个人都是身份再创造的主要参照点，因此，社区是身份的一个层面。与生活空间（Augé, 1992）或想象空间（Anderson, 1991）相关的强烈的集体认同感形成稳定的社区感。身份、地点和社区之间的联系就是这样形成的，这种联系是模糊的，如同它有着重要的社会和政治功能一样。作为一个关键的社会参照点，社区需要被不断地定义并使其意义稳定化（Jensen, 2004）。社区只能通过共同的经验和共享的意义背景才能显现。这些意义背景营造了参与者形成价值观的环境。定义社会行为的共同话语让行为具有意义，并制定形成社区的思想和差异化行动的指导准则。作为一个身份创造社会的情境，社区的定义成为一个地区发展的决定性因素（Barret, Caniggia, Muñoz & Read, 2005; Bessière, 1998; Wachter, 1987）。社区认同感引导行为，并给予它集体的形式，这是理解地区发展（遗产旅游通常是其中一部分）所需要的一个基本环境。

2 遗产旅游与身份

社区的认同和表现显然受旅游的影响。遗产旅游和认同之间的联系，已在不同的方面以及多种背景中为人们所探讨。研究者分析过遗产旅游如何帮助游客和来访者形成认同感（Bessière, 1998; Chronis, 2005; Palmer, 1999, 2005; Pretes, 2003; Stebbins, 1997）、当地人认同感的变化（Boissevain, 1996; Brown, 1999; Chambers, 1997; Howell, 1994; Prats, 1997; Rogers, 2002; Smith, 1989; Valcuende del Río, 2003），以及作为一种产生和巩固新的身份和形象的方式的遗产旅游（Ashworth & Larkham, 1994; Bessière, 1998; Doorne、Ateljevic & Bai, 2003; Kroshus, 2003; Le Chêne & Monjaret, 1992; Light, 2001; Pritchard & Morgan, 2001; Thierry, 2003）。遗产旅游喜欢身份交融（Bajtin, 1982）；相同的遗产会为保存人和游客带来不同的身份。然而，所有这些研究几乎只考虑旅游对身份的影响，而不考虑身份对旅游的影响。与身份和社区相关的一个开放的、程序性的观点，加上一个有关因果关系的更为回归的考虑（Morin, 1990），需要一个不同的分析方法。旅游在多大程度上受到社区的认同和表现的影响？当地人的认同模式会影响旅游业的发展吗？该方法有利于更全面地了解遗产旅游的发展吗？

在这方面，谢（Xie, forthcoming）警告说，"成功的旅游发展需要一个共同的社区认识"；如上文所述，这种"共同的认识"只能建立在共同的身份和社区模型的基础之上。因此，当着眼于遗产旅游（一个研究领域，其中遗产、旅游、身份和社会的融合在不断扩大），身份的作用必须作为遗产旅游的规划、管理和可持续能力的一个条件性因素而加以研究。同样，对象征性社区在有计划的遗产旅游这一社会背景中的意义进行深入研究也是至关重要的。然而，到目前为止，很少有人注意这些因素。认同模式以何种方式影响旅游的发展？Pritchard 和 Morgan（2001:177）在他们对威尔士的旅游宣传活动的研究中证实：这些活动不仅受制于市场，而且也是"目的地文化和政治特征的建构式表达"。

Balcar 和 Pearce（1996:211）在他们有关新西兰采矿遗产旅游的研究的最后对"身份效应"进行了推测，得出这样的结论："……更细致的研究表明，在西海岸遗产旅游中的旅游成分并不像起初看起来的那么重要。促使在该地区建立历史景点的原因，更多的是出于一种强烈的地方和区域认同感，以及保护社区遗产的愿望。"同样，我们也认为，在分析遗产旅游的发展的时候，认同因素具有明显的潜在解释力。

我们的目标兼顾实践与理论。尽管我们的动力来自理解遗产旅游发展的本质的强烈愿望，但是我们主要关注的是在规划、设计和管理旅游产品与目的地的时候把象征性的、与身份有关的因素考虑进去的必要性。我们所生活并从中对旅游进行解释的后现代社会环境包括许多具有不同身份的不同施动者。这导致不同的遗产的激增，以及不断增长的对选择与评估标准进行协商的需要（Ariño, 2003）。本方法不仅对所研究的采矿遗产的特性有效，而且也可以用于其他（可能的）遗产旅游发展环境。

3　研究背景

采矿遗产旅游特别适合用于上文提出的方法的初始研究。矿区感到局势危急，一旦矿井被关闭，更重要的是找到经济替代品。旅游业的发展提供了一个真正的机会，这已在不同的地点得到证明（Chon & Evans, 1989; Dicks 2000; Edwards & Llurdés, 1996; Escalera, Ruiz & Valcuende, 1995; Harris, 1989; Hewison, 1987; Wanhill, 2000）。 与此同时，当地社区解体的威胁（就业危机、移民和经济活力丧失）使人们对遗产、身份和寻找社区的象征性再定义产生了更浓的兴趣，因为它们能够维持当地采矿社区的连续性（Cohen, 1985; Dicks, 2000; Etiembre, Micoud, Peroni, Peyrache & Roux, 1999; Escalera *et al.* 1995; Ruiz, 1999, 2002）。在此背景下，遗产旅游不仅可以被看做取代失去活力的采矿业的一个替代性经济和社会发展支柱，而且还是在多元集体身份确认过程中的一个积极动因。

本研究在西班牙的安达卢西亚地区进行（图 1）。必须强调该地区与我们的研究目的特别相关的两个社会经济特征：一方面，采矿业在 19 世纪和 20 世纪很重要，而在 20 世纪末被遗弃；另一方面，从 20 世纪 70 年代开始旅游业得到飞速发展（Marchena, 1987）。本研究选择了 4 个城镇（Linares、Alquife、Serón 和 Villanueva del Río y Minas），其中在 20 世纪采矿活动是社会和经济生活的关键，但该产业后来被放弃，引起随后的文化、社会和经济影响，这是世界各地衰落的矿区出现的普遍现象。

图 1　所研究地区的定位

Spain: 西班牙　　　Europe: 欧洲　　　Andalusia: 安达卢西亚
Linares: 利纳雷斯　　　Villanueva del Rio v Minas: 比亚努埃瓦戴尔里约和米纳斯
Las Menas: 拉斯梅纳斯　　　Alquife: 阿尔基菲

选择这些城镇作为我们的研究对象是出于如下三个基本原因：

（1）在所有这些城镇中，有许多采矿活动所特有的遗迹和景观（地下和地面的矿井、采矿设施、城镇、车间、办公室、运输基础设施）以及无形元素（工作方法、仪式、社交表达和记忆等）。这集中反映了安达卢西亚采矿文化的最重要方面（Ruiz, 1999）。重要的是要记住，如果相关的"遗产化"社会进程（Hernández & Ruiz, 2005）发生的话，所有这些元素都可能成为遗产。

（2）相比较而言，这些地区的采矿业的类型、演变、城市的社会经济状况以及实施的保护工作或对采矿遗产进行的干预的地位有显著差异（见表1）。

（3）在所有这些地区，遗产旅游实际上是不存在的，尽管有人倡议并努力发展这种旅游。

表 1　所研究地区的特征

	Serón	Villanueva	Linares	Alquife
人口	2414	5185	59096	896
与其他旅游目的地的接近性以及与城市之间的交通	距 Almería 海岸（60公里）；最近改善了道路	Seville（42公里），离 Sierra Norte国家公园较近；道路好，通火车	离两座"人类遗产"所在城市Úbeda and Baeza很近（30公里）；道路好	Granada（80公里），离 Sierra Norte国家公园和滑雪胜地较近；道路好
采矿类型	铁，地下开采	煤，地下和露天开采	铅，地下开采	铁，露天开采
关闭时间	1968	1973	1991	1998

续表

	Serón	Villanueva	Linares	Alquife
采矿遗产和位置	采矿设备，矿城和矿井；距该城镇 15 公里	独特的建筑，采矿设备；分布在该城镇的郊区	镇外散布的矿址废墟分布在小镇和火车站	镇郊的采矿设备，矿区和矿井
宣布为公共遗产地	半集体公告，2004 年	历史区域公告，2002 年	半集体公告，2004 年	没有公告，没有保护措施
遗产归属	公共/私人	市政	私人	私人
旅游基础设施和产品的可用性	矿城有公寓旅馆和度假营地；标识很差的人行道	无	采矿翻译中心，人行道网络，采矿遗迹的灯饰亮化	无
组织性的观光或游览活动，游客数量的控制	没有组织性的观光或游览活动，不对游客数量进行控制；旅馆提供导游服务	没有组织性的观光或游览活动，不对游客数量进行控制	没有组织性的观光或游览活动，不对游客数量进行控制；个人或机构提供导游服务	拥有设施的公司不允许参观；它有选择地为其认为合适的游客安排参观（学校和专家的参观）

上述三个因素，在与其他类型的工业遗产旅游进行比较并做最终结论的推断时，确保了同质性和异质性之间的合理平衡。

4　文化、符号和采矿身份

采矿业所具有的独特特点，意味着它有自己的、以一系列特征为基础的文化体系，这些特征可以在世界各地的许多矿区中发现（Ballard & Banks，2003）。西班牙南部（Ruiz，1999）最显著的特点或许是：地理、社会和经济孤立以及矿区的偏远（飞地）；特殊的工作方式；环境变化；采矿城镇的社交表达方式；存在能对景观产生巨大影响的大型设备和基础设施；管理结构和企业组织（从家长式作风到殖民主义）以及组织和工人运动的大发展。此外，在本文中，必须考虑某些特定的文化特征，包括采矿业中循环往复的衰落、危机和被遗弃的进程：社会抵制和寻求社会经济替代品的时期，在大多数情况下以对矿井的遗弃而告终。采矿和工业设备逐渐变成废墟，从前的采矿区则普遍被荒废。

如任何地区一样，矿区也需要通过通常的政治—话语过程来建立其身份和社区。社会再现（身份）模型出现并发展，通过符号和实践来建构凝聚力和集体意义，其主要内容通常来自采矿文化。自称为矿区的社区用"史诗"来表达其对矿井下恶劣工作条件的永久性纪念；重要位置建有采矿纪念碑；他们为纪念矿工的守护神——圣巴巴拉而庆祝节日；他们赋予采矿景观以情感价值。采矿工作和生活中的点点滴滴提供了一个认识、证明、界定和区别自己的符号交流手段……总之，他们将自己打造为一个共同体。

但是，当这些地区开始进入危机时期，随着煤矿的关闭和采矿业的地位遭到质疑，很多采矿文化开始褪色。符号和身份的连续性、再创造、发展和"消费"对了解处于危机时期的矿区非常重要。这样问题开始出现了，如：是否有采矿身份？是否有象征性的凝聚力？社区是否真的存在？为了回答这些问题，有必要关注表达集体感、归属感和社区感的各种符号。这些符号可能是物体、行为、事件、概念和表达方式，它们具有多种本质（礼仪、空间、纪念碑、景观、社会实践等）并引起激发行动的情感（Cohen, 1985）。这些社区有许多文化特征，这些特征可能会成为符号。现在的问题是：哪些被象征性地激活了？换言之，哪些已发展成为交流工具？哪些已成为能够象征关系并因此代表文化的事物，并作为身份和社区的基础？这就引出下面的问题：采矿符号在社区建构中起着什么作用？它们是否是社区再现和话语的主要内容？它们是否被贬到幕后，远离话语霸权？它们是否实际上被排除在身份确认话语之外？在衰落的矿区建构社区能够对建立在不同符号系统之上的各种身份模式做出反应，其中采矿是一个可能的内容来源。

当矿山被关闭的时候，当地人必须寻找社会经济替代物。开发能象征性涵盖替代活动的实施的身份模式是至关重要的。这可能会导致对采矿业象征性意义上（以及实质意义上）的有意的摒弃，因为该地区要寻找其他经济和身份生产来源：其他符号和活动。当地社会就其经济和生产的未来展开辩论，也就是在对其象征性元素、身份和社区的连贯性进行辩论。这就产生了一种矛盾状况。在衰败的采矿区，旅游被看做是一种潜在的经济替代物；但是，这些地区几乎没有对旅游业的开发具有吸引力的资源。有趣的是，最适合通过文化旅游转化成旅游资源的要素是矿井遗址以及采矿文化的遗迹。然而，在某些地区还可以开发其他旅游资源：矿井周围的自然景观，过去举行过的、现在可以复兴的除采矿之外的某些传统活动，或者在历史参考资料中早于采矿的资源。假如目的是建构社区模式的话，那么支持多种模式的旅游业的发展与支持当地身份的不同符号、遗产和模式（它们构成一个整体）是相符的。

一个象征性社区选择激活的符号与对当地社会的过去、现在和未来的有差别的、有意的和功能的理解相联系。"遗产化"现象代表了这个过程的结晶，该过程中形成了身份、社区和旅游之间的协调关系。社区是建立在转换成遗产的符号之上的：露天矿、井架、坑口、采矿景观、工业设施、工具、礼仪、机械、节日和建筑物。所有这些元素可被转化成一个表达有关遗产、特征、社区、象征和旅游业的意义的手段。

如果没有社区或采矿身份，如果与采矿有关的特点和文化要素没有被象征性地激活，那么就几乎不可能成功地将它们发展为旅游资源。换言之，将很难形成统一的采矿遗产旅游。因此，必须认真关注身份和社区对遗产旅游的影响。

5 研究方法

身份和社区是无形的，并非物质概念。这并不是说它们不涉及某些实物或其概念的建构不会产生物质影响，而是说它们的构成主要是象征性/话语性的。在这里，话语不仅仅具有纯粹的言语层面，而且还根植于作为包罗万象的整体的社会实践，对思想和行为都具有启发作用（Austin, 1996; Foucault, 1977）。话语再现赋予集体以意义，因此引导其行为、倾向和愿望。本研究的兴趣在于揭示以身份和社区为基础的话语建构如何影响采矿遗产旅游的发展。因此，本文着重研究旅游活动如何在话语上适应当地的社区和身份模式。重要的是要记住：遗产旅游的发展不仅应使游客聚集到某个地方以及建设必要的基础设施来支持它，而且也必须拥有旅游活动开展所围绕的遗产。遗产的象征性和集体性最终使有关身份和社区的分析具有意义。

定性研究为我们接近研究对象提供了最恰当的手段。我们的目标是将象征性社区的特性和模型与制约遗产旅游发展的条件联系起来。因此，我们的工作是探索性/定性的，旨在对旅游业中的身份调解进行解释。人种志研究是这类研究的最佳工具（Chronis, 2005; Palmer, 2001）。

我们在 2004 年全年进行了实地考察，并于 2005 年 2 月完成。我们研究了每个地区的采矿"遗产化"过程和遗产旅游的发展。通过查询可以得到的文件，并通过对参与这些进程的关键人物进行深入访谈，我们得以重建、分析和比较不同的遗产旅游的发展过程。与此同时，我们也对社会身份模型以及采矿在其中发挥的作用进行了研究。通过如下方法来发现当地身份话语的内容是很关键的：（1）运用内容分析详细研究各种材料，如广告、官方文件、地方文献目录、指南、地方图示法等；（2）对关键受访者进行深入访谈（先录音后转写）（研究的每个地区 15～20 人）；（3）对节日礼仪、公共场所、活动、庆典等进行参与性观察，这是走进当地人的生活并证实社会生活中存在身份话语（而不是仅仅依靠问卷和调查提供信息）的一项关键策略。

6 分析的方面

在对每个采矿城镇进行民族志分析并建立了相应的分析关系之后，能够表明遗产旅游的发展和社区身份之间的关系的五个领域显现出来：遗产的质量、公共和私人干预、遗产协会、旅游市场的配置和当地政府。因此，我们将集中分析这些方面。

6.1 遗产的质量

每个所研究城镇的起起落落的采矿业、采矿的类型和历史时期都赋予该城镇以真实性和个性，使其有可能成为采矿遗产。从当地的角度来看，遗产是独一无二的，也因此而弥足珍贵。此外，从这个角度看，我们还必须记住：我们所研究的潜在的采矿遗产与其他可能的地方遗产共存（如塞龙的肉类工业以及维拉纽瓦的自然或罗马考古遗产），它们也有旅游潜力，而且在某些情况下，它们对当地的身份认同具有更大的意义。因此，发展遗产旅游最重要的因素不仅是遗产的内在价值（它的质量），而且也是为旅游的目的对其进行的主动开发，而这又是建立在当地社区赋予遗产的价值的基础之上的：遗产更多的是一种社会建构的结果而并非专家的发现（Desvallées, 1995; Prats, 1997）。在所研究的案例中，矿业遗产并不缺乏作为遗产或潜在旅游物的重要性。这些案例的最重要的一点是：当地社区在采矿活动中在何种程度上承认自己并认同采矿业，并将其物质遗迹和文化要素转化成自己的遗产。这一点必须优先于任何将这一遗产作为旅游资源的最终考虑，以及旅游业成为地方发展战略的一部分的可能性（对那些处在危机中的地区至关重要）。"你跟这里的任何人交谈，他们想到的不是采矿。地方身份的基础是哈恩［省会］，这是基本要素，而不是采矿。这个城市一直处于危机之中……在这里我只是看不到以当地采矿遗产为基础的旅游业。遗产不能成为这里任何事物的经济替代品。也许如果他们设立了一个当地学校可以访问的良好的教育中心，那就可以创造一个相当不错的就业结构，但我认为这不会带来多大的效益。"（利纳雷斯的一位受访人）

我们的研究结果表明，采矿遗产本身不足以对旅游活动是否发展做出解释。在安达卢西亚的采矿城镇，"遗产的质量"并不能解释为什么采矿旅游不发达，因此，值得停下来思考这种遗产的身份方面的因素。因此，有像维拉纽瓦这样的城镇，在那里，即使它的遗产已被正式确认（见表1）并深受专家的称赞和保护协会的保护，但是这种遗产并没有从当地身份的角度被承认，因此，当地人并不认为它是一种旅游资源。幕尼瓜的考古遗址和瑞维拉河河岸的情况则正好相反，维拉纽瓦居民经常在休闲时间光顾这些地区，它们现在已成为很受欢迎的旅游资源和当地的遗产。

6.2 公共和私人干预

地区与中央政府的干预，以及欧洲共同体的资金注入，是理解欧洲采矿地区遗产旅游的战略要素（Dicks, 2000; Etiembre *et al.*, 1999; Ruiz & Iglesias, 1999）。具体来说，在安达卢西亚，遗产和旅游业都是当地政府优先发展的领域。事实上，在所研究的所有地区（除了在 Alquife），国家起决定性作用。国家在不同程度上给予支持，无论是以官方声明遗产的形式还是以政府参与的形式（维拉纽瓦、利纳雷斯和塞龙），抑或以对旅游发展的直接投资的形式（特别是在塞龙，利纳雷斯次之）。然而，计划发展的遗产旅游仍很不成功。

人们承认，公共投资应该是促进内生旅游发展的催化剂，其中投资者和当地企业发挥了关键作用，但所研究地区的旅游服务的增长（旅馆和娱乐公司）很有限。我们的研究发现，这种情况出现的原因不仅在于需求的不足，而且也在于，事实上作为旅游资源的当地采矿遗产的价值被低估了，而且当地人几乎不认同这一遗产。一位受访者甚至问道："游客在这里看什么？"内部对遗产的低估限制了其作为旅游景点的潜力，小规模的旅游业情况尤其如此（Hampton, 2005）。在这些农村地区，外源性私人参与一直是很薄弱的。事实上，在所研究的案例中，私人的参与只出现在土地和废弃设施的出售/购买中（阿尔基菲），但是，没有对旅游发展的直接投资。这种状况在安达卢西亚遗产旅游的发展中很常见。

6.3 遗产协会

在西班牙乃至整个欧洲，遗产保护协会和团体的存在都是至关重要的，这样遗产就会得到重视，干预就会出现，其目的是恢复遗产，然后对其进行旅游开发（Ariño, 2003）。在维拉纽瓦，两个遗产保护协会的工作几乎没有改变当地社区对采矿业的冷漠态度。在利纳雷斯，相关协会对当地政府的影响大于对整个社会的影响。在阿尔基菲，一个为技术人员和学者（大部分人来自镇外）搭建的平台，几乎没有对该镇或采矿遗产产生任何影响。因此，得出的结论是：这些协会在本质上是精英的，几乎没有产生真正的社会影响。它们对当地权力结构的影响大于对整个社会的影响。我们已经证实：没有当地政府的帮助，它们不会直接影响身份模型和象征性社区。在利纳雷斯（尽管可能看起来自相矛盾），常常可以听到遗产协会的成员说，"协会在社会上并没有地位，我们更像是反正统派"，但同时他们还坚持认为他们"在遗产政策方面给当地政府提建议"。总的说来，这些协会更像游说集团，而不是民间社会的代言人：在每个城镇，它们的会员人数都很少，它们的活动很少引起当地精英的注意，它们的演讲仅限于在少数部门进行。一般来说，它们的提议只有在当地政治机构拨款授权时才会超越协会的圈子，当地的政治机构提高它们的影响并将它们的声音传到整个社会。

然而，在塞龙，一个并非专门以遗产为导向的协会把塞龙的拉斯梅纳斯煤矿以前的矿工（现在的移民）联合起来，并在遗产恢复和旅游发展中发挥了重要的作用。

"几年前，圣巴巴拉协会成立，我担任秘书，我们大家都出生在拉斯梅纳斯［塞龙的矿区］，要不就是我们的家人出生在这里。自从协会成立以来，我们对采矿业越来越关心。在塞龙有几个人对我们的协会感兴趣，但他们主要是移居到加泰罗尼亚的人。我们的目标是恢复拉斯梅纳斯的历史记忆。（……）没和城里各种协会一同组织过任何活动。（……）这样做的目的是给拉斯梅纳斯重新注入活力。我们希望恢复拉斯梅纳斯的历史遗产：这就是我们帮助维修和保护小教堂的原因。"（塞龙协会秘书）

该协会汇集的正是这样一些人，对他们而言，出于个人经历和情感的原因而把煤矿看做是一个重要的身份参考点。这与感到与其他象征性元素相关的该镇的大多数人不同，他们将采矿抛在一边，公开拒绝在小镇矿区正在发生的与遗产和旅游相关的活动。

［关于圣巴巴拉协会］当地居民不喜欢这个协会，他们认为它不正确。（……）该协会的大多数成员都来自其他地方，很少有来自本镇的……我在一个文化协会中，但我们的活动从来与拉斯梅纳斯［的矿区］没有关系，我们关注的是舞蹈、习俗、典型服饰等。或许我们应该把注意力转向拉斯梅纳斯［的矿区］，但我们至今还没有这么做。"（一位塞龙的受访者）

此外，许多亲遗产的协会对旅游的态度必须被阐明。在维拉纽瓦和利纳雷斯，各个协会对将遗产用做旅游目的的态度不是很明朗。在遗产和身份的关系中，他们认为旅游业是一个污染或降低原真性的因素，他们的目标是恢复当地身份，而不是商业。这些协会认为，遗产和旅游在概念上是不相容的，这是有道理的，因为他们假定如果采矿遗产关注的是旅游贸易，而不是当地"消费"的话，采矿身份将变得更加微弱（García, 1995; Hannabus, 1999; Miller, 1999; Ortiz, 1998）。因此（这一点也与身份和社区的象征性构造相关），亲遗产的协会可能成为遗产旅游发展的障碍，而不是催化剂。

6.4 旅游市场的格局

所研究地区旅游业之所以未得以较好发展是否与该地区旅游市场的特点有关，这是值得探讨的。工业遗产旅游市场的局限性和特殊性，使其成为其他旅游目的地的补充，而不是一种有着独立性的、可持续性的产品。在西班牙南部，阳光和海上旅游的显赫地位，以及拥有旅游活动悠久传统的文化景点的存在（塞维利亚、科尔多瓦、格拉纳达），更加剧了这种状况。然而，所有这一切如果被理解为一种互补关系以及协同作用的发生器的话,就并非工业遗产旅游发展的缺点,而可以被看做是一个优点。具体来说,在所研究的三个个案中,我们发现一个重要部分合并在一起的自然和文化旅游目的地,它位于不远处,有良好的通讯联系(阿尔基菲、维拉纽瓦和利纳雷斯)。只有塞龙处在非传统位置,但是得到极大改善的通讯能力以及与一个正在扩建的阳光和海上旅游区(阿尔梅里亚沿海)的其他联系弥补了这一点。因此,采矿地区应向其他自然和文化旅游目的地、良好的通讯网络以及受欢迎的阳光和海上旅游学习,而它们对互补型的文化旅游也有着不断增长的需求(Consejería de Turismo Comercio y Deporte, 2004)。

6.5 地方政府

在安达卢西亚,地方政府无论其政治倾向如何——都把旅游作为重振地方经济的一种方式。从这一前提出发,它们努力寻找可用于旅游的元素和意象,目的是促进当地的复兴和经济增长,并因此有助于其政治前途和选举。因此,旅游业和政治似乎有着千丝万缕的联系(Hall, 1994)。在地方的政治议程中,旅游业的发展占有重要地位。在所研究的地方议会中,其中一些只是在最近才开始在这一领域采取行动并制订计划的(Villanueva, 2003; Alquife, 2004)。在此之前,他们一直保持着一种模棱两可的立场或远离这些战略。尽管塞龙市议会在"遗产化"和旅游发展方面发挥了积极的作用,但已经没有多少回旋余地了。这一点我们在后文将看到。在利纳雷斯,针对旅游业和采矿遗产,议会已审议与当地发展和政治优势有关的战略行动方针。

"利纳雷斯是一个现代化城市,在那里我们的居民享受生活,并受益于以蓬勃发展的经济为基础的工业多样化以及与城市相适应的商业和服务业。利纳雷斯的居民使这一奇迹成为可能:使我们的城市成为一个大地区的首府,以及如何面对未来挑战的一个范例。我们不但没有忘记历史,而且比以往任何时候都更要保护和恢复它。起重机是歌颂那些把健康、甚至生命献给采矿事业的矿工的纪念碑,他们帮助我们的城市实现梦想。"(利纳雷斯市政局电视广告)

要记住在南欧在这些事务中政府的结构和作用(Hospers, 2002),议会的支持对遗产旅游的发展是至关重要的。尽管我们研究的所有领域在不同程度上受益于议会的或迟或早的参与,但即使这样,成功率还是微乎其微的。这不仅是由于公共部门提供的外部支持很少——或是由于缺乏一体化的旅游产品,而且更重要的是,与采矿对当地社区象征模式的参与有关。尽管地方议会在安达卢西亚的权力系统中占有突出地位(Ruiz, 2000, 2001; Talego, 1996, 2001),它也不能让社会身份适应其目的,而这些身份会对旨在发展工业旅游的战略造成严重障碍。

7 采矿身份在社区塑造中的作用：对旅游业的影响

在塞龙，当地社会与采矿人员之间的物理和象征距离是长期存在的：当地的符号形象中没有一个涉及采矿。因此，不足为奇的是，当矿山关闭，矿工搬走时，当地社会试图忘记矿井并用其他象征性参照点来建构其身份：自然环境，最重要的是，火腿和猪肉产品。地方身份是与象征性采矿参照点相对而建构的，它们甚至被用来强化"我们"（镇民）与"他们"（矿工）的对立。城镇议会为旅游目的而进行的有关采矿遗产及其开发的行动违背当地社区的想法，在政治逻辑上就具有明显的局限性，尽管前两位市长（1983～2005 年）对该采矿城的旅游发展表现出战略性兴趣。

"当我 1983 年当选为市长时，我个人很想为旅游业而开发它们 [拉斯梅纳斯的煤矿]。我想与市民们一起为这个旅游小镇做一些事情，但市议会没有钱（……）在这个过程中我是背后的推动力，并且我已经说服安达卢西亚地区政府的各不同部门：公共工程、文化……"[塞龙市长]

"[关于拉斯梅纳斯的煤矿]我们希望已定下来的项目能得到完成。（……）市议会必须对这一进程进行指导，使人们不要忘记它是什么，这样无论做什么都是大家共同努力去做。（……）我们必须明白，我们的城市不仅仅是它的建筑，它还拥有所有人必须珍惜的社会意义和遗产，它们可以创造财富。我希望获得资金，但很难，因为人们对此缺乏认识。所有这一切都能够真正影响当地经济。旅游规划应着眼于……"[塞龙市长]

他们同样意识到，这一举措与身份相关认识以及他们的邻居的模式相抵触。此外，国家为发展矿区旅游而投入的大量资金丝毫没有改变这种趋势，相反，这遭到了当地社会的强烈批判。当地居民对采矿业表现出某种程度的蔑视；他们不承认在矿区发展旅游业的倡议有任何关联性或意义。

塞龙和拉斯梅纳斯之间历来摩擦不断，存在一定程度上的嫉妒（……）在镇上没有真正的失业，有很多老年人和年轻人在从事建筑业，或在马卡埃尔的大理石公司工作。该村在工作和金钱方面做得很好。这里的人们不会为拉斯梅纳斯的旅游业工作。人们不喜欢在拉斯梅纳斯所进行的事情。在塞龙或巴卡雷斯，没有人希望和它有什么瓜葛。"（一位塞龙酒店老板）

在阿尔基菲，近期矿井的关闭以及相关的争议已经使采矿业成为当地的一个引起激烈冲突的问题。这意味着直到最近市议会几乎完全回避与采矿遗产有关的任何问题（2004 年）。面对这一不利局面，忘记过去的采矿似乎是一个聪明的生存战略，因为它平息了当地社会的紧张局势。与此同时，其他与身份认同相关的参照点却获得了抢救，因为它们抹去了采矿业不景气的阴影并为未来指明了道路。当地社群不仅因社会经济的原因，而且也因意识形态的原因对身份的认同有所冲淡：象征性的采矿参照点不被用来建构社区。作为一种替代办法，他们越来越多地转向阿尔基菲周边地区的农业身份。采矿业与农业同时存在于一个有利于前者的不对称的关系中（Checa, 1995, 1999），但当前的农业活动可以作为一个与身份有关的替代物而蓬勃发展，它展现出一个不同于采矿遗产并鼓励以"乡村"与"自然"为基础的旅游发展。这将涉及土地、山岭以及与牛耕相关的生活方式。这体现在不信奉矿工的守护神的主要节日，以及对典型产品（猪肉、蜂蜜、肥皂、陶瓷、编织工艺品等）的定义和商品化方面，这些产品在前往内华达山脉国家公园的路上向游客销售。

在维拉纽瓦地区，非常令人惊讶的是工业旅游尚未启动。所分析的所有因素都对旅游发展非常有利。然而，自从 1973 年矿井关闭以来，采矿业已从人们的话语中消失，而且社区无论是质上还是量上都被淡化。正如一些受访者评论说："镇上的老百姓并不为其采矿历史感到自豪。"采矿的身份维度仅限于镇上的少数群体和移民。由于缺乏其他的参照点，我们在图像和仪式中可以发现采矿方面的内容（矿工的雕像、圣巴巴拉朝圣），但这些对采矿的利用并不是真正在维持该镇的一个身份模型。我们也看不到采矿以外的替代身份参考点的发展，不是因为当地社区缺少它们，而是因为它们的象征性意义没有被激活。在维拉纽瓦，不仅采矿的身份薄弱，而且实际的社会结构也很薄弱。从这一点出发，实施以采矿遗产为基础的举措是非常困难的，尽管它很重要。

在利纳雷斯，对采矿的不认同与上述地区类似，尽管原因大不相同。随着如下双重现象的发生，采矿慢慢从人们的想象和地方身份模型中消失：从 20世纪 70 年代起采矿业的逐步衰落，以及随后的工业活动的高峰期。在此期间，采矿丧失了经济和象征意义，尤其是作为一项活动的声望。采矿的社会意义被冲淡，并逐步被工业意义所取代。但是在 20 世纪最后的 25 年中，工业也衰退了，因此它作为象征性参考点的地位也遭到质疑。当地象征社区缺乏有力的参考点，直到最近才有一些群体，特别是市议会本身，试图恢复采矿的物质遗址（曾被很凄惨地忽视了几十年），以及它们为受损的当地象征性社区建构身份的能力。

"把举重机带到市中心就像是带回历史记忆。对我来说，采矿纪念碑放的不是地方，它应该放在一个采矿环境中，在采矿居民区，通往矿区的路上……这两项在城市中心所采取的行动的目的是恢复历史记忆。在城市的美的地区应该有展示我们身份的东西；这是一个自我认同的问题，我们的象征、采矿、举

重机、旗帜……这是我们的象征的团圆；我们就是过去、就是历史……"（利纳雷斯的一位受访人）

在该战略的框架内，已经实施了如下一些行动：对进出城市的道路上的采矿遗址进行亮化处理以及迁移市内的起重机和采矿纪念碑；然而，在研究中，我们没有找到当地人因对采矿的认同而采取的其他行动的证据：如对采矿地点的社会使用、根植于采矿文化的仪式、采矿传统的恢复等。

这种从身份和社区视角出发的横向研究更全面地解释了西班牙南部采矿遗产旅游未得以较好发展的原因。虽然最初的分析似乎奇怪，所研究的城镇（采矿业发挥着非常重要的社会、经济和文化作用）并没有一个显著的采矿身份模型来阐明社区的象征性建构。总的来说，我们证实当地人对采矿遗产几乎没有"消费"和需求。这就很难实现对遗产的珍惜和恢复，而这又是发展旅游资源的第一步。因此，公众支持和资金的存在、旅游资源的质量、遗产协会、当地政府的兴趣和区域旅游的协同作用等本身还不足以激活旅游业的发展。

8　结论

有一种观点认为，理解遗产旅游（以及任何类型的旅游）的发展的主要解释因素是市场、它产生的需求以及国家的干预。在不否认它们具有无可辩驳的影响的前提下，我们的研究表明，为了更全面地解释为什么遗产旅游在某些地区（而不是另外一些地区）得到了发展，就必须考虑当地社会的内在因素。然而，我们不只是单纯考虑市场中的旅游产品的生产。某些地方特征模型和具体社区话语的发展无疑会影响旅游产品的可能和成功。旅游影响并建构身份，但身份也可能促进或阻碍旅游。这种情况在本研究所分析的案例中可以清楚地看出来。

如果我们想发展遗产旅游，现有的遗产必须能够转化成旅游资源。另一方面，作为一个经济产业的旅游受到市场以及相关公共立法的影响。然而，遗产一方面深深根植于社区意识之中，另一方面也深深根植于身份内容之中。没有社区意识，就没有集体遗产；没有一个以采矿为基础的身份，将不会有采矿遗产，而仅仅有不被珍惜或使用的残骸和废墟。因此（不管它们有多少不容置疑的外部价值），很难从内部将它们转换成旅游资源，它们将不会出现在旅游市场上。身份和社区对于了解遗产旅游的发展，特别是其中所谓的新旅游和小规模旅游（Hampton，2005）来说，是决定性的因素。不难想象，相同的情形可以在其他环境和其他遗产中找到。对于本文所分析的遗产旅游，人们必须考虑到旅游发展的动议必须来自当地社区本身，但它也依赖外部的，通常是来自公共部门的支持。然而，社会成员必须珍惜他们的作为潜在旅游产品的遗产，以扩大其供给；为了做到这一点，当地居民与其遗产建立一种"消费关系"是非常重要的（García, 1995; Hannabus, 1999; Miller, 1999; Ortiz, 1998）；换言之，上述遗产必须在社区象征性建构中具有重要的战略地位。

这并不意味着忽视旅游对身份的影响，排除其他遗产旅游发展的解释性因素，或在它们之间建立一个重要性的等级关系。本文的目的是突出遗产旅游系统的复杂性，分析基本身份和社区建构如何对这种类型的旅游活动产生重大影响。采用这种办法的目的是为了突出当地社会在这类旅游业的发展和可持续性方面发挥的作用。此外，本文详细叙述并阐明了旅游业在地方发展模式中的作用，提供了旅游发展中的社会资本和弹性的概念化的更具体的内容（比较 Barret et al., 2005; Chenoweth & Stehlik, 2001; Grant 2001, Wiesenfeld & Giuliani, 2002）。

另一方面，对旅游的研究丰富了对身份和社区的理解，并深入探讨了这些概念的实际意义和操作能力。对遗产旅游发展的分析揭示了身份和社区的界定层面，像文献反映的那样：具有复杂、矛盾、政治和应急性质。但与此同时，它说明了这种复杂性在实践中是如何解决的。所有这一切都揭示了身份和社区在社会职能方式中的作用：它们远远不是一个次要角色，事实上它们对于理解危机和社会经济的变化过程是至关重要的。

然而，本研究的结论不仅具有理论意义。从身份识别过程和象征性社区构成的相关性的角度出发，本文对以遗产为基础的旅游项目的规划和管理，至少可以提出如下两个建议：一方面，对遗产旅游的规划和管理使用参与性方法（Aas,Ladkin & Fletcher, 2005; Hampton, 2005），因为这将是一个能够保证旅游环境的适当知识的合适模型。另一方面，在支持任何遗产旅游动议之前，有必要了解其遗产将被转化为旅游资源的集体的"身份地位"。为了做到这一点，在遗产旅游项目的评估、规划和管理中必须包含有关社区认同的指标。

致谢

作者感谢 R. Cáceres, A. González, V. Martínez y Ch. Valcuende 对原稿提出的宝贵意见。本文的研究受到西班牙 Dirección General de Bienes Culturales de la Junta de Andalucía 的赞助。

参考文献

Aas, C., Ladkin, A., & Fletcher, J. (2005). Stakeholder Collaboration and Heritage Management. *Annals of Tourism Research,* 32, 38-48.

Abram, S., Waldren, J., & Macleod, D. (Eds.).(1997). *Tourists and tourism: Identifying with People and Places.* Berg.

Anderson, B. (1991). *Imagined Communities.* London: Verso.

Ariño, A. (2003). El elixir de la vida. Participació n Asociativa en el Contexto Urbano. Zainak. *Cuadernos de Antropología y Etnología,* 24, 849-871.

Ashworth, G., & Larkham, P. (1994). *Building a New Heritage. Tourism, Culture and Identity in the New Europe.* London: Routledge.

Augé, M. (1992). Non-lieux. *Introduction á une Antrhropologie de la Surmodernité.* Editions du Senil. Paris.

Austin, J. L. (1996). *Como Hacer Cosas čon Palabras: Palabras y Acciones.* Barcelona: Paidos.

Bajtin, M. (1982). *Estética de la Creación verbal.* México: SiglosXII.

Balcar, M. J., & Pearce, D. G. (1996). Heritage Tourism on the West Coast of New Zealand. *Tourism Management,* 17, 203-212.

Ballard, C., & Banks, G. (2003). Resource Wars: The Anthropology of Mining. *Annual Review of Anthropology,* 32, 237-313.

Barret, G., Caniggia, M., Muñoz, A., & Read, L. (2005). *Nadie es Profeta en su Tierra. Community, Civil Society and Intervening Institutions in Rural Chile.* Human Organization, 64, 89-102.

Bauman, Z. (2004). *Identity: Conversations with Benedetto Vecchi.* Cambridge: Polity Press.

Bessière, J. (1998). Local Development and Heritage: Traditional Food and Cuisine as Tourist Attractions in Rural Areas. *Sociologia Ruralis,* 38(1),21-34.

Boissevain, J. (Ed.).(1996). *Coping with Tourists: European Reactions to Mass tourism.* Providence, RI: Berghahn Books.

Brown, D. (1999). Mayas and Tourist in the Maya World. *Human Organization,* 58(3), 295-304.

Chambers, E. (1997). *Tourism and culture: An applied perspective.* New York: State University of New York Press.

Checa, F. (1995). *Labradores, pastores y mineros en el marquesado de Zenete.* Granada: Universidad de Granada y Fundació n Machado.

Checa, F. (1999). Las Minas del marquesado de Zenete: Estrategias paternalistas, colonialismo y abandono social. *Demófilo*, 32, 199-239.

Chenoweth, L., & Stehlik, D. (2001). Building Resilient Communities: Social

Work Practice and Rural Queensland. *Australian Social Work*, 54, 47-54.

Chon, K., & Evans, M. R. (1989). Tourism in a Rural Area—A Coal Miningcounty Experience. *Tourism Management,* 10, 315-321.

Chronis, A. (2005). Coconsturcting Heritage at the Gettysburg Storyscape. *Annals of Tourism Research,* 32, 386-406.

Cohen, A. P. (1985). *The Symbolic Construction of the Community.* London: Routledge.

Consejería de Turismo Comercio y Deporte. (2004). *Balance del año turístico de Andalucía.* Sevilla: Junta de Andalucía.

Desvallées, A. (1995). Emergente et Cheminements du Mot Patrimoine. *Musées et Collections Publiques de France,* 208, 6-29.

Dicks, B. (2000). *Heritage, Place and Community.* Cardiff: University of Wales Press.

Doorne, S., Ateljevic, I., & Bai, Z. (2003). Representing Identities Through tourism: Encounters of Ethnic Minorities in Dali, Yunnan Province, People's Republic of China. *International Journal of Tourism Research,* 5, 1-11.

Edwards, J., & Llurdé s, J. (1996). Mines and Quarries. Industrial Heritage Tourism. *Annals of Tourism Research,* 23, 341-363.

Escalera, J., Ruiz, E., & Valcuende, J. M. (1995). *Poner fin a la historia: Desactivación de la minería y crisis social en la Cuenca de Riotinto.* Sevilla: Instituto de Desarrollo Regional, Universidad de Sevilla.

Etiembre, L., Micoud, A., Peroni, M., Peyrache, A., & Roux, J. (1999). *Historicité, localité et pratiques de patrimonialisation dans le basin minier de la Loire.* Rapport final. Paris: Mission du patrimoine ethologique. Ministére de la Culture et la Communication.

Foucault, M. (1977). *Lenguaje, Counter-memory and Practice.* Harmondsworth-Penguin.

García, C. N. (1995). *Consumidores y ciudadanos.* México: Grijalbo.

Grant, E. (2001). Social Capital and Community Strategies: Neighbourhood Development in Guatemala City. *Development and Change,* 32,975-997.

Hall, C. (1994). *Tourism and politics: Policy, Power and Place.* Chichester: Wiley.

Hampton, M. (2005). Heritage, Local Communities and Economic Development. *Annals of Tourism Research,* 32, 735-759.

Hannabus, S. (1999). Postmodernism and the Heritage Experience. *Library Management,* 20, 295-302.

Harris, F. (1989). From the Industrial Revolution to the Heritage Industry. *Geographical Magazine,* 61, 38-42.

Hernández, M., & Ruiz, E. (2005). Apropiación patrimonial en contextos mineros de Andalucía. *Revista de Dialectología y Tradiciones Populares,* LX(2), 51-75.

Hewison, R. (1987). *The Heritage Industry: Britain in a Climate of Decline.* London: Methuen.

Hospers, G. (2002). Industrial Heritage Tourism and Regional Restructuring in the European Union. *European Planning Studies,* 10, 398-404.

Howell, B. (1994). Weighting the Risk and Rewards of Involvement in Cultural Conservation and Heritage Tourism. *Human Organization,* 53(2), 150-159.

Jensen, S. (2004). Claiming Community. Local Politics on the Cape Flats, South Africa. *Critique of Anthropology,* 24(2), 179-207.

Kroshus, M. L. (2003). Commoditizing Culture. Tourism and Maya Identity. *Annals of Tourism Research,* 30(2), 353-368.

Laclau, E. (1994). *The Making of Political Identities.* London: Verso.

Laclau, E. (1996a). The Death and Resurrection of the Theory of Ideology. *Journal of Political Ideologies,* 1(3), 201-220.

Laclau, E. (1996b). Deconstruction, Pragmatism, Hegemony. In Ch.Mouffe (Ed.), *Desconstructión and Pragmatism* (pp.97-136). New York: Routledge.

Le Chêne, M., & Monjaret, A. (1992). L'usine se met au vert, la ville au parfum. *Image marketing d'une industrie et politique culturelle de l'identité D'une commune.* La Gacilly (Monkihan): Histoire d'une fusion.

Rapport final. Paris: Mission du patrimoine ethologique. Ministére de la Culture et la Communication.

Light, D. (2001). 'Facing the Future': Tourism and Identity-building in Post-socialist Romania. *Political Geography,* 20(8), 1053-1074.

Lisón, T. C. (1997). *Las máscaras de la identidad.* Barcelona: Ariel.

Marchena, M. (1987). *Territorioy Turismo en Andalucía: Análisis a diferentes escalas provinciales.* Sevilla: Junta de Andalucia.

Miller, D. (1999). *Ir de compras: Una teoría.* México: Siglos XXI.

Morin, E. (1990). *Introduction a la pensée complexe.* Paris: ESF Editeur.

Ortiz, R. (1998). *Otro territorio.* Bogotá: Convenio André s Bello.

Palmer, C. (1999). Tourism and the Symbols of Identity. *Tourism Management,* 20, 313-321.

Palmer, C. (2001). Ethnography: A Research Method in Practice. *The International Journal of Tourism Research,* 3, 301-312.

Palmer, C. (2005). An Ethnography of Englishness. Experiencing Identity through Tourism. *Annals of Tourism Research,* 32(1), 7-27.

Pearce, Ch. S. (1986). *La ciencia de la semiótica.* Buenos Aires: Nueva Visión.

Prats, Ll. (1997). *Antropología y patrimonio.* Barcelona: Ariel.

Pretes, M. (2003). Tourism and Nationalism. *Annals of Tourism Research,* 30(1), 125-142.

Pritchard, A., & Morgan, N. (2001). Culture, Identity and Tourism Representation: Marketing Cymru or Wales? *Tourism Management,* 22,167-179.

Rogers, S. (2002). Which Heritage? Nature, Culture and Identity in French Rural Tourism. *French Historical Studies,* 25(3), 475-503.

Ruiz, E. (Ed.) (1999). *Cultura Minera en Andalucía. Demó filo. Revista de cultura tradicional,* 32. Sevilla: Fundació n Machado.

Ruiz, E. (2000). *Construcción simbólica de la ciudad. Política locally localismo.* Madrid-Buenos Aires: Miño y Dá vila.

Ruiz, E. (2001). Política local en Andalucía: Imaginarios, redes ygobierno. In J. Escalera (Ed.), *Contrapuntos sobre política y democracia* (pp.151-176). Sevilla: Consejería de Relaciones Institucionales.

Ruiz, E. (2002). *Minería y Poder. Antropología Política en Riotinto* (2nd ed.). Huelva: Diputación de Huelva.

Ruiz, E., & Iglesias, L. (1999). La conformación del patrimonio minero en Riotinto. *Demófilo,* 32, 241-260.

Smith, V. (Ed.). (1989). Host and Guests. *The Anthropology of Tourism.* Oxford: Blackwell.

Stebbins, R. (1997). Identity and Cultural Tourism. *Annals of Tourism Research,* 24, 450-452.

Talego, F. (1996). Poder municipal, subvenciones y clientelismo: Los ayuntamientos actuales en el mundo rural andaluz. *Ler Historia,* 30,71-92.

Talego, F. (2001). Democracia local: Clientelismo, voto cautivo y alcaldes en

Andalucía. In J. Escalera (Ed.), *Contrapuntos sobre política y democracia* (pp.209-228). Sevilla: Consejería de Relaciones Institucionales.

Thierry, A. (2003). *Tourisme et développement local: Emergence de nouvelles identities a travers de nouveaux territories: Les Pays*. Rapport final. Paris: Mission du patrimoine ethologique. Ministére de la Culture et la Communication.

Touraine, A. (1992). *Critique de la modernité*. Paris: Fayard.

Urry, J. (1990). *The Tourist Gaze*. London: Sage.

Urry, J. (1994). Cultural Change and Contemporary Tourism. *Leisures Studies, 13*, 233-238.

Valcuende del Río, J. M. (2003). Algunas paradojas en torno a la vinculació n entre patrimonio cultural y turismo. *In Antropología y patrimonio: Investigación, documentación e intervención*. Granada: Comares.

Wachter, S. (1987). *Etat, décentralisation et territoires*. Paris: L'Harmattan.

Wanhill, S. (2000). Mines—A Tourist Atraction: Coal Mining in Industrial South Wales. *Journal of Travel Research*, 39, 60-69.

Wiesenfeld, E., & Giuliani, F. (2002). Sustainable Development and Identity in Two Venezuelan Communities. *Environment and Behaviour*, 34, 81-96.

Xie, P. F. Developing Industrial Heritage Tourism: A Case Study of the Proposed Jeep Museum in Toledo, Ohio. *Tourism Management*, forthcoming.

第十六章 场所依赖、身份认同理论及旅游对社区的影响
——以北京胡同为例

Huimin Gu[a],* Chris Ryan[b]

[a]Beijing International Studies University, No. 1 Dingfuzhuang Nanli, Chaoyang District, Beijing 100024, China
[b]The University of Waikato Management School, Hamilton, New Zealand

1 序言

   基于很多参观者为中国北京什刹海胡同所吸引,故本文的目的是检验场所依赖与什刹海胡同居民对旅游业增长的态度之间的关系。本文描述了研究进行的场所,阐述了应用的方法及研究的结果。结果描述主要分两部分:(a)依照问卷调查形成的描述性统计报告;(b)多因子分析。调查设计依据以下两类文献而来:(a)已出版的旅游文献中对旅游业影响的研究;(b)与 Breakwell(1986,1992)有关的场所依赖的心理学理论、认同过程模型 (见 Breakwell & Canter,1993)。但是, 这些数据都是从文化遗产的角度来论述的, 本文从研究场所的描述入手。

图1 胡同的发展(2006年6月)

2 研究背景：什刹海胡同

　　什刹海是北京一个以建筑文化历史遗产而闻名的地区。2005 年，北京公布了 25 处历史文化保护区，其中，什刹海是最大的。1994 年，一个熟悉这个区域的摄影家徐勇成立了北京胡同旅行社（Wang, 1997），旅游开发随之展开。当然，中国城市胡同代表着一种正在消失的生活方式。这些小街小巷将大小不同的家庭连接在一起，像迷宫一样，而传统的家庭生活就发生在这如迷宫的公共的和准公共的胡同和庭院里。这些地区不仅仅是某一个社会群体的独立王国，位于紫禁城北面的什刹海胡同更是一个证明。位于皇权所在地附近，这个特殊的胡同不仅是收入偏低人群的家园，更是达官贵人的府邸。今天行走在这个区域，你能发现有些门口有两个、三个或四个浮雕装饰或石狮子的标志，这些标志代表着这里曾是朝廷官员的住宅。另外，靠近什刹海湖，旅游者可以参观恭亲王府——清代很多皇室成员的府邸，这同时也是最后一个皇帝童年生活过的地方。

　　现代化的北京也像其他中国大城市一样，很多胡同被拆除了，因为要建设摩天大楼或高层公寓。不能说这些房屋的拆除没有任何益处，因为对生活在胡同里的人来说，那里没有生活用冷/热自来水，垃圾处理设施不完善，居住空间狭小。实际上政府在什刹海改造工程中的主要公共建设项目之一就是为当地居民建造现代化的公共厕所。使胡同变得现代化是可以的，但是，如果要使这种现代化保持该地区原有特征，代价则非常高，甚至要高于重新建设整个地区。不过，人们已逐步意识到，胡同代表着某些"中国城市"的本质，因此保护胡同实际上就是在维护"差异性"，而这种差异性则有助于文化遗产和旅游景点的开发（Le, 2006; Wang, 1997）。

　　因此，什刹海代表着一种潜在的具有重要历史价值的旅游资源——人们已经意识到了这一点，前中国历史上的皇亲贵族人员的府邸正在被改造成文物酒店和餐馆。在本研究进行的 2006 年 9 月，什刹海仍然保持着延续了几十年的北京家庭社区的生活方式。穿行在胡同的后街中，你仍然可以看到一家人在聊天、打麻将或者吃饭。但是，能感觉到旅游业的不断增长的影响，不仅可以从图 1 中街道上的建筑改造看出，同时在一定程度还有不断增长的房地产价格和生活费用。实际上，对当地居民的调查研究表明，29.5%的人"非常同意""因为旅游业的发展使居住在胡同里的生活费变得很高"的观点，这样的认识并不一定意味着房价和租金的升高要全部归咎于旅游业。北京的经济增长和不断提高的收入本身就是升高的原因，但是也有证据表明，什刹海的价格升高的幅度

超过其他一般地区的增长。2004 年到 2005 年期间，北京商品房成交总值从
12.491 亿元攀升到了 17.588 亿元，房屋均价 6274 元/平方米，增长了 20%
（Beijing Statistical Information Net, 2006）。2003 年，政府统计西城区胡同旅游
收入 303,500 元（Beijing Statistical Information Net, 2006），而西城区（包括什
刹海地区及胡同）有 83.1 万人口，并且有略微下降，因此房地产价格的压力
主要来源于经济的增长。这里是主要的服务业地区之一（89%收益来源于服务
业），近年来，金融、广告、房地产和旅游已经成为促进经济增长的主要因素。

　　因为中国是正在向市场经济转型的新兴经济体,政府在规划过程中仍然参
与很多。市政府主要关注总体规划，而北京旅游局负责旅游规划。2005 年，
为了跟上旅游业的快速发展，政府开始在这一地区进行基础设施改善，什刹海
地区的危房改造是这个计划中的重要部分。2007 年初，已经有 20 个街区进行
了重建和重新改造。政府同时也关注着建筑遗产的保护，例如，2006 年进行
的一个重点工程就是为了保护烟袋斜街，包括道路修整。湖中的一个岛屿也在
建设范围之内，2007 年 5 月完成了这一新的观光点建设（http://www.bjsch.net,
2006）。

　　随着什刹海旅游业的发展，坐三轮车逛胡同的旅游方式越来越火。1999
年，有 17 家公司和近 1000 辆三轮车在做胡同旅游经营，造成了杂乱的竞争和
拥堵。因此，政府成立了一个专门的部门——什刹海管理办公室，用来监管三
轮车运营和服务。办公室采取了很多对策，包括统一设计三轮车的样式和外形，
定期培训三轮车驾驶员，调整三轮车旅游路线以提高胡同旅游的形象，同时减
少对居民生活的影响。当地政府还投资改善了周围的环境（http://www.bjsch.net,
2007）（参见图 2）。

图 2　胡同里有关旅游的旗帜（2006 年 7 月）

另外，政府每年举办的什刹海旅游文化节推进了这个地区的市场化进程。该地区已经建立了什刹海网站，并与胡同旅游公司合作以提高什刹海的知名度。当局面临着一个关键问题是如何平衡胡同的开发和保护问题。北京政府部门计划在大栅栏地区修建具有北京传统建筑风格的四合院旅馆来代替目前达不到标准的小客店。到了 2008 年，这些四合院旅店本身就成为了新城市一道亮丽的风景线（www.bjstats.gov.cn, 2007; http://www.bjsch.net, 2007, http://Big5. China. com.cn.2006）。

3　文献综述

公正地说，当前旅游学术文献的主流特征是居民对旅游业影响的认识。认识到旅游业对社区有重要影响，受影响的不仅仅是收入，还有可能是生活方式，因为游客会挤满街道、商店，导致零售店根据游客而不是当地人们的需求做一些改变。这是一种恰当的认知。另外，有人认为旅游者的行为可能成为示范效应的源头，从而使当地社区的很多人改变他们自己的行为方式。

态度可以说是对某些地方、人和行为的一个持久倾向，并通常由三个部分构成：认知，被认为是真实的；情感，是对感知知识的情绪反应；意动，对各种不同行为的倾向，源于对感知的事实的评价。根据这一概念可以得出如下结论。首先，意动的知识不一定能准确预测实际行为。干预变量可能抑制（或加强）一个倾向。因此，举例来说，缺少收入可能抑制购买理想的物品。其次，需要考虑突出的、重要的和具有决定性的因素。例如，Ryan、Scotland & Montgomery（1998）认为，以利他主义的观点，旅游业的利他倾向乐于看到别人经济上受益，但如果阻挠作用增加，这种利他倾向将会削弱，从而陷入一系列价值观的冲突中（例如，社会利益与个人舒适之间的矛盾）。在某种程度上，这是先前 Doxey（1975）在旅游者的人数开始对日常生活方式产生负面影响的时候提出的激怒指数概念的一个延伸。Ap（1990, 1992）认为，在社会交换理论中普遍存在权衡概念，即只要"利"大于弊，旅游就可以被接纳。因此，从以上的"态度"这一概念可以得出另一个结论：即假定态度概念中不存在模糊性，说明由于感知知识、价值观冲突和干扰情况的程度不同而缺乏一致性。

鉴于这种情况，尽管研究人员提出了可以影响居民的态度的一些因子，但并没有把所有的因子都照搬应用在以下的研究中，这也就不是什么奇怪的事了。这些重要因子包括在一个地区的居留期限、职业（尤其是受雇于旅游业的人员）、居住地和主要旅游区附近的环境、年龄、性别、种族、价值体系和人口细分及他们对场地依赖感和旅游目的地在旅游生命周期的发展阶段。（这些因子的综述和讨论可参阅 Carmichael，2006; Long，Perdue & Allen，1990; Pearce，Moscardo & Ross, 1996; Ryan & Cooper, 2004; Waitt, 2003）。结论表明，单个研究结果可能受具体的时间和地点限制。因此，个体和社区对旅游业的利弊，随时间而改变的居住模式的看法不一致也就情有可原了。

　　因此，可以说什刹海胡同的研究意义重大，因为它是一个北京相对早期阶段就设想是一个旅游业迅速扩大的代表地点，同时它本身也在经历着经济的迅速发展。同时，旅游的概念在中国对很多人来说还比较新，Hsu、Cai 和 Wong（2007）认为，这是一个不同时代的人之间存在着非常明显的差别的概念，老年人认为度假是不负责任的行为，而年轻人却把度假看成是一种权利和自我价值的体现。Fan、Wall 和 Mitchell（forthcoming）的研究充分表明在中国仍然缺乏旅游业对社区影响方法的实证研究。

　　一直被西方旅游学术文献忽略的另一个方面是场所依赖的作用及场所认同对居民自我身份的贡献。可笑的是，场所依赖和参与被用来研究重复。Hwang、Lee 和 Chen（2005）认为，场所依赖根据参与理论如何解释既定活动的承诺水平，潜在地说明了回头客现象和康乐研究。同样，Alegre 和 Juaneda（2006:686）认为："当游客游览一个地方的时候，他们就与这个地方建立情感联系，这对了解他们的行为是很重要的。"在认同这一观点的条件下，那么同样的方法可以用于研究居民的行为。可以认为，社区可以拥有强大的合作意识和基于大家庭关系网络上形成的共有身份认同感。基于这一假设，可进一步推断，在中国环境下，如果发生潜在的变化，旅游业对一个充满活力的社区的影响，可能会影响到场所依赖感。

　　Hogg 和 Abrams（1988:325）认为，社会认同是"由可补充的社会类别（国籍、性别、种族、职业、运动队）成员中产生自我描述的身份"可以加入邻里。因此，一个地区的社会和物理属性对于建立一种意识十分有用。Breakwell（1986,1992）假设了在此过程中会发生 4 种方式，如图 3 所示。

　　Breakwell（1986）认为，同一性的第一原则是每个人都有独特的感觉。Feldman（1990）和 Hummon（1986）研究了农村人和城市人自我概念的本质，发现了位置的不同对自我感觉有非常大的影响。同样，Twigger-Ross 和 Uzzell（1996）的研究论证了伦敦码头附近的居民不仅对场所认同有强大影响，而且还对身份有非常大的影响。可以假定，胡同的成员或者会有自豪感，因为他们代表着正在消失的传统社会成员，或者会因为被当做不"现代"而产生不满。简而言之，不同场所的成员对自尊心产生了影响，但同样地，密切的家庭网络的本质可以加强场所的积极评价，从而确定同一性。Uzzell（1995）发现，通过联系，生活在历史古城能产生一种自豪感，而 Lalli（1992）得出结论认为，空间物理环境是确定人类身份的重要因素。图 3 中剩下的两个组成部分当考虑到位置变化时也十分重要。自我认同的稳定程度对发展良好的自尊无疑是非常重要的，因为，缺乏连续性意味着丧失自尊，而在允许范围内的变化对个人发展和成长是非常必要的。自我发展需要处于不断的变动状态，但同样地，太多改变或太过稳定对心理都是有害的。许多作者从场地—身份关系的角度讨论过场地连续性（例如，Guiliani, 1991; Hidalgo & Hernandez, 2001; Korpela, 1989; Lalli, 1992; Twigger-Ross & Uzzell, 1996），并得出结论，变化的场所和重新安置可以为自我发展创造机会，但一个关键问题是控制的程度，即人们认为他们对地点变化的本质和频率的把握程度。因此，与地方的连续性需要与自我效能齐头并进，自我效能是一种确信自己拥有能够迎合和适应不断变化情况的能力。要应付的情况包括物理及心理两个方面，并且两者之间有着千丝万缕的联系（Hidalgo & Hernandez, 2001; Twigger-Ross & Uzzell, 1996）。因此，后来的研究者们认为的场所依赖包括物质和社会的结合，它影响着场所认同和自我意识。

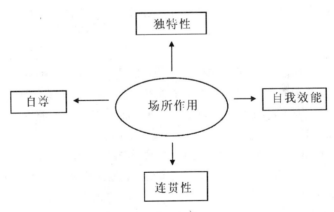

图 3　场所感认同形成

鉴于这种做法，场所依赖和认同的概念改变了关于旅游业对自我意识和变化感知的影响的争论的本质，因此，旅游业的态度不能仅仅用社会交换理论解释，还需根据 Ryan、Scotland 和 Montgomerg（1998）提出的个人价值系统。Brown 和 Raymond（2007:90）认为，场所依赖指基于某一背景下发生的具体活动的联系，如果根据这一概念，那么旅游所导致的活动的变化很可能反映了有助于解释同化和示范作用的场所依赖、场所认同、社会互动和自我认同等方面的变化。调查数据包括景观评估、就业模式、创收、变化中的零售方式以及研究人员所使用的旅游社会和社区影响等方面，也为场所依赖测量提供了方法。

我们可以建立一系列的假设，例如，长期居留的居民将有更强烈的场所依赖，但当用探索性研究技术时这种方法存在着问题。

场所依赖是一种社会心理建构，可以很容易设想各种潜在的可供选择的方案。举例来说，场所依赖等同于过去胡同生活模式感知，还是对看见的进展感到自豪？其他对中国社区和旅游业的研究都强调具有强烈的社区责任意识，和旅游推广活动的强烈参与意识（如：Zhang, An & Liu, 2008; Zhou & Ma, 2008），但这样的研究针对的是农村社区。在中国的环境下，可能还有两个复杂因素：首先，地方行政镇（乡）政府尽管 1982 年和 1987 年进行了改革，以保持基层参与，其职能仍受自上而下的最初联系的控制（Worden, Savada & Dolan, 1987）；其次，中国社区如此大的人口规模产生的交流问题（一个中国村可能有几万人口）。人口密度影响着场所依赖及自我效能在社区政治中的发挥。有关这些问题的探讨，在关于中国目的地和旅游政策和影响方面的英文旅游学术文献中很少见。

4　调查

4.1　样本的特点

本文报告了一个研究项目的第三阶段的调查结果，这个项目的前两个阶段是以采访当地居民和旅游商务人员为基础的定性研究。下文所述的结果，也包括了其他研究者的调查结果，其中包括 Ryan 和 Gu（2007）的报告结果。本研究采访了胡同里的 400 名北京市民，其中 69% 居住在什刹海胡同里。其余的受访者都是北京的居民，与胡同有着非常密切的家庭或商业关系，因而也具有场所认同感。样本中，55% 为男性，45% 是女性。54% 的采访者年龄在 19～45 岁之间。48% 的调查者称自己收入中等，17% 表示他们的收入中等偏上，其余的则表示他们的收入"低于平均水平"。

什刹海的居民被问及他们在胡同居住的时间。平均时间为 31 年，最长的达 70 年。标准差为 19.3 年，中位数是 34 年。由于平均居住时间比较长，许多受访者提供了很多的意见，表达了对此次调查的兴趣，并很高兴能有机会表达自己的看法。问卷和访谈都采用中文（普通话），没有收集姓名和地址，以保护受访者的隐私。

4.2 问卷设计

该调查表包括三部分：第一部分是一个评估和胡同关系的属性的过滤器。只有那些居住在胡同中的居民或与胡同有密切关系的人才能被纳入研究。第二部分是调查的主要部分，列出了一系列的调查问题。通过运用七点 LIKERT 指数来表示对所列陈述相符合的程度，其中 1 是最小值（表示非常强烈反对），最大值为 7（表示非常强烈同意），答案还包括"不知道"选项。曲线图显示，调查对象广泛使用了所有选项，这表明受访者不是不情愿选两个"极端"分数"1"和"7"。没有证据表明问卷中有反应定势。问卷调查内容涉及拥挤、零售模式的改变、轻微犯罪的可能性、创收、对旅游管理的态度、旅游者本身的性格（例如，他们是友好的还是有侵入性的），以及对旅游业所引起的变化的反应。问卷的第三部分为开放式问题，并欢迎附加任何评论。最后一部分是收集社会经济数据。

参考取样适当性，Kaiser Meyer Olkin 统计值为 0.85。不同的分半信度值超过了 0.77，而 α 系数超过 0.80，从而表明数据的内部可靠性。Tukey 的非增加测试的值是 F=61.3，P<0.001。这些统计数字表明，数据达到了正常的内部测试的严谨性，取样适当，适宜作进一步分析。

4.3 结论

论文的这一部分介绍了总体成果、测定模式和解释性意见。如文献回顾中所述，一个共同的结论是居民认为，旅游业带来经济收益是很有可能的，也是很重要的。但是，在这项研究中，文化和遗产特征受到更多的关注，这暗示着景观对场所依赖的潜在的重要性（Hidalgo & Hernandez, 2001）。什刹海的居民和北京其他地区的居民都认为保留胡同及其建筑风格是最重要的，平均分数为 6.24。相反的观点，即应拆除胡同有利于更多的现代住房，总样本平均得分仅为 2.95，什刹海居民评分甚至更低，平均分为 2.88。一种解释是，景观在地方和地方依赖形象形成及旅游业以保留建筑遗产的手段来加强场所依赖方面的重要性。然而，尽管居民承认因为旅游业（平均=4.66），胡同外观变得更加清洁，也更加合潮流，但他们不认为旅游业可以改善什刹海的生活质量（平均=3.29）。他们既没有强烈地认为，旅游业是保护胡同建筑特点的必要手段（平均=4.40），也不认为旅游业是确保地区生存的长期手段（平均=2.73）。正如下面所讨论的，这些研究结果在场所依赖和认同方面的发现很有趣。

受访者觉得最主要的劣势是交通挤塞（总平均分=6.63），而胡同居民感觉（平均=5.86）比其他北京市民更强烈（平均=5.10），t 为 3.11，df 为 369，p

为 0.002。两组间明显的差异在于旅游业对胡同居民日常生活的影响。什刹海居民当然更多地认识到，游客可以影响他们的生活，"当地居民就是那些生活在一个旅游区，受到影响的人们"，对这个陈述他们赋予 5.50 的分值，北京其他市民赋值 4.00（t=5.70，df=370，p<0.001）。鉴于本地活动是场所依赖研究的一个关键因素（Twigger-Ross & Uzzell, 1996），那些活动的潜在干扰具有潜在的重要性。但是，在调研期间（2006 年 9 月），这些影响似乎可以应付。例如，胡同居民给"我认为游客过于干扰我们日常生活"打了 4.94 分，表示有一些同意，但没有表示太强烈的同意。再次，根据自我效能概念，作为自我认同和场所依赖的一个组成部分，这一结论对于对日常生活自我控制程度非常重要。干扰的最主要的形式是如上所述的潜在的交通堵塞和噪声（平均=5.13）。还应指出的是 39%的胡同居民"强烈同意"目前因为游客的干扰，有些事情他们没有做。胡同居民认为，他们的环境比以前干净，47.2%强烈或非常强烈同意"因为旅游业，胡同外观变得更加清洁也更加合潮流"。另一方面，48%"强烈同意""我觉得旅游业增长过快，已超出胡同居民能应付的范围"这一论点，有一半以上的胡同居民强烈或非常强烈地认为，"旅游管理部门应限制胡同旅游业的增长"，近 30%的居民强烈同意，在胡同中生活变得过于昂贵，17%的居民强烈同意，"随着这些变化，我想搬出胡同"。因此这意味着对少数人来说场所依赖正在被旅游业的影响强烈侵蚀。进一步的证据表明，如果由于被认为对当地环境失去了控制，场所依赖将被削弱，自我效能有可能会对自我认同有一定的危害（例如，参见 Twigger-Ross & Uzzell, 1996）。可以认为，在 2006年 9 月，居民对游客的存在有一定的容忍，但对于少数的居民来说，如果人数进一步增加——由于 2008 年北京奥运会的宣传，这是很有可能出现的，这种容忍可能不会继续。对于加大胡同宣传，把它作为旅游资产，居民对此的评分与研究发现相等。例如，关于"我认为，吸引更多游客到胡同是一个好主意"的平均得分仅 4.35，而 18%的居民强烈反对这种说法，仅 9%的居民强烈同意。这说明当意见趋于两极化，社区意识受到威胁，对一些人来说，基于地点的场所依赖和认同感随着场所明显变化可能会被削弱。另一方面，其他人可能会对场所变化而感到自豪，促进场所依赖感加强。然而对于过去模式对场地的建筑有强烈的依赖感的人来说，面对这种变化，可能反对的呼声更高。

文献表明，对旅游业的可能态度有各种决定因素。例如，社会人口变量可能发挥作用，如居留期限。因此，可以假设对更能适应世界变化的年轻人，对旅游业及其影响可能有更大的容忍度，而那些长期居住的居民因为年龄大而可能更不能抵抗变化，而且还因为情绪上他们可能更拘泥于社会和社区网络的现状，他们认为旅游业的发展和由此产生的影响将威胁到社区的现状。因此，可以推测居留时间越长的居民可能对过去模式有更强的依恋。数据也对此问题有所显示。

关于什刹海居民的年龄，当用 ANOVA 测试 44 项中的 13 项时年龄是态度的一个决定因素。乍一看，年龄或许并不是过分重要，但年龄组之间关于意见一致和分歧的模式非常明显。例如，就旅游业能创造就业机会这一项，那些在 25 岁以下的居民的评分比那些年龄在 36～50 岁的居民的评分多一倍——但评分也分别只是 4.3 和 2.3——也就是说，更年轻的年龄组关于旅游业是否创造了就业机会这个问题倾向于中立态度，而 36～50 岁年龄组往往不同意这种说法。那些年龄超过 50 岁的人也不同意这种说法，但程度不如 36～50 岁年龄组的强烈（$F=4.93$, $p<0.001$，年龄在 36～50 岁之间的 $p<0.05$ 差异显著）。年龄和对游客是否干扰日常生活的看法之间存在着直接相关，分数从 25 岁以下的 3.8 上升到 60～65 岁的 5.8（几乎"强烈同意"）。同样，那些未满 36 岁的被调查者对"吸引游客来胡同是一个好主意"这个问题的认同度更加高（平均=5.2），而老年群体则不同意（$F=2.71$, $p=0.014$）。

有趣的是那些在统计上差别不是十分显著的选项。所有年龄组对旅游业会增加拥挤这个问题有着非常相似的分数，并且都不同意旅游业是使胡同得到保护的一种手段，都认为规划管理部门可以把胡同和旅游业做得更好。同样有趣的是，虽然没有统计学意义，年龄较轻的年龄组往往稍微比年纪大的同行更赞成更多地投资于旅游，其收入更是由于旅游业得到了增长，尽管在较低水平（方差同质性测试，Levene 统计，p=0.015 表示显著）。根据以上数据，可以勾画出目前对旅游业的容忍水平，但所有年龄组对旅游业未来的影响和增长都很关注，年轻群体更加能够接受旅游业，但都承认旅游业仅仅是在变化范围内的一个因素。

关于居住在什刹海的时间，这个变量可以解释对旅游业发展的不同态度。这个变量独立于"年龄"。也就是说，居住在胡同 30 年的 40 岁的人与一个一直在胡同居住 20 多年的 20 多岁的人观点基本一致，但与居住时间较短的 40 岁的人有所不同。调查问卷的 44 项中，运用方差分析居住时间，其中 22 项有统计差异。运用 Levene 统计测量方差同质性也显示出了这个变量在样本的显著变化。有趣的是，目前对于增加就业机会这项没有统计差异，也许是因为旅游业是不被视为能提供大量就业机会的行业。另一方面，长期居住的居民的确认为旅游业可以产生文化机会（评分为 7 分制的 6 分，$F=3.92$, $p=0.001$），但这些长期居民都非常强烈反对游客在胡同里过夜（应该指出的是，所有居民都倾向于反对）。从许多方面来说，不让在胡同里过夜是一种时间分区形式，从保持胡同的建筑和遗产角度，它允许有利的旅游开发，但允许居民晚间待在社区空间范围。可以看出，传统的社区生活非常明显。在胡同里不提供晚间住宿也是一个保持社会生活潜在的重要手段，这将产生强烈的地方认同和场所依赖感，并形成了每一个胡同居民的身份认同。长期居民在关于"由于旅游业，他们有很多事不再做"这个问题在统计学上也存在着显著的差别，对于游客干扰了他们的日常生活这个陈述，也存在显著差异，对于前者，同意的分值超过了5.80（同意）。这些分数说明，那些居住时间不长的人在"旅游者自由"的时代还没有建立生活方式，因此更容易习惯旅游者的存在，但即便是对于那些少于5年居住时间的人来说，评分也超过了中点4.0，这意味着对于"由于旅游业，他们现在做事有些不同"这方面没有分歧。

性别一般不是态度的决定因素，在t检验中只有两项显示显著差异。这里男性往往对旅游业的经济效益评分略高——但这项的平均分数是近似3.0，不赞成呼声仍然很高。过去的研究表明，在旅游业中就业往往是一个区别既定人群子样本的因素。在这种情况下，考虑到在旅游行业就业人数比较少，受访者被问到他们"希望在旅游企业中有一份工作的接受程度有多大"时，对这个问题的答复基本上可以分为3类：一类是不同意，一类是不关心，还有一类表示他们愿意从事与旅游相关的职业。这证明在大量的实例中存在一个重要变量。其中最主要的是，这些对在旅游行业工作没有兴趣的，或对职业选择漠不关心的人对于游客干扰了生活这项的评分高于5.1，而那些表示对从事旅游业工作感兴趣的受访者对于这项的评分为4.08（$F=7.17$, $p<0.001$），明显低于前者。总之，这组分数表示对旅游更支持，但需要说明的是，他们也常常发现该行业带来的问题。例如，他们确实认为，旅游业会造成拥堵（5.56）而其他群体的评分为6.0，因此与其他群体没有明显的差别（$F=1.03$, $p=0.385$）。因此比较有趣的是什刹海四分之一居民表示愿意在旅游业有一份工作。

在这个前提下，才有可能运用聚类分析建立一个胡同居民的心理档案。我们确定了4类：第一类占样本的23%；第二类占37%；第三类占17%；剩余的是第四类。第一类最倾向支持旅游业，然而，这类仍然同意游客对胡同有干扰。第二类是对旅游者的行为不太挑剔，但对于旅游业提供的文化机会非常赞成，包括会见那些被认为是友好的游客，他们也因此对旅游业是保护胡同的最好方式这项打了最高分，尽管也只有3.71分。最有趣的是，这一类中近50%的人希望在旅游业有一份工作，迄今为止是最高的比例（第一类占17%，其他两个类占不到7%）。第三类是对旅游业和规划机制感到最不满的一类，而最后的一组最强烈地认为胡同是遗产和历史的特殊之地（这项平均得分为6.73），但对旅游业也是批判的态度，不过表达了比第三组对规划机制更积极的看法。运用区别分析来评估受访者不同聚类的"正确分配"，发现在第一类和第四类中 94%是正确分配，而在聚类二和聚类三，百分之百分类正确。

　　人们常常评论说，在中国旅游业的任何讨论都离不开政府的考虑，这个例子也不例外。从 Zhou 和 Ma（2008）和其他人的著作来看，场所依赖与地方行政机关的参与密切相关。在这组数据中，有证据表明对旅游影响的态度的关键决定因素和北京规划当局的作用，由几个关键变量来决定，包括胡同的居留期限，支持旅游业的态度（可以用几个指标来衡量，如与旅游业有关的工作的吸引力，旅游业保护胡同里房屋的程度，旅游者的干扰程度）以及对把胡同作为遗产和历史财富的态度。这些关系如图 4 所示。通过结构方程模型可以测试这些关系。

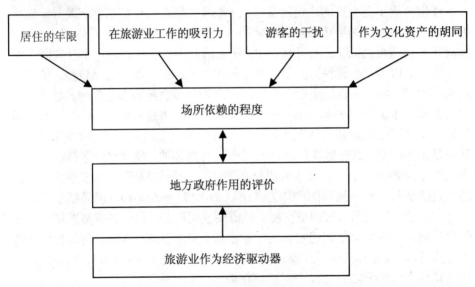

图 4　感知地方政府作用的决定因素

　　用这些变量进行回归模型和结构方程模型的分析结果加强了作为区别性变量的就业机会的作用。鉴于前面对自我效能的评论和与在中国环境下重要的政治过程的关系，规划当局在平衡当地居民的需求与加大旅游业发展方面表现出色，这项因变量可以用回归方法来分析。结果表明，独立项占变量的 16.1%（修正值 R^2=16.1），对于"我希望在旅游业有一份工作"这项 B=0.340（p<0.001），而关于"旅游企业对于胡同的经济有促进作用"这项为 B=0.165（p=0.006）。以图 4 为基础，为变量建立模型，运用 AMOSV 程序和最大似然方法，致使适配指标优度低于正常接受的指标（如，CFI=0.67, NFI=0.62, RMSEA=0.101 而基准值 CFI=0.8, NFI=0.9 和 RMSEA<0.08）。尽管如此,Hair、Anderson、

Tatham 和 Black（1998）以及 Kline（2005）都发表了关于数据解释的谨慎言论，说明 SEM 在概念探测方面是一种实用的方法，即使数据不符合严格的适配指标。仔细研究回归权数和截距确定了三个关键要素——干扰的影响，胡同遗产的保护和旅游业对胡同的经济发展具有促进作用为居民评估地方政府性能的主要的决定性因素。从定性证据来看，这三项都提到了，尽管难以评估，这些项对于场所及场所依赖的社会结构具有很重要的意义。

5 讨论

从目的地发展的角度，该研究结果表明了居民对旅游业的态度和什刹海从旅游目的地生命周期的参与阶段到巩固阶段的发展（例如，参见 Wang, 1997）以及在 2008 年北京奥运会前面临的潜在进一步发展。调查结果显示，目前居民对旅游业有一定的容忍度，同时，旅游对日常生活的干扰也越来越引起人们的关注，对旅游业能创造就业机会和帮助保护胡同的属性有些怀疑。关于胡同场所认同方面的争论主要有两种观点：一是作为建筑群；二是作为社会实体。许多人注意到，保护建筑物和建筑文物并不等于维持一种生活方式，毕竟是建筑遗产吸引着旅游业，是旅游业使房屋建筑产生了商业价值，从而为将来发展保护地方标志。定性数据表明，通过分区可以实现旅游业发展与维护社会模式之间的妥协（Ryan & Gu, 2007）。首先是每天的时间分区，游客可以在白天看胡同，而在夜晚大多不去看；在一年里比较暖和的月份，小巷成为了一个当地人社会互动的中心。因此，目前比较少的酒店建设是一种把胡同作为一个社会实体的保护手段。其次，存在季节性，在冬天旅游业是淡季。时间分区通过提供缓解旅游带来的压力的休息时间，而提高对旅游的容忍度，从而帮助提高场所依赖。

从更广泛的意义来看，研究表明了对一个地方或生活方式遗产强烈的意识是如何影响对旅游业的反应的。在这种特定的背景下，胡同作为一个建筑结构和社会互动的特殊场所所受到的影响比所获得的经济收益要多。这与许多来自英语国家的场所调查结果相反，对于衡量经济影响那一项的总平均分很低。然而，这些项分数的分布上有一个重要解释。作为对进一步旅游发展态度的区别变量，对经济影响的态度的确起到了非常重要的作用。其中一个原因是两个子群组表现出来的不同，即一部分基于年龄分组，另一部分基于与旅游相关的工作的吸引力。从这个意义上讲，询问关于在旅游行业工作是否有吸引力的问题证明是恰当的，对其他研究人员来说，很可能除了问受访者是否实际受聘于旅游行业的问题外，这个问题也值得一问。可以说，年龄作为一个重要变量，与上面定义的场所依赖的本质有着非常重要的关系。年轻人，特别是在中国最近数十年里，生活在一个经济和社会快速变化的时期，而这种变化往往被认为是进步，已经社会化了。对于他们而言，在缺少基础设施改变或社会进化的背景下，场所依赖的感觉不一定能形成。事实上，变化可能是形成场所依赖的一个先决条件，因为改变是一个吸引，而不是一种威胁。这种考虑可能说明应用在图 4 中结构方程模型数据评估优度的失败。同样，场所依赖的讨论可能与人格理论相关。Kelly（1963:177）提到团队的期望，年轻人采取与期望的行为相反的"叛逆"行为，但结果往往"使用与他的父母相同的维度系统"。因此，年轻人可能会对胡同目前状态表示不满，然而他们在北京这段时间的生活经验全部是变化的体验。因此，对胡同变化和场所依赖的看法表达模棱两可和不一致。在一些此处没有报告的定性研究中，也有态度不一致的例子，时时还有被细致讨论的肯定和否定的态度。例如，年轻人喜欢享受夜晚在湖边餐厅的气氛，但可能抱怨没有那么强的消费能力，从而一方面是在"时髦"地享受场所依赖，但同时又会有"空吊着"的局外人的感觉。不过，"吊着"本身就有夏日活力的感觉。

如上所述，胡同建筑遗产的极其重要性是场地依赖强有力的促成因素，住在特殊的地方有特别的感觉。质量数据也说明了这一调查结果，但还需要指出的是，身份认同的效能和场所依赖在中国社区政治进程的背景下十分复杂。在一些例子中，一些受访者明确指出，这些问题只与政府有关，而和他们无关，定量数据清楚地表明，有些人对未来政策持保留态度。正如 Worden、Savada 和 Dolan（1987），Xie（2001），Wang（2003），以及 Fan、Wall 和 Mitchell（forthcoming）等所评论的，在中国，政府在旅游规划过程中的作用无处不在，从而潜在地使自我效能的作用复杂化，在西方旅游文献中，自我效能能促进自我形象的形成。希望致力于把场所依赖和场所认同作为旅游对中国社区的评估的一部分的未来研究能更明确地考虑这一点。从这个意义上讲，将来的研究应寻求更具体地明确以下关系：（a）对地方政府作用的看法；（b）旅游引起的变更；（c）Breakwell（1986, 1992）提出的框架内的场所依赖和自我效能。

总之，随着这一研究项目的推进，项目中的各种不足变得很明显。问题主要是与旅游业引起的变化有关，但胡同正在经历着变化，在胡同周围的北京也在发生着改变。胡同与更广泛的北京经济相联系，但目前发生的社会、经济和政治的变化不仅仅是由于旅游业。这似乎意味着不仅是当前的研究的失败，而且还是以往的文献的失败，因为仅仅关注旅游引起的变化的研究没有把旅游业与更广泛的社会经济变革联系在一起，而这些变革也是非常可能发生的。Ryan 和 Gu（2007）认为，以胡同为基础的旅游业已进入全球化进程中，或者也可能说是已经全球地方化了。总之，这项研究的最初设计可能是有限的，它仅注重评估胡同的居民认同和对旅游业引起变化的反应。也许该项目应该在更广泛的框架里考虑问题，在当代中国更应如此。因此，建议将来研究中国范围内的旅游业影响的同行们需要考虑到这些更为广泛的社会和经济问题。

致谢

　　本文是由北京市政府发起的名为"北京 21 世纪创新组"项目成果的一部分。此外，感谢怀卡托大学管理学院支付的差旅费。我们也非常感谢李惠民、齐芳丽、林伟、李冰、万丽丽、周欢欢，及北京第二外国语学院旅游管理在校研究生对调查和数据输入的帮助。也感谢编辑提出的意见。

参考文献

Alegre, J., & Juaneda, C. (2006). Destination Loyalty: Consumers' Economic Behavior. *Annals of Tourism Research*, 33(3), 684-706.

Ap, J. (1990). Resident Perception Research of the Social Impacts of Tourism. *Annals of Tourism Research*, 17(7), 481-494.

Ap, J. (1992). Residents' Perceptions of Tourism Impacts. *Annals of Tourism Research*, 19(3), 665-690.

Beijing Statistical Information Net. (2006). http://www.bjstats.gov.cn. Accessed April 13 2007.

Breakwell, G. M. (1986). *Coping with Threatened Identity*. London: Methuen.

Breakwell, G. M. (1992). *Social Psychology of Identity and the Self Concept*. Guildford: Surrey University Press.

Breakwell, G. M., & Canter, D. V. (1993). *Empirical Approaches to Social Representations*. Oxford: Clarendon Press.

Brown, G., & Raymond, C. (2007). The Relationship between Place Attachment and Landscape Values: Toward Mapping Place Attachment. *Applied Geography*, 27(1), 89-111.

Carmichael, B. A. (2006). Linking Quality Tourism Experiences, Residents' Quality of Life, and Quality Experiences for Tourists. In G. Jennings, & N. P. Nickerson (Eds.), *Quality Tourism Experiences* (pp.115-135). Oxford: Elsevier Butterworth Heinemann.

Doxey, G. V. (1975). A Causation Theory of Visitor-resident Irritants, Methodology and Research Inferences. The Impact of Tourism. Sixth Annual

Conference Proceedings of the Travel and Tourism Research Association (pp.195-198). San Diego.

Fan, C., Wall, G., & Mitchell, C. J. A. (forthcoming). Creative Destruction and the Water Town of Luzhi, China. *Tourism Management.*

Feldman, R. M. (1990). Settlement Identity: Psychological Bonds with Home Places in a Mobile Society. *Environment and Behavior*, 22, 183-229.

Guiliani, M. V. (1991). Towards an Analysis of Mental Representations of Attachment to the Home. *Journal of Architecture and Planning Research*, 8(Summer), 133-146.

Hair, J. F., Jr., Anderson, R. E., Tatham, R. L., & Black, W. C. (1998). *Mutlivariate Data Analysis* (5th ed.). Upper Saddle River, NJ: Prentice Hall.

Hidalgo, M. C., & Hernandez, B. (2001). Place Attachment: Conceptual and Empirical Questions. *Journal of Environmental Psychology*, 21, 273-281.

Hogg, M. A., & Abrams, D. (1988). *Social Identifications: A Social Psychology of Intergroup Relations and Group Processes*. London: Routledge.

Hsu, C. H. C., Cai, L. A., & Wong, K. K. F. (2007). A Model of Senior Tourism Motivations—Anecdotes from Beijing and Shanghai. *Tourism Management*, 28(3).

http://Big5.china.com.cn. (2006). Centuries-old Commercial Center in Beijing to Take on New Look. Accessed October 13th 2006.

www.bjstats.gov.cn Beijing Statistical Information Net, Beijing Municipal Bureau of Statistics, accessed March 15th 2007.

www.bjsch.net, 中国什刹海网，accessed March 15th 2007.

Hummon, D. (1986). City Mouse, Country Mouse: The Persistence of Community Identity. *Qualitative Sociology*, 9(1), 3-25.

Kelly, G. A. (1963). A Theory of Personality: The Psychology of Personal Constructs. New York: W. W. Norton and Company.

Kline, R. B. (2005). Principles and Practice of Structural Equation Modeling (2nd ed.). New York: The Guildford Press.

Korpela, K. M. (1989). Place Identity as a Product of Environmental Self Regulation. *Journal of Enviromtental Psychology*, 9, 24 1-256.

Lalli, M. (1992). Urban Related Identity: Theory, Measurement and Empirical Findings. *Journal of Encirnmental Psychology*, 12, 285-303.

Le, Z. (2006). *A discussion on a City's Charm amt Brand*. Paper presented at the Conference-International Tourist Cities under the Globalisation Context:

Shenzhen, China. Peking University, Shenzhen's People Municipal Government and Guangdong Provicial Tourist Administration.

Long, P., Perdue, R., & Allen, L. (1990). Rural Resident Perceptions and Attitudes by Community Level of Tourism. *Journal of Tourism Research*, 28(3), 3-9.

Pearce, P. L., Moscardo., G., & Ross, G. (1996). *Tourism Community Relationships.* Oxford: Elsevier.

Ryan, C., & Cooper, C. (2004). Residents' Perceptions of Tourism Development: The Case of Raglan, New Zealand. *Tourism Review International*, 8(1), 1-17.

Ryan, C., & Gu, H. (2007). The Social Impacts of Tourism in a Beijing Hutong —A case of Environmental Change. *China Tourism Research*. 3(2), xxx.

Ryan, C., Scotland, A., & Montgomery, D. (1998). Resident Attitudes to Ttourism Development—A Comparative Study between Rangitikei, New Zealand, and Bakewell. United Kingdom. *Progress in Tourism and Hospitality Research, 4,* 115- 130.

Twigger-Ross, C. L., & Uzzell, D. L. (1996). Place and Identity Processes. *Journal of Environmental Psychology, 16,* 205-220.

Uzzell, D. L. (1995). Conferring a Sense of Place Identity: The Role of Museums. *The International Journal of Heritage Studies, 1,* 4.

Waitt, G. (2003). Social Impacts of the Sydney Olympics. *Annals of Tourism Research,* 30(1), 194-215.

Wang, H. (2003). In T. Huters(Ed.), *China's new Order: Society, Politics, and Econonty in Transition.* Cambridge: Harvard University Press.

Wang, N. (1997). Vernacular House as an Attraction: Illustration from Hutong Tourism in Beijing. *Tourism Management, 18*(8), 573-580.

Worden, R. L., Savada, A. M., & Dolan, R. E. (1987). *China: A Country Study.* Washington: GPO for the Library of Congress.

Xie, P. F. (2001). Authenticating Cultural Tourism: Folk Villages in Hainan, China. Unpublished PhD thesis, Department of Planning, Waterloo: University of Waterloo.

Zhang, W., An, Y., & Liu, J. (2008). Community Involvement in Rural Tourism Development—evidence from Pinggu, Yanqing, and Miyun Districts, Beijing Province. In H. Gu, & C. Ryan (Eds.), *Chinese Tourism Destination Management—Issues and Examples.* Oxford: Elsevier.

Zhou, Y-G., & Ma, E. (2008). Maintaining the Authenticity of Rural Tourism

Experiences through Community Participation—The Case of Two Baiyang Lake Island Villages. In H. Gu, & C. Ryan (Eds.), *Chinese Tourism Destination Management—Issues and Examples*. Oxford: Elsevier.

结 语

Chris Ryan   Huimin Gu   Lin Wang

  本书旨在摘选《旅游管理》发表的文章并翻译成中文介绍给中国同行，并借此进一步开发旅游目的地的主题。为此，本书挑选了旅游地、旅游地规划、访问旅游地以及旅游地居民等分主题。在《旅游管理》出版发行的 30 年里，已发表了数以千计的文章，自 1999 年以来，已有大约 960 篇文章发表在期刊上和相关的数据库 Sciencedirect.com 里。由于关于旅游目的地性质的研究只占了文章总数的一部分，很明显，此论文集中摘选的 16 篇文章很难涵盖不同的作者在本期刊和其他刊物中所讨论的所有问题。为了克服这一不足，编者力求通过对每一个主题的介绍来提供一些论文相关的背景，但同样，对文章的挑选一部分也是个根据其相对较为广泛的理论概念及其使用的研究方法的性质而定的。

  这样就有可能会出现这样的结果——又有很多新结论产生。有些结论不言而喻，而另一些则描述得更细致入微。例如，旅游目的地不是一成不变的。已有证据显示，由于人们到度假地置办第二居所，退休人员到旅游地度假以及为旅游业发展的需要而来的劳工移民，同时也由于旅游业导致经济总体增长而使地区就业承载力增加等因素，旅游目的地将随着时间的推移、游客数量的上涨、原居住人口扩大而发生变化。然而，这些过程不是自动的，也不是每个目的地都会经历这个顺序。外部竞争、政府主导下的规划机制、企业缺少主动性或社区禁止过度开发的决议等因素，都可能限制或约束 Butler（1980）所描述的旅游目的地生命周期的演变进程。另一方面，还有一些旅游目的地——比如中国的深圳，就越过了早期的发展阶段，从一开始就作为一个大旅游区进行了开发。深圳是中国在开始实行改革开放后由国务院于 1980 年首次正式命名的"经济特区"。开建特区后，深圳的旅游业得到了迅猛的发展，在 1980～1984 年间就建成了"西丽湖"、"海上世界"等首批旅游景点。从 20 世纪 80 年代末至 21 世纪初，"锦绣中华微缩景区"、"世界之窗"、"中国民俗文化村"、"欢乐谷"等四大主题公园以及其他配套的项目如主题酒店、艺术中心、俱乐部等陆续建成，形成了一个集旅游、文化、购物、体育、休闲等于一体的成熟的文化旅游度假区。而在 1980 年特区建立前，深圳只是一个以渔业为主、几乎没有任何旅游资源的中小县城（http//:new.sohu.com/s2005/shzhtq.shtml）。

考虑到这些变化的必然性，本书的第二部分探讨了规划问题。一方面，目的地的动态性质几乎不可避免地导致了必须通过分区机制来控制规划。然而，在许多西方国家，现在中国也逐步地，都希望把当地居民的意见和需求也纳入规划。正如前面所讨论的，这将引起一些问题，从而更加说明规划的难度之大。有效的规划需要丰富的专业知识，要求能确定诸多因素，其中一些还超出了当地管理机构的控制范围。这包括地区范围外的需求属性——它会持续增长吗？到何种程度上它会引起其他目的地对手的注意而采取行动？目的地的可进入性始终是一个关键因素，人们质疑地方当局在多大程度上能够影响到客源区域的航空、铁路、公共汽车公司的政策或旅行社的活动。这样一来，很多"有效规划"实际上变成了营销，而这种营销，一旦受为提高收入和就业机会的经济动机的驱动时，就可能不会考虑目的地的环境和社会承载力。不过，进一步分析的话，也可以认为，规划过程本身也有助于确定社会和环境的承载力，而且成功的规划机制也能扩大其承载力。

本书讨论的另一个问题是，旅游区内的居民并非一定会形成一个同质群体。鉴于这些困难以及如上所述的问题，可以质疑规划是否具有价值。本书编者的观点是，这些困难并不意味着应当放弃规划，相反，应该将认真的监控和反馈过程纳入规划中。这不是一个单一的行为，而应该是一个具有灵活性和背景设计的持续的过程，这样就能对外部因素的变化做出适当反应。那种只是简单地强迫在一定时间内实现目标而没有包括反馈机制的所谓的"总体计划"，在面对突如其来的外部变化时，将永远是脆弱的。事实上 Gu（2008）曾指出，危机管理必须是目的地规划的一个不可分割的组成部分，这样目的地才可能对自然的和人为的灾害作出迅速反应。

因此，目的地是会发生变化的，对游客来说会随着时间的推移而呈现不同的面貌。也因此，曾经参观过该旅游地的人可能会发现，随着时间的推移，目的地发生了改变——由于得到翻新、资本重组、周期性革新，或者反过来，由于游客流量小而导致利润不足，从而难以保持产品和体验的质量而产生的目的地恶化和衰退。编者提出了一种模式，建议并入外部资金的作用、随着时间推移而边缘化的地方资产和企业以及本地文化的日益商品化。但他们也认为，在适当的时候，为了弥补目的地因开始复制他人的东西而带来的竞争力衰退，地方文化和遗产将会成为建立独特形象的重要资源。因此，他们认为，目的地开始时应把重点放在本地，然后随着其进入到发展和巩固阶段时再逐渐全球化，但如要避免衰退，其未来要建立在"国际本土化"（glocalisation）上，即通过现代营销方法做到全球化，但利用当地的人民、历史、传统和文化提供"独特性"（Ryan ＆ Gu, 2007）。由于目的地的变化，游客的类型也可能发生变化。早期的理论学说曾导致了目的地前期阶段和"探索型"游客的结合，目的地巩固—停滞阶段和批量打包度假游客的结合（如：Cohen, 1972, 1979; Plog, 1973），但最近却发现目的地产品多样化能够同时吸引不同的游客，而游客本身也是根据其扮演的角色而不是根据一成不变的具体地形学来加以界定（如，Gibson ＆ Yiannakis, 2002）。因此游客的体验在其本质上是动态的，是地点和人之间的互动结构，取决于物理结构、地区形象和游客动机以及不同的行为模式。

　　鉴于目的地变化、旅游产品和体验的动态性质，也有人认为，居民生活可能受旅游业所带来的变化的影响。不过重要的是居民与旅游者之间接触的频率，以及接触的地点和特性。许多早期关于居民对游客闯入的反应的研究趋向于从整体或全盘的角度，比如对噪声干扰、拥挤、零售业的改变和土地使用，以及新的经济和文化机遇等的感受程度，不过尽管这些具有较强的相关性，而在某些居民居住空间和游客隔开的分区制地区，高度发达的旅游目的地对居民的生活影响很小。因此也便于游客聚居区把对当地社会的干扰减至最小，但这种度假中心也因减少了使地方经济成倍增长的机会而受到了批评。这样的争论表明，必须把目的地的空间特征纳入到上述变量中。最近的研究还表明，目的地的物理和空间特征以及表现出的建筑和遗产属性都有助于形成居民的地方意识。有些地方被认为具有吸引力，从而使生活在该地的个体倍感自豪，同时这种自豪感有助于形成积极的自我形象（Twigger-Ross ＆ Uzzell, 1996）。目前的研究文献正在讨论的问题是对地方产生了依恋感的居民欢迎或拒绝旅游业的发展的程度及其给地方带来的变化。这种争论又引发了一个相关的问题——那些依恋感较低的居民对旅游的在乎程度如何？第三个问题是对地区的依恋感在何种程度上能够解释居民对旅游的态度差异性？研究表明，其他可变因素还包括犯罪感知水平、居住期限、年龄、性别以及是否从事旅游行业的工作等。

　　上述所有这些学术研究领域代表了旅游研究的丰富脉络。以上的讨论以及本书所选的篇目节不敢自诩能全面地覆盖所有主题，但确实希望能使读者了解到现有研究中的各种不同观点以及不同的可变因素之间关系的复杂性。如果本书能在这一点上得到读者的认可，那么对编者来说，他们的努力就没有白费。

参考文献

Butler, R. W. (1980). The Concept of a Tourist Area Cycle of Evolution: Implications for Management of Resources, *Canadian Geographer*, 24: 5-12.

Cohen, E. (1972). Toward a Sociology of International Tourism. *Social*

Research 39(1): 164-182.

Cohen, E. (1979). Rethinking the Sociology of Tourism. *Annals of Tourism Research* 6(1): 18-35.

Gibson, H. & Yiannakis, A. (2002). Tourist Roles: Needs and the Lifecourse. *Annals of Tourism Research*. 29(2): 358-383.

Gu, H. (2008). Crisis *Management in Tourism*. Beijing: Beijing Tourism Press

Plog, S.C. (1973). Why Destinations Rise and Fall in Popularity. *Cornell Hotel and Restaurant Association Quarterly* 13: 6-13.

Ryan, C., and Gu, H. (2007). The Social Impacts of Tourism in a Beijing Hutong—A Case of Environmental Change. *China Tourism Research*. 3(2): 235-271.

Twigger-Ross, C. L., & Uzzell, D. L. (1996). Place and Identity Processes. *Journal of Environmental Psychology*, 16, 205-220.

深圳经济特区建立 25 周年. http://new.sohu.com/s2005/shzhtq.shtml, Accessed April 15 2010.

译后记

    大概在 2008 年春，天津南开大学出版社的国内著名资深编辑孙淑兰老师告诉我，北京第二外国语学院的谷慧敏教授和国际著名学术期刊《旅游管理》（*Tourism Management*）主编克里斯·瑞安（Chris Ryan）教授在酝酿编辑出版一本《旅游管理》的论文集，她做编辑，问我愿不愿意作为合作者参与本书的翻译，视语言研究与翻译为本职同时又在从事旅游教育工作的我自然不愿放过这难得的机会，便欣然应允。后来过了好几个月，此事也没有再提及。直到 2008 年 10 月，在由北京第二外国语学院旅游管理学院承办的首届"海峡两岸旅游观光研讨会"上，我首次见到了应邀到会做专题发言的克里斯·瑞安（Chris Ryan）教授，并作为翻译被孙淑兰老师拉着，向瑞安教授"传达"她的"质问"：我们一直在等，你何时才能将论文集的编辑列入工作计划？面对一脸严肃的"大姐"级资深编辑，瑞安教授一脸歉意，认真"保证"争取 2008 年年底最迟 2009 年初开始！我想这也是本书的"序"中所提及的"是她（孙淑兰）坚定的支持以及不断的努力才使得本书的编辑出版从最初的想法变为今天的事实"的一个生动写照。接着我们又就论文集的篇幅和结构以及下一步的合作方式作了沟通，谈话进行得很愉快，瑞安教授和孙老师交流时的幽默和风趣以及后来开始讨论论文集的翻译与出版时的认真和严肃态度都给我留下了深刻的印象。

    后来由于种种原因，我又由最初的参与翻译变成了主译，在亲自感受了瑞安教授令人惊异的写作速度和工作效率、体会了他凝练流畅的语言表达和独到的学术视角之后，我带着崇敬之情开始了艰难的翻译。说艰难是因为尽管已有所准备，但真正开始后仍然发现难度比原来预料的要大。一方面是作为论文集，每个章节都有自己独立的主题和研究思路，全书论文涉及多个学科和不同的研究领域。对每篇文章的翻译都是在和不同的作者就不同的主题进行无声的交流，无形中使翻译的进度大打折扣。另一方面，作为国际知名的旅游学术期刊的精粹，文中所涉及的许多概念体系、研究范式以及研究方法等方面的内容在国内都还没有较为统一的中文表达方式，有些术语甚至还找不到对应的中文词汇，对此译者都要一一解决，或者求教相关领域的专家，或者借用互联网的优势从其他渠道如我国的香港特区、宝岛台湾等地"拷贝"一些译法，等等。如果将来在中国的旅游研究逐步走向成熟时，本书的一些译法或表达方式能成为学界所接受的共有表达的方式，那将是译者最为欣慰的事了。

不管怎样，在奉献了无数个节假日和夜晚之后，于诚惶诚恐中交出了翻译的初稿。毕竟翻译水平有限，我们期待着来自各位专家读者的批评指正。本书三位翻译人员的主要分工如下：王琳（序、第一、二、三、十三章，第Ⅰ、Ⅱ、Ⅲ、Ⅳ篇导言，结语以及全书的统稿和校对）、李枚珍（第九、十、十一、十二、十四、十五、十六章以及部分校对）、施光（第四、五、六、七、八章以及部分校对）。

在等待专家学者的评判中，译者也愿借此机会对本书的翻译做出贡献的人表达衷心的感谢。他们是王凤霞、冯艳昌和许彬老师，还有研究生吴中庆、赵四化、卢尚玉、郝文凤、特丽、申涛等都在翻译和文字整理上给予了无私的支持和帮助，学院信管系的郑尚魁老师对全书图表的转换和翻译给予了技术上的全力支持。尤其要提及的是，本书的审稿编辑杨丰坡等老师，他们一丝不苟的校对和编辑工作是本书翻译质量不可或缺的保证，虽然从未谋面，但他的认真负责的态度已让我产生了深深的敬意。还要表示感谢的还有本书的策划编辑邱静老师及出版社其他为本书的编排和印刷做出贡献的幕后工作人员，在此也一并向他们表示最诚挚的谢意。

王　琳

2009 年 10 月 30 日于海南大学旅游学院